目

录

教师教育精品教材·学前教育专业系列　　i教育·融合创新一体化教材

幼儿园教育活动设计与指导 微课版

黄　瑾◎主编

第三版

华东师范大学出版社
上海

图书在版编目(CIP)数据

幼儿园教育活动设计与指导/黄瑾主编. —3 版. —上海:华东师范大学出版社,2021
ISBN 978 - 7 - 5760 - 1343 - 6

Ⅰ.①幼…　Ⅱ.①黄…　Ⅲ.①幼儿园-教学活动-教学设计-高等学校-教材　Ⅳ.①G612

中国版本图书馆 CIP 数据核字(2021)第 058765 号

幼儿园教育活动设计与指导(第三版)

主　　编　黄　瑾
责任编辑　余思洋
责任校对　劳律嘉　时东明
版式设计　俞　越　庄玉侠
封面设计　庄玉侠

出版发行　华东师范大学出版社
社　　址　上海市中山北路 3663 号　邮编 200062
网　　址　www.ecnupress.com.cn
电　　话　021 - 60821666　行政传真 021 - 62572105
客服电话　021 - 62865537　门市(邮购)电话 021 - 62869887
地　　址　上海市中山北路 3663 号华东师范大学校内先锋路口
网　　店　http://hdsdcbs.tmall.com

印 刷 者　上海华顿书刊印刷有限公司
开　　本　787 毫米 × 1092 毫米　1/16
印　　张　21.5
字　　数　494 千字
版　　次　2021 年 6 月第 1 版
印　　次　2025 年 6 月第 8 次
书　　号　ISBN 978 - 7 - 5760 - 1343 - 6
定　　价　52.00 元

出 版 人　王　焰

(如发现本版图书有印订质量问题,请寄回本社客服中心调换或电话 021 - 62865537 联系)

阅 读 说 明

本书的学习内容中包含了丰富的拓展资源，以支持学习者更深入地理解幼儿园教育活动的设计与实施。

【高清彩图】

在本书的第三章、第七章中，精选了有关幼儿园环境资源、幼儿园区角活动的图片案例，以使学习者更直观具体地理解幼儿园教育活动中环境资源的使用，以及区角活动的设计与开展。学习者扫描书中的二维码，即可欣赏高清彩图，结合学习内容，研读精彩图例。

【丰富案例】

在本书的附录部分，详细呈现了幼儿园集体教育活动、幼儿园区角活动、幼儿园环境创设的设计案例，内容涵盖不同年龄班、各个领域，为学习者在理论和实践之间搭建了桥梁。学习者在阅读设计案例详解的同时，可扫描书中的二维码，进一步浏览部分精选案例的思路阐释、讨论点评，生发观点碰撞、促进反思学习。

【精彩视频】

本书精选了书中具有代表性的特色案例，以活动还原、视频讲解、场景一览等多种方式，完整呈现了幼儿园集体教育活动、幼儿园区角活动、幼儿园环境创设的现场实录。学习者可扫描书中的二维码，观看高清视频，以更深刻而具象地理解幼儿园教育活动的设计与指导。

视频索引

幼儿园集体教育活动

幼儿园区角活动

幼儿园环境创设

前言

QIAN YAN

党的二十大报告指出:"教育是国之大计、党之大计。"我国深入贯彻以人民为中心的发展理念,不但在"幼有所育"上持续发力,迈入全球普及三年学前教育的先进行列,而且继续加快建设高质量教育体系的步伐,不断推进学前教育的高质量发展。同时,随着《幼儿园教育指导纲要(试行)》《3—6岁儿童学习与发展指南》《幼儿园保育教育质量评估指南》的全面贯彻和落实,幼儿园的教育改革也正在深入进行,而与幼儿园课程实施密切相关的教育活动设计与指导更是成为教师备加关注和努力探究的课题。作为一门课程来说,幼儿园教育活动的设计与指导是将包括教育、心理、教学、学前教育等学科的相关理论具体付诸幼儿园教育实践的应用性学科,目前从学前教育专业师资培养的角度来系统论述这一领域的教材和专著还比较少见。

本书立足实践,强调系统性、针对性、应用性,贯彻落实社会主义核心价值观,坚持历史自信、文化自信、守正创新和问题导向,以结合幼儿园教育实践和案例式的分析为特点,面向世界和未来,与中华优秀传统文化相融合,全面阐述了教育活动设计的理论基础、一般原理,教育活动中的目标、内容、环境、资源等的设计,以及教育活动的组织、指导、评价等,以使学生在掌握学前教育专业相关理论的基础上,能将理论与实践相结合,提高学生设计和组织教育活动的基本技能,促进学生专业能力的形成,同时加强学生的理想信念教育,在传承中华文明的基础上激发其创新创造能力,促进其全面发展。

全书由黄瑾主编,各章节的具体分工如下:第一章、第四章、第五章由黄瑾撰写;第二章由杜燕红撰写;第三章由林琳撰写;第六章由肖燕萍撰写;第七章由崔岚撰写,全书由黄瑾统稿。教材的编写和修订过程得到了华东师范大学出版社的支持与帮助;书中收录了上海市黄浦区、静安区、虹口区、长宁区、普陀区的部分幼儿园骨干教师的优秀集体教育活动案例及视频、区角活动案例及视频、环境创设案例及视频等;我的研究生程祁、龚泉为本书做了大量的资料搜集工作;书中也借鉴、参考了国内外有关的文献、资料和研究成果,在此一并表示感谢。书中如有不当之处,恳请批评指正,以便不断修正完善。

黄 瑾
2023年5月

第一章 幼儿园教育活动设计概述

幼儿园教育活动是教师有目的、有计划地利用幼儿园所提供的环境和材料,通过教师和儿童双向的交流与作用促进儿童身心发展的过程;它也是实现幼儿园教育目标,组织传递一定的教育内容,落实幼儿园教育任务的手段。

幼儿园教育活动设计是为了支持儿童更有效地学习而预先对活动所进行的规划和组织,创设一个更有效的活动系统可以说是其根本目的。因此,对教师引起、维持和促进儿童学习的所有行为的关注及研究是幼儿园教育活动设计的基本内容与任务之一。

第一节 幼儿园教育活动的一般分析

一、幼儿园教育活动的含义

《幼儿园教育指导纲要(试行)》第三部分"组织与实施"中的第二条指出:"幼儿园的教育活动,是教师以多种形式有目的、有计划地引导幼儿生动、活泼、主动活动的教育过程。"作为幼儿园教育的基本形式以及幼儿园课程的实施载体,幼儿园教育活动以儿童为主体,使儿童在教师创设的、适合其身心发展需要和特点的、多种形式的活动中,以及与环境材料的互动过程中,积极参与、主动探索,并大胆表现,旨在促进儿童全面、健康、和谐、整体的发展。

首先,幼儿园教育活动是一种体现"自主与主体特质"的活动。对于学龄前儿童来说,活动是其学习的存在状态,即使儿童接受间接经验的过程也是以活动的状态存在的。正如蒙台梭利所言:"儿童对活动的需要比对事物的需要更为强烈。""如果我们给他们这个活动场地,我们将会看到,这些从来不能满足的使人苦恼的小孩转变为愉快的工作者,出名的破坏者变成了他周围器物的最热心的保护者……"[①]因此,所谓幼儿园教育活动就是一种由教师的"教"和儿童的"学"所构成的师幼双边活动,是由教师和儿童共同参与、相互配合、一起承担的活动。儿童,作为教育活动中学习和发展的主体,既是活动的执行者、承担者、探索者,也是活动结果的最终

---

① 华东师范大学教育系,杭州大学教育系.现代西方资产阶级教育思想流派论著选[M].北京:人民教育出版社,1980:93.

体现者。儿童享有选择与决定的自主权、研究与探索的自主权;儿童活动的过程是一个充满变化、充满新的和自发性学习机会的过程,儿童正是通过自主性活动获得经验,并在发现和解决问题的过程中获得初步的实践能力以及创造能力的。教师作为教育活动中直接或间接影响活动进程、引导活动方向及儿童探索的主体,既是活动的设计者、组织者、调控者,也是活动目标的引领者。虽然教师的主体意识和主导地位在不同性质和形式的教育活动过程中可能呈现出不同的状态(在教师直接控制、传递教育意图、结构化程度相对较高的教育活动中可能是显性的;在教师间接控制、借助中介影响、结构化程度相对较低的教育活动中则可能是隐性的),但教师主体性的发挥正是活动过程中儿童主体性实现的有力保证,因为教师所面对的是未成熟的儿童,良好的主体性意识可以促使教师最大程度地满足儿童发展的需要,并在儿童发展与社会发展需求之间找到一种平衡。而幼儿园教育活动从根本上说是一种师幼交往的过程,教师和儿童是教育活动最基本的主体与参与者,也是教育活动最直接的体现者,因此,幼儿园教育活动首先是教师和儿童的活动。在教师与儿童合作、交往、沟通、协调的过程中,教师主体性的发挥和儿童主体性的实现是一种动态的、良性循环的关系。

其次,幼儿园教育活动也是一种体现了"主客观因素和作用"的活动。所谓主观因素和作用是指幼儿园教育活动具有明确的目的性和一定的规范性。任何教育活动都是以促进人的身心发展为目的的,不同的社会历史条件、社会政治与经济制度自然会衍生出不同的教育目的和原则,这便是教育活动主观性的体现。幼儿园教育活动作为一种学习活动、社会活动,承载着一定的目的和任务,是在一定目的引导下的活动,它具有鲜明的主观性,这种主观性通过指向未来的目标、具体的原则与规范赋予了教育活动一定的意义及价值。所谓客观因素和作用是指构成幼儿园教育活动的各种客观条件和手段。任何教育活动都是在一定的客观环境中发生的,也是通过一定的客观条件和手段而实现的;而任何一种教育活动模式的创立和发展,都不可能脱离整个社会文化历史积累的影响。幼儿园教育活动中的客观因素既包括各种具体实在呈现的物质形态因素,比如具体的材料、工具和其他资源等,也包括一些在意识形态领域呈现的精神层面的因素,比如一定社会文化背景下的社会教育制度、文化传统、观念体制等。这些客观因素一方面为教育活动提供了必要的条件、工具、手段和各种资源,保证了活动的进程与实施;另一方面,也在一定程度上影响或限制着活动的范围与程度。总体说来,分析幼儿园教育活动的客观因素和作用可以为我们探究幼儿园教育活动的实现途径提供依据。

二、幼儿园教育活动的特点

(一) 整合性

所谓整合,是指把不同类型、不同性质的事物组合在一起,使它们成为一个整体。幼儿园教育活动,是在充分协调多种教育资源、利用多种教育途径与形式、结合多种领域内容、发挥多种因素影响的基础上而构成教育活动系统的。因此,无论是学习活动还是游戏活动,无论是教师预设的教育活动还是儿童自主生成的教育活动,无论是集体的活动还是小组、个别的活动,整合性和整体统一性可以说都是它们最明显的特点之一。这种整合和统一，反映在活动的目标、活动的内容、资源以及活动的方法、形式、手段等各个方面、各个层次上。

第一，幼儿园教育活动的目标本身就是一个完整的体系，是由多个领域、多种层级整合而成的目标结构系统。虽然我们在表述目标时会人为地将它们分为不同的方面，例如：将目标分为认知、情感与态度、操作技能三个方面，或健康、语言、社会、科学、艺术五个方面等，但这种划分只是一种在整体、全面发展目标下的相对划分，是为了帮助我们在一种比较清晰、有序的框架中使学习内容更分化、细致，使教育活动更深入、具体。而每一个教育活动的目标从根本上来说是多领域的、有机的、整体的，而不是单一领域的、细化的、分解的。教育活动目标是对活动所要达成的最终结果的预期，作为整个教育活动的核心，它制约着活动的内容、决定着活动的进程、影响着活动的方法，因此，教育活动目标的整合性是整个教育活动整合的基础，它将直接影响教育活动内容的整合以及教育活动方法、形式的整合。

第二，幼儿园教育活动的内容也体现了整合性的特点：（1）同一活动领域内的整合，即在一个相对独立的领域内容中体现前后内容上的纵向整合或不同内容间的横向整合。比如，数学领域有关于数的、空间形体的、计算的、时间和空间方位的内容等，它们之间有一定的层级性、递进性和关联性。在具体的教育活动中，我们经常会看到将数方面的知识与感知认识形体的知识联系在一起，或是在学习数数技能的时候与已经掌握的辨数和认数技能加以联系、对比等，这种不同内容间的横向整合和前后内容上的纵向整合就是一种领域内的整合。（2）不同活动领域间的整合，即指突破领域相对划分的界限，实现跨领域的内容整合。在幼儿园教育活动的进程中，相对于分领域（学科）的教育活动而言，综合主题（单元）式的教育活动无疑是一种更能体现整体统一性特点的活动形式，它也成为当今幼儿园课程和教育活动的主要呈现样式。综合主题（单元）式的教育活动通过恢复不同领域间的固有联系，将某个教育活动内容还原成整体的、相互联系的状态，以构建起多科合一的主题网络式的活动内容结构，并在为儿童呈现一个具有丰富、多元刺激和材料内容的活动场景的同时，尽可能地去发现和挖掘领域间新的、更多的联系线索，从而使整合的活动内容更紧密地联系儿童的生活、贴近儿童的发展。

第三，整合性也体现在幼儿园教育活动的资源和方法、形式、手段方面。在《幼儿园教育指导纲要（试行）》的总则中就已经明确指出幼儿园应与家庭、社区密切合作，综合利用各种教育资源，共同为幼儿的发展创造良好条件。事实上，在幼儿园教育活动的实施中可供活动利用和开发的资源确实是多方面的，既有来自幼儿园（教师或同伴）的，也有来自家庭和社区的，这些资源的综合利用和有机协调对幼儿园教育活动的效果以及儿童的发展产生了积极而有效的影响。此外，幼儿园教育活动的方法、形式、手段也是丰富多样而有机整合的，这种整合既表现在教育活动设计的过程中，也体现在教育活动实施的过程中。教师根据幼儿园和班级儿童的实际状况，可以有选择地整合多种不同形式的教育活动，例如，儿童数概念的获得需要借助动手操作，进而将其内化为抽象的数理逻辑概念，因此教师在活动形式上选择将有目的预设的活动与儿童自主选择的区角活动加以整合，更好地帮助儿童理解和获得数概念。教师也可以在教育活动的实施中有选择地整合操作、实验、讨论、合作探究等多种方法和手段。

（二）生活性

《幼儿园教育指导纲要(试行)》为幼儿园教育提出了"各领域的内容要有机联系,相互渗透,注重综合性、趣味性、活动性""寓教育于生活、游戏之中"的实施原则。幼儿园教育活动作为反映幼儿园教育的一种基本的和主要的活动,在体现整合性的同时,也反映了努力营造与儿童生活相一致、密切贴近儿童生活世界的趋向,这便是幼儿园教育活动生活性的体现。

生活性首先体现在幼儿园教育活动的内容方面。我国著名的教育家陶行知先生早就提出了"生活即教育"的理论,他认为,教育的根本意义是生活之变化,生活中无时无刻不含有教育的意义,生活对于儿童有着特殊的意义。为了促进儿童的健康生活,学前教育首先应当立足于儿童的现有生活,而幼儿园教育活动作为学前教育的实施方式,必须关注儿童的现实生活,在教育活动的内容上注重让现有知识与儿童的生活世界相沟通,与儿童的经验、需要相联系,而不是单纯从知识或学科本身的结构及重点、难点出发。例如数学教育活动,"生活中的数学""应用性数学"已经成为《幼儿园教育指导纲要(试行)》颁布以来被幼教界广泛认同的关键口号,教师以及活动设计者不仅重视帮助儿童从生活中寻找、捕捉有关数学的内容,同时也启发儿童关注生活中的数学问题,并学习运用数学思想解决这些问题。

生活性还体现在幼儿园教育活动的途径、环境、场所方面。幼儿园教育活动的实施是渗透于幼儿一日生活之中的,而幼儿园生活的各个环节都是贯彻和实施教育活动的有效途径。在开展教育活动的过程中,用接近儿童生活、结合生活情境的方式可以使儿童在回归真实生活的情境中,体验和积累经验,更主动、积极地进入探索和学习;同时,在教育活动场所和环境方面,突破有限的"活动室"空间,走进无限的"大社会"空间,这也是生活性的充分体现。这种"大社会"空间,既可以是走进大自然的活课堂——树林、草地、山坡、花园等自然科学类的教育活动场所,也可以是博物馆、展览会、建筑群、新型社会公共设施等人文德育类的教育活动场所。

（三）趣味性

新奇、有趣,是儿童探究和加入活动的最直接而朴素的缘由,幼儿园教育活动的主要活动对象是儿童,因此,教育活动的生动有趣和丰富多样自然就成为一个显著的特点。

幼儿园教育活动的趣味性首先体现在活动内容以及活动形式上。虽然教育活动是教师或活动设计者按照一定的社会规范、教育要求,选择一定的教育内容,创设相应的教育环境而进行的带有目标意识(显性或隐性)的活动,或多或少地含有认知方面的要求,在某种程度上具有一定的知识含量,但即便是对知识和经验的追求也是以符合与贴近儿童所熟悉的生活、具有生动有趣的方式为活动前提的。因为只有这样,幼儿园教育活动才能迎合儿童的天性、唤起儿童的热情、引发儿童的探究并促进儿童的发展。

幼儿园教育活动的趣味性还体现在活动环境和材料的丰富多样上。儿童总是在与环境和材料的相互作用过程中获得启迪、引发探究并取得发展的。幼儿园教育活动为儿童提供或创设新奇、多变的环境与材料,能满足儿童的好奇心,激发他们的探究欲;提供或创设可供操作、实验的环境与材料,能满足儿童的好动天性,激发儿童的思维;提供或创设自然、真实的环境与材料,能满足儿童回归自然的愿望,鼓励儿童大胆体验与积极创造。

(四) 动态性

20世纪英国课程专家斯腾豪斯针对目标模式提出了一种"生成性"目标取向的课程,即"不应以事先规定的结果为中心,而要以过程为中心",他认为儿童的行为结果是无法预测的,因此,课程和教育活动应是广泛的、动态的。

幼儿园教育活动的动态性首先反映为活动过程上的动态。这种强调动态的过程,使得幼儿园教育活动能够随时随地根据儿童的最近发展区调整目标,适时地加以引导并不断地使活动生成和深入,进而促进儿童的发展。而教师与儿童作为幼儿园教育活动中相互作用的统一体,其在教育活动过程中并不是僵化的、一成不变的,而是一个不断互动的动态的过程,因为"教育活动作为人的一种基本活动,从内容到形式,都体现了一定的社会关系,它在本质上也是一种社会活动,其最基本的形式是一种互动"①。幼儿园教育活动中的互动既包括教师与儿童之间相互影响的行为和过程,也包括儿童与儿童之间的彼此作用。这种动态性和互动特征不仅是作为活动主体的儿童和教师最基本的社会活动形式,也是帮助儿童实现知识建构并保证教育活动最终促进儿童发展的重要条件。

当然,动态性也体现为幼儿园教育活动环境上的动态。教育活动环境的动态是指根据儿童的兴趣以及与环境相互作用的情况,基于教育活动的流程,不断地调整环境、重新构成环境。具体表现在:(1)动态的环境是顺着儿童活动的进程而进行的环境。由于儿童活动的展开是向着多个方向变化发展的,教师要构成能与儿童相互作用、使儿童获得丰富体验的环境,就有必须顺着儿童活动的进程来构成环境。为此,教师必须注意了解、把握儿童的内心活动。(2)动态的环境是不完备的、能给予儿童充分发挥想象和自主性的环境。教师应尽量让儿童能够移动、重组、改造环境,让儿童不断地发现问题并沉浸在解决问题的活动之中。(3)动态的环境是在教育活动的引导性和儿童活动的自主性之间形成平衡的环境。为了使儿童向着教育目标所指的方向发展,使儿童积累必要的经验,教师必须有计划地为儿童构成具有教育价值的环境,同时为了使儿童能不断自主地开展活动,教师也必须顺着儿童活动的发展不断地对环境进行调整和修改、构成和再构成,即实现两者间的平衡。

三、幼儿园教育活动的基本类型

幼儿园教育活动的主体是儿童,但活动的对象多种多样,构成因素也各不相同,这就形成了不同类型的教育活动。从不同的角度出发,可以将幼儿园教育活动分为不同的基本类型。

---

① 谢维和.教育活动的社会学分析——一种教育社会学的研究[M].北京:教育科学出版社,2000:87.

(一) 从幼儿园教育活动的结构出发

根据幼儿园教育活动的不同结构,可以分为学科领域结构的教育活动(它通常包括语言活动、数学活动、科学活动、音乐活动、美术活动和体育活动六种类型)和主题单元结构的教育活动两大类。前者比较强调各学科领域的内在逻辑结构,注重儿童的关键经验、学业知识和技能,具有较强的可操作性;而后者则更强调多种教育因素和儿童发展领域的全面整合,它有机地将不同学科领域的教育内容,在不同程度上、以不同方式整合于一个(或若干个)教育活动中,体现了教育活动的综合性、整体性。主题单元结构的教育活动已逐渐成为了幼儿园教育活动的主要类型。

(二) 从幼儿园教育活动的特征出发

根据幼儿园教育活动的特征不同,可以分为生活活动、游戏活动和学习活动。幼儿园教育活动具有三个方面的特征:(1)计划性、目的性;(2)儿童的主体性、教师的主导性;(3)形式的丰富性、多样性。因此,从广义的角度来说,在幼儿园的一日活动中,凡是符合以上三个基本特征的活动都可以理解为幼儿园教育活动,而不是狭隘地将其仅仅界定为作业(或学习、学科)类的教育活动。因此,幼儿园教育活动应当包括生活活动、游戏活动和学习活动。

由于本书的编写应考虑尽量不与《学前儿童游戏》《学前儿童健康教育》等教材重叠或覆盖,因此,本书所涉及的幼儿园教育活动将不对生活活动和游戏活动两类作更多的展开,而是以学科领域为内容的学习活动为主,当然,即使是学习活动,也涉及与其他活动的相互渗透和融合。

(三) 从幼儿园教育活动的内容领域出发

根据幼儿园教育活动的不同内容,可以分为健康领域教育活动、语言领域教育活动、科学领域教育活动、社会领域教育活动和艺术领域教育活动五类。当然,幼儿园的教育内容应当是全面的、启蒙性的和相互渗透的,这种划分只是相对的。

(四) 从幼儿园教育活动的性质出发

根据幼儿园教育活动的不同性质,可以分为由儿童自主生成的教育活动和由教师预先设置的教育活动两类。前者更关注儿童的兴趣、儿童的学习需要,是基于儿童偶发性的探究和兴趣产生的内部动机的需要,引导和帮助儿童生成某个主题的活动;而后者更强调教师的计划组织和直接指导,是在教师设定教育活动目标、提供活动环境和材料,并有计划地实施指导的活动。

(五) 从幼儿园教育活动的组织形式出发

根据幼儿园教育活动的不同组织形式,可以分为:

(1) **集体教育活动**:是由教师有目的、有计划地组织全班幼儿在同一时间、同一空间下所进行的统一的活动。此类活动一般计划性较强,组织比较严密,时间比较固定。

（2）区角（小组）活动：是由教师创设一定的环境，提供相应的材料并给予一定的间接影响的教育活动，如多功能活动室、活动区、活动角等。儿童可以在同一时间单元内选择不同的活动内容，一般组织比较宽松自由，时间相对自由，儿童可以相互合作，也可以个别操作。

（3）个别活动：是根据个别儿童的特殊需要安排和进行的教育活动，一般包括对具有特殊才能或发展有障碍的儿童的个别教育以及部分供儿童自由选择的活动。

四、幼儿园教育活动与幼儿园课程

幼儿园教育活动和幼儿园课程是两个在理论层面的探究和实践层面的操作中都密切相关的概念。关于课程的定义，由于解释的立场和角度不同，自然就有了不同的界定，而每一种课程定义的背后都隐含着不同的教育哲学和价值取向。奥利瓦曾对课程本质内涵的多种限定作了统计和归纳，提出了13种具有代表性的课程观：（1）课程是学校中传授的内容；（2）课程是一系列的学科；（3）课程是教材；（4）课程是学习计划；（5）课程是系列学习材料；（6）课程是科目顺序；（7）课程是系列行为目标；（8）课程是学习的进程；（9）课程是在学校中所进行的各种活动；（10）课程是在教师指导下，在学校内外所传授的内容；（11）课程是学校全体教职员工所设计的事情；（12）课程是学习者在学校所经历的经验；（13）课程是学习者在学校所获得的一系列经验。① 从这些课程定义的不同维度中，我们可以看到学科、计划、教材、活动、经验是与课程密切相关的一些要素，课程观正是在对这些要素进行规定和描述的基础上演绎而成的，幼儿园的课程理念和思想也同样受到此课程观的影响。但由于受儿童的身心发展和年龄特点所限，幼儿园课程体现出一定的特殊性，这种特殊性表现在幼儿园课程必须以儿童的生活为逻辑起点，以儿童的兴趣和需要为出发点。因此，幼儿园课程必然更强调开放性，更体现与儿童的活动相关、与儿童的经验相关。对幼儿园课程的界定既有广义上的理解，也存在狭义上的定义：如果我们从广义上将幼儿园的课程界定为幼儿园进行的各种活动的话，幼儿园课程和幼儿园教育活动几乎是两个等同的概念；如果我们从狭义上将幼儿园课程理解为一种教材或文本的话，幼儿园课程和幼儿园教育活动就是两个互相关联的概念，其中，幼儿园课程是幼儿园教育活动设计及实施的依据和基础，幼儿园教育活动则是幼儿园课程得以实现的中介和途径。由此可见，幼儿园课程和幼儿园教育活动是密切相关的。可以这样说，在不同的课程观和课程样式的支持下就会产生不同的教育活动设计和实施状态；或者说，我们在幼儿园所见的各种不同面貌的教育活动背后一定有与之相对应的幼儿园课程理念的支持。

当然，对幼儿园课程的理论探究和设计，可以由课程专家、学科专家、研究或管理机构的成员以及教师共同承担，而幼儿园教育活动的设计则是每一位教师所要面对和接受的工作。因此，对教师而言，相较于幼儿园课程，幼儿园教育活动（设计与组织）更为重要，它是一个专业教师应用教育原理分析研究教育现象，推动和保证幼儿园教育工作科学化、高质量、高成效进行的关键因素。

---

① 朱家雄.幼儿园课程（第二版）[M].上海：华东师范大学出版社，2003：2—3.

第二节　幼儿园教育活动设计的基本含义与原则

幼儿园教育活动设计作为一门研究儿童学习和促进儿童学习的应用性学科,是以对教师引起、维持和促进儿童学习的所有行为的关注为出发点,并以研究儿童的发展作为落脚点的。

幼儿园教育活动设计作为一门学科,具有一个结构化的理论和实践系统,这一系统中包括了对促进儿童学习的方法、条件、经验、情境、资源等的开发与研究。在对这一结构体系展开具体、深入的论述之前,我们有必要先来讨论和明确一些相关的概念。

一、幼儿园教育活动设计的含义与基本特征

"设计"一词的原意是指在正式做某项工作之前,根据一定的目的要求,预先制定规划、方法、图样等。虽然它已被广泛地运用于众多领域之中,并在特定领域的范围内,其含义有不同界定,但一般来说,"设计"是指在创造某种具有实际效用的新事物或者解决新问题之前所进行的探究式的系统计划过程,是一个包含分析与综合的深思熟虑的精心规划过程。因而,它并不等同于那些精确、细致的专门计划,而是以问题的沟通为起点、以解决问题的实施规划为终点的,它注重的是规划和组织。也就是说,设计的过程独立于实施的过程,它着重于对计划对象进行安排和规划,找出相关因素和可能产生影响的条件,并对其进行控制。

幼儿园教育活动设计可以被看成是对教师教学组织行为的一种预先筹划,它是对一系列外部事件进行精心设计和安排的过程,其目的是支持和促进儿童内部的学习。它是由创设一定的学习经历所组成的,通过特殊的转换和发展,确保学习经历卓有成效并能够达到特定的学习目标。事实上,它是为促进儿童学习而对学习过程和资源所作的系统安排,是分析儿童的学习需要和目标以形成满足学习需要的互动系统的全过程。它包括对学习活动目标的设定,对学习对象、学习需要的分析,对学习情境的发展,对活动资源的开发和利用,对学习过程的安排和调整,对学习对象行为的预测和评估等。

教育活动设计与一般的设计相比,具有以下几方面的特性:

教育活动设计是以关于教和学的科学理论为基础的,而教和学的科学理论与其他的科学理论一样,是对现实世界假设性的说明。从某种意义上来说,教育活动的设计者就好像设计工程师,两者都是根据以往成功的科学原理来计划将要开展的"工作"的,不同的是工程师按照物理学法则,而教育活动设计者则按照教与学的基本原理和规律进行设计;两者都试图使设计的结果更有效。[①]

在幼儿园教育活动设计过程中,设计者(或教师)通过一系列有目的、有计划的系统设计,

---

① 孙可平.现代教学设计纲要[M].西安:陕西人民教育出版社,1998:8.

对即将形成的"作品"作出构想和规划,而这种构想和规划的基本支撑依据就是涉及儿童发展和教育教学的相关学习理论和教学理论。可以毫不夸张地说,正是相关学习理论和教学理论为幼儿园教育活动设计中如何为儿童提供学习前的准备、如何引发儿童的探索性学习、如何为儿童创设丰富的学习环境和材料、如何合理而科学地介入和调整儿童的学习过程等一系列环节和技术的运用找到了切实可行的理论依据。幼儿园教育活动设计是在一定的学习理论和教学理论指导下对教育活动的系统规划过程。

（一）技术性

一般来说,教育活动过程是为了便于学习者(儿童)达到预定的目标和意图所进行的传递、转换和共享信息的一系列行为活动。幼儿园教育活动设计是一种诱发、使学习者产生一定的学习经验和学习环境,以激起学习者的学习兴趣,帮助学习者更好地获得特定的知识技能和提高学习效率的技术过程。在这个过程中,设计者(或教师)所承担的工作是极富创造性和负有重要责任的。它不仅需要教师全身心地投入,也涉及一定的设计技术,其中既包括对教育活动目标的设计技术、教育活动指导策略的设计技术,还包括对教育活动评价的设计技术以及教育活动资源开发的设计技术等。而这种技术性,既体现在幼儿园教育活动的设计过程之中,也体现在教育活动的实施过程中。由此可见,技术性也是贯穿在幼儿园教育活动设计中的一个最明显的特征。

（二）创造性

对于幼儿园教育活动的设计者(或教师)来说,教育活动设计是其有意识、有目的地为优化教育活动过程、达成最优化教学效果而主动构思、设想和规划的一种预期方案。这种方案和计划本身会带有明显的设计者个体的主观性,能反映设计者个体对于儿童发展、教育价值、教学理念、学习原理和教学规律的诠释。从这个意义上来说,幼儿园教育活动设计实际上是一种设计者(或教师)兼容创造性、学科性、决策性的研究活动,它是设计者(或教师)背景范畴、经验范畴、组织化的知识范畴等三方面因素综合作用的产物。同时,这一特性也从侧面反映了这一综合、复杂的活动设计过程并不存在着一个标准的、统一的、可参照的、可选择的模式和流程,它应该是设计者(或教师)富有创造性的"个人产品"。

（三）广泛性

从幼儿园教育活动设计的定义中可以看出,设计过程涉及了大量的活动,从最初的计划步骤、活动内容安排到整个过程中的创造性活动,都是为了确保教育活动顺利、有效地进行。可见,幼儿园教育活动设计中包含了一系列广泛的活动。如果在某种学习环境中活动设计不能提供适当的活动以支持儿童的学习,促使学习顺利而有效地完成,那么,这个设计就是失败的。或者说,如果缺乏对活动设计的一系列影响因素和条件综合、全面、整体的把握,就不可能体现活动设计的广泛性和多元性。但对于一个教育活动设计究竟应该包括哪些活动,即使是教育研究专家也没有一个完全统一的看法。有些人认为,教育活动设计首先必须包含对学习和教学的监测及维持活动;另一些人则认为,教育活动设计还应该考虑对教育方法的选择、理解、改进和运用以及根据教育规律、儿童特点对教育活动环境、材料的设计等。由此可见,教育活动设计过程事实上与很多方面的发展活动是密不可分的,是一个交叉联系、不断派生的系统过程,具有广泛性的特点。

二、幼儿园教育活动设计的意义

幼儿园教育活动设计与实施是在教育科学研究的大背景下产生的一个新课题。加强幼儿园教育活动设计的意义在于以下几点。

(一) 幼儿园教育活动设计可以帮助儿童学习、促进儿童发展

尽管在托幼机构中,儿童的学习更多是以一种群体学习的方式存在的,但教育活动设计强调儿童的个体特点和差异,促进不同发展水平儿童个体学习的宗旨是不容置疑的。教育活动设计所关注的并不是学习群体在社会中能力和观念的变化,也不过多考虑社会信息和态度对学习群体的影响,而着重关注和考虑对个体学习的支持与引导。因此,幼儿园教育活动的事先规划和设计,可以更多地从学习个体的角度出发,通过设计者(或教师)的工作,帮助不同儿童作为个体有效地学习。

有目的、有计划的活动设计还能够影响和促进儿童的发展。尽管只要我们为儿童提供一个适当的环境,儿童就能够以他们自己的方式成长起来,然而对于那些没有经过系统设计和规划的活动,即使可以使儿童获得某些发展,却不能保证使儿童能获得现在和未来社会中所有必需的、有益的经验与能力。因此,进行教育活动设计的最基本意义就在于确保儿童能最大程度享受教育的益处,享受活动的乐趣,确保每个儿童都有相同的机会发挥他们的潜能,既着眼于儿童的当前发展,也关注儿童的长远发展。

(二) 幼儿园教育活动设计可以引发教师思考并选择行为策略

教师作为教育活动的设计者,除了对活动内容以及承载不同形式、内容要求的材料作出选择外,还应当考虑的是在活动中选择什么样的行为策略才是适当的、合理的、有效的。有的教师习惯把注意力放在自己及自己想要教给儿童的知识或技能内容上,往往会倾向于采用演示式的、教授式的、强化式的教育方法介入儿童的学习活动;而另一些教师则可能会把教育的中心放在儿童身上,而不是教材上,他们优先考虑和关注的是儿童的需要、儿童的学习特点,着眼于创设适当的问题情境,着眼于师生之间的"对话",着眼于激发儿童自主的学习,以促进儿童的发展和成长。事实上,在不同行为策略产生的背后都暗含着设计者(或教师)的教育观念。在当今社会经济和文化的推进与变革中,注重儿童自发、自主学习的新教育观逐渐得到宣扬,对于儿童的自主学习需要教师采取什么样的教育行为策略的问题,正越来越受到幼儿园教师的关注和重视。

通过幼儿园教育活动设计,可以引发教师对介入儿童学习的教育行为和策略的思考,从而

更好地促进教师根据具体的、不同的教育活动内容和材料，根据儿童的成熟水平和经验，根据学习的环境条件以及教师自身的条件和素质等综合因素来考虑、选择"适合"的行为策略，以支持、鼓励儿童的自主学习和相互学习。

（三）幼儿园教育活动设计可以优化活动过程，提高活动效果

教育活动设计是在全面了解儿童是如何学习的基本前提下，在掌握儿童学习理论、儿童发展理论及其他相关学科理论的基础上，在充分考虑学习发生的各种可能的条件下展开的一种系统方法。它包括一系列相关的"操作"：分析学习者的需要、特性；确定教育活动设计的目的、顺序；选择活动的主题、内容以及希望达到的一般目标；设计安排达成目标的教学方法和学习活动；选择配合学习活动的各种资源；准备对学习结果的评估指标；确定如何为学习者提供学习前的准备、学习中的调整等。其中，学习者、活动目标、学习/教学方法及评估是四个最关键的因素，它们之间具有不可分割的密切关系，构成了教育活动设计的主要过程。

由于幼儿园教育活动设计的一系列系统方法都是围绕着活动过程而展开的，即设计者（或教师）从可能影响儿童活动过程的诸多因素出发，努力使教育活动设计成为一个优化的、组织结构科学的、系统的、合理的活动过程，为实现活动过程的改善并最终获得卓有成效且吸引人的活动效果提供保证。

三、幼儿园教育活动设计的基本原则

幼儿园教育活动设计是教师为促进儿童发展而有计划、有目的地开展的一项创造性工作，它是建立在教师把握和分析活动对象的特点，制定适宜的教育活动目标，合理选择教育活动的内容与形式，并充分创设教育活动的环境和调动其他要素的基础之上的。因此，对于这样一种与教育目标、教育观念、教材教法、教师及儿童、环境及时空等各项因素相关的设计工作，为了促使其科学、合理而有效，有必要在设计中提出以及遵循一些基本的原则和要求。

（一）发展性原则

发展性原则是指在教育活动设计中必须准确地把握儿童的原有基础和水平，并以此为依据着眼于促进儿童在身体、认知、情感、个性以及社会性等方面的全面整体发展。它包括两层含义：一是指教育活动的设计应以促进儿童的发展为出发点，应当适应儿童的发展水平，考虑儿童的原有基础。教育活动的目标和内容应以儿童的身心发展成熟程度及可接受水平为基础，既不任意拔高，也不盲目滞后。在教育活动的设计中，教师必须从儿童身心发展的现实水平和已有的"内部结构"出发，既照顾儿童的现实需要、兴趣和能力水平，也考虑儿童长远发展的需要和价值，以促进儿童在现有基础上的进一步发展和提升。正如著名心理学家维果茨基所认为的，教师应在儿童的两种发展水平，即较低层次上的已有发展水平和较高层次上的需经帮助而达成的水平之间确立其"最近发展区"，使教学建立在"最近发展区"的基础上，从而使教

育活动更好地真正地促进儿童的发展。二是指教育活动的设计也应以促进儿童的发展为落脚点,应当始终以"发展"作为教育活动设计的核心,无论是在教育活动目标的制定、内容和材料的选择上,还是在方法和组织形式的运用上,都要以如何有利于促进儿童的发展作为依据和准则。当然,这种发展也应当是全面而综合的,既包括儿童身体方面的发展,也包括儿童智能、情感和社会性等方面的发展,它们应当是以合理而有机结合的整体形式体现在幼儿园教育活动设计之中的。

(二)主体性原则

主体是相对于客体而言的,一般说来,它是指有目的、有意识地从事实践活动和认识活动的个体。教育活动既可视为一种认识活动,也可视为一种实践活动,从幼儿园教育活动本身的呈现特点来看,教师和儿童在教育活动中是共同参与、相互配合的,他们理所当然都是教育活动的主体。但是,在幼儿园教育活动设计中的主体性原则是针对教师的角色和工作而言的,它要求教师把握好以下两点:(1)教师必须坚持遵循和体现以儿童作为活动主体的原则,在活动内容的选择以及活动形式的安排方面注重激发儿童的能动性、自主性、创造性,通过为儿童创设具有兴趣性、探索性、及可供儿童自由交流和操作的环境与材料,引发儿童积极主动地与环境相互作用,以获得相应的经验,并使儿童在自己发现和解决问题的过程中发展能力。虽然教师根据社会的要求和教育的目标可以对儿童施加一定的教育影响,但教师绝不能代替儿童实践、代替儿童发展。只有当教师的教育影响能够促使儿童真正成为自己学习和发展的主体时,教育的既定目标才有可能得到最好的实现,教育的理想效益和最优化才有可能达成。因此,教育活动设计中的主体性原则首先是教师在教育观念上的转变和认识,其次才有可能落实和体现在教育活动设计的行动层面。(2)教师应当在重视儿童主体性的同时,适时、适地、适宜地发挥教师的主体性,即在活动设计中正确地认识和把握好教师自身的角色及其对儿童学习与活动的"指导"。教师的主体性发挥首先体现在活动设计中教师对自身参与活动态度的认识和把握上,教师应当以饱满的热情和积极的态度融入儿童的活动之中,努力营造一种民主、平等、宽松、自由的活动氛围,在满足儿童需要和意愿的同时潜移默化地发展儿童的自主性。此外,教师的主体性发挥还体现在活动设计中对自身介入角色的定位和把握上,教育活动作为一种师幼双边互动的活动,教师与儿童的互动方式可以是"指导性的互动",也可以是"引导性的互动"和"中介性的互动",在与儿童交流和互动的过程中,教师不应当是一个"高高在上"的权威和领导者,而是儿童活动和学习的参与者、合作者、支持者。同时,教师的主体性并不仅仅体现在其对儿童活动的直接指导方面,而且也体现在其对儿童活动的"隐性支持"方面,而这种"支持"能够使得教师在活动设计中对其"主导"的作用和价值有一个更正确而全面的把握,进而更好地促进儿童的学习和发展。

(三)渗透性原则

渗透性原则是指在教育活动设计中将不同领域的内容、不同的学习形式与方法有机地融合,并将其作为一个互相联系而不可分割的完整体系来对待。虽然幼儿园教育活动从不同的侧面可以进行人为的分类,但它在促进儿童发展的目标上所涉及和涵盖的是儿童在不同领域、不同层面的整体发展,《幼儿园工作规程》中早就提出幼儿园教育的任务之一是使"德、智、体、美等方面的教育应当互相渗透,有机结合",且提出要"充分发挥各种教育手段的交互作用"等。因而在教育活动的设计与实施中必然要求各个领域之间的相互渗透和有机整合。教育活动设计中遵循渗透性原则主要体现在两个方面:(1)教育活动内容的相互渗透和整合。幼儿园教育活动的呈现是以儿童的生活经验为基础的综合式、主题式活动,它是以儿童的生活和经验为起点而构建起来的活动,活动的内容涉及科学、艺术、语言、社会、生活等各个方面,将这些不同领域的内容以一定的主题活动的方式加以整合,使其在一个或若干个教育活动中相互渗透、补充,既符合儿童的年龄特点、认知特点,也有利于儿童对活动的介入和参与。(2)教育活动形式的相互渗透和整合。一方面是指将集体进行的、正式的教育活动形式与个别选择的、非正式的教育活动形式相互渗透和结合;另一方面是指在一个教育活动的设计中将不同的学习形式与方法加以相互渗透和组合,让儿童在操作、实验、游戏、体验、表现、创造等不同的学习形式下加深对活动内容的把握,更好地获得活动经验和学习经验。

(四) 开放性原则

开放性原则是指在教育活动设计中,教师既要根据一定的教育目标要求和内容范围,在预测、分析儿童的学习需要以及年龄特点的基础上,积极主动地为儿童创设和提供可促进其学习的环境与资源,即对教育活动进行必要的预设。同时,更应当遵循充分地调动儿童的兴趣、儿童的探究和儿童的需要等原则,给教育活动设计留有足够的空间,这种空间是随时随地为儿童偶发的、自然生成的、即时体验的活动而准备的,因此,从这个角度来说,教育活动设计也应当是一个更开放的活动过程,而不是一个预先设置且一成不变的过程。开放性原则在活动设计中可以具体体现在以下几个方面:(1)目标开放、灵活和适时的调整。教师在对活动目标的设计和表述上不应一概纯粹从行为目标的取向着手,而应当从活动的类型、儿童的年龄、空间、时间、环境等多方面加以考虑,综合地区别对待,比如区角活动目标和学科活动目标的区别,集体活动目标和个别、小组活动目标的区别等。(2)内容的开放、丰富和多元。教师预设的教育活动内容都是其认为对儿童发展和获得知识经验有价值的,但它们是不是儿童真正需要和有兴趣的呢? 显然,要在这两者之间达到一种和谐与一致,就需要教师允许儿童有自己的要求、自己的主张和自己的选择,教师在活动内容的把握上要注意尺度,要给儿童留有足够开放的空间。(3)形式的开放、多向和灵活。在教育活动设计中,教师对活动基本形式的把握应当结合活动的内容、儿童的特点等各方面因素加以考虑。对于不同活动类型应设计和考虑变化的、多样的活动组织形式;对于不同发展水平的儿童应当允许有不同的活动形式;应当能够为儿童随即可能生成的、新的活动内容和探索兴趣创设支持性的活动形式,以真正满足儿童的学习需要。

第三节　幼儿园教育活动设计的理论基础

幼儿园教育活动设计作为一门对儿童学习的所有方面进行分析、创设、实施、评价以及研究的学科,是根植于一定的理论基础之上的。这些理论将直接影响教育活动设计者、实施者对活动设计的理解以及对活动目标、活动内容、活动实施和活动评价等环节的应用。总体说来,影响幼儿园教育活动设计的理论基础有一般系统理论、学习理论和教学理论三个方面。

一、一般系统理论与幼儿园教育活动设计

系统是指为达到共同的目的,由相互作用、相互联系的许多要素构成的一个整体。[①] 系统不但有多种类型,而且每个系统又可以有它的子系统,一系列子系统之间也是相互关联的。任何系统一般都包括五个要素:人、物、过程、外部限制因素及可用资源,这五个要素之间是紧密联系的。幼儿园教育活动是一个由教师、儿童、活动内容、活动条件和环境等因素组成的系统,是一个各构成因素、流程和信息控制之间相互联系的复杂系统,是一个由输入(建立目标)—过程(导向目标)—输出(评价目标)构成的完整过程。因此,一般系统理论能为幼儿园教育活动设计提供一种科学的方法论基础,并对构建幼儿园教育活动学科体系产生举足轻重的影响。

在幼儿园教育活动这个特定的系统内,其本身具有一定的系统组织结构,我们可以从不同的角度将其分为一系列相互关联的子系统:从学科领域的角度可以分为语言活动、数学活动、音乐活动、美术活动、科学活动、体育活动;从组织形式的角度可以分为集体活动、区角活动和个别活动;从活动性质的角度又可以分为以教师为中心的预设性活动和以儿童为中心的自主生成性活动等。所有的子系统都是整个教育活动系统的有机组成部分,而且通过子系统各自的设计、实施和评价过程,构成了幼儿园教育活动系统的结构,正是这个结构决定了幼儿园教育活动系统所具有的性质和功能。在幼儿园教育活动的设计中,设计者(或教师)只有清楚地了解活动系统的各个组成部分以及不同子系统的作用过程和相互关联性,才能从系统整体观出发,根据儿童发展和活动环境的分析制定教育活动目标、选择活动内容,并有效地运用系统反馈对教育活动进行调整修正,以更好地促进教育活动系统的组织化、结构化和整体优化。

首先,以一般系统理论为基础设计幼儿园教育活动,能够促使和帮助设计者(或教师)自觉地运用一种系统的方法。这种系统方法不仅体现在能够为教师提供一种思考和研究活动信息、教学事件的方式方法,通过从系统环境中收集到的有关信息的反馈(正反馈或负反馈)对教育活动系统不断地进行修改和调整,以促进新的再组织和再进化过程发生(这种系统的调整特性正是保证幼儿园教育活动合理、有效,真正促进儿童发展的关键所在);而且也能够为教师解

---

① 孙可平.现代教学设计纲要[M].西安:陕西人民教育出版社,1998:42.

决某个教育问题或满足某种需要提供一种实际的帮助。

其次,以一般系统理论为基础设计幼儿园教育活动,还能够为设计者(或教师)进行活动设计提供一种系统工具,比如活动设计的流程图,它可以帮助教师更简明、形象地看懂和理解整个活动设计过程,包括从分析学习者需要、学习任务到教育活动设计模式完成的全部过程。当然,在幼儿园教育活动设计之中用系统方法有时也许会因太过追求结构而陷入机械化的误区。但是,我们并不能借此就对一般系统理论本身产生认识上的偏差,实际上,它正是一种使混乱的事情变得有序、有意义的方法,在强调它的有序、结构化的同时,也并不妨碍其创造性的发挥,关键取决于设计者对其价值的正确定位和合理应用。

二、学习理论与幼儿园教育活动设计

学习理论是教育学的一门分支学科,它是指描述或说明人和动物学习的性质、过程与影响学习的因素的学说。[①] 由于教育活动设计原本就是为支持儿童更有效地学习、为寻求最佳的学习途径而进行的筹划和组织,而学习理论则在一定程度上描述、解释和预言了学习的规律性以及学习的过程等方面的问题,因此,以学习理论作为教育活动设计的理论基础自然是顺理成章的。长期以来,在许多有关学习的理论中,有两大理论体系各持一端,并产生了比较大的影响:一是行为主义学习理论,二是认知主义学习理论。

(一) 行为主义学习理论与幼儿园教育活动设计

在 20 世纪前半叶,行为主义在学习理论中成为主流,它把学习所引起的变化看成是行为的相对持久的变化,视学习者的外显行为变化为学习发生的唯一依据。巴甫洛夫的经典条件反射、桑代克的联结主义、赫尔的系统行为理论、斯金纳的操作条件反射等都是这一理论发展过程中的代表性学习观,它们虽各有差异,但同属行为主义流派,都关注学习的强化、信息的保持及迁移、学习者行为操练等,也非常强调环境对学习影响的重要性。行为主义者认为,"当学习者对某种特殊的刺激作出了适应的反应,就表明产生了'学习',这种刺激与反应的联结正是行为主义学习理论的要点"[②]。这种学习理论为建立一整套包括任务分析、教学方法、教学评价、教学测量在内的教学设计体系打下了基础。

在幼儿园,行为主义学习理论对教育活动设计与实施的影响主要表现在以下这些方面:(1)受行为主义学习理论"环境对学习的重要性"观念的影响,在幼儿园教育活动设计中非常重视对学习环境的设计、对儿童学习任务的分析,把创设学习情境、促进儿童学习作为最重要目标之一。(2)受行为主义"程序教学"思想方法以及"小步子、循序渐进、序列化、学习者参与、强化、自定步调"等教学原则的影响,在幼儿园教育活动设计中注重对活动组织形式的思考,设计者(或教师)更关心的是如何发展儿童未来的能力和倾向,因而,从把握和确认儿童原有的知识水平开始,以小步递进的方式实施教育活动和教学。虽然这种"刺激—反应—强化"的小步骤

① 施良方,崔允漷.教学理论:课堂教学的原理、策略与研究[M].上海:华东师范大学出版社,1999:20.
② 孙可平.现代教学设计纲要[M].西安:陕西人民教育出版社,1998:57.

学习对帮助儿童获得目标所要求的内容具有一定的帮助,但是这种小步骤的学习加上了许多重复练习,忽略了儿童的需要,自然也就导致儿童对学习和活动的疲乏、厌倦。(3)受行为主义学习理论"强化"这一基本原理的影响,在幼儿园教育活动设计中特别注重为达成学习结果而进行的适当强化。在目标导向的幼儿园教育活动设计与实施中,从促成儿童掌握一定的知识技能出发,依靠练习、增加训练往往成为教师促进儿童获得信息和巩固信息的主要教育活动策略与手段。

由此可见,行为主义学习理论应用于教育活动设计的基本思路是开发一种教育活动程序系统,以准确分析学习者的行为表现、确定要达到的行为目标、设计教育活动,最终达到预先确定的具体学习结果。其中,行为分析的目的是确认学习者成功完成学习任务所需获得的一系列细小的、循序渐进的技能;而教育活动设计则指向获得这些技能的具体目标,使这些技能的获得序列化,进而使学习者最有效地达到预先规定的学习结果。这种学习理论在幼儿园教育活动设计中最基本、最突出的影响和体现就是把可观察的行为作为教育活动基础,提出用可观察行为动词来界定教育活动目标,并依此开展教育活动。

在幼儿园教育活动实践的较长一段时间里,目标模式的幼儿园教育活动曾是一种主要的活动模式,而该模式就是以行为主义学习理论为基础来编制目标的。它是一种以教育活动目标为核心和基本准则,并使整个教育活动过程都围绕着目标标准进行选择、设计、实施和评价的教育活动模式。表现在教育活动设计中,即倡导将儿童学习活动的目标以认知、情感与态度、操作技能三方面为分类标准建立系统化目标体系,尤其是在目标的表述上,要求以行为化的、可观察的语言来陈述目标,用能反映儿童操作方式的具体、恰当的动词,以外显、可观察的表现清楚地表明在活动过程中儿童将要做什么以及应做到何种程度,而不是以"理解""掌握""了解"等一类心理内隐活动的模糊语言来描述目标。这种教育活动的行为目标表述强调的是目标的可理解性、可把握性和可操作性,它给教育者(教师)实施目标,并从目标出发选择教育活动内容,以及据此评价教育活动带来一定的积极效果,但也不能否认可能由其他方面所带来的消极影响。

(二) 认知主义学习理论与幼儿园教育活动设计

认知主义学习理论主要受认知心理学的影响,其主要代表人物有皮亚杰、布鲁纳、奥苏贝尔、加涅等。与行为主义学习理论更强调学习环境对学习的影响不同,认知主义学习理论更强调学习者内部的因素,认为学习是一种组织作用,是对情境的认知、顿悟和理解,是知觉的再构造或认知结构的变化。因而,其关注和探讨研究的是学习者内部的认知活动,如知觉选择、信息编码、记忆提取、执行监控、建立期望等。

以认知主义学习理论作为教学和教育活动设计的理论基础,加涅和布里格斯认为必须强调四个前提条件[①]:(1)必须为个体而设计;(2)设计应包括短期和长期的阶段;(3)设计应实质

---

① 张华.教学设计研究:百年回顾与前瞻[J].教育科学,2000(4):27.

性地影响个体发展;(4)设计必须建立在关于人们如何学习的知识的基础之上。可见,个体的认知结构和认知过程显然是认知主义学习理论的核心。

认知主义学习理论在幼儿园教育活动设计中占据着极其重要的地位,从 20 世纪六七十年代开始,以认知主义学习理论为主要理论基础的幼儿园课程和教育活动方案便不断涌现。而随着认知心理学研究的不断深入,新的研究进展和发展动向也对幼儿园课程和教育活动的设计与实施产生了很大的影响作用。其中,最有影响也最具代表性的当属皮亚杰理论和维果茨基理论。

1. 皮亚杰理论与幼儿园教育活动设计

作为人类历史上一个伟大的儿童心理学家,皮亚杰对儿童心理发展以及学前教育所产生的影响是有目共睹的。虽然他并没有作为一个教育家来阐述其理论在教育领域中应如何应用,但作为一个发生认识论的研究者,其理论对教育所产生的影响和启示是极其深远的,尤其是皮亚杰提出的关于知识的建构理论以及认知发展的过程和阶段理论。

皮亚杰认为,知识不是被动地从环境中吸收的,也不是预先在儿童头脑中形成并随着儿童的成熟随时出现的,而是由儿童通过自身的心理结构与所处的环境之间的相互作用建构的。知识不是现实的映象,要知道一个外物,就要对它施加动作,变更它或转化它,并在这一过程中理解这一外物被构造出来的方式。这个动作就被称为"运算",它实际上是一种动作的内化。而"这里的知识,包括数理逻辑知识和广义的物理知识,对知识的理解过程也就是主体建构的过程"[①]。事实上,皮亚杰的发生认识论是一种基于主、客体相互作用的理论,它以相互作用的动作和活动作为认识的起点,儿童也正是以这几个与生俱来的基本结构为起点,开始与所处的环境相互作用,从而构建这些结构并发展出新的认知结构来的,这是一个能动的建构过程。其中,"动作是联系主客体的桥梁,动作发展了,主客体各自的联系也就得到了发展,它们分别演化成关于客体的物理知识结构和关于主体的数理逻辑结构"[②]。皮亚杰认为,物理知识是涉及客体的性质、特性方面的一种外源性的知识,它可以从主体的个别动作中获得,是一种简单抽象;而数理逻辑知识涉及的是物体之间关系的建构,这种关系并不存在于客观世界中,它需要通过主体的不断建构,由此产生一种内源性的知识,而此类知识的获得则依赖于主体的一系列动作以及动作之间的协调,它被皮亚杰称为反省抽象。但是,无论是依赖个别动作的物理知识,还是依赖一系列动作之间协调的数理逻辑知识,都发源于动作,一切水平的认识都是与动作有关的,儿童认识的逻辑化最早出现在动作水平上,然后由动作图式内化派生出运算图式。

关于认知发展的过程,皮亚杰提出了几个关键的核心概念,其中,图式是一个极其重要的术语。皮亚杰认为,从一般意义上来看,图式就是任何心理发展阶段的结构,它是人类认识事物的基础,或者说是认知结构的起点和核心,正是图式的形成和变化使认知能不断地由低级向高级发展;平衡和平衡化也是认知发展过程中的重要概念,它们不仅可以用来解释生理机能的

① 李其维.论皮亚杰心理逻辑学[M].上海:华东师范大学出版社,1990:36.
② 朱家雄,张萍萍,杨玲.皮亚杰理论在早期教育中的应用[M].上海:世界图书出版公司,1998:11.

协同作用,也可以用来解释认知的发展过程。皮亚杰认为,有机体认知发展的过程就是其内部结构与环境不断相互作用的过程,在这种与环境的作用过程中,同化和顺应是两种不同的作用方式,它们是"结伴而行"的,所谓平衡就是指同化和顺应之间的均衡状态,平衡化就是一个以同化和顺应为机制的自我调节的过程,而平衡的连续不断的发展,就是整个认知发展的过程。关于认知发展的阶段,皮亚杰把其概括为一个连续的发展过程,也是一个图式不断重建的过程,它可以划分为四个按不变顺序相继出现的、有着质的差异的认知发展阶段:感知—运动阶段(0—2岁)、前运算阶段(2—7岁)、具体运算阶段(7—12岁)和形式运算阶段(12—16岁)。认知发展阶段具有三个特点[①]:第一,阶段出现的先后顺序不变,既不能跨越,也不能颠倒,每个个体都按同样的顺序经历认知发展的各个阶段,阶段虽与年龄有关,但不完全是由年龄本身所决定的;第二,每个阶段都有其独特的图式,它决定着个体的行为;第三,每个阶段都是前一阶段的延伸和发展。皮亚杰的建构主义理论被应用于教育实践时,他为教师提出了三条劝告:"为儿童提供实物,让儿童自己动手去操作;帮助儿童发展提出问题的能力;教师应该懂得为什么运算对于儿童来说是困难的。"[②]从这三条相互关联的建议中,我们可以明显地感觉到在幼儿园教育活动设计和实施过程中,皮亚杰理论所带来的影响和启示。

(1)强调为儿童提供实物,让他们自己动手操作。皮亚杰理论认为知识的获得更依赖主体的自我建构,动作是使主体自身认知结构和外部环境获得联系的桥梁与中介,任何知识的获得都离不开动作,儿童的思维起源于动作,抽象水平的逻辑来自对动作水平逻辑的概括和内化。在这种知识建构理论的推衍和影响下,不仅出现了以皮亚杰理论为主要理论基础的学前儿童课程,如拉瓦特里的早期儿童课程(ECC)、韦卡特等的幼儿认知导向课程(High Scope)以及凯米和德弗里斯的皮亚杰式早期教育方案(EEP)等,而且也使幼儿园教育活动的设计者、实施者在一般意义上充分地认识到皮亚杰理论的教育含义并在教育活动中加以演绎和应用——视儿童为主动的学习者、建构者,在活动中充分重视为儿童提供和创设丰富的学习材料及环境,鼓励儿童自己动手操作,通过自身的感知、操作等积累经验,在思考、推理和解决问题的过程中促进自身在原有认知结构和新学习知识间建立联系,以获得粗浅的逻辑概念。

(2)强调儿童的自主活动,鼓励儿童在活动过程中的自我调节和反省抽象。皮亚杰理论为实施以儿童为中心的教育主张提供了充分的心理学依据,它使教育者更相信并主张教育应当适合不同水平儿童的发展,应当鼓励和支持儿童的自主活动,促进儿童知识的自主建构过程。关于这一点,凯斯曾经对皮亚杰理论在教育中的应用要点作过两点归纳:"①儿童接受的教学应同他们能够达到的智慧机能的类型相适应;②教学采取的一般方法应当能够促进自我调节或建构的过程。"[③]从皮亚杰理论中,教师和教育活动的设计者、实施者可以得到坚定的启示——儿童能在其自己计划、进行和反应的活动中获得更好的学习;只有顺应和适合儿童,促

---

① 朱家雄,张萍萍,杨玲.皮亚杰理论在早期教育中的应用[M].上海:世界图书出版公司,1998:4.
② 朱家雄,张萍萍,杨玲.皮亚杰理论在早期教育中的应用[M].上海:世界图书出版公司,1998:4.
③ [加]罗比·凯斯.智慧的发展——一种新皮亚杰主义理论[M].吴庆麟,张尚忠,袁军,译.上海:上海教育出版社,1994:25.

进儿童自主建构、自我调节的活动才能真正促进他们智慧的发展。由此,在幼儿园教育活动的设计和实施中,以儿童为活动中心,提倡儿童主体参与,与环境和材料充分互动,引发儿童积极思维,促进儿童自我建构、反省抽象的活动原则和不同的活动组织形式(集体的操作活动、个别的区角活动等)得到了充分的体现和重视。

2. 维果茨基理论与幼儿园教育活动设计

作为一位杰出的教育心理学家和社会文化历史学派的创始人,维果茨基关于人的高级心理机能发展的活动说、中介说和内化说的心理发展理论,关于"最近发展区"和"良好的教学应走在发展前面"的著名论断,已经在学前教育理念和实践的推衍及演绎中被成功地转化为一种看得见的教育思想、教育原则,可操作的教育实践。

作为历史文化理论的倡导者,维果茨基关于高级心理机能发展的理论和皮亚杰理论的区别是明显的。对皮亚杰来说,发展是一个像阶段(stage-like)的生物进化过程,是一个连续的"事件"[①]。与皮亚杰"从内而外"(inside-out)建构的发展观不同,维果茨基的发展观可以表述和概括为"从外而内"(outside-in)。维果茨基认为儿童高级心理机能的发展是由外部向内部的转化,由社会机能向个性机能的转化。他认为:"在儿童的发展中,所有的高级心理机能都两次登台:第一次是作为集体活动、社会活动,即作为心理间的机能;第二次是作为个体活动,作为儿童的内部思维方式,即作为内部心理机能。"他把这一从外到内的过程经典地概括为"文化发展的一般发生规律"。对维果茨基来说,发展是人的富有意义的概括化,是社会共享活动向内化过程的转化。

维果茨基有关心理发展理论的另一重要组成部分是关于活动这一中心概念的。维果茨基认为,"人的心理过程的变化与他的实践活动过程的变化是同样的"。[②] 早在20世纪20年代,维果茨基就已经注意到了活动在高级心理机能形成中的重要作用,认识到活动与心理、活动与意识的统一性,并用这一心理学原则来解释活动与儿童发展的关系,明确提出:"作为教育过程基础的应该是学生的个人活动,而一切教育的艺术则应该归结为引导和调节这一活动……从心理学的观点出发,教师是教育环境的组织者,是教育环境与受教育者相互作用的调节者和控制者……社会环境是教育过程真正的杠杆,而教师的全部作用可归结为对这一杠杆的管理。"[③]虽然皮亚杰的建构主义理论中也十分强调动作和活动在儿童发展中的重要作用,即强调儿童自主地活动,强调提供实物让儿童动手操作,强调在活动中鼓励儿童的自我调节和反省抽象,然而其理论却也不可避免地暴露出过分着眼于儿童自身的活动,低估成人在帮助儿童认知发展中的作用以及不重视社会交往和记忆等"嫌疑"。与皮亚杰强调内部的和主观经验的取向相比,维果茨基更强调的是心理发展的社会文化取向,并把儿童与其教养者、儿童与同伴之间的共同活动视为儿童发展的社会源泉。

---

① 熊哲宏,李其维.论儿童的文化发展与个体发展的统一——维果茨基与皮亚杰认知发展理论的整合研究论纲[J].华东师范大学学报(教育科学版),2002(01):7.
② [苏]列·谢·维果茨基.教育心理学(俄文版)[M].北京:教育科学出版社,1991:7.
③ [苏]列·谢·维果茨基.教育心理学(俄文版)[M].北京:教育科学出版社,1991:82—83.

心理发展的中介说是又一个与维果茨基的心理发展理论紧密联系、不可分割的理论。维果茨基认为,人所特有的高级心理机能是以社会文化的产物——符号为中介的,正是通过工具的运用和符号的中介,人才有可能实现从低级心理机能向高级心理机能的转化。而"无论在社会历史发展的过程中,还是在个体发展的过程中,心理活动的发展都应该被理解为对心理机能的直接形式,即'自然'形式的改造,以及运用符号系统对心理机能的间接形式,即'文化'形式的掌握"[①]。从以上有关维果茨基心理发展理论的简要说明中,可以清楚地看出其核心思想——人的心理发展的源泉与决定因素是历史过程中不断发展的文化,是作为人的社会生活与社会活动产物的文化。儿童与同伴、儿童与成人之间共同的社会活动不仅是儿童发展的需要,更是促进儿童发展的重要源泉。事实上,儿童的心理发展既是个体的又是社会的,个体的知识建构过程和社会共享的理解过程是不可分离的。近几年来,在世界学前教育领域产生巨大影响的意大利瑞吉欧的教育经验正是一个将维果茨基的心理发展理论有效地运用于促进儿童发展的教学之中的经典范例——在由儿童、教师、家长和社区其他人员集体学习、共同建构的一系列"方案活动"中,在儿童充分自由表达和表现的多种符号系统的反应活动中,在成人和儿童平等交流、记录并共享的探索过程中,维果茨基理论中具有文化传递需求的、指向"最近发展区"教学的特征被鲜明地呈现出来。

在幼儿园教育活动设计和实施中,维果茨基理论可以为我们带来一些启示。

(1) 社会交往对于儿童知识建构的价值。关于知识建构,皮亚杰更多强调的是个体对新知识的创建,而维果茨基则更侧重于文化和语言等知识工具的传播,更重视知识的社会建构。因为个体的主观世界是和社会相互联系的。知识是在人类社会范围里通过个体间的相互作用及其自身的认知过程而建构的。当儿童与他人共同活动和交往时,他们不仅与材料相互作用,而且在社会交互作用的过程中,通过冲突、比较、协调,调整和提升个人的认知结构。在维果茨基看来,心理工具不是个体在孤立的状态下创造的,它们是社会文化生成的产物,是由个体通过积极地参与团体的实践活动而获得的。[②] 显然,集体学习的效果要超越个体学习的效果。所谓集体学习,是指若干个体在认知、情感和审美方面共同解决问题、创造作品,在这个过程中每个人自主地学习,同时还通过向他人学习的方式来学习。这种集体学习的学习者,不仅仅指儿童,还包括成人。尽管成人和儿童在一个学习集体中扮演着不同的角色,但他们都致力于一种教与学的文化建设。儿童在作用于材料的活动过程中,不仅有与他人交流、合作和分享自己想法的需要,而且能在与他人的相互作用过程中共同建构知识。在这样的集体中,儿童可以受到材料的吸引、环境的刺激、成人的帮助、同伴的启发,所有这些都将有效地激发儿童进行自我学习和相互学习,从而使儿童的学习变得更有意义。在幼儿园教育活动设计中,教师除了充分地创设环境、提供材料让儿童操作和体验外,还应当积极地创造合作学习、相互学习的机会,促进社会互动和共同建构的学习氛围;同时,在教育活动的组织形式上更多地为儿童创设小组学

---

① 高文.维果茨基心理发展理论与社会建构主义[J].外国教育资料,1999(4):10.
② 高文.维果茨基心理发展理论与社会建构主义[J].外国教育资料,1999(4):11.

习、集体学习的活动形式,使集体学习成为支持儿童学习的有效"催化剂";另外,知识的社会建构还提示教师和教育活动设计者在考虑与构架儿童活动的内容时,不应只局限在物理知识和逻辑数理知识方面,而是要更多、更广地涉及道德和社会知识方面,重视包括认知、情感、个性、社会性、审美等各个领域的"大知识"的建构,重视儿童在活动中通过社会和人际关系获得对知识的建构。

（2）"最近发展区"和"鹰架教学"。"最近发展区"和"鹰架教学"是维果茨基提出的两个相互关联的重要概念。维果茨基认为,儿童的任何一个行为都是有两个水平的,较低水平的行为是儿童的独立行为,即儿童能够独自完成的行为或自己知道的事物;较高水平的行为是儿童在帮助下能够达到的行为,这两个行为水平之间所构成的区域就是儿童的"最近发展区"。所谓"鹰架教学"是指为儿童提供教学,并逐步转化为提供外部支持的过程。维果茨基关于"最近发展区"和"鹰架教学"的建议至今仍有价值,它不仅使教师的广泛参与合理化,更为我们思考和回答教与学这一两难问题带来了崭新的启示。在幼儿园教育活动的设计与实施中,一个优秀的、有能力的教师应当努力地为学习者(儿童)提供一个在其最近发展区内的"鹰架",进而促使学习者在一个更高的水平上发展。对于教师来说,能够发现和捕捉儿童准备向学习跨出一步的微妙时刻并适时地给予"鹰架"的能力是十分重要的。同时,维果茨基提出的这两个重要概念也促使教师重新思考和定位在幼儿园教育活动中承担的角色——教师已不再是传统意义上的讲授者、指挥者、管理者,而是与儿童共同学习、共同建构的过程中,与儿童分享、交流、互动过程中的支持者、合作者、对话者。

三、教学理论与幼儿园教育活动设计

教学理论作为教育学的一门分支学科,研究的是教学情景中教师引导、维持或促进学生学习的行为,构建了一种具有普遍性的解释框架,提供了一般性的规定或处方,以指导课堂实践。[1] 与学习理论的描述性不同,教学理论是建立在学习理论基础之上的一种处方性、规范性、实践性的理论,它关注的焦点是教学实践,关心如何促进教学。从某种角度而言,教学理论所关注和研究的,正是教学设计(教育活动设计)所追求和希望达成的目标,因此,它与教学设计(教育活动设计)的关系更直接,或者说某种教学设计(教育活动设计)就是一种教学理论的体现。

在教学理论的研究和发展历史上,曾经产生了许多颇有影响的教学论主张,如美国斯金纳的程序教学理论、布鲁纳的认知教学理论、罗杰斯的非指导性教学理论、巴班斯基的教学过程最优化理论、瓦根舍因的范例教学理论等。而作为教学设计(或教育活动设计)的理论基础,教学理论的概念模式相较于整个教学理论而言,与活动设计更为相关,因为它直接涉及课程、教学内容组织、教学活动传递、学习者个体特征等教学要素的讨论和分析。而教学的概念模式一

---

① 施良方,崔允漷. 教学理论:课堂教学的原理、策略与研究[M].上海:华东师范大学出版社,1999:19.

般可以划分为时间中心模式、任务中心模式和学习者中心模式三种。①

（一）时间中心模式

时间中心模式是一种侧重于讨论教学时间对教学效果影响的教学理论概念模式，它以变量的界定为特点。最具代表性的是卡罗尔学习模式，后来布卢姆的掌握学习模式等都是在卡罗尔学习模式的基础上构建起来的。卡罗尔学习模式提出了一个描述学习程度的经典方程式：

$$学习程度 = f\left(\frac{实际使用的学习时间}{学习所需要的时间}\right)$$

卡罗尔的学习模式中有五个变量——学习机会、学习者的耐心和毅力、学习者的理解力、学习者的能力倾向、教学质量。其中，前两个变量决定学生实际使用的学习时间，后三个变量决定学习所需要的时间。卡罗尔认为，在教学中，学生自身的内在因素（即学习者的耐心和毅力、学习者的理解力、学习者的能力倾向）是难以控制的，可以控制的是影响学生学习的外在因素（即学习机会和教学质量），因此，教学中如何安排适量的学习时间、确定具体学习目标、有效地运用教学传递技巧就显得尤为重要。

在卡罗尔学习模式的基础上，布卢姆的掌握学习模式又进一步探讨了影响积极学习时间的因素，注重对学习者和教学环境的讨论与研究。布卢姆将学习者的特征分为两种——认知先决行为特征和情感先决行为特征，并指出有效的学习是建立在具有认知特点的先行学习行为的基础之上的。在关于掌握学习的教学质量特征方面，布卢姆着重描述出了决定教学质量的特性——提示、参与、强化、反馈与校正。

（二）任务中心模式

任务中心模式是侧重于解释和促进学习发生过程的一种教学理论概念模式。较为著名的有布鲁纳的教学模式和加涅的教学模式两种。

从认知心理学的角度出发，布鲁纳认为，"人们不可能脱离知识的顺序及获得知识的方式而知道某些东西。所谓'知道某些东西'不是简单地记住它，而是能够提取出来，能够操作和使用它"②。知识的获得与储存取决于知识的结构方式，良好的知识结构不仅使知识储存"经济"而有效，而且也便于知识的迁移。因此，他提倡学习过程中应加强对知识结构和形式的分析，提倡编制学科中心的结构化教材，让学生通过自身的探究和发现把握学科的基本结构，在问题解决中促进认知发展。

加涅的教学模式源于他提出的信息加工理论，他以学习结果（学习领域）的五大分类——动作技能、言语信息、智慧技能、认知策略和态度为基础提出知识结构的概念。他在对五种学习结果的学习条件作出细致而系统分析的基础上，根据认知结构学习理论的信息传播与加工

① 盛群力，李志强．现代教学设计论[M]．杭州：浙江教育出版社，1998：504—507．
② 孙可平．现代教学设计纲要[M]．西安：陕西人民教育出版社，1998：69．

特征,进一步提出了支持学习过程的九大外部教学事件:(1)引起注意;(2)告诉学习者目标;(3)刺激对必备学习知识的回忆;(4)呈现刺激材料;(5)提供学习指导;(6)引发学习行为;(7)提供行为正确与否的反馈;(8)评估学习行为;(9)强化保持与迁移。加涅的教学模式为创设一定的外部条件来实现学习的内部条件以完成教学任务提供了一种可直接应用到教学设计过程中的概念模式。

(三) 学习者中心模式

学习者中心模式是一种更强调学习者的重要性,把有效的教学建立在对学习者个体差异的分析之上的教学理论概念模式。这种教学模式是以皮亚杰的认知发展阶段理论为基础构建起来的,即根据皮亚杰提出的儿童不同的认知发展阶段来考虑课程的内容、组织与教学传递,它更强调儿童的身体和智力发展。这种教学模式的目的并不在于要求每个学习者接受所有学科规定的内容,而在于强调每个学习者都能得到个体的充分自由发展。

以上三种教学理论模式都从各自不同的侧重角度提出了相关的教学理论:时间中心模式侧重于对教学时间的分析,重点描述了与教学环境有关的变量以及这些变量与最佳学习情境间的关系;任务中心模式侧重于对教学任务的分析,注重学习发生过程以及强调利于学习的循序渐进式的教学过程;学习者中心模式侧重于学习者的个体差异,把构建有效的教学建立在对学习者个体差异的分析和区别对待上。可以说,这三种教学理论的概念模式分别从变量界定、过程描述和学习者差异的角度为教学设计(教育活动设计)提供了理论基础和依据。但是,由于在此我们着重讨论和关注的是教育活动设计,尤其是界定为幼儿园教育活动的这一种,而它毕竟不能等同于教学,因此,这三种教学理论模式就不可能直接对应地作用于幼儿园教育活动设计。同时,学前儿童的特殊性使得这三种教学理论模式对幼儿园教育活动设计在理论构思以及实践应用方面所产生的影响和作用有所不同。时间中心模式是从教学环境中的有关变量描述出发的,学前儿童的年龄特点和心理发展特点决定了幼儿园教育活动环境与教学环境的不同,因此,从教学环境中的变量出发的教学理论和模式并不能简单地迁移至幼儿园教育活动的设计中。任务中心模式虽然也是从学习过程描述出发的教学理论,并为教学设计呈现了一系列可参照的步骤,但同样也不可能直接应用于幼儿园教育活动的设计之中,只是此种教学理论的有关思想和对学习过程的分析可以为幼儿园教育活动的设计者带来一些有价值的影响和启示:(1)可以使教育活动设计者在考虑和建构教育活动的目标时,从一个全方位、整体的视角出发,以促进儿童各个领域的发展,而不是仅仅将目标局限于智慧技能和认知策略领域;(2)加涅的教学理论中对五种学习结果的学习条件所作的分析,可以为幼儿园教育活动设计者如何考察教育活动情境以及限制因素提供方向和思路。当然,也能为教师在教育活动的具体步骤和途径的设计上提供一些借鉴。相对于前两种教学理论概念模式,学习者中心模式无疑是与幼儿园教育活动设计最为相关的,也是产生影响和作用较大的一种教学理论和模式。该模式关注学习者的个体差异,强调每个学习者个体的充分自由发展,它为幼儿园教育活动设计提供了切实的理论依据。在这种教学理论的影响下,幼儿园教育活动的设计者和教师在活动设计中更注重和关注让儿童学习操作和逻辑结构,而不是内容本身;更注重对影响学习的因素的思考和把握,并逐渐认识到影响学习的因素不是教育活动内容本身,而是教育活动内容的呈现方式,由此从儿童认知发展的基础出发来设计和构建教育活动过程。当然,任何教学理论和模式都不可能是万能的,都有其适用的条件、范围和场合,教学理论和教育活动的设计实际上是相互影响、相互作用的。作为教育活动的设计者,首先应该确定活动的目标以及需要解决的实践中的问题,在此基础上再以一定的教学理论为依据,采用相应的策略来调整和解决活动中的问题。

综上所述,教育活动设计的理论基础包括一般系统理论、学习理论和教学理论,它们是以综合的方式在教育活动设计中得到体现的。一般系统理论为教育活动设计提供了活动设计的工具、过程以及对活动设计中各相关要素的系统而整体的把握;学习理论为教育活动设计提供了关于如何符合儿童学习需要、促进儿童有效学习的规律;教学理论则为如何创设有利于学习发生的教育活动环境提供了依据。只有综合、整体、合理地理解和应用这些理论,才能使教育活动的设计科学、有效和优化。

思考题

1. 幼儿园教育活动具有哪些特点?
2. 幼儿园教育活动的基本类型有哪些?
3. 幼儿园教育活动设计与其他社会领域的设计活动有什么异同?
4. 如何理解幼儿园教育活动设计的意义?
5. 你认为幼儿园教育活动设计有哪些重要原则? 为什么?

第二章 幼儿园教育活动设计中的目标和内容

《幼儿园教育指导纲要(试行)》中指出:幼儿园的教育活动是教师以多种形式有目的、有计划地引导幼儿生动、活泼、主动活动的教育过程。因此,在这一教育过程中,教师的一项重要任务就是要恰当地确定教育活动目标,选择适当的教育活动内容,以保证教育活动能够科学有序地进行,达到预期的教育目的。

第一节 幼儿园教育活动设计中的目标分析

目标是人们在活动中欲达到的境地或标准。由于教育活动的复杂性和长期性,其所要达到的境地或标准包含着多重内涵,具有一定的层次性和递阶性,所以,在教育活动设计中,为能准确理解和把握教育活动目标,就要对不同层次的教育目的和教育目标进行分析厘定。

一、不同层次的教育目标

(一)幼儿园的教育目标是什么

教育目标所体现的是不同性质的教育和不同阶段的教育的价值。它是教育目的的下位概念。在教育总目的的指导下,各级各类教育还需确定具体的培养目标。如学前教育、高等教育、职业教育等具有不同的教育目标,这些教育目标的确定也是教育目的具体化的过程。我国学前教育的教育目标具体体现在《幼儿园教育指导纲要(试行)》和《幼儿园工作规程》中。

《幼儿园教育指导纲要(试行)》规定了幼儿园教育应当贯彻国家的教育方针,坚持保育与教育相结合的原则,对幼儿实施德、智、体、美全面发展的教育,全面落实《幼儿园工作规程》所提出的保育教育目标。

《幼儿园工作规程》在第一章总则第三条中指出幼儿园的任务是:贯彻国家的教育方针,按照保育与教育相结合的原则,遵循幼儿身心发展特点和规律,实施德、智、体、美等方面全面发展的教育,促进幼儿身心和谐发展。幼儿园同时面向幼儿家长提供科学育儿指导。第五条明确提出幼儿园保育和教育的主要目标是:"(一)促进幼儿身体正常发育和机能的协调发展,增强体质,促进心理健康,培养良好的生活习惯、卫生习惯和参加体育活动的兴趣。(二)发展幼儿智力,培养正确运用感官和运用语言交往的基本能力,增进对环境的认识,培养有益的兴趣和求知欲望,培养初步的动手探究能力。(三)萌发幼儿爱祖国、爱家乡、爱集体、爱劳动、爱科学的情感,培养诚实、自信、友爱、勇敢、勤学、好问、爱护公物、克服困难、讲礼貌、守纪律等良好的品德行为和习惯,以及活泼开朗的性格。(四)培养幼儿初步感受美和表现美的情趣和能力。"

幼儿园教育目标是教育目的在幼儿园阶段的具体化,反映了幼儿园人才培养的规格和要求,对于儿童的全面发展提出了更具体的规范,表明了在教育影响下的幼儿发展变化,全面指导着幼儿园的教育教学工作。

(二) 各领域目标

教育目标需要通过具体的教育活动的展开得以逐步完成。在普通教育学中,常常把教学目标作为教育目标的下位概念,它是具体体现在课程开发与教学设计中的教育价值。在教学实践中,教学目标并不是空泛的,教学目标的确定与课程内容的选择和组织紧密地联系着,换句话说,教学目标总是以一定的课程内容为媒介,具体体现在不同的学科目标、不同的领域目标或不同的学期目标之中。它们是对教育目标进一步具体化的过程。对于幼儿园教育而言,在《幼儿园教育指导纲要(试行)》中,就把幼儿学习活动的范畴相对划分为健康、语言、社会、科学、艺术等五个领域,所以,《幼儿园教育指导纲要(试行)》所确定的各领域目标就成为了幼儿园教育目标的下位概念。健康、语言、社会、科学、艺术等五个领域是对幼儿园保教并重、全面发展的教育目标的具体化,也就是说,幼儿园教育目标在教育实践中具体通过这五个领域的目标逐步落实而得以实现。

同时,《幼儿园教育指导纲要(试行)》对每个领域各方面的目标、教育要求等加以更加明确、具体的规范,每一领域都注重发展幼儿的知识、技能、能力、情感态度等各个方面。如:健康领域重在增强幼儿体质,培养健康生活的态度和行为习惯。其目标具体涵盖四个方面:第一,适应幼儿园的生活,情绪稳定;第二,生活、卫生习惯良好,有基本的生活自理能力;第三,有初步的安全和健康知识,知道关心和保护自己;第四,喜欢参加体育活动。此外,各领域目标是依据教育目标而制定的,对具体教学过程的展开具有指导作用。

(三) 教育活动目标

教育活动目标是通过某一次或某几次教育活动所期望幼儿获得的某些发展。它是最为具体的目标,也是各教育领域目标的下位概念。

教师应根据幼儿的年龄特点、原有水平和能力、活动的内容和性质来确定具体的教育活动目标。如教师设计中班科学活动"好玩的泥土"时,提出下列教育活动目标:(1)能说出泥土的特性;(2)喜欢玩泥土,萌发对泥土的兴趣;(3)学会玩泥土后洗手。这些教育活动目标具体、明确,具有可操作性,并便于检测,它直接引导着教师的教学和评价。

可见,幼儿园教育活动目标体现的是一种对实践活动的价值追求,是可观察、可测量、可评价、可明确界定的,它具体指导着教育活动的进行,并通过教育活动效果的反馈不断得以调整和完善。

二、幼儿园目标体系的建立及其意义

(一) 幼儿园目标体系的结构框架

在教育目的的指导下,《幼儿园工作规程》《幼儿园教育指导纲要(试行)》等分别提出了幼儿园保育和教育目标,以及各领域活动目标,形成了一个完整的目标体系。一般说来,幼儿园目标体系包括:幼儿园保教目标、幼儿园各领域目标、幼儿园各年龄班及学期目标、幼儿园教育活动目标等(见图2-1)。

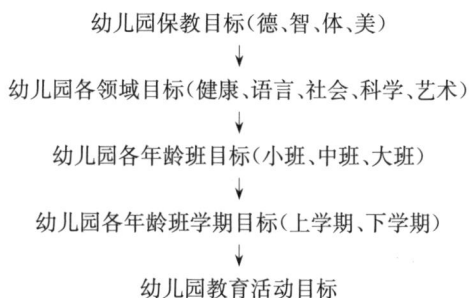

幼儿园保教目标(德、智、体、美)

↓

幼儿园各领域目标(健康、语言、社会、科学、艺术)

↓

幼儿园各年龄班目标(小班、中班、大班)

↓

幼儿园各年龄班学期目标(上学期、下学期)

↓

幼儿园教育活动目标

图2-1　目标体系的结构框架

1. 幼儿园保教目标

《幼儿园工作规程》在第一章总则第五条明确提出幼儿园保育和教育的主要目标是:"(一)促进幼儿身体正常发育和机能的协调发展,增强体质,促进心理健康,培养良好的生活习惯、卫生习惯和参加体育活动的兴趣。(二)发展幼儿智力,培养正确运用感官和运用语言交往的基本能力,增进对环境的认识,培养有益的兴趣和求知欲望,培养初步的动手探究能力。(三)萌发幼儿爱祖国、爱家乡、爱集体、爱劳动、爱科学的情感,培养诚实、自信、好问、友爱、勇敢、勤学、好问、爱护公物、克服困难、讲礼貌、守纪律等良好的品德行为和习惯,以及活泼开朗的性格。(四)培养幼儿初步的感受美和表现美的情趣和能力。"

2012年9月,教育部发布的《3—6岁儿童学习与发展指南》(以下简称《指南》),以为幼儿的后继学习和终身发展奠定良好素质基础为目标,以促进幼儿德、智、体、美各方面的协调发展为核心,通过提出3—6岁各年龄段幼儿学习与发展的目标和相应的教育建议,帮助幼儿园教师和家长了解3—6岁幼儿学习与发展的基本规律和特点,建立对幼儿发展的合理期望,实施科学的保育和教育,让幼儿度过快乐而有意义的童年。

幼儿园保教目标包含了德、智、体、美等全面发展的教育目标,它是根据儿童身心发展规律,对教育目的在幼儿园阶段要求的具体化,是引导幼儿园教育各方面工作的纲领性要求。

2. 幼儿园各领域目标

《幼儿园教育指导纲要(试行)》在第二部分提出:"幼儿园的教育内容是全面的、启蒙性的,可相对划分为健康、语言、社会、科学、艺术等五个领域",并规范了各领域的目标,具体目标要求如下。

健康领域旨在增强幼儿体质,培养健康生活的态度和行为习惯。其目标包括:①身体健康,在集体生活中情绪安定、愉快;②生活、卫生习惯良好,有基本的生活自理能力;③知道必要的安全保健常识,学习保护自己;④喜欢参加体育活动,动作协调、灵活。

语言领域旨在提高幼儿语言交往的积极性、发展语言能力。其目标包括:①乐意与人交谈,讲话礼貌;②注意倾听对方讲话,能理解日常用语;③能清楚地说出自己想说的事;④喜欢听故事、看图书;⑤能听懂和会说普通话。

社会领域旨在增强幼儿的自尊、自信,培养幼儿关心、友好的态度和行为,促进幼儿个性健康发展。其目标包括:①主动地参与各项活动,有自信心;②乐意与人交往,学习互助、合作和分享,有同情心;③理解并遵守日常生活中基本的社会行为规则;④能努力做好力所能及的事,不怕困难,有初步的责任感;⑤爱父母长辈、老师和同伴,爱集体、爱家乡、爱祖国。

科学领域旨在激发幼儿的好奇心和探究欲望,发展认识能力。其目标包括:①对周围的事物、现象感兴趣,有好奇心和求知欲;②能运用各种感官,动手动脑,探究问题;③能用恰当的方式表达、交流探索的过程和结果;④能从生活和游戏中感受事物的数量关系,并体验到数学的重要和有趣;⑤爱护动植物,关心周围环境,亲近大自然,珍惜自然资源,有初步的环保意识。

艺术领域旨在丰富幼儿的情感,培养初步的感受美、表现美的情趣和能力。其目标包括:①能初步感受并喜爱环境、生活和艺术中的美;②喜欢参加艺术活动,能大胆地表现自己的情感与体验;③能用自己喜爱的方式进行艺术表现活动。

《3—6岁儿童学习与发展指南》也根据这五个领域描述了幼儿的学习与发展,并将领域学习与发展中最基本、最重要的内容划分为若干方面,提出学习与发展的目标和教育建议。

其中,健康领域目标要求为:①身心状况:具有健康的体态,情绪安定愉快,具有一定的适应能力;②动作发展:具有一定的平衡能力,动作协调、灵敏,具有一定的力量和耐力,手的动作灵活协调;③生活习惯与生活自理能力:具有良好的生活与卫生习惯,具有基本的生活自理能力,具备基本的安全知识和自我保护能力。

语言领域目标要求为:①倾听与表达:认真听并能听懂常用语言,愿意讲话并能清楚地表达,具有文明的语言习惯;②阅读与书写准备:喜欢听故事、看图书,具有初步的阅读理解能力,具有书面表达的愿望和初步技能。

社会领域目标要求为:①人际交往:愿意与人交往,能与同伴友好相处,具有自尊、自信、自主的表现,关心尊重他人;②社会适应:喜欢并适应群体生活,遵守基本的行为规范,具有初步的归属感。

科学领域目标要求为:①科学探究:亲近自然、喜欢探究,具有初步的探究能力,在探究中认识周围事物和现象;②数学认知:初步感知生活中数学的有用和有趣,感知和理解数、量及数量关系,感知形状与空间关系。

艺术领域目标要求为:①感受与欣赏:喜欢自然界与生活中美的事物,喜欢欣赏多种多样的艺术形式和作品;②表现与创造:喜欢进行艺术活动并大胆表现,具有初步的艺术表现与创造能力。

幼儿园各领域目标是对保教目标的进一步具体化。从健康、语言、社会、科学和艺术五个方面提出具体的要求来实现德、智、体、美全面发展的保教目标。

3. 幼儿园各年龄班目标

由于不同年龄班儿童的身心发展特点不同,所以对于每一领域,各年龄班的目标要求是不同的。以"语言"领域为例,小、中、大班的要求分别如下:[①]

小班:①喜欢听普通话并愿意学说普通话,逐渐发准易错音。②能认真安静地听别人讲话。③愿意和别人交谈,能用简短完整的语句表达自己的请求和愿望。学会礼貌用语。④喜欢听老师讲述故事和朗诵儿歌,能初步理解作品的主要内容。能独立地朗诵儿歌。⑤喜欢阅读,爱护图书。养成正确的看书姿势,学会按顺序看图书,逐页翻阅,能看出画面的主要变化,在成人的帮助下看懂图书的内容。

中班:①继续学说普通话,学会正确发出困难的、容易发错的音,尤其注意方言的干扰对正确发音的影响。②集中注意倾听别人说话,围绕提出的问题正确回答。③乐于在集体中大胆回答问题,喜欢与人交谈。④能用完整的语句连贯地讲述。⑤理解故事、儿歌的内容,记住故事的主要情节。喜欢听故事,朗诵儿歌,创编、表演和复述故事与儿歌。⑥喜欢看图书,能按顺序翻阅图书,理解图书的主要内容。⑦对文字感兴趣,愿意学认常见的文字。

大班:①养成积极地运用普通话与人交流的习惯,并能从中获得快乐的体验。②提高幼儿的倾听能力,能准确地理解语言内容,把握语言信息的重点和要点。③发展幼儿的语言表达能力,能运用交谈、讲述、讨论等多种表达方式和表达技巧展开语言交流活动。④丰富幼儿对文学作品的了解和欣赏,能感知各种不同风格、不同体裁的文学作品的特点,并能尝试性地运用艺术语言。⑤喜欢看图书,激发初步的文字书写的兴趣,了解文字、标记与日常生活的关系。

同样地,《3—6岁儿童学习与发展指南》从健康、语言、社会、科学、艺术五个领域描述幼儿的学习与发展,学习与发展的目标部分分别对3—4岁、4—5岁、5—6岁三个年龄段末期幼儿应该知道什么、能做什么,大致可以达到什么发展水平提出了合理期望,指明了幼儿学习与发展的具体方向。

4. 幼儿园各年龄班学期目标

即使是同一年龄班,在不同的学期,各领域目标要求也有不同。以中班"科学"为例,上学期和下学期的目标具体为:[②]

上学期目标:①喜欢探索周围常见的事物与现象,并从中体会到快乐,能有顺序、有目的地进行观察;②会比较事物的不同点,会按某些外部特征或某一简单规律对某些事物进行分类;③能使用各种常见材料进行简单的小实验,有简单的猜想;④能用多种方式与成人、同伴等分

---

① 资料来源:"幼儿园活动整合课程指导"丛书,由周兢等主编,于2002年由南京师范大学出版社出版。
② 资料来源:"幼儿园活动整合课程指导"丛书,由周兢等主编,于2002年由南京师范大学出版社出版。

享和交流自己探索的过程及感受;⑤知道季节的变化,关心、爱护自己身边的动植物,爱惜周围的环境;⑥知道周围生活中的科技产品与人们生活的关系。

下学期目标:①喜欢探索周围环境,乐于发现,能主动参加科学活动;②学习观察方法,初步学会运用多种感官观察、有顺序地观察、比较观察,学习对物体按一定的标准进行简单分类,学习用语言和绘画等方式表达自己的感受与发现;③认识自然事物、自然现象和科技产品与人的关系,关心爱护动植物和周围的自然环境;④对一些科学现象感兴趣,了解它们在生活中的应用及其与人们生活的关系;⑤了解季节特征,引导幼儿观察周围自然事物和现象及其变化,使幼儿获得广泛的科学经验,并能在表象水平上形成初步的概念。

在具体的教学实践中,教师还要根据本班儿童的年龄特点、认知水平及本学期的要求,把不同领域的教育目标进一步分解,制定不同年龄班及不同学期的目标,这样才能为顺利完成教育任务奠定基础。

5. 幼儿园教育活动目标

不同年龄班及学期的某一领域的目标还要通过一系列的教育活动的设计和实施才能逐步完成,这样,不同年龄班及学期的某一领域目标还需分解并落实到一个个具体的教育活动之中。

如:"熟悉幼儿园环境,能适应幼儿园集体生活"是小班上学期社会领域的目标之一。为实现这一目标,教师可设计如下教育活动,包括:"高高兴兴上幼儿园""我的幼儿园""老师我爱你""小鸡和小鸭碰在一起""谁的队伍最整齐"等。这些教育活动的目标是不同的,但都是围绕"熟悉幼儿园环境,能适应幼儿园集体生活"来设定的,更加具体、明确,具有可操作性。比如,"高高兴兴上幼儿园"这一教育活动目标为:①熟悉班上的老师和小朋友,知道老师的姓氏和一些小朋友的名字;②学习礼貌用语:您早、您好、再见;③激发高高兴兴上幼儿园的愿望。

教育活动目标是幼儿园目标体系中最为具体的目标,也是教师在教育活动中最常设定的目标,为帮助教师更加科学地制定教育活动目标,我们将在后面更加详细地分析说明。

通过分析不同层次目标要求,我们可以总结出幼儿园目标体系的特点:

第一,幼儿园目标体系具有明确的层次性。幼儿园目标体系是由抽象到具体、由统一到多样,层层分解、步步落实,形成了幼儿园教育目标的阶梯式结构。这种目标体系既可帮助教师从宏观方面来把握幼儿园的目标体系及其之间的关系,又可使其从微观方面考虑如何落实具体的教育活动目标。

第二,幼儿园目标体系具有全面性和系统性。幼儿园目标体系纵横相联,构成一个相互联系的统一体,旨在实现全体儿童全面发展的目标。从纵向联系来看,各层次目标层层递进,逐步实现全体儿童的全面发展。从横向联系来看,幼儿园保教目标围绕德、智、体、美确立了全面发展的教育目标,幼儿园教育确定了健康、语言、社会、科学、艺术等各领域目标,教育活动目标从认知学习、动作技能、情感态度等方面来设定,每一层次的目标都是相辅相成、相互促进的,保证了全体儿童的全面发展。

第三,幼儿园目标体系具有连续性和递阶性。从不同年龄班及不同学期目标来看,前后目标之间具有连续性,前一个目标的实现是后一个目标的基础,后一个目标是前一个目标的继续。同时,各项目标的实现都遵循由易到难、由简到繁,递进发展,逐步提高要求,具有递阶性。如"良好生活卫生习惯的培养",由小班的"了解基本的生活常规,学习洗手、排便等",到中班的"用正确的方法刷牙、洗澡等",再到大班的"了解简单的营养知识,做值日生等",连续统一,不断递进和提高。《指南》也提出:"要充分理解和尊重幼儿发展进程中的个别差异,支持和引导他们从原有水平向更高水平发展,按照自身的速度和方式到达《指南》所呈现的发展'阶梯',切忌用一把'尺子'衡量所有幼儿。"

(二) 幼儿园目标体系确立的意义

1. 适应社会发展的需求,有助于促进幼儿全面和谐的发展

幼儿教育是启蒙教育,是基础教育,《幼儿园教育指导纲要(试行)》提出:幼儿教育应为幼儿的近期和终身发展奠定良好的素质基础。同时,幼儿教育又是未来教育,是"替一个未知的世界培养未知的儿童"[①],那么,幼儿教育如何为儿童的终身发展奠定良好基础,以适应未来社会发展的需要? 联合国教科文组织认为"教育必须围绕四种基本能力来重新设计、重新组织"[②],从而提出了教育的四大支柱,即:学会认知、学会做事、学会共同生活、学会生存。

教育的四大支柱为幼儿园目标体系的确立指明了方向。因而,幼儿教育的目标不能局限于儿童知识技能的获得,局限于为儿童入学做好准备,而是要注重儿童良好情绪、情感,健康的生活态度,与他人相处、共同生活能力等方面的培养,这样的目标有助于使儿童在身体、认知、情感、个性、社会性等方面和谐平衡地发展。

2. 适应儿童发展的需求,体现对儿童个别差异的尊重

《幼儿园教育指导纲要(试行)》认为幼儿园教育应"尊重幼儿身心发展的规律和学习特点";充分关注幼儿的经验,"引导幼儿生动、活泼、主动活动"。同时,幼儿园教育应重视幼儿的个别差异,为每一个幼儿提供发挥潜能,并在已有水平上得到进一步发展的机会和条件。因而,确立幼儿园教育目标体系,可以使我们更清楚地了解幼儿身心发展的特点,遵循其发展的共同规律,科学地确定不同年龄、不同阶段、不同层次的教育目标,从而向幼儿提供适宜的教育。它还有助于我们把握和了解不同幼儿发展的差异性,通过观察研究每一个幼儿发展的特点,提出更富有个性的发展目标,提供适宜每个幼儿发展的教育。

3. 适应教师专业发展的需求,为教师实施教育提供帮助

教师是落实全面发展教育任务的具体执行者,为此,教师应有明确的目标意识,全面把握幼儿园的目标体系。幼儿园目标体系的层层分解有助于教师理解各层次目标的关系,构架一座由抽象、概括的保教目标到具体的教育活动目标的桥梁,为教师实施具体的教育活动提供帮助和指导。

---

① 王月瑷. 幼儿园目标与活动课程[M]. 北京:北京师范大学出版社,1995:30.
② 联合国教科文组织总部中文科. 教育——财富蕴藏其中[M]. 北京:教育科学出版社,1996:75.

确定恰当的教育活动目标是教师专业发展的重要组成部分之一。目标体系的确立有助于教师在教育活动中通过观察、记录和评价儿童，加强对教学的反思和研究能力，根据本地区、本幼儿园、本班儿童的不同特点，确定科学、适宜的目标。而在具体的教育过程中，既要保证教育目标的连续稳定性，又要适时调整，生成新的目标要求，具有一定的灵活性。

三、幼儿园教育活动设计中不同的目标取向

由于对儿童发展、社会需求及幼儿园教育活动的不同理解，幼儿园教育活动目标的设计会体现出不同的价值观，从而就会表现出不同的目标取向。概括地讲，幼儿园教育活动的目标取向主要有：行为目标、生成性目标和表现性目标。

（一）行为目标

行为目标是以儿童具体的、可被观察的行为表述来设计目标的，它指向的是通过教育活动使儿童产生的行为变化，目标设计中关注的是可观察到的行为结果。行为目标具有客观性和可操作性。

幼儿园教育活动有一个完整的目标体系，行为目标强调的是目标的可理解性、可把握性和可操作性，能够指导教育者具体实施教育活动并评价教育活动效果。比如，在一个美术欣赏活动"戏剧脸谱"中，如果把活动目标设计为"儿童能够说出戏剧脸谱的颜色、样式、表情，欣赏戏剧脸谱鲜艳的色彩和夸张的形象，能够表达自己所喜爱的戏剧脸谱"，就明示了在活动过程中儿童将要做什么和期望的结果，这样的目标表述就比把活动目标设计为"让儿童感受戏剧脸谱，激发对戏剧脸谱的兴趣"更有利于教师把握。

虽然行为目标对于教育活动具有指导作用，但应注意行为目标并不是越具体越好，而是应在目标的概括化与具体化之间寻求一个合适的"度"。同时，行为目标强调的是那些可以观察的外显的行为变化，但儿童发展的许多方面是难以转化为这些行为指标的，所以还需考虑其他方面，并对行为目标予以补充。

（二）生成性目标

生成性目标是在教育活动过程中生成的目标，如果说行为目标关注的是结果，那么，生成性目标关注的则是过程。所以，有时又被称为过程目标、展开性目标。

生成性目标以过程为中心，以儿童在教室内的表现为基础展开，强调儿童、教师与教育情境三者在交互作用的过程中产生目标。[①]

生成性目标注重从儿童获得经验的目的出发构建目标，强调儿童主动活动的过程，关注如何为儿童提供有助于个体自由发展的学习经验，促进其个性完善的发展。如一些教师在教育活动中提出"满足儿童的好奇心，培养思维的灵活性""让儿童具有理解他人的情感，与人合作"

---

① Stenhouse L. An Introduction to Curriculum Research and Development[M]. London：Heinemann Educational Book Ltd，1975：82.

等都是生成性目标的体现,由此我们也可看出与行为目标的具体明确相比,生成性目标具有一定的模糊性和不确定性,所以,对教师的专业素质和能力提出了较高的要求。

(三) 表现性目标

表现性目标强调的是个性化,指向的是培养儿童的创造性,所以,表现性目标并不预先规定儿童的行为变化,它关注的是儿童在复杂的教育活动中的个性化和创造性的表现,追求儿童表现的多元化,而不是同质化。

表现性目标不是事先规定儿童在完成某一学习活动后应该获得的行为,而是指向每一个儿童在与环境的交互作用中所具有的个性化的表现,而教师是无法准确预知这种个性化的表现的,但它对于儿童个性的充分展示和发展又是有益的。如对于一次参观"海底世界"的活动,如果从表现性目标的角度设计,教师关注的就不是"儿童能够说出海底世界里鱼的种类",而是"讨论海底世界里有趣的事情"或"表达对海底世界的喜爱"等。因而,表现性目标在一些欣赏活动、艺术创编活动或复杂的智力活动中体现得比较多,它对教师专业素质和能力也有比较高的要求。

总之,在教育活动设计中,教师可以从行为目标、生成性目标和表现性目标等不同的取向设计目标。从上述分析中可知,不同取向的目标只是从某一特定的角度对教育活动进行把握,各自都有存在的价值,并不是相互排斥或对立的,而是相互补充和联系的。在教育活动的设计和实施中,教师对于行为目标的把握是最基本的,但不是唯一的。如果我们过分地强调行为目标,就有可能把行为目标作为一个可预先决定和操纵的机械过程,或者视作不可变化和更改的教条,从而忽视了活动过程中儿童学习的主体性和教师工作的创造性,导致割裂了目标与手段、结果与过程之间的有机联系。而从行为目标取向发展到生成性目标取向,再发展到表现性目标取向,体现了对儿童的主体价值和个性培养的追求,弥补了单纯地强调行为目标的缺失。因而,我们应全面辩证地看待行为目标、生成性目标和表现性目标之间的关系,根据儿童身心发展和社会发展的需要,以及教育活动的内容和特点,科学合理地设计教育活动目标,从而促进儿童在知识、技能、能力、情感、个性和社会性等各方面和谐整体的发展。

四、幼儿园教育活动目标的表述

在幼儿园的目标体系中,教育活动目标是最具体的,因而是完成幼儿园教育任务、实现幼儿园保教目标的基础。同时,幼儿园教育活动目标与教师的教学联系最为密切,确定、编写科学的教育活动目标就成为教师教学技能的具体体现。因此,教师学会恰当地表述教育活动目标既是切实实现幼儿园保教目标的基本保证,也是提高教师专业技能的重要途径。

(一) 幼儿园教育活动目标表述的基本要素

关于教育活动目标的表述,教育心理学家比较一致的观点是重点应说明学习者行为或能力的变化。1962 年,马杰在其出版的《程序教学目标的编写》一书中提出,一个教育活动目标应包括三个基本要素,即:行为、条件、标准。"行为"说明学习者通过教学以后将能做什么,以便教师能观察学习者的行为,了解目标是否达到。"条件"说明这些行为在什么条件下产生。"标准"则指出了合格行为的最低标准。

如小班绘画活动"我的小脸",教师所设计的一个活动目标为:通过照镜子观察,学习画自己的脸,能画出脸的主要部位,如眼睛、鼻子、嘴巴等。在这一目标中,"画自己的脸"为"行为";"通过照镜子观察"为"条件";"画出脸的主要部位"为"标准"。这一活动目标的表述比较明确,能具体引导教师的教学活动,也便于据此检测教学效果。

教育活动目标的编写中,行为的表述是最基本的成分。在描述行为时,我们常常要运用一些动词。以往,我们在表述教育活动目标时,较多使用"理解""掌握""欣赏""培养"等动词来描述学习者将达到的能力,有时还添加表示程度的状语,如"深刻理解""充分掌握"等,以反映教学要求的提高。但这些词语的含义较广,不同的人可以有不同的理解,使得目标表述不明确。所以,在教育活动目标的表述中,行为动词的选用和表达就很重要。

下面,根据教学目标的分类,我们从三个方面列举一些行为动词,供教师参考。[①]

1. 编写认知学习目标行为动词举例

表2-1　认知学习目标行为动词举例

目　　标	行　为　动　词
知识: 对信息的回忆	列举、说出……的名称、复述、排列、背诵、回忆、选择、描述、辨认、标明
领会: 用自己的语言解释信息	分类、叙述、解释、选择、归纳、猜测、举例说明、区别
应用: 将知识应用到新的情境中	运用、计算、示范、说明、解释、解答、改变
分析: 将知识分解,找出各部分间的联系	分析、分类、比较、对照、区别、图示、指出
综合: 将各部分知识重新组合,形成新的整体	创编、设计、提出、归纳、总结
评价: 根据一定标准进行判断	比较、评定、判断、证明、说出……的价值

2. 编写情感态度学习目标行为动词举例

表2-2　情感态度学习目标行为动词举例

目　　标	行　为　动　词
接受或注意: 愿意注意某事件或活动	听讲、知道、注意、接受、赞同、选择

---

① 乌美娜.教学设计[M].北京:高等教育出版社,1994:144—149.

目 标	行 为 动 词
反应: 乐意以某种方式加入,并作出反应	陈述、回答、列举、遵守、完成、听从、欢呼、表现、帮助、选择
评价: 对现象或行为作出价值判断,表示接受	接受、承认、参加、完成、解释、区别、判别、支持、评价
组织: 将不同的价值标准组成一个体系,并确定它们之间的相互关系	判断、使……联系、比较、定义、讨论、确定
价值或价值体系个性化: 建立个性化的价值体系,以指导自己的行为	相信、拒绝、改变、判断、解决

3. 编写动作技能学习目标行为动词举例

表 2-3　动作技能学习目标行为动词举例

目 标	行 为 动 词
知觉能力: 根据环境刺激作出调节	旋转、接住、移动、踢、保持平衡
体能: 基本素质的提高	有耐力、反应敏捷
技能动作: 进行复杂的动作	演奏、使用、操作
有意的沟通: 传递情感的动作	用动作表达感情、改变脸部表情、跳舞

(二)幼儿园教育活动目标表述的形式

幼儿园教育活动目标的表述形式多种多样。若从教育活动的主体看,主要有两种方式:表述教师的行为和表述幼儿的行为。前者从教师的行为出发,说明教师在教育活动中应做什么,如:"为幼儿提供……""重点示范……动作"。后者是从幼儿的角度,表述幼儿的行为变化,由于幼儿的学习有不同取向的目标,所以,具体表述幼儿的学习变化又包括以下三种形式:行为目标、展开性目标、表现性目标。下面进行具体的分析说明。

行为目标列出的是一系列可以观察或测量的幼儿学习行为变化的结果。如某一音乐活动的行为目标之一是"在老师的伴奏下,能够听懂前奏,齐唱歌曲"。在此,"听懂""齐唱"都是可以观察的幼儿学习行为变化的结果,并清楚地表明了行为的条件和具体的行为内容,非常具体、明确。

展开性目标是用行为变化的过程来表述目标,包含了一些表示行为过程的动词,如"添画、制作连环画故事书《小蝌蚪找妈妈》""即兴创编舞蹈动作,有表情地表达"等。展开性目标关注的是儿童在学习过程中能力和学习兴趣的培养,而不是特定的行为结果。

表现性目标指幼儿在参与活动后所得到的各不相同的结果。它鼓励幼儿在活动中表现出在某种程度上与他人不同的创造性,而不关注事先规定的幼儿行为变化结果。如语言领域活动目标"清楚连贯地谈论自己过生日的情景,表达自己愉快的心情"就是一种表现性目标的表述形式。

在幼儿园教育活动目标设计中,各种教育活动目标并不是相互对立的,不同的教育活动目标的表述形式有其各自关注的视角,三者是可以相互结合的,其中,行为目标是基础,展开性目标和表现性目标可以看作是行为目标的补充形式。教师在教育活动的设计中,可以根据需要确定表述的形式,但同时还要符合下述要求。

(三) 幼儿园教育活动目标表述的要求

幼儿园教育活动目标是通过本次教育活动的实施所期望幼儿获得的某些发展,所以,应根据幼儿的年龄特点、原有水平和能力、教育活动的内容和性质,来确定具体的活动目标。在教育实践中,编写、表述教育活动目标应把握以下基本要求。

1. 具有可操作性, 避免过于笼统、概括和抽象

从幼儿园目标体系来看,从低到高,各层次目标越来越抽象、概括、笼统。作为最具体、最底层的幼儿园教育活动目标,其特点就是具体、明确,具有可操作性,能具体指导、调控教师的教学过程。否则,它就丧失了应有的作用。而在教育实践中,许多教师只是照搬照抄,把教学大纲或学年工作计划的要求当作某一教育活动的具体目标,混淆了各层次目标的要求。

比如:一位中班教师在健康领域设计了一系列活动。"刷牙"活动的目标之一是:学习正确的刷牙方法,养成早晚刷牙的好习惯。"喝水"活动的目标之一是:知道口渴了要接水喝,养成主动喝水的习惯。教师在这两个教育活动中所表述的目标就比较具体、明确,比笼统地确定"培养幼儿良好的生活卫生习惯"对教学更有指导意义。

2. 要清晰、准确、可检测, 不能用活动的过程或方法来代替

一个完整的目标表述包括行为、条件、标准等,其中的核心要素是行为的表述。有些教师在编写活动目标时有一种现象,就是用活动的过程或方法手段去代替行为的结果,混淆了它们之间的区别。如:语言活动"从小讲礼貌"目标之一:引导幼儿观察图中人物的动作,想象人物的对话。社会活动"爱老师"目标之一:引导教育幼儿通过生活实践,与老师建立亲密关系。科学活动"坐公共汽车"目标之一:在观察、游戏的过程中,促使幼儿把对汽车的兴趣转化为了解汽车的好奇心。

我们可以看出,以上这些教师所设计的各领域活动目标在表述时混淆了活动过程、方法手段与行为目标的关系,因此不能很有效地反映幼儿真实的学习结果。

3. 从统一的角度表述目标

教育活动包含了教师的教和幼儿的学两个方面的互动,那么,在表述活动目标时,我们既可以从教师的教这一角度出发确定活动目标,表述教师期望通过教育活动帮助幼儿获得的学

习结果;也可以幼儿的学为出发点,指出幼儿在学习以后应该知道的和能够做到的。一般来说,我们常用"教育""帮助""激发""要求"等词语表述教师的教,用"学会""喜欢""说出""创编"等词语表述幼儿的学,但是,无论从哪个角度表述活动目标,都应注意出发点要一致,即有统一的表述角度。

如中班绘画活动"小鸡和鸡妈妈"的活动目标有三个:①感受小鸡和鸡妈妈的温馨,培养孩子对父母的感情;②发展幼儿的观察力和想象力;③画出小鸡的各种动态形象。具体分析这三个活动目标,第一个中的"感受……"和第三个中的"画出……"是从幼儿的角度进行表述的,而第一个中的"培养……"和第二个中的"发展……"又是从教师的角度进行表述的,存在着表述过程中角度不统一的问题。

4. 一个目标要通过多种活动实现,一个活动要指向多种目标

教育活动目标与相应的活动内容并不是一一对应的关系,换句话说,并不是一项活动只达到某一个目标,也不是一个活动目标只通过某一个活动来完成。幼儿园教育活动具有综合性和整体性等特点,所以,在确定教育活动目标时,教师应善于统整各个教育活动,围绕一个目标,协调各种活动为之服务,同时还应最大程度地发挥某一活动的教育功效,使得一项活动能实现多方面的教育任务。

如中班科学活动"水",其中一个目标是:了解水的特性,懂得保护水资源。那么,为达到这一目标,教师就可综合各种活动,如"好玩的水""水的用途大""水从哪里来"等,使幼儿在不同的活动中,通过不同的教育过程和手段更加生动全面地了解水的特性、懂得保护水资源。

大班科学活动"食品包装",活动目标可以包括:①了解食品包装的种类、优点;②动手操作,掌握包装食品的简单技能;③进行初步的欣赏,设计食品包装。这些活动的目标包含了认知获得、技能发展和艺术欣赏等不同方面,虽是科学活动,但也指向了艺术、健康等领域,促进了儿童在知识、技能、情感等方面的全面发展。

第二节　幼儿园教育活动设计中的内容分析

教育活动内容是实现教育活动目标的载体和对象,与教育活动目标紧密相连,所以,教师在明确教育活动目标设计的基础上,还需要对教育活动内容的含义、类别等加以详尽分析,并合理编排教育活动内容,以保证教育活动目标的落实。

一、幼儿园教育活动内容的含义

教育活动内容是指一整套以教学计划的具体形式(课表和课程)存在的知识、技能、价值观念和行为。它们是根据各种社会需要为学校规定的目的和目标而设计的。按照不同教育层次、类型、年级和学科安排的这些内容是按某种教育目的制定的,它们构成了一个具体过程学习的对象。

　　幼儿园教育活动内容是指为实现教育目标,要求儿童学习及获得的知识、技能和行为经验的总和。对于幼儿园教育活动内容的理解,我们可以从两方面进行把握:首先,内容是为目标服务的,教育目标是选择教育活动内容的依据,内容的选择和编排应以实现目标为原则,保持与目标的一致性;其次,幼儿园教育活动内容不仅仅包括学科的知识和技能,还包括幼儿在学习过程中所形成的态度、价值观以及相应的行为方式,以保证儿童身心的全面发展。

　　对幼儿园教育活动内容的分析应以教育活动目标为基础,旨在规定儿童学习内容的范围、深度,并揭示学习内容各组成部分之间的联系,以保证达到教学最优化的内容效度。具体来说,学习内容的范围是指儿童必须达到的知识和能力的广度。《幼儿园教育指导纲要(试行)》总则第二条指出:"幼儿园教育是基础教育的重要组成部分,是我国学校教育和终身教育的奠基阶段。"也就是说,幼儿园教育应为幼儿的近期和终身发展奠定良好的素质基础。这就决定了儿童学习内容的广度是广泛而综合的,应为儿童进一步的学习奠定良好的基础。而学习内容的深度则规定了儿童必须达到的知识深浅程度和能力的质量水平。从儿童的认知水平发展来看,他们的思维具有具体性、形象性的特点,从而决定了他们的学习内容具有粗浅性、趣味性,决定了他们的学习旨在激发求知欲,培养正确的学习态度和良好的学习习惯,而不在于掌握系统、抽象的知识概念。《幼儿园工作规程》第二十八条也明确提出:"教育活动内容应当根据教育目标、幼儿的实际水平和兴趣确定,以循序渐进为原则,有计划地选择和组织。"因此,明确学习内容各组成部分之间的联系为教学顺序的安排奠定了基础,教学顺序就是把这些规定了广度和深度的知识与技能,用儿童所理解和能接受的展开形式加以序列化。

二、幼儿园教育活动内容的类别与分析

　　根据布卢姆教育目标分类系统,把教育目标分为"认知学习领域"目标、"动作技能领域"目标和"情感态度领域"目标三个方面,相应地,教育活动内容也可分为认知的学习、动作技能的学习和情感态度的学习。其中,认知学习是基础,我们重点加以分析。

(一) 认知学习类教育活动内容的分析

　　美国教育心理学家加涅在《学习的条件》一书中,从学习的结果的角度,把认知学习分为言语信息、智力技能和认知策略三类[①]。

1. 言语信息

　　言语信息是指儿童通过学习以后,能记忆事物的名称、符号、地点、时间、定义,以及对事物的描述等具体事实,能够用语言将这些事实表述出来。言语信息的学习是儿童获得知识、进一步学习的条件,也是儿童智力技能培养的基础。

　　关于言语信息的教学,教师应注意对各种信息知识加以分类和组织,有顺序、有条理地进

① [美]罗伯特·M·加涅.学习的条件[M].傅统先,陆有铨,译.北京:人民教育出版社,1985:29.

行传授,以促进儿童的学习和记忆的发展。

2. 智力技能

智力技能是指儿童通过学习获得了使用符号与环境相互作用的能力。这种能力又可以细分为:较简单的辨别、形成概念、学会使用规则、获得高级规则等。智力技能的最高形式是高级规则的获得,这与解决问题的能力有关。

智力技能和言语信息不同,言语信息与知道"什么"有关,而智力技能与"怎样"知道有关。言语信息的学习是从不知到知,由知之甚少到知之甚多的过程;智力技能的发展则是从简单到复杂,从低级到高级的过程。

各种智力技能的复杂程度是不同的,但它们是相互依存、层层递进的,所以,掌握较简单的智力技能是学习复杂技能的先决条件。在教学中,教师应循序渐进,帮助儿童从最简单的辨别技能开始,逐步获得其他智力技能。

3. 认知策略

认知策略是指儿童调节自己的注意、学习、记忆和思维等内部过程的技能。通过认知策略,儿童可以调控自己学习的过程和解决问题的方式,可以对自己已掌握的言语信息和智力技能加以综合思考和运用,从而提出解决问题的高级规则。

认知策略和智力技能不同,智力技能指向于外,是人们运用符号解决问题,处理外部世界的能力;而认知策略指向于内,是人们自我控制和调节,处理内部世界的能力。

认知策略并不是通过某一方面内容的学习或通过某一活动的组织,在一天、一个星期就完全学会的。认知策略的培养应在言语信息、智力技能已获得的基础上进行,并要与具体的学习内容相结合,与解决问题的技能相结合。教师在教学中,应注重创设问题情境,使儿童在具体的解决问题的过程中,学会反思、调控自己解决问题的方式,逐步获得认知策略。

在幼儿园的健康、语言、社会、科学、艺术等五个领域的教育活动中,基本都涵盖了认知学习类的教学内容。以科学领域的教育活动为例,教师根据幼儿园教育活动目标选择并确定相应的教育内容来设计一系列科学教育活动,如科学教育活动"笔",要求儿童掌握各种常见的笔的名称、功能,能够用语言描述出来,这属于言语信息的教学内容;科学教育活动"有趣的镜子",要求儿童观察辨别凹面镜、凸面镜、二面镜、三面镜等,初步了解镜子成像的原理,形成初步的概念,这属于智力技能的教学内容;科学教育活动"球的滚动",创设问题情境"怎样不用力让球滚动""如何让球滚动的速度更快"等,要求儿童探索,提出解决问题的方式,这属于认知策略的教学内容。由此我们可以看出,某一教育活动是根据教育活动的目标对内容进行分类的,即教育目标是选择教学内容的依据。所以,在此我们所列举的"笔""有趣的镜子""球的滚动"等教育活动内容并不是分别固定在言语信息、智力技能、认知策略等三个类别上的,而是根据教育活动目标的确立,教师可以对这些教育活动内容从不同角度、在不同层面上加以挖掘和处理。

(二) 动作技能和情感态度类教育活动内容的分析

动作技能和情感态度往往与认知学习交织在一起。在动作技能领域,不仅仅是获得一些简单的外显反应,而且还要掌握关于某一动作技能的相关知识,如功用、动作要领、注意事项等,在此基础上,不断由简单到复杂加以训练、协调,这样才能较好地掌握动作技能。而在情感态度领域,为激发儿童形成某种情感态度,也需要他们了解其意义和作用,表现出相应的行为,所以,情感态度是以认知学习和动作技能为基础的。

动作技能类的教育活动内容在幼儿园的体育活动和韵律(或舞蹈)活动中表现得最为充分,比如,为学习两臂侧平举闭目自转和单脚站立,发展儿童的平衡能力,教师设计"小小飞行员"活动,在"学做小小飞行员""驾驶飞机"的过程中练习这些基本的动作技能;教师选择"乌龟赛跑"的活动内容,让儿童练习手脚着地屈膝爬行;教师编排舞蹈"葡萄丰收",在儿童学跳舞蹈的过程中,进一步巩固踏步,并从"臂测"过渡到"目测"的方法,学会"S"形穿插的队形变换等。教师根据一定的教育活动目标和儿童的年龄特点,设计编排这些活动内容,使儿童能逐步掌握动作要领,培养各种动作技能。

情感态度类的学习内容与认知学习及动作技能密不可分,渗透在幼儿园的各种教育活动之中。比如,幼儿园社会活动"我是中国人",其中不仅要让儿童知道中国人的饮食习惯,中国在地图上的位置,中国的人口、民族、汉字等认知学习类的教育内容;同时在学习的过程中也包含了激发儿童作为中国人的自豪感,初步培养儿童的爱国主义情感等情感态度类的教育内容。再如,幼儿园美术欣赏活动"贺年卡",根据教育活动目标,一方面让儿童了解贺年卡的来历、作用,欣赏各种贺年卡的样式;另一方面,让儿童自己设计制作贺年卡,写上祝福的话,这个活动涵盖了认知学习类、动作技能类、情感态度类三类教育活动内容,三者有机联系,促进儿童的全面发展。

总之,认知学习、动作技能和情感态度并不是孤立的,而是相互联系、相辅相成的。在教育活动中,教师一方面要学会分析不同类型教育内容的特点,还要明确它们之间的关系,以全面完成各项教学任务,使儿童在知识、技能、情感等各方面都获得发展。

三、幼儿园教育活动内容的编排

教育活动内容的编排是对已选定的学习内容进行组织安排,使它具有一定的系统性或整体性。近几十年来,关于教育活动内容的组织编排有各种不同的观点和主张,比较有影响力的有三种观点。

(一)布鲁纳提出的螺旋式编排教育活动内容的主张

布鲁纳提出应根据学生的智力发展水平,让学生尽早有机会在不同程度上接触和掌握某门学科的基本结构,以后,随着学生在智力上的成熟,围绕基本结构不断加深内容,使学生对学科有更深刻和有意义的理解。

幼儿园教育活动内容非常丰富,包含动物、植物、常见自然现象、社会生活等方面,并渗透在各年龄班儿童的教育活动之中,教师可螺旋式编排这些活动内容。比如幼儿园的科学教育中,各年龄班都有"认识四季"这样的活动内容,以帮助儿童形成初步的有关四季特征及季节更替的知识概念。按照螺旋式编排的思路，小班儿童"认识四季"的活动内容可以安排"宝宝不怕冷""大风和秋叶"等，使小班儿童初步感受四季的明显特征；中班儿童的活动内容则可以安排"云彩和风儿""美丽的菊花"等，使儿童对不同季节的特征、不同季节动植物的生长等有更进一步的认识；而到了大班，活动内容则更深化，可以安排"四季妈妈的四个娃娃""动物怎样过冬"等内容。由此我们看到，围绕"认识四季"这一活动内容，各年龄班具体的活动内容和要求呈现螺旋式上升的态势，从而使儿童对于四季的认识和有关概念的形成逐步加深和拓展。

（二）加涅提出的直线编排教育活动内容的主张

加涅从学习层级论的观点出发，把教育活动内容转化为一系列习得能力目标，然后按这些目标之间的心理学关系，即从较简单的辨别技能的学习到复杂的问题解决技能的学习，把全部教育活动内容按等级排列。

幼儿园数学教育的活动内容基本是以直线编排的形式组织的，一般分为数、量、形、时空、集合与分类等，在编排"认识几何形体"教育活动内容时，不同年龄班有着不同的教学内容和要求。小班的活动内容和要求是：①认识区分圆形、三角形和正方形；②能用圆形、三角形和正方形进行组合拼搭。中班的活动内容和要求是：①认识长方形、椭圆形和梯形；②能按平面图形角和边的数量正确区分、辨认不同的图形；③初步理解平面图形之间的简单关系；④用六种平面图形进行组合拼搭。大班的活动内容和要求是：①认识区分球体、正方体、长方体和圆柱体；②寻找、区分、理解平面图形和立体图形间的关系；③学习几何图形的二等分和四等分，知道整体和部分间的分合关系。从小班、中班到大班的教育活动内容和要求，我们可以非常清晰地看出活动内容的编排呈现由简入繁、直线上升、逐步提高的趋势。

（三）奥苏贝尔提出的渐进分化和综合贯通教育内容的主张

渐进分化是指该学科的最一般和最概括的观念应首先呈现，然后按细节和具体性逐渐分化；综合贯通则强调学科的整体性。奥苏贝尔认为渐进分化和综合贯通是相互联系、辩证统一的。

目前，一些幼儿园对传统的分科教学进行改革，提出了"幼儿园综合主题课程""幼儿园活动整合课程"等，在这些课程模式中，许多教育活动内容的编排就很好地体现了奥苏贝尔的主张。比如在"幼儿园活动整合课程"中，小班下学期安排了"过家家"的课程单元，具体包括"最喜欢和家人在一起""亲密家人大集合""我家有几口""我家的房间""假如我是爸爸妈妈""小客人""家庭剧场""爱的礼物"等24个教育活动。到了中班下学期，安排了"我家和我家附近的"这一课程单元，具体包括"我家在这里""上幼儿园途中""发现公园""照片拼图""好邻居""兔子先生去散步""公园写生记"等24个教育活动。在此，在纵向上体现了渐进分化，使儿童对家及周围环境的认识逐步分化和扩展；而在横向上体现了综合贯通，围绕每一个课程单元，设计了24个教育活动，通过语言、科学、艺术、数学等不同领域，帮助儿童掌握有关家和周围环境的人、物体、标志、设施、环境等方面的知识，培养儿童热爱家人、与社区其他人员友好相处等良好的情绪体验，纵横相联，形成一个整体，以全面完成幼儿园教育任务。

第三节　幼儿园教育活动内容的选择与设置

幼儿园教育活动目标是促进儿童在身体、认知、情感、个性和社会性等方面获得全面发展。为达成教育目标,所涉及的教育活动内容也是纷繁多样的。为此,教师就应兼顾儿童、社会和知识逻辑等各方面的因素,对教育活动内容加以选择,并恰当设置,使儿童获得丰富的知识经验,促进儿童身心和谐发展。

一、幼儿园教育活动内容选择的原则和特点

幼儿园教育活动内容的选择是一项复杂的工作。选择的依据要考虑多重因素,兼顾社会发展、幼儿园工作、儿童、家长等各方面的需要,以保证活动内容的科学性和适切性。

(一)幼儿园教育活动内容选择的原则

1. 能反映时代发展特征,有利于幼儿的后续学习和长远发展

幼儿园教育是面向未来的奠基教育,从儿童终身学习和发展的角度而言,幼儿园教育与以后的学校教育之间需要衔接。因此,从教育活动内容的选取来看,首先,幼儿园教育活动内容必须能反映当代社会文化的发展和进步,反映最新的科学技术成果,体现时代性,由此才能符合教育目标的要求,为培养未来社会所需要的人才奠定基础;其次,教育活动内容本身也要能够从事物发展的内在规律性和儿童身心发展的阶段性、连续性出发,体现教育内容在知识经验的固有逻辑性上的衔接,由浅入深、由易到难、由具体到抽象、由较简单的先决技能到复杂技能,构成一个有层次或有关联的系统,使当前的学习为其后续的学习提供基础,成为后续学习的"认知固定点",以循序渐进为原则,为儿童今后的学习和成长发展奠定良好的基础。

2. 能符合幼儿的年龄特征,配合幼儿的生活经验和认知水平

《幼儿园教育活动指导纲要(试行)》第三部分第五条指出,教育内容的选择应该"既适合幼儿的现有水平,又有一定的挑战性""既符合幼儿的现实需要,又利于其长远发展""既贴近幼儿的生活来选择幼儿感兴趣的事物和问题,又有助于拓展幼儿的经验和视野"。这些原则要求都是围绕幼儿的生活经验而提出的,所以,幼儿园教育活动内容的选择必须以儿童的生活经验为基准,遵循各年龄段儿童在认知、情感态度、能力、个性和社会性发展等方面的一般规律,提出既与儿童原有经验相适宜又有利于儿童主动建构的活动内容范围,以及处在儿童最近发展区的内容难易程度。同时,协调好社会生活经验与儿童个体生活经验之间的矛盾,以及学科逻辑与儿童心理发展逻辑之间的矛盾。如教育活动设计中安排"我是中国人"的主题内容,就是考虑到在儿童的生活经验中有与中秋、重阳、元宵等富有民族文化特色的节日相关的经验,他们能够在周围环境的影响下获得大量的直接经验,能够深入体验节日的热闹气氛,在此基础上,就可以在相关的主题活动中获得有关国家、地域、民族等比较抽象的概念。

3. 能对应和覆盖教育活动的目标要求

教育内容是教育目标实现的有效载体,因此,教育活动目标是教育活动内容选择的一项重要依据,内容的选择与编排必须与教育活动目标相对应。具体来说,能对应和有效实现教育目标的内容应当是"有助于儿童获得基础知识和基本技能的内容""有助于发展儿童认知能力和积极情感态度的内容""有助于儿童掌握有效学习方式和社会性交往的内容"。如大班"认识十二生肖"的教育活动,有三项教育目标:①让幼儿了解十二生肖,培养对生肖知识的兴趣,激发民族自尊心;②发展幼儿绘画、制作的技能技巧;③训练幼儿思维的敏捷性。为了使教育内容对应和覆盖教育目标,就应根据大班幼儿的水平选择如下一些内容开展活动:①讲述关于十二生肖的故事并进行启发提问;②对幼儿组织集体谈话,加深对属相的认识;③布置"生肖角"——生肖挂历、生肖邮票、生肖糖纸、生肖工艺品等,并组织观赏,使幼儿认识同类事物的不同形态;④制作"生肖游戏卡";⑤绘制"生肖邮票";⑥举行"生肖知识问答竞赛"等。从上述几方面的活动内容和材料安排来看,教育活动内容不仅能与目标相对应,且丰富而形式活泼。[①]

4. 能引发和满足幼儿的兴趣和需要

幼儿的年龄特征决定了兴趣是直接支配他们学习的最大内在动力,有了兴趣,幼儿就有了主动参与活动的愿望和积极的态度。因此,幼儿的兴趣和需要是选择教育内容不可忽视的因素。《幼儿园教育指导纲要(试行)》中提出:"善于发现幼儿感兴趣的事物、游戏和偶发事件中所隐含的教育价值,把握时机,积极引导。"首先,教师可通过观察幼儿,及时捕捉幼儿的兴趣点所在,从幼儿感兴趣的事物中生成教育活动的内容和材料;其次,教师也可以预设一些既有利于幼儿发展需要又使幼儿感兴趣的活动内容。如给小班幼儿选择各种玩色彩的活动内容,既能让幼儿感受色彩美,萌发幼儿对美的欣赏,同时其活动形式又是深受幼儿喜爱的;再次,对一些对促进幼儿发展确有价值但难以直接引发幼儿兴趣的活动内容,教师应考虑采用幼儿感兴趣的活动方式,引导他们主动积极地参与活动。

5. 能考虑季节、节日以及周边环境资源等因素

在幼儿园教育活动内容的选择和安排中,还必须考虑到季节、节日、资源等其他一些因素。如四月春季特征明显,可适时创设良好的环境条件,认识桃花姐姐,进行春游等活动;而到了国庆节,则可举行升旗仪式,学习认识国旗等活动。同时,在内容的选定上还要按照本地区、本园、本班的具体情况灵活安排,重视教育活动内容与周围社会生活的联系,善于从所在地区的自然环境、历史背景、社会设施及资源中挖掘与选择教育活动内容和材料,体现地方性、乡土性。如每年的九月是新生入园,六月是大班儿童毕业升入小学的时期,那么,在这些日子开展"我爱幼儿园""我升班了""我是小学生"等主题活动内容将是适宜的;再如有的幼儿园地处市中心城区,幼儿有许多机会接触各种类似艺术节、旅游节等节庆活动,就可以利用周边的环境资源开展"幼儿园的旅游节""逛逛城隍庙"等主题内容的活动,既贴近幼儿生活,又能取得活动实效。

① 周长秋.谈幼儿教师搞好教育活动设计的能力[J].山东教育科研,1999(06):23.

6. 能体现科学精神与人文精神的融合

幼儿园教育活动内容的选定,应当提倡科学精神和人文精神的融合。所谓科学精神,是指对活动内容的认知因素的关注,追求思考怎样的内容是为儿童的认知发展所需要的;所谓人文精神是指对活动内容的人文因素的关注,即思考活动的内容是否根植于儿童的日常生活和兴趣中,能激发儿童自主自发的活动参与热情等。因此,教育活动内容的选择既要为培养儿童健全的头脑和发达的理性服务,又要为培养儿童丰富的感性体验和生活热情服务,使儿童能关心活动内容中所蕴含的主观、个体、非逻辑、想象的成分,并与客观、社会、逻辑、思辨相对应、结合,使科学精神和人文精神成为一个整体。

(二) 幼儿园教育活动的内容范围及特点

《幼儿园教育指导纲要(试行)》提出按照幼儿学习活动的范畴把幼儿园教育内容相对划分为健康、语言、社会、科学、艺术等五个方面,并强调各方面的内容都应发展幼儿的知识、技能、能力、情感态度等。

1. 健康领域的教育内容范围

① 发展基本动作,包括走、跑、跳、钻、爬、攀登等;发展动作的协调性、灵活性。

② 培养生活卫生习惯,包括良好的饮食、睡眠、盥洗、排泄等个人生活卫生习惯和爱护公共卫生的习惯。

③ 提高自我保护能力和自理能力,包括安全、保健等方面的教育;学习自我服务技能。

④ 培养良好情绪,包括体验幼儿园生活的愉快,形成良好的师生、同伴关系,有安全感、信赖感;提高参加体育活动的兴趣,喜欢参加户外体育锻炼,提高对环境的适应能力。

2. 语言领域教育内容范围

① 学习说普通话,包括听懂普通话,正确发音,自觉用普通话交流;少数民族地区学习本民族语言。

② 提高语言交往能力,包括学会倾听,敢于与人交谈,在集体中回答问题,讲话时语气、语调、面部表情、体态语适当,有良好的语言表达习惯,逐步掌握讲述、谈话、讨论、辩论等多种语言交流形式。

③ 学习文学作品,包括故事、儿歌、散文等儿童文学作品;参与表演活动,学习续编、改编、创编、仿编故事及儿歌等。

④ 开展早期阅读活动,培养正确的看书姿势和翻阅图书的技能,讲述图书主要内容的能力;认读常见的文字、标记;培养前书写技能;知道爱护图书。

⑤ 在日常生活中渗透语言教育,包括按成人要求完成任务,运用礼貌用语与人交谈,清楚表达自己的愿望、要求,回答问题,处理问题,主动学习语言,恰当运用新学到的词句。

3. 社会领域的教育内容范围

① 培养爱老师、爱朋友的情感,包括习得必要的交往技能,学会和睦相处,体验和同伴共处的乐趣。

② 培养爱集体的情感,遵守幼儿园的各种学习、生活、游戏规则。

③ 培养爱幼儿园、爱家庭、爱家乡、爱祖国的情感,包括认识幼儿园环境,了解家乡的特产、名胜古迹等,认识国旗、国徽、国歌,知道台湾地区、香港地区、澳门地区是祖国的领土等。

④ 培养爱人民的情感,包括接触和认识与生活关系密切的不同职业的成人,尊重不同职业人们的劳动,认识少数民族,知道我国是个多民族的国家。

⑤ 培养良好个性,包括形成良好的自我意识,培养自尊心、自信心,培养勇敢、克服困难、讲文明、有礼貌等良好品格和自主、自理的能力。

4. 科学领域的教育内容范围

① 认识自然环境:认识四季特征,沙、石、风、云、雨、冰、空气等自然现象和事物,以及季节气候的变化与人类、动植物生长的关系;认识动物的特征、繁殖方式、生活习性及其与环境的关系;认识植物的特征、结构、生长条件和规律及其与环境的关系。

② 认识常见物体和材料,包括常见物体和材料的特性、功能,常见的交通工具;认识身体器官及其功能。

③ 认识常见的科学现象,包括声、光、电、磁、力、弹性、天体、颜色等及其在人们生活中的作用。

④ 形成初步的数学概念,包括数、量、形、时间、空间关系,发现生活中的数学;理解基本的数学概念,发展思维能力。

⑤ 开展探索发现活动,包括提供观察、操作、试验的机会,支持、鼓励幼儿动手动脑大胆探索,激发幼儿的好奇心和兴趣。

5. 艺术领域教育内容范围

艺术领域教育内容包括美术和音乐两方面。

(1) 美术方面具体为:

① 绘画:学会使用各种绘画工具,掌握作画姿势;认识和使用各种颜色;学习用点、线、各种基本图形作画;学会用涂染、添画、手指画、棉签画、命题画、意愿画等形式表现物体;学习纹样装饰;学习中国画。

② 手工:在纸工方面,学习撕纸、折纸、剪纸、染纸、黏贴等的基本方法;在泥工方面,学习团泥、压扁、搓、捏、抻拉、粘接等泥工技法;在手工制作方面,学习用废旧材料、自然物品等自制玩具、装饰环境;在开展活动时,养成爱清洁、讲卫生、有条理、按顺序的活动习惯。

③ 美术欣赏:欣赏自己、同伴的作品;欣赏著名画家的美术作品;欣赏民间工艺品、建筑物等。

(2) 音乐方面具体为:

① 唱歌:学唱不同性质、不同节拍的歌曲,体会歌曲的强、弱、快、慢及情绪变化;学习有表情地轮唱、领唱、对唱、独唱、表演唱等。

② 韵律、舞蹈、音乐游戏:学习简单的韵律动作;可随音乐伴奏玩音乐游戏;掌握简单的舞蹈动作,学习组合舞蹈。

③ 音乐欣赏:欣赏中外名曲、舞蹈表演;感受速度、节奏、强弱的变化;用面部表情和动作表现自己所感受到的音乐。

④ 打击乐器:认识常见的打击乐器,掌握正确的敲击方法;学习齐奏、轮奏及给乐曲伴奏;初步学会看谱演奏。

⑤ 识谱,初步了解五线谱的基础知识。

通过对幼儿园各领域的教育内容分析,我们可总结出幼儿园教育活动内容具有如下特点。

第一,幼儿园教育活动内容具有广泛性和启蒙性。幼儿园教育的内容是广泛的,涉及儿童所接触的自然环境、社会环境、文学艺术等方面,具有广泛性、丰富性;但从儿童的认识水平和幼儿阶段的教育任务来看,这些教育内容又是粗浅的,具有启蒙性,在教育过程中,并不特别强调教育内容的系统性和抽象逻辑性。比如在幼儿园阶段,儿童所学习的故事、儿歌、散文等文学作品,体裁丰富、浅显易懂、富有童趣,在学习过程中只是让儿童初步感知文学作品的语言和结构;再如,幼儿园的数学活动虽然包含数、量、形各方面内容,但各方面都是粗浅的,儿童也只学习 10 以内数的加减运算,初步掌握最基本的平面图形和立体图形等。因而,教师要根据幼儿园教育任务和儿童的年龄特点,选择适合儿童身心发展特点的教育活动内容,创设丰富的环境,提供条件和机会,帮助儿童初步认识周围的环境,从而激发他们的探究欲望,形成良好的学习态度和习惯,为进一步学习打下坚实的基础。

第二,幼儿园教育活动内容具有综合性和整体性。虽然幼儿园教育内容相对地分为五个领域,不同领域又包含自身不同的内容,但这些内容是相互联系的,构成一个完整的统一整体。同时,儿童的学习也是综合的,儿童在进行某一领域,如语言领域的学习时,并不只是学会讲故事、念儿歌,而是也获得了其他领域,如艺术、社会、科学领域的知识经验。另外,即使是在某一领域内,也包含着认知学习类、动作技能类和情感态度类的学习内容,促进儿童在知识、技能、情感、社会性等方面得到发展。以科学领域为例,其教育活动内容包括认识常见的自然现象及其与人类、动植物的关系;认识周围的物质世界及其相互关系,养成关心、爱护周围环境的态度、行为和方法;认识日常生活中常见的科技产品及其对人类的影响;认识人体的奥秘及其保护,活动内容具有较强的整体性。鉴于此,在教育过程中应依据幼儿已有经验和学习的兴趣与特点,灵活、综合地组织和安排各方面的教育内容,使幼儿获得相对完整的经验。

第三,幼儿园教育活动内容具有生活性和生成性。《幼儿园教育指导纲要(试行)》指出,教育活动内容的组织应充分考虑幼儿的学习方式和特点,注重综合性、趣味性,寓教育于生活、游戏之中。与中小学教育不同,幼儿的学习更关注感性经验、直接经验的积累,他们是通过游戏、观察、操作在一日生活的活动之中获得各方面发展的,具有突出的生活性。同时,在丰富的社会生活之中,在亲身接触认识各种事物,形成已有知识经验的基础上,儿童也在不断拓展认识范围,生成新的、超出原有教育内容的知识经验。所以,幼儿园教育内容不是静止的、一成不变的,而是灵活、动态、可生成的。

幼儿园教育活动内容来源于日常生活,与儿童的生活经验紧密相关,如"秋天的图画""生活中的数字""社区地图""乌龟一家"等活动内容尊重儿童已有的生活经验,易于激发儿童的学习兴趣。同时,社会生活不断发生变化,儿童关于周围生活的知识经验也在随之丰富和更新,所以,幼儿园教育活动内容是不断变化和生成的,如"趣味奥林匹克""火箭上天""网络高手"等反映社会日新月异变化的事件和现象成为儿童感兴趣的新的教育活动内容,即使在已有的教育活动内容中,根据儿童的学习兴趣和认知特点,也可以对这些活动内容进行新的挖掘和生成,以满足儿童不断生成的、新的学习需要。

二、幼儿园教育活动内容的设置与编排

作为以促进幼儿发展为过程的幼儿园教育活动,活动内容的选定和设置是影响教育活动效果及幼儿发展的重要因素之一,因此,关于教育活动内容的设置和编排也就成为教育实践者和教师工作的核心任务之一。由于当前的幼儿园课程和教育活动已经打破了原有的学科逻辑结构,呈现以学科及领域整合为特色的主题框架结构,因此本书对于教育活动内容的设计和编排也将以主题线索的教育活动为讨论的前提。

(一) 从兴趣入手

后现代主义学者多尔指出:"课程成为一种过程——不是传递所(绝对)知道的,而是探索所不知道的知识的过程;而且通过探索师生共同'清扫疆界',从而既转变疆界也转变自己。"①可见,在幼儿园教育活动中,幼儿、情境以及师幼互动交往的动态使得活动过程充满了变化的因素,充满了无法预知的衍生性和创造性。因此,教育活动从本质上来说,是动态地发展变化的,它是根据幼儿的兴趣需要而设置的,生成性是教育活动的本质价值,而幼儿的兴趣正是生成的前提和基础。

如果说从教材入手设计和编排教育活动内容更多体现的是教育活动的预设性的话,那么,从幼儿的兴趣入手设计和编排教育活动内容则更多体现的是教育活动的生成性。从生成的理念出发,教师在教育活动内容的设定中应当以幼儿的兴趣为活动生成的出发点,以幼儿感兴趣的活动主题带动和引导幼儿的发展。如幼儿园请来了皮影剧团,表演过后,孩子们对皮影产生了浓厚的兴趣,纷纷围着教师问这问那,表现了自己想尝试演皮影戏的强烈愿望。教师发现后,根据孩子们的兴趣点及时地生成了一次以"做皮影,演皮影戏"为内容的教育活动。孩子们和教师一起查找相关资料,准备相应材料,他们按照自由意愿分成若干个小组(灯光组、道具组、舞台组、配音组等),在共同的分工和协作活动中,孩子们的兴趣得到了满足,体会到了成功和合作的乐趣,也发展了协作、交往和动手等方面的能力。

值得一提的是,在幼儿园教育活动设计中,兴趣是活动的驱动力,也是出发点,从幼儿的兴趣入手设计活动已经成为教师熟记于心的一条原则,但是,实际情况却并不完全乐观。在幼儿园所见到的教育活动中,不乏"虚构兴趣"的存在,即兴趣或成为活动开始时的一种点缀;或沦为教师利用的教学手段和幼儿即时娱乐的工具;或为满足单纯的情感需要。需要谨记的是,兴

---

① [美]小威廉姆·E·多尔.后现代主义课程观[M].王红宇,译.北京:教育科学出版社,2000:128.

趣应当是在活动设计之初就已深思熟虑的,活动内容和活动过程中都应当包含幼儿的兴趣,而兴趣的出发点和立足点都应当是幼儿自身的发展。

(二) 从经验入手

作为一个主动的学习者,幼儿是在与周围环境相互作用的过程中获得经验的,幼儿的学习也离不开他们的经验基础。因此,教育活动内容的设置和编排必须以幼儿的经验为基点,所设定的活动内容也应贴近他们的生活经验范围,只有来自幼儿生活经验的内容才能激发他们的探究兴趣,符合他们的认知水平,唤起他们的表达表现欲望,进而使其获得可能的发展。

下面以幼儿园"神奇的动物"[①]教育活动内容的编排为例,具体进行分析说明。

案例: 神奇的动物(中班)

设计意图

4—5 岁是幼儿想象力发展比较迅速的时期,他们好奇、好问、喜爱幻想,所以,对幼儿进行想象力的训练是很有必要的。想象力是创造力的基础,具有创造精神的人才是未来社会需要的人。由此,我们产生了让中班幼儿通过想象,创造出一种新型动物的想法。此活动是通过引导幼儿观察分析世界上并不存在的动物"龙",发现它与真实动物的区别,让幼儿学习一点最简单的想象方法。通过这种途径,激发幼儿的想象力,鼓励他们打破常规模式进行创造性思考。

活动目标

(1) 体验创造想象的快乐。

(2) 初步尝试将某些动物的部分特征进行组合,想象出一种新的奇特的动物。

(3) 发展幼儿的观察能力和想象能力。

活动准备

(1) 龙的图片、12 生肖的头饰。

(2) 动物的外形特征、生存环境、食性等基本知识。

(3) 在活动区中投放动物吃的"食物";动物身体局部的小图片;各种手工制作的材料;有关龙和动物的图书及资料。

活动过程

(1) 游戏导入。

① 游戏:12 生肖找食吃。幼儿任意选择 12 生肖中的一个,寻找它们爱吃的食物。

---

① 张敏.试论幼儿园主题探究活动教学设计的基本步骤与方法[J].武汉市教育科学研究院学报,2006(01):69.

② 讨论:龙找到吃的东西了吗? 它为什么找不着呢? 由此引出龙的话题。

(2) 发现龙的小秘密。

① 谈话:你喜欢龙吗? 你在梦里见到过龙吗? 龙是一种真实的动物,还是人们想象出来的?

② 观察龙的图片,引导幼儿发现龙身上的小秘密:从它的身体、头、尾巴、爪子等部位发现了什么小秘密?

③ 了解龙的传说,进一步了解龙是中华民族的象征,具有神奇的力量。

④ 师幼共同小结:龙是由一些动物的局部组合而成的,是由我国古代人用蛇、鱼、鹿、马、鹰等多种动物组合而成的。

(3) 幼儿尝试想象神奇的动物。

① 想一想:教师出示动物的局部,如一个老虎的头,请幼儿讨论,看看谁能通过想象将其变成一个与老虎不同,又有超凡能力的神奇动物。

② 做一做:教师提供美工用品和许多动物的局部图片,如动物的头部、躯干、四肢、耳朵、翅膀、尾巴等,幼儿可以用拼图、绘画、剪贴、泥工等形式,创造出现实生活中没有的、自己想象出来的神奇动物。

③ 讲一讲:教师与幼儿之间、幼儿与幼儿之间互相欣赏作品,讲一讲自创的动物有什么神奇的功能,它们生活在哪里、喜欢吃什么等。给自己的动物起一个有趣的名字,与同伴和教师分享成功的快乐。

延伸活动

(1) 在活动区装饰和美化神奇的动物。

(2) 鼓励幼儿为自己创造的动物编故事。

(3) 创办一个神奇的动物园,请其他班级的小朋友来参观神奇的动物。

针对以上这一教育活动设计案例,从目标的定位来看,着重于鼓励幼儿大胆想象和创造,并体验其中的快乐。教育目标的达成需要有与之相契合的教育内容材料。在这则活动中,教师设置的是一个由龙引出的"神奇的动物"的教育活动内容,从内容的设定上能够很好地看出教师是以幼儿的经验为活动起点的。这种经验起点既包括幼儿在认知水平和学习动机水平上的已有经验,也包括幼儿在社会文化背景和日常生活中的已有经验。教师正是准确把握了这一年龄阶段幼儿的经验基础,才能够借助一定的游戏活动和组织形式,保证活动目标的实现,进而有效促进幼儿的发展。

(三) 从教材入手

教材文本是课程转化为教育活动的中介,一般说来,教材也是教师选定教育活动内容的主要依据之一。幼儿园教材虽然种类不同,但无论何种教材一般都能够显示出其为教师设计和选定教育活动内容的指南及服务功能。教材能够提供给教师一个内容范围以及教育活动的具体内容,提供给教师不同的主题素材和活动提示,但教师要把它真正变为适合儿童需要、促进儿童发展的活动内容,还需要教师的再次筛选、加工和设计。因此,从教材内容的呈现来看,还需要教师通过自己的"工作"将教材内容所蕴含的意义、背景和内在关系转变为幼儿的学习需要及学习过程。

教师从教材入手进行教育活动内容的选择和设计时应注意以下两点:(1)对一个活动内容或作品素材尽量从不同的层面进行挖掘和内容设计。如在小班的"娃娃家"主题中,教材提供了一个儿歌作品的素材("布娃娃,布娃娃,大大的眼睛黑头发,我来抱抱你,做你的好妈妈");教师设计活动内容时,不仅应当挖掘儿歌作品本身在语言方面的价值,而且应当从作品所能蕴含的在积极情感体验和人际交往方面的价值出发综合设计相应的教育活动内容。(2)从幼儿的视角出发,分析教材内容所蕴含的核心经验,从而设计出幼儿需要的活动内容。教师在选择和设计教育活动内容时,不能仅仅从学科领域发展的要求和知识点出发,而应当从幼儿已有的经验基础以及幼儿是如何与周围环境中的人、事、物交流的特点出发,以幼儿的视角选择教育活动内容,如教育活动"有营养的水果",若从成人的角度出发,活动的内容设置重点就会安排在认识各种水果以及它们各自的营养价值上;如果从幼儿的角度出发,教师就可能会把重点安排在"买水果"或"制作水果拼盘"等方面,因为这样的内容更符合幼儿的兴趣。

综上所述,教材为教育活动内容的设置与编排提供了多种可能性,但是教材是一个"死"的文本,而教育活动是一个"活"的过程,是由不同的对象在不同的时空条件和不同的情境下生成的动态的活动,有很多差异性和不确定性。因此,教师从教材入手编排教育活动内容就需要根据特定的情况、特定的背景、特定的资源、特定的幼儿和教师进行特定的设计及选择。

(四) 从联系入手

在设计和选择教育活动内容时,从联系入手包括两层含义:一方面,是指应关注活动内容中所涉及的概念之间纵向发展的联系,确保由已知到未知,由整体到部分,由一般到个别,不断分化。一般说来,从已知的、较一般的整体中分化出细节,要比从已知的细节中概括整体更容易,学习内容的编排如果从那些最一般、最具有包容性的概念入手,它们往往能在多样的学习情境中为儿童的认知结构提供固定点,帮助儿童进行类属学习,即把新知识归属于认知结构中的某一适当部位,并使之相互联系。另一方面,是指注意教育活动内容之间的横向联系,从横向方面加强活动内容所涉及的相关概念之间的联系,以及知识、技能、情感各部分内容之间的协调衔接,以促进儿童融会贯通地学习,保证儿童的协调发展。

下面以幼儿园"交通工具"教育活动内容的编排为例加以具体分析说明。一般幼儿园关于"交通工具"的活动内容大体包括三个方面:认识陆地交通工具、认识水上交通工具、认识空中交通工具(见图 2—2)。由于幼儿期儿童思维处于具体形象思维向逻辑思维过渡的阶段,他们对事物的认识往往比较粗浅、表面,所以,教师在编排"交通工具"的活动内容时是从整体到部

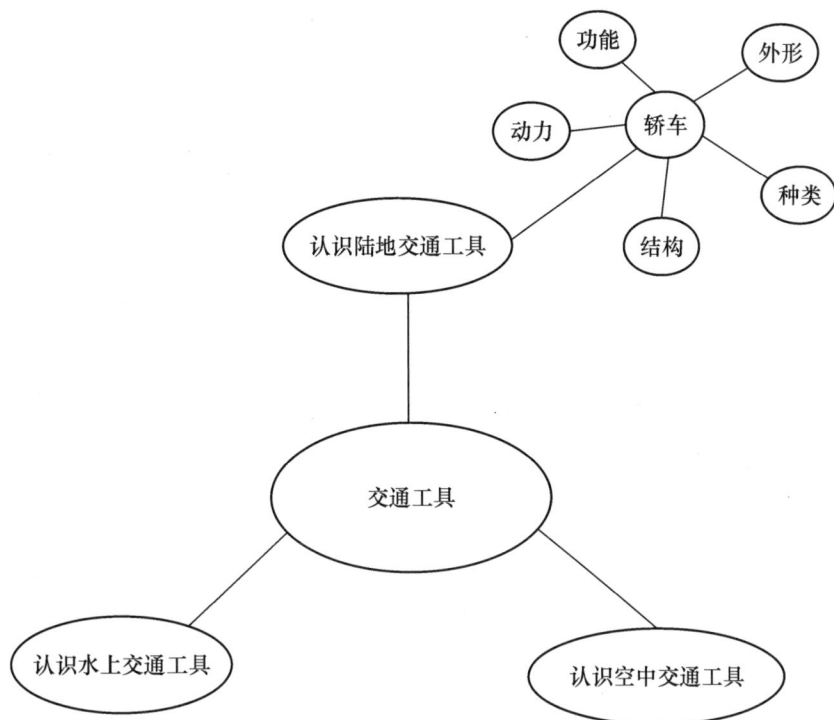

图 2-2 儿童掌握交通工具——轿车示意图

分、从一般到个别,逐步分化:使儿童首先初步了解交通工具,知道交通工具有陆地的、水上的、空中的等,在此基础上,进一步细化掌握儿童所熟知的陆地交通工具——轿车,从而建立起有关交通工具的知识网络。同时,在儿童学习的过程中,教师安排活动内容还要遵循由易到难、由浅入深的原则,如在认识某一交通工具时,一般是按照这样的顺序,即外形、种类、结构、动力、功能等,使儿童所掌握的知识循序渐进、层层递进,即为儿童提供一个有层次、有关联的知识系统,使前一部分的学习为后一部分的学习奠定基础。在学习交通工具的过程中,教师还可以启发引导儿童比较不同的交通工具,加强知识间的联系,可以通过观察、谈话、设计、举办轿车展览会等多种形式,发挥各种教育活动的优势,加强活动间的横向联系。同时,通过"交通工具"的教育活动内容,不仅使儿童获得有关交通工具的基本知识技能,还可通过各种不同形式的活动保证促进儿童动手操作能力、观察能力、思维能力、创造能力、语言表达能力等方面的协调发展。

思考题

1. 在谈到目标和内容之间的关系时,人们常说要"目标在前、活动在后",请谈一谈你对这句话的理解。

2. 明确幼儿园教育的目标体系对教师的教学工作有何意义。

3. 以"三八妇女节"为主题,请你为小班的儿童选择教育活动的内容,并说明为什么。

4. 请为中班社会活动"属相的故事"设计教育活动目标,并说明理由和依据。

5. 下面是某位教师为大班科学活动"风的秘密"确定的教育活动目标:

(1) 萌发对风的好奇心和探索风的兴趣。

(2) 观察风的现象。

(3) 教育儿童懂得人们怎样利用风以及风对人们生活的消极影响。

请你根据所学理论分析这位教师所确定的教育活动目标是否合适? 为什么? 如果不合适,应如何修改?

第三章　幼儿园教育活动设计中的环境与资源

第一节　幼儿园环境与资源概述

环境是人类赖以生存的基本条件。何谓环境？英国《不列颠百科全书6（国际中文版）》对环境作如下定义：环境是"作用于一个生物体或生态群落上并最终决定其形态和生存的物理、化学和生物等因素的综合体"。[①] 在环境科学领域中，环境的含义是：以人类社会为主体的外部世界的总体。按照这一定义，环境包括了已经为人类所认识的，能够直接或间接影响人类生存和发展的物理世界的所有事物。它既包括未经人类改造过的众多自然要素，如阳光、空气、陆地、天然水体、天然森林和草原、野生生物等，也包括经过人类改造过或创造出的事物，如水库、农田、园林、村落、城市、工厂、港口、公路、铁路等。它既包括以上这些物理要素，也包括由这些物理要素构成的系统及其所呈现的状态和相互关系。

需要特别指出的是，随着人类社会的发展，环境的概念也在变化。以前人们把环境仅仅看作是单个物理要素的简单组合，而忽视了它们之间的相互作用关系。进入20世纪70年代以来，人类对环境的认识发生了一次飞跃，人类开始认识到地球的生命支持系统中各个部分和各种反应过程之间的相互关系，意识到对一个方面有利的行动，可能会给其他方面造成意想不到的损害。

一、环境及其分类

对于人来说，环境是指人生活于其中，并能影响人的一切外部条件的综合。这个外部条件的综合，既包括人在社会中的条件和社会关系的综合，也包括人们赖以生存的自然条件的综合。从教育、心理的角度出发，各学者和专家给予环境以不同的界定：古德认为环境是个体所能接受到并受其影响的一切事物、势力和情况之总称；哈克和斯托勒认为环境是影响人类变更其行动、心理和生理，以及视听能力的周遭情况；艾尔斯纳和波斯特认为环境是周围或情境，如

[①] 中国大百科全书出版社《不列颠百科全书》国际中文版编辑部. 不列颠百科全书6（国际中文版）[M]. 北京：中国大百科全书出版社，1998：82.

教室环境、学校环境,包括物质的、美学的、社会的和其他变项。综上所述,汤志民认为环境是个体生存空间中一切人、事、物的总称。

(一) 环境的分类

关于环境的分类,皮勒认为环境中涵盖了物质、社会和文化三个层面,其中物质环境主要由人造环境和自然环境组成,社会环境包含了各种组织层面的人际关系网络,而物质环境和社会环境都受文化价值、规范、知识、信念及社会互动模式的影响。[①]

埃文斯和施密特将环境分为三种类别:(1)生理环境,包括健康和有机组织的因素;(2)物质环境,包括教室、桌子、纸张、温度、采光、功课表及其工作区等情境因素;(3)心理环境,包括情感、情绪、价值和期望等因素。上述每一种系统环境,在分析时,都与另外两种有关联。[②]

从生理和心理两个角度来分,可以把环境分为生理环境和心理环境。生理环境是指影响人类生理状态的各种环境因素,如生活空间的大小和布局、食物的营养水平、生活制度、活动负荷以及活动材料等。心理环境是指对人的心理发生影响的全部条件,既包括身体以外的客观现实,也包括身体内部的运动和变化。心理环境主要反映在人际关系上,如亲子关系、师生关系和同伴关系等。

人类的生活环境是指大气圈、水圈、土壤圈和动植物生态系统。根据与人类健康的关系,又分为原生环境和次生环境。原生环境是指天然形成的环境条件,故称自然环境;次生环境是指工业生产和人群生活给自然环境添加了污染物和毒物之后,引起人类生存条件的改变,又称人为环境。

根据布朗芬布伦纳的人类发展生态学理论,无论哪一层次的环境,都由物的因素和人的因素组成,因此,环境可分为包含一切物质条件的物质环境和主要由人际关系与心理氛围构成的精神环境。

由此可见,关于环境的分类,从不同的角度出发可以分成不同的类型,到目前为止,还没有一种完全公认的统一分类法。

(二) 环境与儿童

在环境与儿童的研究上,美国著名的人类发展生态学理论的创始人布朗芬布伦纳站在生态学的立场上,强调生物学上的倾向性和环境影响在人类成长过程中是不断地相互作用的。他认为,个体发展的生态环境由若干相互嵌套在一起的系统组成,这些系统从微观到中观再到宏观,与个体发生直接或间接的联系。这些系统以儿童为中心,将其所处的环境由近及远分为:(1)微系统:是个体活动和交往的直接环境,包括家庭、托儿所、幼儿园、学校以及与同伴群体和社区玩伴的交往等。儿童不仅受微系统中人的影响,他们的生物和社会性特征——习惯、气质、生理特征和能力,也会影响同伴的行为。(2)中间系统:指微系统,如家庭、学校和同伴群

① 汤志民.幼儿学习环境设计[M].台北:五南图书出版公司,2001:146.
② 汤志民.幼儿学习环境设计[M].台北:五南图书出版公司,2001:146.

体之间的联系或相互关系。如果微系统之间有较强的支持性关系,发展可能实现最优化。(3)外层系统:儿童和青少年并未直接参与但却影响他们发展的社会系统,如:父母的工作环境、家庭的收入、学校的整体计划和学校的收入等。(4)宏观系统:是个体发展所处的大的文化或亚文化环境和社会阶层背景。它实际上是一个广阔的意识形态,规定如何对待儿童,并告诉儿童为什么以及儿童应努力的目标。

这些系统以学校、家庭、社区、整个社会文化的相互作用以及个体与其环境之间、环境与环境之间的相互作用等不同的形式具体地存在于个体发展的生活中,在个体发展的不同时期、不同方面给予不同的影响。因此,环境是包含有机体本身以外的、影响人的发展或者受人的发展影响的任何事件、条件。

格式塔学派的心理学家勒温强调"场论"(field theory),他认为人就是一个场,包括这个人和他的心理环境的生活空间,人的行为是由当前这个场来决定的。其基本行为公式为 B=f(PE),其中 B(behavior)表示行为,f 表示函数,P(person)表示人,E(environment)表示环境。意即人的心理是人和环境的函数,人的行为是人与环境互动的结果。每个人"P"(person)都生活在心理环境"E"(psychological environment)中,心理环境是指存在于人周围的物质和社会影响力,是能在某一时空中影响或决定个人行为的一切环境因素或心理事件。人与环境相互影响,形成个人的生活空间"L"(the life spacae),生活空间是人的内在和外在事实的总和,包含了人及其心理环境,生活空间之外的外缘"F"(the foreign hull)是世界的一部分,由物质和社会环境中无关联的事实所组成。勒温强调生活空间与外缘是有渗透性的,能对个人心理产生重要的影响。

人的行为是受到特定环境影响的,物质环境能通过直接的物理效应、心理效应或社会效应影响居于其间的人类的行为。环境也会改变我们的心情和感受。在一个愉悦的情境里,我们感到快乐和满足;在不愉快的情境里,我们则不快乐。同样地,环境会影响儿童感觉的方式、行为的表现和其所学。

环境与儿童行为有相当密切的关系。在活动室里,设备和器材配置常常会传递给儿童各种信息,告诉他们什么可以做,什么不可以做,以及我们对他们的期望。例如,宽广、开放的空间告诉儿童能奔跑、欢呼;窄小封闭的空间表示要安静以及约束儿童,告诉他们一次只能有少数儿童通过;楼梯下的私密空间表示儿童可以坐在里面和同伴轻松地聊天,说些悄悄话,或者仅仅是坐在里面发呆,独处一会。因此,环境的不同设计能向儿童提供不同的暗示,从而影响儿童的学习和行为。

活动室的设计,如空间的安排、动线的流畅、设备摆设位置、空间密度等,都会影响儿童的学习和行为。[①] 例如,儿童的活动空间不宜少于 2 平方米,当空间密度低于此限度时,容易引发儿童的攻击性行为,降低同伴间的社会互动质量。在活动室中应提供一些隐秘的角落,儿童在可以独立游戏且具有隐秘性的区域活动中,合作性行为增加,且能较安静地进行活动。将经

---

① 汤志民.幼儿学习环境设计[M].台北:五南图书出版公司,2001:168—172.

常使用的材料、教具等放在儿童容易取用的地方,这些材料的使用频率就会较高,儿童互动的行为也较多。希思和戴的研究发现,在开放的空间中,如果没有儿童独处的地方,他们表现的多是游荡、攻击性或焦躁不安的行为,但是一旦使用了一些矮柜来区分活动区域后,不但合作的行为增加了,他们也较能安静地进行活动。在设备摆放位置的研究方面,维特和格瑞玛的研究发现若将橱柜或架子集中在活动室的中间,比放置在角落中更能增进使用率,且更能促进儿童的互动行为。墨菲和利珀认为拥挤或不良的空间安排会造成个体的紧张和疲劳;菲特则指出,若将活动室安排成许多大的学习区域时,则会引起较嘈杂且活动量大的活动,反之,若把活动室分割成较小的区角时,儿童就会以一种安静的方式参与活动及进行互动。

由此可见,环境对儿童的学习与行为有着重要的影响,因此,教师应为幼儿创设适宜和丰富的环境,让他们在与环境的互动中不断发展。

二、幼儿园环境的分类及其作用

幼儿园,作为专门的幼儿教育机构,通过各种途径对幼儿的身心发展产生影响,特别是特定的环境设置,必然对幼儿的身心发展起到潜移默化的影响作用。所以,幼儿园环境创设是改善幼儿生存环境、提高幼儿生存质量、创造理想生活的一种有效手段,也是幼儿园教育的基本内容。

所谓幼儿园环境,是指幼儿园内幼儿身心发展所必须具备的一切物质条件和精神条件的总和。它是由幼儿园的全体工作人员、幼儿、各种物质器材、人事环境以及各种信息要素,通过一定的文化习俗、教育观念所组织、综合的一种动态的、教育的空间范围和场所。这种空间范围,既是物质的,又是精神的;既具有保育性质,又具有教育性质;既是开放的,又是相对封闭的。它不仅受到特定的地理环境、空间方位的影响,又受到特定历史阶段的社会氛围的影响。[①]

(一) 幼儿园环境的分类

幼儿园是幼儿长期生活、游戏和学习的场所。在幼儿园,幼儿的身心发展不仅有赖于系统的教学,更受到周围环境潜移默化的熏陶和影响。这种熏陶和影响既可能是积极的、有益的,也可能是消极的、有害的。由此可见,为幼儿创设良好的、有益身心发展的环境是十分必要的。

幼儿园环境若从其存在形式来分,可以分为户外环境和室内环境。其中室内环境包括教室、走廊、活动室等;户外环境包括操场、园门、门厅等。若从其组成性质来分,幼儿园环境可以分为物质环境和精神环境。幼儿园物质环境主要包括生活设施、教玩具材料设备等有形的物质。幼儿园精神环境主要包括集体氛围、活动气氛、园风、师生关系、教师的教风和人格特征等,是由幼儿园内部许多无形的社会、心理因素构成的一个复杂的环境系统,它与幼儿园的物质环境共同构成了幼儿园环境的整体。尽管与物质环境相比,精神环境是一个看不见、摸不着的无形的环境,但它对身处幼儿园的教师和幼儿的心理活动、社会行为,乃至这个幼儿园的教

---

① 阎水金.幼儿园环境与教育[M].郑州:河南教育出版社,1993:46.

育活动,都有着不可忽视的、巨大的潜在的影响力。

因此,幼儿园环境既包括人的因素,又包括物的因素;既包括幼儿园内的小环境,又包括与幼儿园教育相关的园外的家庭、社会、自然的大环境。

(二) 幼儿园环境的作用

1. 幼儿园环境的宣传作用

公众对于一所幼儿园的认识,往往是从幼儿园的环境开始的。虽然环境是"无声"的,但可以从环境的创设中看出该园的园所文化、教育理念、园所特色,从而起到对外宣传的作用。幼儿园通过教育理念的显现和园所特色的展示向公众宣传本园独特的价值取向与行为方式。[①]

(1) 教育理念的显现。社会公众和家长往往通过幼儿园的自我介绍获得园所的教育理念,而环境恰恰可以担负起将幼儿园的教育理念传递给社会公众和家长的职责。因此,可以利用幼儿园外部或室外的墙面,通过文字、图片、照片等多种形式,有意识地将幼儿园的教育理念介绍给社会公众和家长,以提高幼儿园的知名度。

(2) 园所特色的展示。与教育理念的简洁概括不同,大量的幼儿活动情况、幼儿园师资水平、特色课程等多方面资料才能有力地展现幼儿园的特色所在,使其为公众所了解。体现展示功能的墙面环境多在幼儿园外部的墙面、橱窗以及公共区域的墙面上进行创设。

园所特色的展示主要包括:教师风采展示,主要是向家长介绍教师的特长、成就,帮助家长更好地了解教师,促进家园联系,也可以使教师之间相互熟悉、相互学习;课程特色展示,往往表现为用文字、图片对特色课程进行介绍和说明,以使公众进一步了解幼儿园的教育教学工作;幼儿活动展示,是将幼儿的活动情况,通过文字、照片、幼儿作品等形式文化展示在公众面前,以使公众和家长了解幼儿在幼儿园的生活情况。

2. 幼儿园环境的教育作用

环境被我们看作是"第三位老师",这时,环境已不再是没有生命的完全物化的东西,而成为了一种教育力量。在这种情况下,环境如同教师一般,对幼儿的认知具有激发性,使幼儿处于积极的探究状态,在各种尝试中使用材料、发现问题和解决问题,从而获得对世界的认识;环境也是幼儿与幼儿之间、幼儿与成人之间、幼儿与物体之间互动的关键性因素,对幼儿的社会性发展具有潜在的深刻的影响。

(1) 促进幼儿认知的发展。根据行为主义心理学家华生的观点,人的行为就是"刺激—反应的联结",表现为"通过刺激可以预测反应,通过反应可以预测刺激"[②]。幼儿的认知是在与周围环境相互作用的过程中不断发展的。幼儿园环境作为幼儿发展的一种刺激条件,可以有目的地塑造幼儿的某些行为习惯。一旦幼儿园环境创设具有明确的指向性,就可以影响或促进幼儿某些特定方面的发展。例如,在区角活动中,教师通过地板上的小脚印提示该区角的活

① 管倚.幼儿园墙面环境创设和教育功能的研究[D].上海:华东师范大学,2005:29—32.

② 王振宇.儿童心理发展理论[M].上海:华东师范大学出版社,2000:66.

动人数,这种地面的创设就是对幼儿行为的预期,即暗示进入该区角人数与小脚印的数量相一致。显然,在这种情况下,环境就能替代教师的指导语,成为行为习惯的提示。

一般来说,可以将学习内容或成果展示在墙面上,通过创设环境来激发幼儿的兴趣,呈现学习内容,延伸学习活动,从而发挥其介入功能。

例如,在开展"我们的动物朋友"的主题活动中,孩子们把自己和家长一起搜集来的有关动物的图片、模型等分门别类整理后,展示在教室的四周,让人仿佛置身于动物世界之中,从而激发了幼儿自主探索的欲望。此外,孩子们用各种材料,如小石子、砖块、木块等,在户外场地上铺设了形态各异的小路,孩子们通过用脚踩、用手摸来感知光滑、粗糙、宽窄、长短等,在与周围环境、材料的相互作用中有效地引发了自主活动的愿望,从而激发了学习和探究的兴趣与愿望。

(2) 促进幼儿社会性的发展。所谓儿童社会化,是儿童在一定的社会条件下逐渐独立地掌握社会规范、正确处理人际关系、妥善自治,从而客观地适应社会生活的心理发展过程。① 幼儿社会性的发展是在一定的环境中实现的。

幼儿与幼儿、幼儿与教师、幼儿与物体之间的交流少不了环境的支持与介入。幼儿园环境的诸多方面,如环境布置的内容及其营造的氛围、活动空间的安排及活动材料的投放等,会通过影响儿童在交往过程中的情绪状态、交往对象的数量等影响其社会性的发展。例如,幼儿园的教室内分隔成大小不同的区域,便于幼儿在人数不同的小组中进行合作式学习,使幼儿与同伴之间的沟通、竞争与合作更容易一些,也便于教师进行观察、倾听和记录;区角内的各种工具、材料和设备放在幼儿触手可及的地方,让孩子们在那里选择自己喜欢的材料,用自己喜欢的姿势自由自在地、全神贯注地进行探索、学习;在幼儿园的楼梯下、走廊尽头或是教室的一角设置私密空间,满足幼儿独处的情感需要,当幼儿疲劳、遇到失败或与同伴发生冲突时,可以到这个小空间里安静地休息,或与同伴谈心,使内心得到一种释放或安慰等。就像马拉古兹所言:"教育乃是由复杂的互动关系所构成的,也只有'环境'中各个元素的参与,才是许多互动关系实现的关键因素。"②

另外,幼儿在与教师、同伴、家长共同创设环境的过程中,幼儿可以与同伴进行交流、合作,表达自己在遇到困难、疑问时的沮丧、郁闷,以及完成任务后的喜悦等,幼儿在这一过程中逐渐了解了人际交往的规范和技巧,进而逐步适应社会生活。

三、教育资源及其种类

教育资源是指具有教育意义或能够保证教育实践进行的各种条件,包括人力、物力、财力等物质因素,以及保证这些因素发挥作用的政策、制度、环境等条件。中央教科所程方平博士把幼儿园教师可利用的教育资源分为以下几种。

---

① 王振宇. 儿童心理学[M]. 南京:江苏教育出版社,2000:198.
② [意]马拉古兹. 孩子的一百种语言——意大利瑞吉欧方案教学报告书[M]. 张军红,等,译. 台北:光佑文化事业股份有限公司,1999:192.

（一）幼儿园资源

幼儿园资源是指园内的各类教室、宿舍、走廊、园地、学习和娱乐设备、教材和图书、计算机和虚拟的教育教学环境、装饰和布置、幼儿园的历史和沿革、特色和知名度、师资的整体水平、园长办园的思路和做法、幼儿园自身的管理和文化、幼儿园曾进行过的整体或局部的改革经验，以及政府主管部门的认可和投入等。其中包括有形资源和无形资源两大类，内容极其丰富。这类资源是幼儿园的基础性资源。

（二）教育对象资源

教育对象资源包括幼儿的身心发展特点，如记忆、思维、想象力，对形象、色彩和音乐的感知程度，身体的柔韧性和发育的速度，荣誉感、自信心和自尊心，生活和学习习惯，性格特征和自身经历，以及其所处的家庭和社会关系圈等；也包括幼儿群体的某些特点，如儿童对班级的认同程度、其习惯采取的交流方式、合作学习或小组学习中因资源共享激发的持续学习的动力，以及班级的风气和氛围等。这类资源的共性和个性是复杂交错的，相互感染性很强，其个体差异不仅是因材施教的依据，也是儿童发展取长补短的直接参照。

（三）教师自身资源

教师自身资源包括教师的年龄、性别、学历、自修潜能、自我期望值、阅历、情感世界、知识水平、事业心、爱心、方向感或上进心、自主性、责任感、价值感、心理调节能力、兴趣爱好、处世方法、穿着打扮、表达能力、工作态度、合作和团队意识、身体状况、掌握新教育技术的水平、改变现状的迫切感，以及声音、相貌、性格和感召力等；还包括教师集体的熔炉作用、教学风气的感染、教师间的相互支持和影响等。这类资源是最直接作用于教育对象的，而且其中的大部分是可变的，可挖掘的内容很多。不仅教师的言行举止会对幼儿的发展产生直接或间接的影响，幼儿的活动也会对教师经验的积累及情感世界的丰富产生影响。

（四）儿童家庭资源

儿童家庭资源包括其家庭背景、文化传统、经济状况、和睦程度、成员结构、民族习俗，以及父母的文化水平、专业特长、处世态度、性格特点、合作意识、对子女教育的期望值、需求和投入的力度等。这类资源具有较大的挖掘潜力，也最易挖掘和调动。家庭是儿童有生以来最早的课堂，父母是其最早的老师，若能帮助传统的家庭发展成为现代化的"学习型家庭"，则将为幼儿的成长提供更好的条件。不仅如此，家庭的各种教育资源也可以为幼儿园所用，有专长的家长是幼儿园教育拓展的最好帮手。诸如家长委员会一类的家长组织可以为幼儿园的发展提供更多的帮助。

（五）社会资源

社会资源涉及硬资源和软资源两大方面，前者包括各种社会（社区）的教育和文化娱乐场所、文物古迹、自然景观,以及对发展幼儿教育有兴趣、有合作意向和能力的企业或事业单位等;后者则包括国家和地方的教育法规及政策、民族和地区的文教传统、各种新闻媒体、音像文字制品、各种社会教育需求和教育评价标准、社会对幼教机构的认可程度、教育评估组织的工作,以及极为丰富的教育信息资源和教育实验研究资源等。这类资源不仅是幼儿园教育教学的丰富补充,也是幼儿园寻求发展、获取更大资源的中介,更是影响和指导幼儿教育发展的依据。

教育资源种类繁多,在现代幼儿教育的发展中,我们对其还缺乏了解,不熟悉如何选择、挖掘和利用。我们面临的不是教育资源本身的贫乏,而是对教育资源认识的贫乏。幼儿园若能充分利用各种教育资源,不仅可以极大地扩展幼儿教育与社会的接触面,而且可以在更大的范围内开源节流,提高办园效率。

第二节　幼儿园教育活动环境创设

一、幼儿园环境创设的原则

幼儿园教育活动环境创设的原则是指创设环境时应遵循的基本要求。这些要求是根据幼儿教育的目标、任务、内容和幼儿发展的特点提出来的。环境创设应遵循以下原则。

(一) 全面性原则

幼儿园教育活动环境的创设包括物质环境和精神环境两方面。从幼儿园的物质环境来看,幼儿园的户外空间环境,比如户外绿地、户外活动场地和室内环境、走廊和楼梯的空间环境等均属于环境创设的范围,但是在实际的环境创设中,教师往往只注重追求室内墙面的布置,而这仅仅是一种"面"上的设计。许多教师忽视了幼儿园环境创设中"体"的设计,忽视了利用幼儿园的各个空间创设环境和实现空间环境的教育作用。从幼儿园的精神环境来看,虽然它是无形的,但却是幼儿可感受和可体验的。幼儿园精神环境具体体现在师生关系、同伴关系、班级氛围以及家园关系等方面。这些精神环境对儿童的学习、认知、社会性、个性等方面的发展具有直接而深远的影响。

长期以来,在幼儿园教育活动环境创设中存在着重物质环境、轻精神环境的倾向。调查和研究表明,物质环境是幼儿园教育活动赖以进行的必要条件和基础,而精神环境则是影响、制约教育活动进程及质量的更为重要的因素。因此,偏重于任何一种物质环境或是精神环境的创设都是欠妥的,必须实现两者的齐头并进。教师一方面在物质环境创设中渗透教育意图并使环境能够尽量为幼儿服务,以最大程度地发挥其对幼儿身心各方面发展的作用,促进教育活动目标的实现。另一方面,教师应充分、深入地认识精神环境对幼儿各方面发展的重要意义,并进一步关注与重视为幼儿营造和谐融洽、积极健康的人际关系和心理氛围。

(二)参与性原则

环境创设的过程是幼儿与教师共同参与合作的过程。虽然让幼儿通过主动参与环境创设获得身心的和谐发展成为大多数幼儿教师的共识,幼儿参与环境创设的"作品"也随处可见,但是幼儿参与的深度与广度都是非常有限的。从深度上来说,幼儿的参与是一种被动参与,即幼儿参与环境创设需征得教师的同意;环境创设的主题与内容往往由教师确定;幼儿在环境创设中的行为也大多由教师控制。从广度上来看,幼儿只是"小范围"地参与环境创设,主要体现在参与的人数较少,以中、大班幼儿为主,一般只有能力强的幼儿才有参与的机会,而且也往往是参与环境创设的某一环节,如材料的准备或黏贴,或是某一局部作品的展出。

由此可见,环境创设的参与性不能仅仅停留在意识层面,更重要的是在实际的环境创设中发挥幼儿的主动性、自主性。

首先,教师要激发幼儿参与环境创设活动的需要。需要是幼儿参与环境创设活动的动力,教师应丰富幼儿的生活经验,让幼儿把自己的生活经验包容在环境创设的主题中,并在参与创设的活动中体验成功,幼儿越能获得成功的体验,他们的参与需要就越能得到强化。

其次,教师要指导幼儿的环境创设活动。不同年龄阶段的幼儿参与环境创设活动的程度不同:对于小班幼儿来说,教师可以提供一些成品型材料,让他们直接把材料贴在相应的地方或把自己的活动"作品"布置陈列出来;对于中班幼儿来说,教师可以提供"半成品",让幼儿对其进行加工改造后成为"成品";至于大班幼儿,教师要让他们了解哪些物品可以成为环境创设的客体,它们在环境创设中将起什么作用,让幼儿按自己的意愿和设计进行活动环境的创设。

最后,教师可引导幼儿欣赏环境创设。这里的欣赏并非只是对最后的环境创设结果的评价和欣赏,因为这样的话,通常只有一些能力强的幼儿会受到教师的关注和青睐,而一些能力一般的幼儿则会因为教师对其"作品"的不满意而受到冷遇。这种只重结果的评价对幼儿来说是有失公平的。实际上,每个参与创设的孩子,不管最后的结果如何,他们在活动过程中都是有收获的。因此,教师应将幼儿在创设活动中的心理感受纳入到评价的框架中,并引导他们体会自己内在的感受,如寻找材料时的困惑、完成布置后的欣喜等。当然,教师引导幼儿评价和欣赏所创设的环境结果也是必不可少的,但要让幼儿明白,在教师眼中每个人参与创设的作品都是独一无二的,从而帮助幼儿建立起积极的自我认同感。

(三)可变性原则

幼儿园教育环境的创设是一项持续的活动,空间的安排绝不能考虑予以固定。卢美贵认为,"快乐是孩子的权利,儿童不是具体而微小的成人,每一个孩子的个别性和独特性应该受到尊重与珍视。经常变化而更新的学习环境,会使孩子看得多、想得多,也体验得更深刻"。

环境创设的可变性包括两方面的含义。一是各种设施在空间、设置、功能上可随教育活动的需要而变化;二是指环境内容并非是固定不变的,而是应随活动主题、节日、季节等的变化而变化。

各种设施的变化可从弹性空间、变化的器材和变化功能等方面着手。运用可移动的橱柜、隔板或设施,赋予教室变化的空间环境。例如,运用移动的隔板以增强各个区角功能的划分;另外装有脚轮或轮子的矮柜方便转动和移动,可使空间变得有弹性。当幼儿开始对活动器材表露出厌烦时,建议教师改变器材的活动方式以维持孩子们的兴趣,并鼓励他们去尝试。器材在功能上强调多重运用,例如,桌子可放在用餐的地方,也可作为孩子们画画、手工制作的工作台和搭建积木的平台,也可在桌面下玩捉迷藏的游戏,或是把它想象成一幢建筑,甚至在上面盖一条毯子,使其变成隧道或山洞。

环境创设是一项持续性的活动,长期固定不变的环境内容会影响幼儿丰富的想象力,减少幼儿动手参与及与周围环境之间积极互动的机会。因此,环境创设要常变常新,通过不同环境内容的创设、不同活动设施的设置和不同材料的投放,丰富孩子们的视觉感知,增加幼儿动手操作的机会,促进幼儿与环境、材料的互动。

(四) 安全性原则

安全的环境是适宜幼儿发展的必备条件,只有在安全的环境里,幼儿的生命才能获得保障,才能快乐地学习、成长。使幼儿感到安全和快乐的环境,才能激发幼儿的最佳表现。布鲁尔指出教师应尽力提供安全的学习环境,活动室配置的选择、教学器材的收集,活动室内和游戏场上都要兼顾安全。

首先,在建筑物的安全性上,建筑物必须坚固安全,建材必须经久耐用,以达到防风、防震、防火的功能。重要的是,教师要经常检查教室、活动室的物质环境,如设备、橱柜等有无会伤害幼儿的锐角和凸起;室内运动器材设备应铺设柔软的泡沫板,以防幼儿摔伤;幼儿经常出入的门的门面是否光滑、无棱角,幼儿经常出入的通道和盥洗室应为防滑地面。

其次,在户外场地的安全性上,户外运动场地应选择安全耐用的器材,注意器材的安全间距,幼儿活动时应有教师监督。运动器材应定期检查和维护。户外运动场的地面应能尽量防止幼儿跌倒与擦伤。

再次,在园区的安全性上,应注意:幼儿园中的户外设备应固定在地上,以免翻倒;室外的插座及电线设备应放置在幼儿够不到的地方;楼梯的两边应设幼儿扶手,楼梯踏步不宜过高,以幼儿的跨度为准;在幼儿安全疏散和经常出入的通道上,不应设有台阶等。

二、幼儿园环境创设的指向

教育部颁布的《幼儿园教育指导纲要(试行)》中指出幼儿园的教育重在"为幼儿提供健康、丰富的生活和活动环境,满足他们多方面发展的需要,使他们在快乐的童年生活中获得有益于身心发展的经验"。创设良好的幼儿园环境能为幼儿的发展提供支持,但是传统的幼儿园环境创设只是简单地定位在幼儿作品展示和环境的美化、装饰上,这样显然过于单一。

在现实中,为了满足幼儿、教师、家长和社会的不同需求,幼儿园环境的创设应该具有多元指向。它应当指向幼儿的行为、幼儿的认知、幼儿的社会化、幼儿的健康、园所环境的视觉效果以及园所文化的展现。[1]

(一) 行为指向

行为指向的幼儿园环境,即通过有目的地创设环境,促使幼儿发生教师所预期的行为。幼儿园的一个重要教育任务,就是培养幼儿良好的行为习惯,如饭前便后正确洗手、人多的时候要排队等。幼儿园环境可以作为辅助手段,提供无声的"指导语"。例如,在盥洗室的墙上用图片向幼儿展示正确洗手的步骤(见图3-1)、在楼梯上用小脚印提示幼儿上下楼梯要靠右边走等。

行为指向的幼儿园环境创设,通常出现在幼儿每日必需的生活行为中。指向预期行为的环境创设,要长期保持而不能随意进行变动。幼儿预期行为的出现,是一个条件反射的过程,条件反射的形成需要一定的时间保证,否则很容易消退。因而作为幼儿行为指导的墙面环境,应该长久保持。

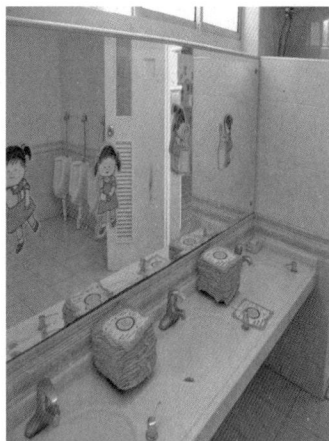

图3-1 环境的行为指向[2]

(二) 认知指向

认知指向的幼儿园环境,是根据幼儿学习的兴趣点或是学习内容,有意识地将学习内容或学习成果展示在墙面上。在幼儿触手可及的范围内,将环境作为另一种形式的"书本",不仅可以使幼儿接触到他们感兴趣的知识,还可以让幼儿得到某种学习的方法。

首先,环境创设可以激发幼儿的学习兴趣。在学习活动之前,教师可以有意识地在教室环境中对学习内容进行展示。例如,教师和幼儿共同创设的主题墙"身体真有用",引发幼儿探索身体中各种器官的兴趣(见图3-2)。能够激发幼儿学习的环境,除了需要与学习内容紧密相关,还需要引发幼儿的学习兴趣,包含相关知识点。只有激发幼儿的参与,才能达到刺激的目的。

图3-2 环境的认知指向

---

① 管倚.幼儿园墙面环境创设及其教育功能的研究[D].上海:华东师范大学,2005:18—23.
② 本章中部分图片以彩色电子插页的形式进行了呈现,可扫描本书第53页中的二维码,欣赏高清彩图。

其次,环境创设可以提供一些学习方法。无论环境作为前期准备,还是活动中的记录,或者活动后的反馈,都可以在感官上为幼儿提供多种经验。而这些经验可以让幼儿在不知不觉中找寻到解决问题的办法。例如,在美术角的墙壁上张贴折纸的步骤,幼儿只需按步骤就能逐步学会折叠一样东西。这样的墙面环境无声地提供给幼儿一种学习经验:不必凡事去向教师求救,有时候"沉默"的物件也能提供学习途径。

第三,环境创设可以为幼儿提供情感体验。通过提供与幼儿个人经验相关的物品,强化他们体验成功的快乐,例如类似展览会的形式可以极大地满足幼儿的成就感,提高他们的自信心。

(三)社会化指向

社会化指向是指在通过幼儿对环境创设的评论,以及创设环境时幼儿与成人之间、幼儿与幼儿之间的交流互动,发展幼儿的自我表达能力,培养他们的合作精神、集体意识,帮助他们学习独立掌握社会规范,学会与成人、同伴交流,在此过程中促进儿童的社会化。在墙面环境作为一种交往媒介的状况下,无论是幼儿同伴之间,还是幼儿与成人的交流,都会促进幼儿自我社会化的形成。社会化的环境通常设置在幼儿园的出入口、通道、大厅、围墙等公共部位,以便于幼儿、家长、教师、社会公众的观察和交流。

(四)健康指向

健康指向包含两层含义:一是保证幼儿生理的健康。创设的材料是安全的,不应该有过于艳丽或者暗淡的颜色,不应有刺鼻的气味、尖锐的角、掉落物体的危险、过量的铅和甲醛等有害物质。二是适于幼儿心理的健康发展。环境创设的内容要轻松愉快,能为幼儿带来安全感、舒适感;应为幼儿提供成功体验,让幼儿感受成功后的快乐;创设一些可以进行情绪发泄的角落,以帮助幼儿获得良好的情绪。

图3-3 环境的视觉指向

(五)视觉指向

视觉指向是指要向幼儿呈现具有美感的环境。为幼儿提供美观舒适的视觉环境很重要,一个色彩和谐、形象具体、布局合理、具有美感的环境会给幼儿带来美的享受,也会使幼儿喜欢自己的幼儿园。和谐的色彩不仅不会增加幼儿的视觉疲劳,而且可以提升幼儿的审美情趣;具体的形象可以帮助幼儿正确地认识环境中的各种事物,如各类动物、植物、日常生活用品等;合理的布局可以让幼儿处于协调的环境之中(见图3-3)。

(六)文化指向

文化指向是指实现幼儿园自身的园所文化。幼儿园环境不仅能成为幼儿园内部文化传递的载体,还可以使社会公众对幼儿园的园所文化产生直观的印象,统整其中文化内涵的特点。

一般来说,文化指向的环境创设都选择在户外,甚至在幼儿园范围之外进行,这样可以最大程度地发挥文化传递的作用,外墙、通道、活动场地、围墙等都是理想的场所。展示的内容应该是简洁有力的口号式语言,或是介绍幼儿园情况的照片,给人以清晰、真实的印象。

总而言之,幼儿园环境创设的指向并不是单一的,而是多元化的,能满足家长、幼儿、社会的不同需求,是一个安全、和谐、适宜和促进幼儿生理、心理健康发展的环境。

三、幼儿园环境创设

在幼儿园教育活动中,环境作为一种"隐性课程",在开发幼儿智力、促进幼儿良好个性发展方面,越来越引起广大儿童教育工作者的重视。教育部颁布的《幼儿园教育指导纲要(试行)》明确指出:"环境是重要的教育资源,应通过环境的创设和利用,有效地促进幼儿的发展。"

幼儿园的环境创设是一项复杂的系统工程,那么,从哪些方面进行创设? 如何进行创设? 这是摆在幼儿园教师面前的两大问题。下面,我们就从幼儿园物质环境和心理环境的创设两个方面加以说明。

(一) 幼儿园物质环境创设

1. 户外环境的创设

户外环境是指幼儿园户外可供幼儿自由活动和休憩的空间。户外环境包括园门及外墙环境、户外走廊、户外绿化环境、户外运动场地。户外环境提供了幼儿各种游戏的空间,其中一部分设置了假山、水池、小径、动植物园地、花坛、绿地等。因此,户外环境不仅对幼儿具有教育意义,更是幼儿自由活动、观赏,并尽情享受绿意和阳光的园地。

《幼儿园工作规程》第五章第三十一条规定:"幼儿园应有与其规模相适应的户外活动场地,配备必要的游戏和体育活动设施,创造条件开辟沙地、水地、种植园地等,并根据幼儿的活动需要绿化、美化园地。"

(1) 园门及外墙环境。

园门是幼儿园给人的第一个印象,它的设计和建造具有一定的标志性,因此要根据幼儿园的特色,建造具有儿童情趣的园门。如有的幼儿园的园门设计成线条流畅、具有地方特色的装饰画;有的设计成色彩鲜艳、造型夸张的儿童画;也有的制作成音符、乐器、调色板等形象,营造幼儿园的艺术氛围等。总而言之,园门和围墙的设计应体现幼儿园的特色,与幼儿园的整体环境和建筑风格相协调。

(2) 户外走廊。

户外走廊是连接户外环境和室内环境的通道,也是把进入幼儿园的人们的视线引向教学楼的重要地带。在户外走廊的设计上,可以在墙面上用儿童画、卡通画布置,富有童趣;可以点缀花花草草,清新而自然;也可以设置橱窗,展示幼儿园教师、孩子们的风采等。总之,不管以何种形式设计,都应让人们在从门口到教学楼的这段路上有一种美的享受(见图3-4)。

图3-4　华山美术幼儿园户外走廊

（3）户外绿化环境。

幼儿园通过合理的绿化配置,运用植物的姿态、高度、花色、叶色等的变化,创造一个舒适、优美的乐园,使幼儿生活在美的环境中,受到美的熏陶,引起幼儿愉快的情绪体验,对幼儿身心的健康发展有着积极的促进作用。同时,优美的户外绿化环境对培养幼儿的审美意识具有重要的作用,当幼儿一踏进幼儿园大门的那刻起,就应该让他们感受到幼儿园的环境美,使他们仿佛置身于大自然的怀抱中。

在创设户外绿化环境时应注意以下几点:

首先,了解各种花草树木的功能。幼儿园以花草为主,乔灌木为辅,园地边界宜采用乔灌木搭配种植,以形成幼儿园与外界的隔离带,并使主体建筑在绿化的环境中格外醒目。而幼儿园内部则应种植花卉和地被植物,适当点缀乔灌木,便于幼儿活动和观赏。

其次,增强绿化场地的功能。幼儿园户外场地可种植大片绿茵草地,让孩子们尽情地玩耍和奔跑;户外运动场地,可种植高大乔木,这样既不影响幼儿进行器械活动,又可遮阳,避免烈日暴晒。在屋顶平台上也可适当绿化,一方面可减少屋面在炎夏季节受到的热辐射,同时可降低室内温度;另一方面也为幼儿的屋顶活动场地提供了良好的活动环境。此外,幼儿园种植的植被应注意季节效果,力求春有花、夏有荫、秋有果、冬有青,让幼儿园四季都有美丽的景象。

最后,设计寓教于乐的环境。户外绿化环境应便于幼儿奔跑、游戏、攀爬,并探索自然环境中的材料。事实上,幼儿对环境充满了好奇,喜欢观察、探索、尝试,幼儿园户外环境绿化时应布置多样的设施,能让幼儿在树林间穿梭嬉戏,在小丘、山坡上上下攀爬,在饲养种植园地里照顾植物和动物,在草坪上观察昆虫。

（4）户外活动场地。

户外活动场地是儿童的天地,也是促进幼儿学习和发展的多样化活动空间,设计良好的户外活动场地,可以让幼儿安全地玩耍,并给予他们选择和探索的机会。户外活动场地根据不同的用途划分为不同的区域,一般有运动区域、种植区域、动物饲养区域、玩沙戏水区域等。

在运动区域内,为幼儿提供那些既适合幼儿年龄特点,又能促进幼儿跑、跳、钻、爬、滚、滑、荡、吊、平衡等各种动作协调发展的运动器械,包括自制的、小型单个的运动器械,大型的、带有情境性的运动器械。在设置这些运动器械时应注意以下两点:

首先,教师要根据不同年龄层次幼儿的需要合理地配置运动器械,符合幼儿使用它们的发展性特征,促进幼儿身体、社会性、创造力、认知等方面的发展。

其次,教师应尽量根据运动器械的不同功能将其放置于不同的区域,做到布局合理。

第三,教师要选择一些具有挑战性、创造性和多功能性的器械、材料。具有挑战性可以是一种"小危险的尝试""安全的刺激""可完成的较高难度"以及"超越自己或抛开自己"的历程。[①] 具有创造性器材应有奇特的造型,如象鼻滑梯、城堡阁楼、恐龙造型的器具等,以增添孩子们的想象力;活动器材的体积上有大有小、有方有圆、有宽有窄,场地设计上有高有低、有干有湿、有硬有软,以增加幼儿活动的趣味性。在多功能性方面,教师应选择有利于幼儿自己构思活动内容的活动材料,如沙、水,并附带小铲子、容器及水管等,可让幼儿自由操作。

2. 室内环境的创设

(1) 教室环境的创设。

教室环境的创设以墙面和区角为主,本书第七章将对区角活动进行专门论述,在此仅就教室墙面环境创设作一说明。

墙面环境是教室环境创设的重要组成部分,是幼儿生活的一部分。教室墙面环境是教育与互动相结合的场所和空间,也是实施教育的手段之一。

① 墙面环境创设的分类。

教室墙面环境展示的形式多种多样,不同形式的墙面环境功用各不相同,主要有以下几种分类[②]。

平面创设、半立体创设和立体创设:从墙面环境展示的造型来看,有平面、半立体和立体之分。平面创设是指把作品、图片等直接贴在墙面上;半立体创设是介于平面与立体创设之间的,例如,幼儿制作菊花的花瓣时用铅笔把花瓣卷起,使其呈现出半立体状;立体创设是指在墙面上作突出状的布置,如将用纸盒制作成小鸟的屋子固定在墙面上。

观赏性创设和操作性创设:从墙面环境与幼儿的互动的程度来分,可以分为观赏性和操作性两种。当墙面仅仅作为一种作品,只需幼儿用眼睛"看"时,它属于观赏性创设。当墙面的创设内容中有幼儿动手操作后的"作品"时,不管这些作品是幼儿创作、制作,还是仅仅是记录,都属于操作性创设。

填充式创设和满幅式创设:根据环境创设的过程来看,主要有填充式创设和满幅式创设。在填充式创设中,最初墙面上只有一些原始的记录或是一些简单的框架,随着活动的不断深入,逐步将幼儿的作品、学习成果布置到墙面上,对大片空白的墙面进行填充。例如,在主题活

① 汤志民.幼儿学习环境设计[M].台北:五南图书出版公司,2001:381.
② 管倚.幼儿园墙面环境创设及教育功能的研究[D].上海:华东师范大学,2005:26—28.有修改.

动"在秋天里"中,教师先在主题墙上绘制秋天的背景图,随着主题活动的开展和幼儿探究活动的深入,教师逐步地把幼儿画的秋天的树、捡落叶的照片、树叶拼贴作品等贴到主题墙上,最后形成"在秋天里"的主题墙。而满幅式创设是一次性对空白的墙面进行布置。

记录式创设和展览式创设:从墙面创设展现的作用来看,大致分为记录式创设和展览式创设两种。记录式创设着重于对幼儿学习经历和学习过程进行展示,例如,教师在自然角里放置了让幼儿记录植物生长过程的本子,孩子们可以把观察到的现象用图画的方式记录下来。而展览式创设更注重对学习成果的展示。一般而言,在学习活动的过程中,记录式墙面有利于幼儿了解探索问题的方法,而学习结束后,展览式墙面有利于提升幼儿的自信心和学习的积极性。

幼儿作品创设和教师作品创设:从墙面上展示的作品来看,主要有幼儿作品创设和教师作品创设。幼儿作品创设即用幼儿独立完成的作品来布置,而教师作品创设则由教师独立完成的作品来布置。除了幼儿作品和教师作品以外,还有幼儿和教师共同完成的作品。这些作品或是由教师和幼儿合作完成的,或是教师在幼儿完成之后进行修改的,或是教师完成框架内容后幼儿填充内容的作品。

幼儿园环境应该是为幼儿服务的,幼儿是环境的主人,因此在教室环境布置中一般提倡用幼儿作品或是由教师和幼儿共同完成的作品来创设墙面环境,这样可以提高幼儿学习的积极性和成就感。

② 墙面环境创设的要素。

墙面环境创设展示的是形象、色彩和构图,造型可爱、色彩和谐、布局合理的墙面环境能够吸引幼儿,并使之产生美的体验。

形象是墙面创设中的重要因素之一。它是墙面创设中最直观、最重要的欣赏对象,是创设的主体。因此,形象的设计直接影响着孩子们对墙面环境创设的注意力和喜爱程度,形象是墙面创设的关键因素。夸张、变形、拟人化、卡通化的形象容易吸引幼儿的注意力。

色彩在墙面创设中也起着重要的作用,因为色彩具有给人以第一印象,迅速吸引人们视线的功能。墙面创设的主题不同,所表现的色彩也应不同。教师有目的地运用色彩手段引导幼儿进一步观察、感受、理解色彩的不同,可以使幼儿产生不同的情感体验,对达到教育目的是十分有利的。如:圣诞节的布置,在色彩上可多选用绿、红、黄、白等颜色,使人感受到热烈、喜气洋洋的场面;而面对炎炎夏日,教师可选用一些白、蓝、绿等冷色系进行组合,从而使幼儿产生一种心理上的"清凉"。在墙面创设中,色彩的合理搭配对帮助幼儿理解色彩、掌握色彩变化规律,有着重要的作用。色彩选择不仅应包含幼儿应该认识的红、蓝、绿等基本色,还要有其他的复合色,使孩子们在无形中感受色彩的丰富性,激发幼儿对各种颜色的兴趣,同时还可以起到联想的作用,进一步引发幼儿观察、发现色彩的规律。此外,教师还应引导幼儿注意色彩的对比关系,如冷暖色对比可表达强烈的刺激效果,纯度对比可形成色彩浓淡不同的美感,而明度对比可使人感受到色彩的力量所在,从而逐步提高幼儿运用色彩的能力。

　　墙面创设中除了形象、色彩外,布局也是要考虑的一个重要因素,因为构图能增强墙面创设的艺术魅力,能更好地创造意境。在创设时,教师要有整体的编排布局意识,还要掌握一定的构图知识,从而借助构图形式进一步表现主题,增强墙面的艺术魅力。在墙面创设时有时可以突破时间、空间的限制,将不同时间、空间的内容有机地组合起来,构成有趣的布局,从而产生更理想的效果。如恐龙可以和幼儿共同游戏生活,月亮仙子和小朋友们一起跳舞等。

　　(2)幼儿园走廊和楼梯空间环境的创设。幼儿园的走廊、楼梯是幼儿园空间环境的重要组成部分,但它们却常常被忽视。教师如果能充分利用走廊和楼梯空间的话,会起到独特的效果。

　　幼儿园可在采光好的走廊里设置各类橱窗。橱窗的内容宜多样化,如幼儿美术作品、有观赏价值的书画作品、一周食谱、介绍幼儿园教育工作的信息栏等。在栏目设计上应强调大方、美观。版面要有主次,并要及时更换,让人们感觉常换常新。另外,利用走廊空间较宽敞的条件,还可设置公共的活动区,如社会活动区、超市、生活自理区等,以开架的方式供应材料,让不同年龄班幼儿一起活动、一起分享,促进幼儿之间的交流。

　　如果说走廊是幼儿园的横向通道的话,那么楼梯便是幼儿园的纵向通道。沿着楼梯墙面,可以设立画廊,悬挂教师和幼儿的美术作品。楼梯的拐角处,可以放置一些美化环境的装饰物,有效地点缀楼梯的环境。还可以将美术作品搬到走廊上,并且不定期调换内容,让孩子们在不经意间享受美的熏陶(见图3-5)。在楼梯的防护栏、台阶上可以配合楼层总体色调油漆不同的颜色或做些特殊的加工处理,使其富有童趣。

　　利用楼梯下面容易被忽视的角落,为幼儿设置一个休闲的空间,让幼儿在这里休息、思考或说说悄悄话,也可让幼儿在这里看看书、听听音乐,做一些自己喜欢的事(见图3-6、图3-7、图3-8)。

　　(3)餐厅、盥洗室环境创设。温馨的餐厅环境可以让幼儿在愉快的氛围中用餐。在餐厅四周的墙上可以布置一些水果、蔬菜的图案,或是悬挂一些用各种废旧物品制作的水果、蔬菜,

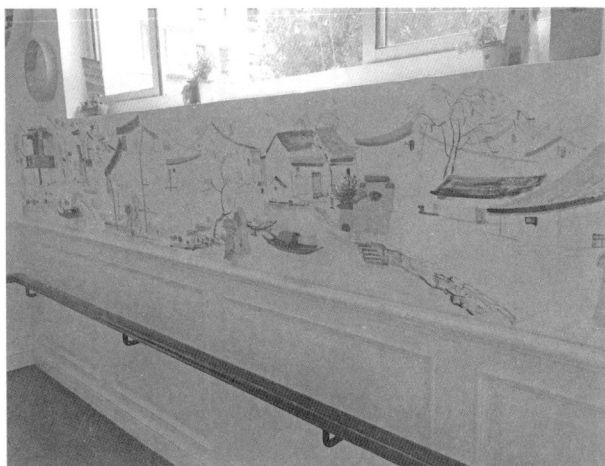

图3-5　荷花池幼儿园的走廊环境

图3-6　芷江中路幼儿园楼梯空间

图 3-7　芷江中路幼儿园楼梯空间

图 3-8　思南路幼儿园楼梯空间

让孩子们认识。也可以把每天的菜谱画在纸上后贴于墙上,用餐之前,教师可以向幼儿介绍今天的菜谱,说说这些菜有些什么营养。有条件的幼儿园还可以将幼儿园的餐厅打造成主题式的。例如荷花池幼儿园将餐厅打造成海底世界的主题餐厅,整个餐厅以蓝色为主调,海豚、鲸鱼、海龟在大海中畅游,甚至大鲨鱼也变得憨态可掬。另一侧的小餐厅中则可以欣赏到地中海式的蓝白小屋。餐桌、餐椅的摆放也各具特色,让孩子们在愉悦的氛围中进餐,同时又带给他们美的视觉享受(见图 3-9、图 3-10)。

图 3-9　荷花池幼儿园餐厅

图 3-10　荷花池幼儿园餐厅

盥洗室是幼儿每天都要进出的地方,如厕也是教师进行教育的一个环节。盥洗室的设置一般以方便、安全、卫生为原则。在盥洗室的墙上可以挂一些有趣的画,或是培养幼儿文明如厕习惯的宣传画,如大小便要排队,如厕的步骤等。盥洗室的洗手台上除了放置一些肥皂、擦手巾以外,还可以贴一些宣传画,如洗手的步骤或是节约用水的图画,这对幼儿养成良好的生活习惯有着潜移默化的作用。有条件的幼儿园还可以打造成主题式的盥洗室,例如荷花池幼儿园根据不同年龄段幼儿的特点,打造不同色彩、主题的盥洗室。粉色的墙上有"白雪公主",

盥洗台上有粉色的小毛巾和粉色的肥皂,镜子是凯蒂猫的形状。绿色的墙上有"狮子王",盥洗台上有绿色的小毛巾和绿色的肥皂,镜子是树叶的形状。这些主题式盥洗室,让孩子们感到非常有趣,洗起手来也比之前更认真了(见图3-11、图3-12)。

图3-11　荷花池幼儿园盥洗室

图3-12　荷花池幼儿园盥洗室

3. 幼儿园物质环境创设的原则

（1）创设多种形式相结合的活动环境。

幼儿园环境的创设应结合多种形式,既有平面的,也有半立体和立体的;既有观赏性的,也有操作性的;既有满幅式的,也有填充式的;既有展览式的,也有记录式的;既有教师的作品,也有幼儿的作品。教师可以巧妙地利用教室、走廊等的天花板、墙面、橱面、窗台、地面,甚至教室的门来进行环境创设。多种形式相结合而创设的环境呈现出来的是丰富多彩的、立体化的、动态化的效果,而不再是单一的、平面的。例如:图3-13[①]所呈现的是小班教室的墙面环境,孩子们的小手印变成了一片片小树叶,手印的颜色深浅不一,象征着秋天逐渐枯黄的落叶,经过老师精心的布置,一幅秋天的落叶图便呈现在我们的面前,色彩由绿变黄,非常好看。

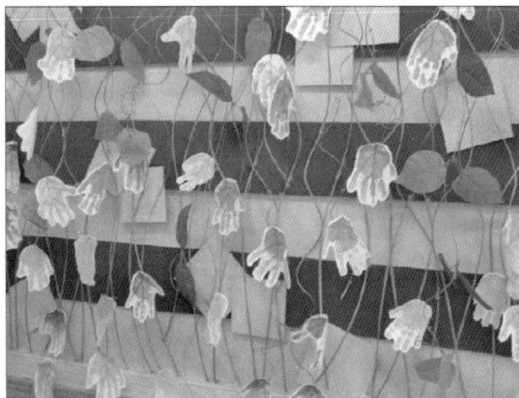

图3-13　芷江中路幼儿园墙面(1)

---

① 本图中所提及的颜色呈现,可扫描本书第53页中的二维码,阅览彩图并赏析。

（2）创设与主题内容相符合的活动环境。

主题活动环境的创设一般是以主题活动开展为线索，根据主题活动开展的需要与幼儿共同进行创设，与主题相关的环境。主题环境的创设体现了教师对幼儿兴趣、热点、学习经验的获得及同伴间的交流的关注。主题活动与环境创设是相依相随的，环境为主题而创设，主题依靠环境更加深入、具体地展开。教师应在充分把握主题的内容和要求的基础上，根据不同年龄班幼儿的特点以及主题活动的内容创设相关的环境。例如：中班主题活动"我爱我家"。教师在墙上为幼儿创设了"家"的环境，每一个"家"中都是孩子们与爸爸、妈妈的合影。随着主题的不断深入，幼儿和爸爸、妈妈一起设计、制作了自己的"家"，有客厅、卧室、厨房、卫生间等，立体而形象。在主题活动中，教师引导幼儿联系自己的生活经验与家长一起设计、制作家具，收集材料，并和教师一起布置新家，孩子们在环境创设的过程中获得多种经验，同时又使主题不断地深入和拓展（见图3-14、图3-15）。

图3-14　芷江中路幼儿园墙面(2)

图3-15　芷江中路幼儿园墙面(3)

（3）创设富有教育性和创意性的活动环境。

在考虑环境创设的审美效应的同时，教师不能忽视内容的教育性和创意性。《幼儿园工作规程》对幼儿园环境创设的要求是："创设与教育相适应的良好环境，为幼儿提供活动和表现能力的机会与条件。"因此，教师要使创设的环境发挥最大的教育作用。例如，在室内外的墙面上贴上各种图形、字母、数字和图案，可增加幼儿接受信息刺激的机会，并作为材料为幼儿提供游戏的机会，使幼儿通过游戏巩固学过的知识或获得某方面的能力锻炼。又如在墙上贴上世界地图，通过各种游戏形式，认识世界各国的首都、著名的建筑、地域的分布。

环境内容的教育性是教师所关注的，而创意性则常被教师所忽视。对幼儿来说，一个有创意的环境往往能激发孩子们的想象力和创造力。例如，图3-16中的树枝是孩子们利用墙上的裂缝进行的想象，他们把裂缝变成了昆虫、飞禽、植物等，一个富有创意的墙面便在孩子们的手中诞生了。又如图3-17中，是一组由一次性纸盘组成的隔离带，大大小小的纸盘上是孩子们装饰的各种鱼，再加上曼妙的蓝色薄纱和窗帘，立刻变成了一个海洋世界。

图3-16 虹口体育幼儿园墙面

图3-17 荷花池幼儿园隔离带

（二）幼儿园精神环境创设

幼儿园精神环境主要是指幼儿园的人际关系及一般的心理气氛等。主要表现在教师与幼儿、幼儿与幼儿、教师与教师之间的相互作用、交往方式等方面，虽然精神环境是无形的，但却直接影响着幼儿的认知、情感、社会性及个性的发展。因此，精神环境的创设也是幼儿园环境创设的一个重要方面。

物质环境是幼儿园教育活动展开的必要条件和基础，精神环境则是影响和制约教育活动质量的重要因素，两者缺一不可。从培养创造型人才的需要和形成健康心理来看，精神环境比物质环境更为重要。因此，幼儿园教师在注重物质环境创设的同时，应进一步关注与重视为幼儿营造和谐、健康的人际关系和心理氛围。

创设良好的幼儿园教育活动的精神环境，需要教师构建积极有效的师幼互动、帮助幼儿建立友好的同伴关系、创设安全自由的心理环境。

1. 构建积极有效的师幼互动

师幼互动是指发生在幼儿园内部的，贯穿于幼儿一日生活中的幼儿园教师与幼儿之间的相互作用、相互影响的行为和过程。师幼互动是幼儿园人际互动的核心，贯穿于幼儿园的教育活动、学习活动、生活活动、游戏活动等各个环节中。

《幼儿园教育指导纲要（试行）》的第三部分"组织与实施"提出："关注幼儿在活动中的表现和反应，敏感地察觉他们的需要，及时以适当的方式应答，形成合作探究式的师生互动。""以关怀、接纳、尊重的态度与幼儿交往。耐心倾听，努力理解幼儿的想法与感受，支持、鼓励他们大胆探索与表达。""善于发现幼儿感兴趣的事物、游戏和偶发事件中所隐含的教育价值，把握时机、积极引导。"这些表述都体现了《幼儿园教育指导纲要（试行）》对师幼互动的特别关注。

不仅如此，《幼儿园教育指导纲要（试行）》还就如何创设师幼互动环境，提供师幼互动机会提出了明确要求。如社会领域中提出："应为幼儿提供人际间相互交往和共同活动的机会和条件,并加以指导。"语言领域中提出:"创造一个自由、宽松的语言交往环境,支持、鼓励、吸引幼儿与教师、同伴或其他人交谈。""创设一个能使他们想说、敢说、喜欢说、有机会说并能得到积极应答的环境。"科学领域中提出:"能用适当的方式表达、交流探索的过程和结果。""为幼儿的探究活动创造宽松的环境,让每个幼儿都有机会参与尝试,支持、鼓励他们大胆提出问题,发表不同意见。"由此可见,积极有效的师幼互动是教师创设幼儿园精神环境的核心。

要构建积极有效的师幼互动,教师必须树立正确的教育观念,并采取相应的策略。

首先,正确定位教师的角色。教师要正确地认识自己在教育活动中所扮演的角色。在传统的教育观念中,教师往往将自己定位于教育者、保护者、管理者,从而将幼儿置于被教育、被保护、被管理的地位,从而形成了不对称的师幼互动关系。实质上,教师不仅仅是教育者、保护者、管理者,更应该是幼儿发展的支持者、参与者、合作者。在师幼互动中,教师是良好师幼互动环境的创设者、积极互动活动的组织者和引导者。

其次,教师应尊重和关爱幼儿。尊重幼儿就是要尊重幼儿的人格,把幼儿当成一个独立的人来看待;要尊重幼儿的兴趣需要和意愿,教师应善于理解幼儿的各种情绪、情感的需要,并给予适度的满足;还要尊重幼儿的选择和做出决定的权利,相信幼儿有自我判断和做出正确选择的能力,善于对幼儿给予积极的行为反应,从而建立信任的环境气氛。关爱就是要关注孩子、爱孩子。具体说来,教师要用自己的一颗爱心包容孩子、关怀孩子,对每一个孩子都能一视同仁。对幼儿的行为表现表示赞赏、肯定,并经常采用适宜的身体语言动作,如微笑、点头、注视、肯定性手势、抚摸、轻拍脑袋肩膀等,让幼儿在幼儿园的一日生活中都能感受到教师对他们的关注和爱,从而使幼儿保持良好的情绪状态,同时也让幼儿敢于亲近教师、信赖教师。

第三,建立新型的师幼关系。所谓新型的师幼关系就是和谐、民主、平等、对话的师幼关系。"教师必须紧跟时代的步伐,努力构建和谐、民主、平等、对话的师幼关系。教师角色的显现、作用的发挥,均应在对话的情境中展开。只有这样,师幼之间的双向人际互动才能得到真正实现。"[①]对话的师幼关系应具有以下特征,即民主性、语言性、开放性、创生性。[②]

2. 帮助幼儿建立友好的同伴关系

"同伴是指儿童与之相处的具有相同社会认知能力的人。同伴关系是指年龄相同或相近的儿童之间的一种共同活动并相互协作的关系,或者主要指同龄人之间或心理发展水平相当的个体之间在交往过程中建立和发展起来的一种人际关系。"[③]在同伴交往中,儿童和同伴一起分享共同的兴趣和快乐,学习有效的交往技能,并在情感上获得良好的发展。同伴交往对幼儿的认知、社会化、情感都有着积极的作用。因此,教师要帮助幼儿建立友好的同伴关系。

教师要为同伴交往创设有利条件。从现实中我们可以观察到,幼儿与同伴的交流较少,更多的是与客体(物)的交流,缺乏主体与主体的交流,如与教师、父母、同伴等的交流,从而制约

① 左瑞勇,柳卫东.幼儿园师幼互动现状与对策分析[J].重庆师范大学学报(哲学社会科学版),2005(4):117—122.
② 左瑞勇,柳卫东.幼儿园师幼互动现状与对策分析[J].重庆师范大学学报(哲学社会科学版),2005(4):121—122.
③ 王振宇.学前儿童发展心理学[M].北京:人民教育出版社,2004:221—222.

了幼儿社会能力的发展。研究显示,影响同伴关系的主要因素是社会认知和社会技巧的发展,这是与幼儿社交经验的积累和丰富有关的,是在和同伴交往的过程中才能够建立和发展起来的。因而,教师应鼓励和重视幼儿的同伴交往,利用身边资源为幼儿提供、创设交往的有利条件和宽松的心理氛围。

教师要引导幼儿与同伴交流。教师在幼儿活动过程中要积极引导幼儿与同伴进行交流,交流看过的电影和动画片、对某件事情的感受等,使幼儿在交流中学会观察他人的表情,了解同伴的想法,从而逐渐地认识到他人的特征以及自己在他人心目中的形象和地位。

教师要引导幼儿与同伴合作。幼儿是自我中心的,他们既不愿意也不能意识到同伴的观点、意图和感情,教师通过为幼儿创设相互合作的情境,让幼儿在与同伴互动的过程中,逐渐地学会与他人共同参加活动,学会如何处理与同伴的矛盾,学会如何坚持自己的主张或放弃自己的意见。与同伴的交往可以使幼儿意识到积极的社会交往是通过与同伴的合作而获得的。

3. 创设安全自由的心理环境

心理学家罗杰斯认为心理的安全、自由是促进创造能力发展的两个主要条件。安全、自由的心理环境能使幼儿的好奇心、创造动机和兴趣等心理需要得到满足。在心理安全、自由的环境中,幼儿的心情愉快,无压抑感,会对周围环境进行积极的探索,因此,幼儿园教师应为幼儿创设一个心理安全、自由的环境。

教师应经常表扬、鼓励幼儿。著名教育家苏霍姆林斯基曾指出:"教育技巧的奥妙之一正在于此:儿童从一个好老师那里很少听到禁止,而经常听到的是表扬和鼓励的话。"表扬可以满足幼儿的精神需要,并给他们带来喜悦的心情,但是,表扬并不是不分情况地滥用表扬,在现实中,我们经常会听到教师说:"你真聪明!""你真能干!""你很棒!"幼儿往往是在没有做出任何努力的情况下就能得到这样的表扬。因此,教师在表扬时应说出幼儿付出了哪些努力、用了哪些有效的方法完成任务,表现出了哪些人们所期望的行为、态度和良好的习惯,等等。教师还应经常鼓励幼儿,联合国《儿童基本心理权益宣言》中明确提出儿童有被鼓励的权益:"有权利被成人或同伴鼓励发展潜能,尝试新活动,不畏惧冒险行为,并在必须时,能承担逆境、失败及挫折的冲击。"教师对每个幼儿的点滴进步进行经常性的鼓励,可以使他们获得成功的体验,以增强幼儿的自信心。

教师应持肯定、支持的态度。肯定和支持能使幼儿产生愉悦的心情、积极的心态和增强自信心。教师对幼儿的天性、价值观、表现出的行为、情感等多一些支持,少一些反对;多给予幼儿正面的评价,少一些否定评价。如果成人常用一些消极的否定词语和态度评价及限制幼儿,往往会使幼儿变得畏首畏尾、缺乏自信,而且容易挫伤幼儿的自尊心。

教师应多接纳、多欣赏。不论幼儿家庭地位、性别、成绩、行为、外貌、个性特点如何,都有得到教师和幼儿集体接纳的权利。他们的心理、行为、处境有被教师如实理解的权利,有爱别人和得到教师、同伴集体爱的权利。因此,对于每一个孩子来说,教师都应该以平等的态度、宽容的心胸、无私的爱去接纳他们。真正地接纳幼儿还必须要尊重幼儿、欣赏幼儿,每个孩子都希望自己的想法、积极的努力、有价值的尝试、自己的优点和长处被他人欣赏,以获得自尊和自信。因此,教师要以欣赏的眼光去看幼儿,欣赏的眼光能够使教师真正从幼儿的视角去看待世界。

第三节　幼儿园教育活动资源的选择与利用

一、教育活动资源的选择

在教育活动的设计中,教师一般可以根据以下三条原则选择教育活动资源。

(一) 与幼儿生活经验密切联系

应当选择与幼儿生活密切相关的教育资源。这类资源往往与幼儿本身或幼儿身边的人发生着千丝万缕的联系,比较深入地认识这类资源能够引导他们学习社会知识。比如了解、参观小学是大班后期必要的学习内容,同时教师也要围绕着小学开展一系列活动,培养幼儿必要的学习常规与学习习惯。又如邮局、图书馆、车站、超市这一类教育资源包含着一定的社会知识和规则,与幼儿的生活有着密切的关系,需要幼儿进行了解。因此,教师应当把社区里的这一类资源纳入幼儿园课程和教育活动设计之中。

(二) 从幼儿兴趣和需要出发

有些教育资源本身就有吸引幼儿的要素,能激发幼儿的强烈兴趣,如超市、餐厅、公园等,应充分利用这些资源。在这些场所中,色彩比较丰富,活动空间很大,幼儿在其中可以比较充分自由地参观观察,与这些场所中的人员交往、互动。例如,在农贸市场,幼儿可以观察认识各种蔬菜、水产,观察菜摊的摆设,与卖菜的叔叔阿姨交流,亲自实践买菜的活动,回到幼儿园也可以进行丰富的主题延伸活动。此外,幼儿在活动中自发地对某些资源产生兴趣,活动延伸就必须利用这些社区教育资源。如,当幼儿玩娃娃家游戏时,随着游戏情节的发展而产生孩子到医院后怎么办的疑问,教师可适时地组织幼儿参观医院或请熟悉的医生到幼儿园里作介绍,帮助幼儿解决疑问,深入进行游戏。

(三) 就地取材

资源的利用可以从本地、本园的实际出发,选择幼儿周围环境中比较丰富的、在实际生活中容易接触到的现实资源,体现本社区的人文和自然特点及本园的教育文化,提高资源的利用率与使用价值,发挥优势,形成自己的风格和特色。例如,有的幼儿园地处美丽的岛屿,那里风景优美,景色迷人,盛产各种海产品。教师可以带领幼儿到海边感受海风的强劲,看看、说说海水的颜色和海面上的景色,听听、说说海水拍打岸边的声音、海浪飞溅的声音、海鸥飞过的声音、轮船鸣笛的声音,并闻闻海水的气味。让幼儿赤脚在沙滩上感受沙子的柔软,也可以在沙滩上堆城堡、挖地洞,还可在沙地上作画、唱歌表演。让幼儿在运用各种感官认识大海的基础上,通过动手、动口、动脑,在做做玩玩中感知大海的美。同时,通过收集贝壳、制作、绘画等活动,激发幼儿爱大海、爱自然、爱家乡的情感。

二、教育活动资源的利用与设计

教育部颁布的《幼儿园教育指导纲要(试行)》中指出:"幼儿园应与家庭、社区密切合作,综合利用各种教育资源,与小学相互衔接,共同为幼儿的发展创造良好的条件。"幼儿园教育环境资源的开发与利用,能够大力推进幼儿园课程建设,对提高教师的专业化水平、幼儿的基本素质具有极大的促进作用。

(一)家庭资源的利用

家庭是孩子成长的摇篮,是孩子生活中第一个接触到的环境,它对孩子发展所起的作用,是幼儿园环境、社会环境所无法替代的。家庭环境作为家庭教育的基本要素之一,在个体成长过程中起着至关重要的作用,将影响孩子今后一生的发展。因此,幼儿园要注意到家庭对孩子发展的深刻影响,与家长密切联系、相互配合,帮助家长创设良好的家庭教育环境,让家长和幼儿园一起共同承担教育幼儿的任务。

但是现在的家园合作出现了多种新矛盾:家长对子女的期望值不断提高;家庭的教育责任不断淡化,许多家长将子女的教育责任一股脑儿地推向幼儿园,仅将自己定位于子女衣食住行的供应者、教育费用的负担者,幼儿园的责任却被过度强化,"教育者替代父母的关系"变得更为明显。因此,幼儿园应依据自身的固有功能进行准确的角色定位。

首先,幼儿园是主导者。幼儿园具有制定教育计划,组织教育内容和确定教育方式的权利,对教育的整个进程起着主导作用,而家庭无法对以上过程进行独立的设计和组织。家庭对子女教育的随意、无序和缺少理性,可能会在家庭教育中有一些错误的观念和做法,因此幼儿园具有指导家庭教育的功能,帮助家庭转变教育观念,改善教育方式,提高教育效果。

其次,幼儿园是服务者。"以人为本"是教育服务的核心理念,"以人为本"的教育强调尊重人的主体地位;幼儿园与家庭之间形成了明显的供需关系,以及服务与接受服务的关系。幼儿园应做到虚心听取家长的意见,不断改进工作方式;切实履行幼儿园对家庭的各项承诺;对不同的家庭和不同的幼儿要一视同仁;健全管理规章,努力使家长的投入得到尽可能多的回报;坚持服务的全面性,幼儿园的一切活动应服务于幼儿在认知、心理、健康等方面的发展。

最后,幼儿园是家庭资源利用者。家庭教育具有生活化和情境性的特点,蕴藏着许多幼儿园所不能拥有的教育资源,存在许多幼儿园所不易捕捉到的教育时机。例如,家庭的思想教育具有个别化的特点;家庭可灵活地运用时间和空间对幼儿进行闲暇时间的教育。因此,幼儿园要善于发现和利用家庭的各种资源,如家庭结构、物质条件、家庭气氛、生活习惯、志趣爱好等。

家长是幼儿园的一个重要教育资源,幼儿园与家庭的配合,能有效保证儿童各方面健全的发展。因此,幼儿园必须帮助家长了解幼儿园工作的目的、内容、方法,并重视来自家庭的信息和资源,充分利用家庭的教育资源,鼓励家长参与幼儿园教育活动的设计、管理和评价,使家长成为幼儿园的合作伙伴。幼儿园应争取家长的理解、支持和主动参与,并积极帮助家长提高教育能力。幼儿园利用家庭资源主要有如下策略。

1. 帮助家长树立正确的教育观念

家长在家庭教育方面主要存在以下误区:(1)把幼儿教育等同于幼儿园教育,不重视幼儿的家庭教育,认为教育孩子是幼儿园的事;(2)"望子成龙、望女成凤"是家长的普遍心态,一味追求智力开发,过早地进行各种知识技能训练,违背幼儿的身心发展规律,致使许多孩子小小年纪就背负沉重的学习包袱。家长不懂得非智力因素对幼儿发展的重要性,忽视了幼儿独立意识、良好情绪情感、良好品德素质和生活习惯的培养;(3)教育方法不当,或过分溺爱与保护,或过分严厉经常打骂。这些家教误区的存在使得幼儿园教育与家庭教育产生矛盾,也导致了幼儿家、园行为表现不一致,为教师及家长工作带来了困惑。因此,教师有责任向家长宣传现代的教育思想和科学的教养方法,帮助家长建立全新的教育观念,使家庭和幼儿园形成合力,促进幼儿的全面发展。

2. 发挥家庭、幼儿园的各自优势,构建家园互动平台

当前,我国的家庭教育显示着新活力和潜在的丰富的教育资源,家长中有许多好的教育方法与经验,教师应想办法为家长提供相互交流育儿经验的机会。

(1)开辟与家长互动的家园联系栏。教师在自己班的家长园地中可以开辟"请您参与""你问我答"等栏目,根据家长所关心的热点问题以及家庭教育中的常见问题,请家长参与讨论。如:"如何使孩子尽快适应幼儿园""孩子挑食怎么办""孩子是否要在周末参加各种兴趣班"等,围绕这些话题让家长各抒己见,并定期更换讨论话题和互动内容。

(2)定期召开家长研讨会。家长研讨会可以班级、年级组或全园的形式进行,研讨的内容由家长委员会和教师共同商量制定,如:大班家长在幼儿入学前以"入学前应为幼儿做好哪些准备"为题进行讨论;小班家长在幼儿入园一段时间后开展"小班幼儿如何适应幼儿园的生活"的讨论等,此类活动的开展达到了家长自我教育、互相学习的目的,提高了家长的育儿水平。

(3)充分利用幼儿园网站的优势。随着科学的进步,网络为幼儿园与家长合作共育提供了一个平台,但通过调查发现,这一资源并未被幼儿园和家长充分利用。利用幼儿园网站,家长可在网站上发表自己的育儿经验、参与幼儿园活动的体会,并为幼儿园工作献计献策等,教师在开展主题活动时所需的一些资料和信息,也可通过网络发动家长提供。例如,在一次"昆虫"主题活动中,教师在网上发送"请您帮忙"的家园互动信后,家长十分支持,短短几天,家长便为主题活动的开展提供了各种帮助:有的家长从电脑上下载有关的图片资料,有的家长带来了自家的昆虫模型,也有的家长带来自制的"昆虫"、有关昆虫的书籍,还有的家长利用双休日和孩子一起去郊外捕捉昆虫后制作了标本等,为主题活动的顺利开展提供了充足的物质资源。

通过对家庭教育的指导,家长可以深入了解家庭教育的重要性,坚持科学的导向,形成正确的教育观念。家庭教育中,观念是起决定作用的,正确的观念可以使每个家庭有自己正确的教育方法。

3. 引导家长参与幼儿园的课程建设和管理

《幼儿园教育指导纲要(试行)》指出:"家庭是幼儿园重要的合作伙伴。应本着尊重、平等、合作的原则,争取家长的理解、支持和主动参与,并积极支持、帮助家长提高教育能力。"引导家长参与幼儿园的课程建设和管理,可以让家长与主题活动同行。

教师在开展主题活动前,通过幼儿园局域网或家教园地向家长详细介绍本园已开展了哪些主题活动、即将进行什么主题活动等情况,让家长观察孩子的兴趣点,如有好的想法可在家园联系本上记录或是以微信的形式告诉教师。在主题开始前,教师可通过问卷的形式了解幼儿对主题的兴趣、已有的经验等基本情况。例如在"有趣的昆虫"主题开始之前,教师设计问卷让家长填写幼儿对昆虫的了解程度、对什么昆虫感兴趣、还想了解些什么昆虫等,这样教师就能有针对性地预设主题活动。通过这种形式让家长了解幼儿园正在做什么、开展了一些什么样的活动,同时也有利于教师更全面地了解孩子的需要,而且家长的建议也会让主题活动增色不少。

教师还可利用家长的特长资源,为幼儿园开展主题活动提供服务。例如:有的家长是交警,在开展"我是小小交通安全员"活动时,这些家长便被教师请来向幼儿讲解交通规则,演示指挥交通的手势等;有的家长有一手捏泥人的绝活,于是在教师的邀请下把简单的制作技能教给孩子们,并把作品布置在教室的一角,让孩子们看看、想想、做做、玩玩。

在主题活动进行了一个阶段后,教师应与家长一起共同反思:主题活动开展过程中哪些是成功的,哪些是失败的,为什么,下一阶段该如何做,等等。反思的形式多种多样,如可通过写文章、讨论、在幼儿园网站上发表自己的见解等,也可通过对典型案例进行分析来发现前一阶段工作的问题,进而提出下一阶段工作的目标和具体措施。

在主题活动的实施过程中,教师可以表格的形式向家长介绍主题活动的进程、环境的创设、区角活动的创设、活动所需的资料与材料等,让家长了解幼儿园需要什么,家长可为幼儿园提供什么资料、材料等,发动家长收集材料、布置幼儿园的环境。例如,在"有用的稻草"的主题活动中,有的家长带来了许多稻草,孩子们扎草人、做草船、搓草绳,动手动脑,使活动开展得有声有色;在创设班级环境中,有的家长发挥具有艺术特长的优势,从专业角度给教师一些建议:从色彩到造型,从整体定位到细节处理,都让教师受益匪浅。

引导家长参与幼儿园的课程建设和管理,还可以让家长参与幼儿园的日常管理工作,如成立家长教育委员会、伙食管理委员会等家长工作小组,对幼儿园的教学计划、各项规章制度、课程制定和改革、幼儿成长计划等进行督导。家长工作小组在参与过程中及时向园方反映家长的意见,向教师提供教育资源和信息,帮助教师实施各项活动,并带动其他家长积极配合幼儿园的教育活动。同时,家长委员会的成员还可凭借各自的专业与特长担任幼儿园工作中的顾问,如法律顾问、电脑管理顾问等,为幼儿园教育工作作贡献。

(二) 社区资源的利用

社区资源是幼儿园教育教学的补充,因此,幼儿园要"充分利用自然环境和社区的教育资源,扩展幼儿生活和学习的空间",尽可能使设计的教育活动与地方或社区历史、地理、经济、文化、社会结构、风俗、生活方式等联系起来,给幼儿提供更多直接体验的机会,帮助幼儿形成积极的社会态度和情感。

《幼儿园教育指导纲要(试行)》中指出:"充分利用社会资源。"《幼儿园工作规程》中也明确指出:"幼儿园应加强与社区的联系与合作,面向宣传科学育儿知识,开展灵活多样的公益性早期教育服务,争取社会对幼儿园的多方面支持。"

社区资源作为一种新型的教育资源已逐步渗透到幼儿园教育中,社区中所蕴含的丰富而宝贵的教育资源为幼儿园教师开展主题活动提供了广阔的平台。幼儿园利用社区资源主要有以下策略。

1. 社区中自然资源的利用

社区中蕴含丰富的自然资源。教师应经常带幼儿深入大自然,引导幼儿实际感受周围环境的发展变化,感知真实的生活,使其获得丰富的体验,获得一定的知识和技能。

例如,教师为了增强幼儿的环保意识,便充分利用小区树多的特点,组织幼儿开展认领小树的活动。每个幼儿认领一棵小树,在家长的陪同下为小树清除杂草和落叶,让幼儿学会爱护花草树木、保护小区的环境卫生,在对幼儿进行环保教育的同时共建社区。

又如根据一年四季的变化,以幼儿园春游、秋游为契机,带领幼儿投身大自然,领略家乡风光的秀美,并鼓励幼儿用手中的画笔描绘对家乡的眷恋和热爱。春天来临的时候,教师让幼儿去寻找春天,用自己的"语言"记录下来,观察小蝌蚪、蚕宝宝的生长情况;秋天里,教师带领幼儿一起来制作有趣的稻草制品,一起到田里收摘蔬菜。

乡村的自然环境为幼儿提供了丰富的、开放的活动材料,如可用来扎扫帚、编花篮的玉米皮,可以制作眼镜、小飞机的高粱秆,可以搭建小房子的玉米棒,制作打击乐的竹筒,编织小花环、草帽及各种动物头饰的狗尾草,可以用来搓麻编网包的红麻,可以染色粘贴的木渣、花生皮等。这些材料的利用给幼儿的活动带来了一丝乡土的气息。

有的社区附近有众多的名胜古迹,教师可以社区中的旅游景点为线索,以家乡的优势、变化为教育内容,有意识地带领孩子们参观周边的名胜古迹。在这些活动中,使孩子们亲身感受家乡的变化、家乡的美丽,从而增强孩子们作为家乡一员的自豪感。

因此,教师通过对自然资源及其教育价值的合理挖掘,可以有效地促进幼儿园教育活动的开展,并取得良好的效果。

2. 社区中的人文资源的利用

人文资源是指人类为开辟、发展和完善自己赖以生存的环境,在利用、改造自然和社会的实践过程中,所创造的可供利用的物质文化遗产和精神文化遗产。现今留下来的任何人文资源,都是人们探寻和认识某种历史现象发生发展的重要线索,其本身对人们认识历史真实有着重大的意义。因此,幼儿园应充分挖掘所在社区的人文资源,并使其为幼儿园的教育服务。例如,有的幼儿园坐落在古镇附近,古镇中有许多历史名园、人文景观,幼儿园便可以让孩子们欣赏古镇景物,了解古镇的今昔变化,让孩子们在感官上得到美的享受的同时,也能从这些历史遗迹中接受到历史的信息,从而增长历史知识,受到精神文化的熏陶,并从中感受到中华民族的伟大。

由此可见,社区中人文资源的利用,有利于拓宽幼儿的视野,同时可使幼儿了解熟悉本地区的地理环境、人文景观、物产特色等,让他们在欣赏、探寻的过程中产生亲切感、自豪感,并懂得珍惜、保护它。

3. 社区中的生活设施资源的利用

随着生活水平的提高,社区配套的生活设施不断完善。许多幼儿园周边就分布着超市、银行、车站、商店、农贸市场、医院、邮局等设施,这些周边的生活设施也是幼儿园可利用的教育资源,可以成为幼儿园开展主题活动的活教材。

例如在开展主题活动"我们的城市"中,超市、菜场、邮局等都成为了孩子们探究的对象。其中,超市是孩子们最感兴趣和最熟悉的地方。为了满足幼儿的兴趣与需要,教师便就地取材,组织幼儿逛超市。在超市中,幼儿通过购物活动来体验生活,提高对超市中各种工作人员的职责、商品流通、钱币等的认识。

再如,大班后期要对幼儿进行"我要上小学"的教育时,教师可利用幼儿园附近的小学资源,组织孩子们到小学参观,听一堂课,和哥哥姐姐一起交流,了解小学学习的情况等。

因此,教师合理、充分地利用这些社区中的各种生活设施,可以极大地丰富幼儿的生活,社区的宝贵资源拓展了现有的主题教育内容,也为孩子们提供了亲身体验、了解社会的条件,为孩子们今后的生活、生存和发展打下了基础。

4. 幼儿园为社区提供教育服务

幼儿园是社区中不可缺少的服务机构之一,具有自身的教育优势,因此,幼儿园应发挥优势,为社区教育工作的开展尽一份力。幼儿园应为社区确立家教指导目标,形成社区重视幼儿教育的氛围。

为了改变社区的教育环境,使人人树立起教育幼儿的意识,幼儿园与社区双方共同根据幼儿发展需要确立社区家教目标,并将此目标在小区宣传栏中公布,将提高家教质量的要求纳入到小区精神文明活动之中,居委会通过建立家教活动站实现目标,使全社区形成重视幼儿教育的氛围,把幼儿教育的工作渗透到社区教育中,形成有利于幼儿发展的社区育人环境。

同时,要把幼儿园建成小区的幼教中心。在入托问题上要优先照顾小区内的幼儿,随时入园、随时接纳。对一些临时有困难的家长,如老人住院、父母上夜班无法照顾孩子,幼儿园应想办法让他们的孩子有入园的机会,使家长没有后顾之忧。为了使小区内没入园的、散居的孩子也能参与幼儿园的活动,教师可以专门设置幼儿活动室,定时向小区幼儿开放,教师轮流负责照顾幼儿的活动。幼儿园还可充分利用园内现有的大型玩具设施,向社区孩子开放,每逢节日,邀请他们与园内幼儿共同开展庆祝活动,让所有孩子都能感受幼儿园的教育。同时,幼儿园的孩子们通过与园外孩子的共同活动,也学会了如何关心别人、与他人一同分享快乐。

此外,幼儿园要组织园外的家长来听幼儿家教讲座,开展幼教咨询活动,解决家庭教育方面的问题,把科学育儿的知识宣传给不在园的幼儿家长,提高家长科学育儿的水平。

三、幼儿园教育活动设计中多种资源的整合

幼儿的发展是在与周围环境的相互作用中实现的,良好的教育环境对幼儿的身心发展具有积极的促进作用。环境育人是幼儿教育的特点。《上海市学前教育纲要》的总则中明确指出:"环境是人赖以生存和发展的物质、社会、心理条件的综合,是儿童发展的资源。儿童的发展受到来自学前教育机构、家庭、社会多方面的综合影响,学前教育机构必须与家庭教育、社区教育互相协作配合,提高对儿童教育影响的一致性和有效性,并加强与初等教育的衔接、联系和配合。""促使儿童在与环境积极主动的相互作用中,认识个人以及生活共同体与环境的依存关系,积累与环境作用的必要体验和经验。"

家庭、幼儿园、社区是幼儿发展的三大环境和可利用资源。家庭、幼儿园、社区在学前儿童教育方面具有各自的特点。幼儿园教育是根据国家教育方针,根据改革发展的需要提出教育目标,有目的、有计划地实施的教育。家庭教育是在不拘形式的日常生活中随时对幼儿产生潜移默化的教育,负有教育和抚养孩子的责任,并要支持幼儿园教育。社区则是按照国家教育方针和年龄特点配合幼儿园教育,且社区更具有灵活性和自愿性的特点,其主要任务是配合幼儿园、家庭,组织安排生活,防止和减少孩子受到社会消极因素的影响和腐蚀。

幼儿富有个性的发展,单靠幼儿园的教育是难以实现的。幼儿教育不等于幼儿园教育,我们必须要树立大教育观,更新教育资源观,让教育跨越幼儿园围墙。家庭、幼儿园、社区各具不同的教育特点,各有其不同职责,我们要把三者结合起来,相互配合、相互统一,力求达到优势互补、协调发展,形成三位一体的教育方式,共创一种有助幼儿身心发展的环境,让幼儿在自主、开放的氛围中,构建健全的人格,实现全面发展。

家庭、幼儿园和社区的资源各有特色、各具优势。所以,教师可以依据具体情况,采取单元资源整合、二元资源整合或是多元资源整合的方式,从而实现家庭、幼儿园和社区合作的多元化、丰富化。①

(一) 单元资源整合

单元资源整合是以某种资源为主的整合方式,如以幼儿园为主的各种资源整合,以家庭为主的各种资源整合和以社区为主的各种资源整合。例如:以大班开展"我是中国人"主题活动中的家庭资源利用为例。家长利用节假日带孩子去各地旅游,了解各地方的风俗习惯、欣赏风景名胜。孩子们还与家长一起利用家庭信息资源和时间资源的优势,收集各种有关我国各民族的资料、图书、图片。有的孩子在爸爸妈妈的协助下收集了各民族的服饰图片,有的收集了各民族风俗的文字介绍,还有的提供了祖国大好河山的风景照片。家长发挥自身文化资源优势指导幼儿阅读这些图书、图片资料,回答幼儿的疑问。在资料的收集过程中,孩子们不仅增

① 曹玉兰.家、园、社区教育资源整合的研究[D].扬州:扬州大学,2008:47—49.

长了知识,了解了祖国的风土人情,更激发了他们热爱祖国的情感。在这一系列活动中,家长自身及家庭中各种教育资源通过整合与幼儿园主题教育需求产生了积极互动,从而实现了主题活动的目标,丰富了幼儿知识,提高了幼儿的探究能力。活动中通过对家庭教育资源的整合,不仅拉近了幼儿园与家庭的距离,同时也加深了家长与幼儿园的情感沟通,在家园互动的过程中,让家长看到孩子的成长,从而进一步增强家长与幼儿园的配合,更好地促进幼儿园与家庭教育资源的整合。

(二) 二元资源整合

二元资源整合,又称双向资源整合,顾名思义是指由两种教育资源密切配合,开展幼儿教育活动。如以幼儿园与家庭资源整合,以幼儿园与社区资源整合,以家庭资源与社区资源整合。以幼儿园与社区资源整合为例,每一所幼儿园都坐落在一定的社区之中,不同的幼儿园所处的社区、周边环境各不相同,所以,幼儿园可以从实际出发,因地制宜地运用社区的教育资源,如通过与社区居委会和街道办事处联系,通过慰问及积极参与社区居委会活动等方式,与居委会人员建立起积极的情感。同时,幼儿园中一些与社区有关的主题活动也可以在居委会的大力支持下开展。幼儿园还可以通过走出去、请进来的方式充分挖掘和利用社区中的文化资源、自然资源和人力资源等,开展丰富的教育活动。如利用社区中公园、绿地等自然资源为幼儿与大自然对话提供机会,带幼儿到公园踏青、赏花,组织幼儿观察各种植物,了解各种植物的生长规律、造型特征,开展各种科学探究活动等。利用社区中超市、医院、邮局、银行等资源,教师和家长带幼儿到这些场所购物、看病、寄信、参观,感受各行各业活动和职业特点。通过这些活动,使社区的优势资源及时转化为幼儿园社会领域和园本课程的资源,从而增强幼儿教育的实效性。二元资源整合既满足了幼儿园教育活动的需要,又将社区优势资源转化为幼儿园教育活动的资源,使幼儿园与社区形成教育合力,从而同步、协调地促进幼儿的发展。

(三) 多元资源整合

多元资源整合是指由三种或三种以上的教育资源相互整合在一起,共同完成幼儿教育任务。《幼儿园教育指导纲要(试行)》指出,"幼儿园应与家庭、社区密切合作,与小学相互衔接,综合利用各种教育资源,共同为幼儿的发展创造良好的条件""充分利用自然环境和社区的教育资源,扩展幼儿生活和学习的空间"。根据这一理念,教师要树立开放的教育资源观,在开展幼儿园教育活动时,要致力于开发和利用幼儿园、家庭、社区丰富的教育资源,积极主动地在教育活动中进行园内外各种教育资源的多形式整合,以实现园内外教育资源使用的综合化和最优化。三种教育资源使用时各有优劣,教师应扬长避短,优化组合。既要发挥三种资源各自的优势,又要相互配合、合理整合,使三种教育资源在幼儿园教育活动中形成整体优化的影响力,促进幼儿活泼、健康、主动地发展。例如,在主题活动"快乐的端午节"中,为了进一步增进幼儿对中国传统文化的了解和兴趣,教师借助社区的龙舟文化节活动的资源,带孩子走出幼儿园感受社区中浓郁的民俗氛围:看身着民俗服装的表演队打腰鼓,赏河里的龙舟比赛,在活动中孩子们接受到真实、生动的民间艺术文化的熏陶。同时教师将家长和社区的艺人请进幼儿园,奶奶表演包粽子,妈妈协助做香袋、编蛋套,爸爸表演赛龙舟,还有社区沪剧艺人表演沪剧《看龙船》等。在这一主题活动中,教师挖掘、拓展、整合了三种资源,努力开发和利用各种教育资源,探索各种教育资源在教育活动过程中的合理整合与利用,为幼儿的发展创造了良好的条件。

　　下面,我们通过两则案例,看看幼儿园是如何利用家庭、社区的资源,发挥幼儿园、家庭和社区各自的优势,进行合作共育的。①

案例：低碳环保教育

　　进入大班,幼儿对大自然中各种动植物充满了好奇,同时也初步了解了人与环境的依存关系。因此,在主题活动中我们对大班幼儿开展"低碳生活习惯"的养成教育。

幼儿园里：

　　在上海市二期课改的教材中,包含了"春夏与秋冬""有趣的水""动物大世界"这三个与自然相关联的主题活动,其主题活动目标就包含了"低碳环保"的价值取向。如"有趣的水"主题目标为:体会人们的生活离不开水,乐意关心周围的水环境,爱护水资源,节约用水。争做节水小卫士,并能向周围的人宣传保护水资源的重要性。围绕主题活动的目标,教师将低碳生活的认知和理念渗透在日常教学中,进一步帮助幼儿了解人与环境相互影响、相互依存的关系。

　　每年我们都有很多和环境相关的节日,结合环保节日的不同内容,开展年级组或是全园的环保大活动,充分调动幼儿参与环保活动的主动性和积极性。

表3-1　环保活动安排

3月12日	3月22日	4月1日	4月22日	5月31日	6月5日	10月4日	10月第二周	10月16日
植树节	世界水日	世界爱鸟日	世界地球日	世界无烟日	世界环境日	世界动物日	节能周	世界粮食日

家庭中：

　　幼儿园里启动了"绿色生活,垃圾分类回收"的活动,门口的宣传栏中,向家长宣传垃圾回收的益处、随手丢弃电池的危害性。每个班级制作了三类垃圾桶放在教室门口,回收纸类垃圾、纸盒包装、废旧电池。家长从看宣传到和孩子们一起付诸行动,

---

① 两则案例均由孙莉华提供。

使环保行为在家庭中也得到了延续。其中,废旧电池的回收得到家长的特别支持。家长反映:大家都知道废旧电池随意丢弃的危害性,但是社会上废旧电池的固定回收点太少,有时家长想找地方丢,找不到。幼儿园的集体回收也为家长提供了便利,充分体现了垃圾回收的意义。

另外,低碳生活有时会让我们的生活不那么便利,成人有时为了方便,不能坚持低碳的环保行为,而孩子们执着的行为让家长也更能坚持环保行为。大班小朋友都是环保小卫士,不但承担着环保宣传的责任,还起到了环保监督的作用。

社区中:

我们的环保小卫士将幼儿园中学到的环保歌曲、环保儿歌带到家庭中,带到社区中。在 6 月 5 日世界环境日这天,小朋友到社区中表演用废旧材料制作的时装秀、环保拍手歌等节目,这些节目得到了社区居民的好评。小卫士们还将自制环保传单一张张送到小区居民的手中,并认真地向居民解释:这张是告诉我们少用一次性碗筷,减少垃圾;这张是告诉你出门自己带杯子,少喝饮料多喝水最利于健康。社区的爷爷、奶奶、叔叔、阿姨们都为孩子们丰富的环保知识而赞叹。

同时,我们的环保小卫士还会轮流在幼儿园门口值班,监督家长和小区居民共同环保。孩子们很勇敢,也很大方,看到家长吸烟,马上跑过去说:"爷爷,幼儿园里不能吸烟。"家长在听取孩子们建议的同时,还会和小朋友们一起做环保志愿者。成人和孩子互相监督,共同养成低碳生活的行为习惯。

案例:科学探索活动

教育资源来自家庭:

在开展大班"我和动物是朋友"的主题活动中,教师和家长一起收集了许多和动物有关的书籍、图片、多媒体信息等,并和幼儿一起共同丰富班级的"小小图书馆"。在"小小图书馆"中,"鼠小弟系列丛书"成了孩子们手中的热门书。"鼠小弟系列丛书"诙谐幽默的故事情节,形象生动的绘画风格深得孩子们的喜爱。

幼儿园集体教学提升认知:

孩子们在阅读《鼠小弟、鼠小弟》这个关于称体重的绘本故事时,对磅秤上指针的转动与体重变化之间的关系产生了兴趣。故事最后的疑问,难倒了孩子们:"鼠小弟真的比大象重吗?"很多孩子说不知道,也有一些孩子知道却也说不清楚。于是,教师设计了集体教学活动"鼠小弟称重",帮助幼儿熟悉故事中的角色,理清绘本故事中的线索"动物体重的变化"。同时也引导幼儿在生活中发现"动物的体重越重,秤盘上的指针走得越多"的规律。

社会实践拓展经验:

生活中可以用来称重的秤各式各样,教师带孩子们到超市、菜场寻找各种秤,请家长带孩子们到社区中寻找各种不同的"秤"。孩子们通过各种途径找到了各种各样的秤:在超市中找到"电子磅秤",在菜市场看到了"托盘天平""电子秤",在弄堂老奶奶的手中见识了"弹簧秤"。孩子们将自己社区实践的经验带回课堂和同伴们一起分享。与此同时,教师也在区角活动中投放了各种各样的秤,满足了幼儿探索称重的愿望,拓展了幼儿的生活经验。

从上述案例中,我们可以看到,幼儿园整合了家庭、社区的教育资源,畅通家园、社区共育的信息交流渠道,拓展和延伸了教育的空间,充分发挥家长、社区在教育实施过程中的重要作用,鼓励家长、社区走进幼儿教育,从而构筑幼儿园、家庭、社区合作共育的平台。

思考题

1. 谈谈如何理解幼儿园教育活动的环境与资源。
2. 简述幼儿园教育活动环境创设的基本原则。
3. 以某一主题内容为例,谈谈你对幼儿园教育活动环境设计的基本思路和想法。
4. 幼儿园教育活动的资源主要包括哪些?
5. 以家庭、社区资源的整合利用为设计思路,尝试设计一则教育活动方案。

第四章　幼儿园教育活动设计的基本模式

　　从幼儿园教育活动的基本类型来看,虽然从不同的角度出发会有不同的划分标准,但这些不同形式的教育活动都是发生在幼儿园课程所包含的健康、语言、科学、社会、艺术等领域中的。因此,从五个不同领域入手展开对幼儿园教育活动模式的讨论,有一定的针对性和独特性,也是比较常见的一种展开方式。但近年来,随着我国《幼儿园教育指导纲要(试行)》的颁布以及幼儿园课程改革的不断深入,幼儿园课程的呈现面貌已经发生了巨大的变化,课程的组织与实施已经从原来的标准化、具体化、个别化逐渐走向多元化、社会化、统整化;幼儿园教育活动也从以往的以教师为中心的灌输式教学转向引导儿童主动探究的自主式学习。在幼儿园课程及教育活动的设计与实施中,学科领域的界限已越来越淡化。因此,基于这样一种课程转型的背景,我们将不再以学科领域的划分标准展开本章内容的讨论,而是以当前幼儿园课程改革中较为集中体现的若干种教育活动模式来展开讨论。

　　幼儿园教育活动作为一种体现教与学相结合的活动,其基本的活动模式一般可以表现为由教师预设为主的模式、师幼共同参与学习的模式和儿童自主生成的学习活动模式等。本章将着重从这一角度出发,分析和探讨不同的幼儿园教育活动模式的价值取向、基本特征、应用策略以及相应的活动案例。

第一节　探究式学习

　　探究式学习是我国新一轮基础教育课程改革中大力提倡的一种学习模式,它在培养学生发现问题、研究问题、解决问题的能力以及提高创新精神、全面素质等方面所凸显的价值已得到了广泛的认同。从这种教育理念出发,引发了我国基础教育课程改革在课程结构上的重要突破,并根据各学段学习程度和要求的不同,分别演绎出了"研究型课程"(高中)、"探究型课程"(初中、小学)和"探究型主题活动"(幼儿园)。

一、探究式学习概述

(一) 探究式学习的含义

探究式学习(inquiry learning)中的"探究"一词,取其"探索研究、探寻追究"之意。探究式学习就是指一种以学生自主的发现、探究和解决问题为主的学习方式。它既不同于以记忆为基础的接受式学习,也不同于基于模仿而进行的学习,应该说,它是人们在总结"发现式学习"和"有意义学习"经验的基础上提出的一种以问题为基点的学习。

探究式学习是学生围绕着一定的问题而展开的一系列以自主探究为主的活动,包含了观察、提问、操作、实验、假设、讨论、验证、合作、交流、质疑、预测、推理、归纳、整理等。而幼儿园的探究型主题活动则是指围绕着一个主题(可以是教师预设的,也可以是幼儿生成的)而展开的以幼儿的自主探索、自由表达、合作交流、质疑解惑为过程的活动,它与原有的集体教育活动和分科课程相比,具有更综合、更自主、更开放、更灵活的特点,是以让幼儿获取丰富的学习经验,满足和激发幼儿探索的好奇与兴趣,发展幼儿的创造性表征能力和解决问题能力为目标的一种探究式学习活动。

(二) 探究式学习运用于幼儿园教育活动的意义及价值

1. 满足儿童探究的本能, 使其获得亲身参与探究的体验

探究,几乎可以说是每一个生命个体的本能,当儿童作为一个新的生命来到世界上时,就与生俱来地产生了一种探究的潜能,他们正是通过自发的探究不断地加深着对这个世界的认识的:蚯蚓是怎样在泥土里生活的? 一粒小小的种子怎么会长成一棵大树呢? 风筝为什么能够飞得那么高呀? 牙齿的主要成分是什么? 为什么牙齿掉了还会自己长出来呢? 伴随着诸如此类的问题,孩子们的好奇心和探究意愿表露无遗。对幼小的儿童来说,探究虽然不是一种需要从无到有进行学习的事物,但从自发的、天生的探究本能到探究能力的不断提高和完善,这一漫长的过程离不开教师和成人的支持、鼓励、帮助和指导。作为教师,为儿童提供亲身探索、主动发现和创造的学习环境,随着其探究实践的不断展开,不仅能够保持儿童积极探索的兴趣,使儿童在感受和体验探索的过程中获得满足感、兴奋感和自信心,而且还能在不断的探究活动中引导儿童拓展探究范围,学习并获取更有效的探究方法和手段。

2. 促进儿童的积极思维, 培养发现问题和解决问题的能力

探究过程与儿童的思维过程是密不可分的,通过儿童自身的探究所引发的思维过程是一个积极的过程。因为只有通过儿童亲自探究获得的知识才是儿童主动建构的,是他们真正理解和相信的,也是真正属于他们自己的。探究式学习与接受式学习相比,更强调儿童自主地、主动地开展探索和学习来获取知识和概念。通过在教师启发和引导下的亲身探究,让他们自己发现已有经验和新的现象或事物之间的不一致或矛盾之处,在认知冲突中进行自我认识、自我修正,进而重新建构起新知识、新经验。这种探究过程本身就是儿童不断思考的过程,在自

主探究中的分析、思考、判断、推理可以使儿童的思维得到最好的锻炼。同时,探究式学习又是以问题为依托的一种学习方式,在这种学习过程中,一方面可以培养儿童的问题意识,使其主动发现和探寻隐含在现象或事物背后的问题,引发积极的思考、合作和互动;另一方面更能够促使儿童努力地解决一个个伴随着不断的探究而呈现的问题。

3. 促进知识的整合,培养和提高儿童学以致用的能力

探究式学习活动在培养儿童探究过程的技能和能力方面,其意义和价值不仅体现在培养学生发现问题和解决问题的能力上,还体现在儿童知识整合能力和应用能力的培养上。在探究式学习活动中,围绕着一个主题而展开的探究,包含了社会、生活、语言、科学、艺术等不同的领域和层面。伴随着探究式的学习活动,儿童在教师、同伴、环境、材料的启发下,不断地展开由一个主题而衍生出来的涉及各个不同领域范围的内容和主题。在这一过程中,儿童既通过调动已有的经验,实现在知识整合基础上的、更深入的探究和学习,也能够在获取新经验的过程中促进学以致用能力的培养和获得,其中包括了儿童自主发现和提出问题的能力、谈论和设计解决问题方案的能力、交流信息的能力、与他人合作和分享的能力、以多种途径收集和分析资料的能力、整理归纳并形成结论或进一步行动方案的能力等。

4. 有利于儿童科学态度和科学精神的养成

探究式学习活动有利于儿童逐渐养成"凡事须亲身观察、检验才能确信"的科学态度和精神,而这种科学态度和科学精神的养成对其今后的学习和成长的价值无疑是重大而深远的。同时,在探究式学习活动实践中,儿童间的互相学习和交流相对接受式学习而言,更自由、开放,这样的学习体验能够促进儿童学会合作、学会交流、学会倾听、学会接纳、学会批判、学会反思,进而以一种更客观开放、民主平等的态度进入学习,也能为儿童日后独立性、自主性、批判性等科学精神的养成奠定良好的基础。

二、探究式学习的特点

虽然探究式学习的意义和价值已引起了教育领域广泛的重视,但在课程改革和教学实践中对其本质特性的认识仍然存在着一些偏差和误区:有把"操作学习"或"做中学"等同于"探究式学习"的;把儿童能够提出问题视为"探究式学习"的;也有过分强调探究式学习的探究主题和研究价值而脱离了儿童本身对主题的关注和经验基础的,等等。凡此种种,都与对"探究式学习"概念和特点的理解偏差有关。一般说来,探究式学习具有如下特点。

(一) 自主性

探究式学习的自主性特点贯穿在整个学习活动过程之中:首先,探究的主题是由儿童自主选择、自主确立的。教师不再是教育活动和儿童学习的主宰者;学习的发起、内容和主题的确定与生成,不再是教师的"专权",而成为学生自己的选择。其次,探究的过程是自主、自由、自在的。它意味着儿童不再是在一种封闭的、完全结构化的、控制的、整齐划一的背景下展开学习和活动,而是处在一种更开放的、低结构化的、自由灵活的学习和活动状态。儿童可以根据

学习和探究的主题展开自由的讨论、充分的合作、自主的实验、大胆的尝试，他们不仅享有探究主题的生成权，更享有探究途径和形式的决策权。再次，探究结果的交流和评价也是儿童自发、自主的。儿童既可以通过与教师、同伴的接触，也可以通过对事实性材料的观察分析来形成对探究结果的评价，但这种评价都是儿童主体参与和主动发起的，伴随着评价的交流也是儿童自身参与探究实践的真情实感的自然流露，它既可以是言语的，也可以是非言语的实例、作品、模型等。

（二）开放性

对于儿童来说，其周围的世界是丰富多样而千变万化的，通过探究式学习，通过与环境、材料、他人的互动，儿童可以获得自然、社会、生活等方面的诸多感受和体验。儿童探究所面临的问题，往往也不是简单的、仅仅局限在某一学科范围之内的问题，而是综合性的问题。因此，基于儿童已有经验之上的探究内容和主题也就呈现出开放、多元的特点。

探究途径和渠道同样具有开放性的特点。探究式学习是儿童自主设计、独立或合作完成任务的一种学习模式。在探究过程中，儿童获取知识和解决问题的途径及渠道也是开放性的，这种开放性表现在儿童可以自主选择获取信息的方式，例如对"螃蟹为什么一直吐泡泡"这个问题的好奇和探究，孩子们获取信息的方式就是多种多样的：有的说回家问爸爸，有的说看《十万个为什么》，有的说可以到网上去查等。这种开放性还表现在儿童可以采用不同的探究工具和途径，例如在"蚯蚓"主题的探究性学习中，有的选择用铲子工具挖蚯蚓，有的选择搜集图片、比较蚯蚓，也有的选择用手电筒、放大镜等工具仔细观察蚯蚓等。

探究式学习的环境与以往传统的学习环境相比，它所改变的不仅仅是学习的地点和内容，更为重要的是它为学生提供了更宽广、更开放的获取知识和信息的渠道及途径。儿童在探究和学习的过程中，不再仅仅局限在活动室（教室）的有限空间和环境之中，户外、大自然、公共场所、社会机构等都是儿童的开放式探究环境。在这样的开放式环境中的探究学习，既能够帮助他们获得认知成就，更能够促进他们主动地关心现实、体验社会、完善人格。

（三）过程性

对于儿童来说，"经历""经验""过程"就是探究式学习的根本，只要他们全身心地经历了探究的过程，充分享受了探究的乐趣，就是一种有收获的学习、有价值的学习。虽然有的探究活动最后并不能得出一个结论或结果，或许会在孩子们的心中留下些许遗憾，但这种不完满却也能从另一个侧面引发儿童的反思，推动他们更深入的探究。对于孩子们来说，这正是他们在体现过程性特点的探究式学习中的收获和成长。

三、探究式学习活动的设计

（一）探究主题：从儿童的经验出发

探究式学习在幼儿园教育活动中的价值与实际运用已成为幼儿园课程改革中的一个备受

关注的热点问题,在实践领域也出现了以探究式学习为主的教改成果,如上海市二期课改中推出的"幼儿园探索型主题活动"(已出版《幼儿园探索型主题活动案例 100 例》)。不论是探究式学习的基本要义,还是来自实践的已有成果,我们都可以清楚地看到,以尝试性解决问题为根本的探究式学习在幼儿园教育活动的运用中有着不同的表现类型:(1)根据儿童在探究过程中获取信息的方式来分,可以分为直接的探究和间接的探究。所谓直接的探究是指儿童可以通过现成的资料、资源(如书籍、音像资料、互联网、博物馆等)或直接询问成人等方式直接收集信息;而间接的探究是指儿童对探究问题的信息获取需要通过观察、实验、预测、讨论、推断等过程,再借助整理分析归纳来获得和发现。(2)根据探究问题所涉及的领域范围来分,可以分为科学领域的探究、生活领域的探究、社会领域的探究和艺术领域的探究。(3)根据问题解决的过程和环节来分,可以分为完整(或完全)的探究和部分的探究。所谓完整(或完全)的探究一般包括发现或提出问题、确定解决策略、形成问题解释、评价和交流探究结果等几个环节,而部分的探究所反映出的则是上述的部分环节。然而,无论涉及哪种类型或哪种层次的探究,对探究主题(或问题)的设计都应当从儿童的经验出发,面向儿童的生活、面向社会,关注来自儿童的问题。

在探究式学习活动中,主题的来源既可以是教师根据《幼儿园教育指导纲要(试行)》的精神、幼儿的发展特点以及经验基础有计划地加以预设的,也可以是在幼儿兴趣点以及经验基础上进行即时生成的。总之,主题内容确定的关键点是儿童的经验:作为由教师预设的主题,其确立的依据主要有两个方面:一是幼儿的已有经验,二是幼儿阶段的发展目标。教师以此为据来衡量所选择的主题是否与幼儿的已有经验相吻合,学习任务是否是大多数幼儿所能完成的,主题内容是否与该年龄阶段教育目标相一致以及活动展开是否有利于幼儿获得成长与发展中的关键经验。当然,除此之外,教师也需考虑所选择的主题是否来自学校、社区和家庭等方面的资源。此外,对于由幼儿倡议、发起或在教师与幼儿的互动中引发生成的主题,教师更应当关注幼儿的生活、关注幼儿的经验、关注幼儿的兴趣、关注幼儿的需要,并以此为原则帮助幼儿自主催生新的探究主题。下面通过两段教师的记录加以分析。[①]

案例：探究活动记录

记录一：

　　国庆节即将来临,小朋友都在画天安门的图画,用来美化教室。有些小朋友对天安门的模样有些模糊,因为他们只在电视上、书本中看见过天安门。我在一边想:"天安门到底是什么呢?有什么办法可以让小朋友们了解到呢?"由此,幼儿园里展开了相关的活动。

记录二：

　　刚到幼儿园,丁丁就被小伙伴们团团围住了,原来是他脚上穿的那双鞋引起了大

---

① 转摘自:王厥轩.幼儿园探索型主题活动案例 100 例[M].上海:上海科技教育出版社,2003:69,74.

家的兴趣。红红兴奋得不得了:"你们看,丁丁的鞋子真有趣,走起路来会一亮一亮的。""真的会发光,说不定里面有电池的。"小伙伴们你一句我一句,围着丁丁的鞋子好奇得不得了……

　　一些孩子议论着自己的、同伴的鞋子,也有的孩子说到了父母的鞋子。洋洋说:"我妈妈有双皮鞋的跟可高了,走路的时候不太方便。""那有什么了不起,我爸爸有双溜冰鞋,他经常带我一块儿去溜冰,可好玩了。"听着他们的议论,连平时不太爱说话的依依也忍不住了:"李老师给我们上舞蹈课的时候,穿的是舞蹈鞋,而且她有好多不同颜色的舞蹈鞋,可好看了。"她这么一说,一下子引起了其他小朋友的共鸣,大家的讨论也越来越热闹了,又说出了其他一些不同种类的鞋……这时,伟伟在旁边叫了起来:"哇,那么多的鞋子,可以给它们做广告了。"我在一边说:"是呀,你们想办法让别人来买你们的鞋吧。"说着说着,大家就三五成群地开始设计起广告来了。

　　以上两个片段的文字所描述的场景在幼儿园生活中是极其普遍的,一个是由幼儿所感兴趣的事物而引发的活动,另一个是由同伴间的互动交流而产生的对话。敏锐的教师在倾听和观察的同时,及时地捕捉到了隐藏在幼儿童言稚语背后的困惑问题以及他们共同感兴趣的话题,在教师的建议和暗示下,幼儿的好奇和谈论就生成了一个有趣的探究主题。

(二) 探究环境:提供足够的支持条件

　　教师在为儿童营造一个探究式学习活动的环境时,需要提供充分的支持条件。这种支持可以分为以下几个方面:首先,探究式学习活动的展开需要充足的时间保证。在一个固定或有限的较短时间内要组织儿童开展探究是有困难的,即使激起了儿童的探究欲望,也展开了一定问题的探究,但要深入或发展则存在局限性。当然,在保证儿童有足够的探究时间的同时,教师还应当为儿童提供充分的探究空间,这种空间是自主、自由的,是能够让儿童享有自己的意愿、自己的行动和自己的交流的。第二,探究式学习活动的展开对班级或集体的人数有一定的要求。小班化教学较适合探究活动的开展,因为如此才能更有利于儿童充分地表达、充分地交流。当然,教师也可以根据幼儿园和班级的实际情况进行变通,如将幼儿适当分组来展开探究活动。第三,探究式学习活动需要有充足的材料准备。这不仅是指为儿童准备与探究活动直接相关的材料和工具,还指要能为儿童提供可能需要的材料、工具或其他资源,这些因儿童的研讨、交流以及随探究问题的深入而即时生成的,是对新的问题和探究方向的延伸。

案例：米是从哪里来的

在《幼儿园探索型主题活动案例100例》中，有这样一段教师的记录：孩子们围绕着"米是从哪里来的"话题展开了讨论，有的说米是从超市里买来的；有的说米是农民伯伯种出来的……当孩子们了解到"米是种出来的"时，他们很想自己动手种一下，于是我就为他们提供了糯米、大米、黑米、稻谷等材料。孩子们分别选择了不同种类的米，并放在水里等待发芽。可过了一段时间，他们发现水里的米不但发不了芽，而且都腐烂发霉了，唯独稻谷，长出了细细绿绿的嫩芽。围着这些嫩嫩的小苗，孩子们又产生了新的疑问："该将这些苗种在什么地方好呢？"彬彬回去问家人，下乡插过队的彬彬爷爷马上主动地承担起种秧苗的任务。他从家中找来了一只废旧的大脸盆，在盆中装了泥土和水，并做成了"水稻田"的样子，他还为孩子们进行了一次插秧演示，而且在以后的日子里和孩子们一起施肥、除杂草，让孩子们有了一次亲身感受"种水稻"的经历。

在这个实例中，教师不仅为幼儿探究"米是种出来的"问题提供了直接的材料，同时，教师更清楚地意识到了促进幼儿展开探究式学习活动的环境应当是全方位、多渠道的，作为教师，应当努力挖掘环境中一切可利用的资源，为他们提供"取之不尽，用之不竭"的材料。在此，教师及时地发现和领悟到了儿童新的需要和探索点，并在环境和材料上给予了充分的支持。此外，在提供充分的材料支持上，还包括教师应当对投放的材料给予及时、灵活的调整。

案例：制作风筝

例如当教师在带领幼儿秋游回来后，发现孩子们对风筝产生了极大的兴趣，在教师的鼓励和支持下，幼儿不仅自发收集了有关风筝的大量图片，还萌发了想亲手制作风筝的愿望，教师便不失时机地把图片布置在墙面上，并为幼儿提供了制作风筝的基本材料：纸、竹签和线，更在幼儿亲手尝试探索风筝的制作过程中，不断地观察幼儿的活动并即时地调整和提供材料（见表4-1）[1]。

表4-1 制作风筝过程中的材料提供

孩子探索如何制作风筝	教师解读孩子的需要	材料的提供与调整
孩子把纸对折，画上图案并剪下对称的图形，在反面用双面胶黏贴竹签，再用透明胶黏贴风筝线，但是放飞时稍一用力线就会掉落。	孩子在做风筝中发现使用双面胶和透明胶黏贴是不牢固的。原来的认知平衡被打破，与材料产生了新的认知冲突。孩子在寻找使风筝连线能更牢固的办法。	教师就在材料中添加了一枚缝衣针。

[1] 转摘自：王厥轩.幼儿园探索型主题活动案例100例[M].上海：上海科技教育出版社,2003:103.

（续表）

孩子探索如何制作风筝	教师解读孩子的需要	材料的提供与调整
孩子用针线穿过风筝的左右两边，拉出两段线，在风筝的一面打结。这样放飞时确实牢固了，但风筝总会往一边倾斜。	孩子认为风筝的左右两边不平衡，发现左右两个针眼不对称，打的结不在两个针眼的中心。 　孩子想通过左右对称来让风筝达到平衡。	教师又在材料中加入了一把尺，同时适时地教孩子一些测量的方法。
孩子使用尺来测量，把一个针眼对准"0"，另一个针眼对准另一个数字，在两者中间所对应的数字上做个记号，同时在这里打上一个结。	孩子在使用尺的过程中认识到，可以通过测量找到一段距离的中心点。	

最后，在充分地提供材料支持方面，教师还应当注意把握好所选材料的教育价值，即为幼儿选择能引起他们探究动机和兴趣的材料，能有助于揭示有关现象和事物之间关系的材料，能更进一步激发幼儿深入思考、探究，形成新的生长点的材料。总之，对于教师来说，为儿童创设和提供一个支持性的材料环境，不仅能够满足儿童探究的需要，更能够适时适宜地进一步推进儿童的探究，真正起到推波助澜的作用。

（三）探究过程：倾听、合作、交流、支架

探究式学习是强调和注重儿童探究、体验过程的一种学习模式，教师在设计以儿童自主探究为主的学习过程时首先应当要充分地倾听儿童。儿童是探索活动中的主体，倾听儿童、观察儿童是教师对儿童的自主学习给予积极扶持和推进的必要前提。正如李政涛先生所言："教育的过程是教育者与受教育者相互倾听和应答的过程。……倾听受教育者的叙说是教师的道德责任。"[①]其次，教师与儿童、儿童与儿童之间要相互合作与交流。在相互的合作与交流的过程中，探究者各自的想法、思路能够被明晰化、外显化，同时也使每个探究者可以更好地对自己的思维过程进行认知反思和重新的审视与监控；探究者之间的交流、冲突和争议等也有助于激起彼此的灵感，促进新的假设以及更深层次的建构；彼此之间的资源共享还能使相对于单个探究者来说复杂的任务变得更实际可行。最后，教师应当对探究者，即儿童主体进行适时指导和推动。这种过程我们可以用"支架"一词来概括，所谓"支架"，就是指教师为了更好地帮助和推进儿童的探究，从儿童的"最近发展区"出发为其搭建一个脚手架，使得儿童能够顺着教师所提供的支架顺利完成学习任务或走向更深入的探究。

为了更好地阐述和加深对探究式学习过程设计要点的理解，我们可以通过对一个真实教育活动案例的解读进行深入的剖析。

---

① 李政涛.倾听着的教育——论教师对学生的倾听[J].教育理论与实践，2000(07)：1—4.

案例：我长大了

那天,教室里格外热闹,原来是卫生老师把昨天孩子们体检的报告单拿来了,孩子们一下子围拢了过来,纷纷拿着写有自己身高、体重的报告单煞有介事地看了起来。钱依天大声地读了出来:"我是122厘米,24千克。"妞妞马上说:"我是123厘米,还有23千克。"刘伯谦说:"不对,不对! 应该读一百二十三,还有一个是二十三。"刘心虎也拿着自己的报告单凑了过来:"我是多少? 我是多少?"孩子们相互传看,唧唧喳喳,好不热闹。"你多高呀?""我比你高。""你没我重。""我长大了。"……孩子们的声音此起彼伏。汪老师观察到了这一切,不失时机地"走向"了孩子们:"你们是不是都知道自己的身高、体重结果了?"

汪老师:"我刚才听到你们在说的时候,有的小朋友说'我长大了',你们是怎么知道自己长大了呢?"刘伯谦说:"我照照镜子,就知道自己长大了。"妞妞说:"我过生日的时候妈妈给我买的皮鞋都穿不下了,我就知道自己长大了。"嵇颖说:"我现在吃得很多的,我知道我长大了。"……曹思漩说:"爷爷带我在马路上称过电子秤,那上面红的灯一亮,有数字出来的,我就知道我长大了。"汪老师:"你们说了那么多事情,告诉我你们长大了,可是我还是有点不太相信。因为我只看到了你们现在的身高、体重结果,是不是光凭这一张记录纸就能知道长大没有呢?"孩子们下意识地摇摇头。"那怎么办呢?"汪老师又向孩子们抛出了一个问题,这下孩子们面面相觑,有点被难住了。汪老师笑嘻嘻地问:"曹思漩,你还记得爷爷带你去称电子秤时的身高、体重结果吗?"曹思漩:"我不记得了,但是我家里有一张小卡片的,我回去找。"

第二天,曹思漩拿出了电子秤记录的身高、体重结果的卡片:121厘米,21千克。汪老师问:"比一比两张记录纸,你有没有长大呢?"曹思漩使劲地点点头。"为什么呢?"汪老师问道。曹思漩说:"因为我现在是123厘米,24千克。"这下,孩子们才恍然大悟。在孩子们的要求下,汪老师从卫生老师那儿拿来了他们上学期的身高、体重测量结果,当他们每人拿到一张自己的报告单时,便迫不及待地将两张比较了起来,并交头接耳:"我长高了。""我没长高。""我长高了,也长胖了。""我没长胖,但我长高了。"……

这时,汪老师说:"卫生老师很想知道我们班到底有多少小朋友长高了,又长胖了;有多少小朋友长高了,没长胖;有多少小朋友没长高,却长胖了;有多少小朋友没长高,也没长胖,你们有办法吗?"妞妞说:"我们把所有的纸都交给卫生老师就知道了。"黄天宇说:"我们可以把名字都记下来,记在一张纸上,再交给卫生老师。"李逸云说:"这么多名字,怎么记呀?"冯亦磊说:"我们可以举手,然后让汪老师记下来的。"……孩子们七嘴八舌地讨论开了。终于,在大多数孩子的同意、支持下,他们达成了一致的意见——由每个小组交出一张记录该组孩子长高、长胖结果的记录纸。接着,又一个问题诞生了:"怎么记呢?"在汪老师的建议下,孩子们分成小组进行讨论……

经过讨论、协商、争议和妥协,四个小组的记录纸诞生了(见图4-1、图4-2、图4-3、图4-4)。汪老师把四张纸分别贴在黑板上,孩子们又唧唧喳喳地议论起来了:"咦!这一组怎么都是长高长胖的?""哇!这么高的人,太好笑了。""这一组是写名字的,哈哈!"……原来,每组的记录纸所用的统计方法和符号并不一样:第一组用的是写名字的方法;第二组用写数字的方法;第三组则是打"√"的方法;而第四组是用画○的方法。对于四种分类情况的标志,有两组采用了形象化地画人的方式,另两组则没有设计出标志,仅仅是用直线把统计结果分成了四栏。这时,冯亦磊大声地提议道:"汪老师,我们要把四张加在一起,写在一张大纸上交给卫生老师。"于是,汪老师取出一张大纸,贴在黑板上:"先画什么呢?"刘伯谦:"先要分一分的。"于是,

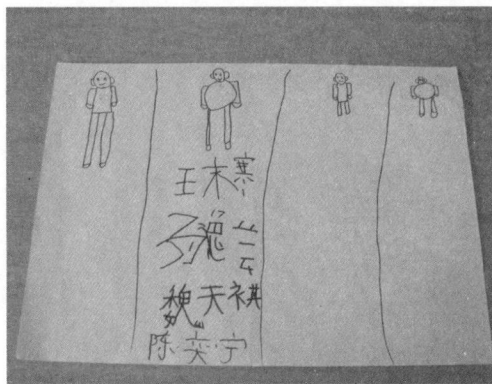

图4-1   第一小组身高、体重结果记录

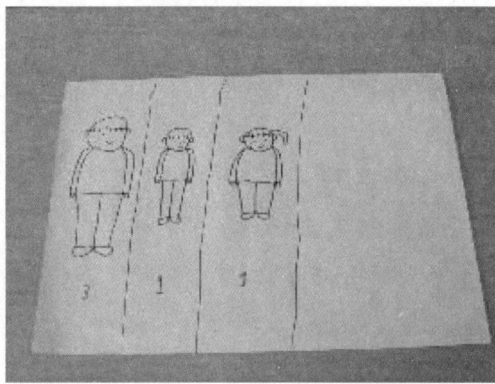

图4-2   第二小组身高、体重结果记录

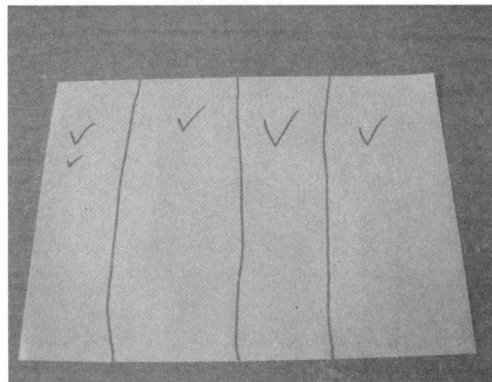

图4-3   第三小组身高、体重结果记录

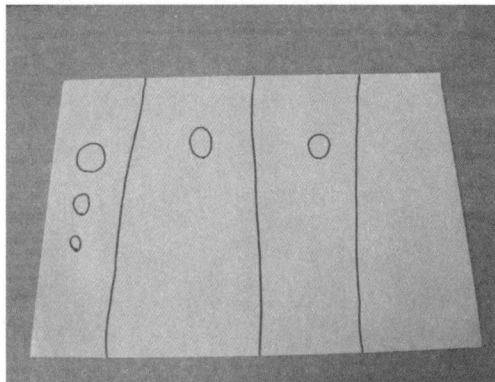

图4-4   第四小组身高、体重结果记录

记录纸被分成了四栏。接着,关于用哪
一种分类标志、哪一种统计记录符号,汪
老师和孩子们继续着讨论、协商与合作,
直至最后完成这张记录全班儿童长高、
长胖情况的记录纸(见图4-5)。

图4-5　全体儿童身高、体重变化结果记录

　　围绕着交流身高、体重的结果到比较是否长高、长胖,再到对长高、长胖结果统计的探究,在基于儿童生活经验相关的真实问题情境中,孩子们自由交流、共同分享。同时教师并没有放弃自己"指导者"的角色,但这种指导是在充分地倾听与观察儿童、及时地介入与参与儿童的探究、不断地为儿童提供"支架"和支持、激发儿童间的积极交流与互动的过程中实现的。

　　在活动的开始,教师对儿童兴趣和探究点的捕捉非常关键,它是后续活动的基础,也是儿童进入探究式学习的前提。其实,教师对这个活动并没有太多的预设,因为教师并不能肯定活动会朝着什么方向发展,儿童的兴趣和探究点是随着环境不断变化和生成的。但是,我们又可以清晰地看到教师对于儿童主体探究的有效支持和推动:对于"长大"这一略为抽象的概念,儿童最初的理解和建构是建立在已有知识经验和生活经验基础上的(照镜子、吃得多、鞋子穿不下了等)。如何使儿童从对概念的表象理解过渡、进入到对概念的抽象理解(通过比较,理解事物间的逻辑关系)呢? 教师抛出的一个问题:"是不是光凭这一张记录纸就能知道长大没有呢?"这一问题对儿童颇具挑战性,引发了儿童思考,而当孩子们陷入困惑以至于探究活动有可能"搁浅"时,聪明的教师及时地捕捉到了曹思漩说爷爷带她去称电子秤时的回答,巧妙地将其作为一个可以推动儿童的探究和概念建构的有效契机:"曹思漩,你还记得爷爷带你去称电子秤时的身高、体重结果吗?"看似不经意的一个问题,实际上正是教师匠心独具的适时"支架",它为儿童学习任务的完成、问题情境的进一步探究提供了暂时的支持,使得孩子们在曹思漩取到电子秤的身高、体重结果报告单后,获得了"以两两比较来理解长大"的经验。可以说,这是儿童获得新经验的过程,也是帮助他们修正以往经验的过程。而这个过程对于儿童概念的建构是十分有益的,儿童清晰的概念就是其在经历许多次尝试经验的过程中逐渐形成的。

　　在介入儿童的问题探究与讨论的过程中,教师适时的提问是逐渐抛出的(初步性问题:你知道自己的身高、体重结果了吗→拓展性问题:你怎么知道自己长大了→挑战性问题:一张记录纸的结果就能知道长大了吗),它为儿童提供了一个深入探究与讨论、交流互动与思考的有效平台(见图4-6)。因为每一个儿童都是在不同的水平上进行学习和建构的,在同样的情境下,他们有可能会获得不同的经验,因此,教师利用一切可利用的资源和条件对儿童提出质疑和挑战,有助于儿童在"日常经验"与"科学概念"之间架设起一座桥梁。而在关于班级孩子长高、长胖结果的记录方式的探究和讨论中,教师为儿童创设了一个自由而开放的小组式学习环境,并没有过多地介入儿童的活动。这是因为教师非常清楚地意识到除了采用适时的"支架"外,当儿童能够通过自我学习、相互学习独立地完成学习任务时,也应及时地减少支架、撤走支架,采用"淡出"策略;当儿童对"长大"的概念理解陷入僵持、停滞状态时,需要教师的适时介入、有效"支架";而当儿童(基于他们的已有经验)对记录的方式、符号和标记表现出独立的探索和完成的能力时,教师则应适时地撤去"支架"、逐渐淡出。教师的"支架"是儿童实现独立的条件,而儿童的独立又是教师追求的目标。在此,教师的"支架"相对于儿童能力的发展来说既是必要的,但也是暂时的。

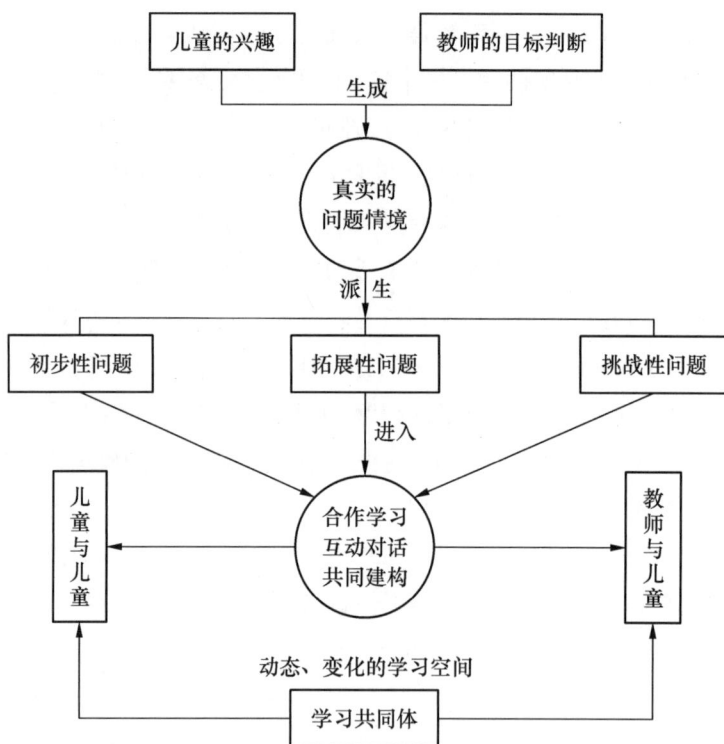

图4-6 案例"我长大了"活动流程

(四) 探究结果:以形成性评价为主

对于活动结果的评价是幼儿园教育活动设计中必不可少的一个环节。在探究式学习活动中,对于探究结果,不能完全用一个量化的、统一的评判标准进行评价,更不能把是否探究出结论(结果)或结论(结果)是否正确作为唯一或最主要的评价指标。探究式学习的价值和宗旨是为了促进儿童探究能力和素质的提高,因此,探究式学习的评价目的也是根植于这一价值取向的。从评价的内容来看,首先是对儿童探究行为和能力的评价。虽然儿童的探究行为和能力水平往往会从其探究结果中表现出来,但评价儿童的探究能力却不能仅仅从结果出发,结果所表现出来的只是儿童探究能力的一部分,而其他的部分,或者说最有价值的部分恰恰是表现在儿童探究过程之中的对探究过程以及方法的理解和运用能力,如儿童与同伴合作交往的能力、搜集和分析资料的能力、预测和归纳信息的能力、将间接经验运用于实践问题的能力等。这里有一段教师的评价记录:[①]

> 晨晨是班里最能干、知识面最广的孩子。在搭建"桥"的活动中,他和同伴合作计划搭建一座规模庞大的"公路桥"。他们花了两周的时间,几经修改甚至推翻重建,最后还是没有建成一座令他们满意的"公路桥"。我发现他们的问题首先是不会合作,晨晨是一个很有想法的孩子,但是他所在小组中的其他成员都很有个性,在合作中他们不断发生矛盾。他们都能想出各种各样的点子来,虽常常会有惊人之举,但却无法达成共识。

教师在这段文字记录中对晨晨探究过程中的合作能力给予了记录式的评价,这样的评价,从方法来看,是一种过程性的、形成性的评价,它注重的是儿童自主学习和探索过程中的各个方面,包括其探索兴趣、探索行为、态度以及能力等。可见,从这样一种价值追求出发,"幼儿成长档案记录"式的评价不失为一种较合理而可行的方法。

第二节 合作式学习

"合作式学习"是近十几年来在世界上许多国家、学校中被普遍采用及实践的一种富有创意及实效的教学理论与策略体系。它是以"合作"(cooperative)为基点,针对传统教学忽视同伴相互作用的弊端,改善和促进课堂活动的集体氛围,加强学生良好的非认知心理品质,为达成特定的共同目标而展开的一种高效的学习模式。

一、合作式学习概述

合作式学习作为一种教学理念和实施策略,其发展和研究的历史迄今已有几十年。在其发展的过程中,不仅对其概念的认识和表述可谓千姿百态、特色各异,而且在其应用于教育教学改革的过程中也呈现出了不同的特色和价值追求。

(一) 合作式学习的含义[②]

美国著名社会心理学家、合作式学习的主要倡导者和代表人物斯莱文教授认为:"合作式

---

① 转摘自:王厌轩.幼儿园探索型主题活动案例 100 例[M].上海:上海科技教育出版社,2003:222.
② 参阅:王坦.合作学习的理念与实施[M].北京:中国人事出版社,2002:5.

学习是指使学生在小组中从事学习活动，并依据他们整个小组的成绩获取奖励或认可的课堂教学技术。"

美国明尼苏达大学合作式学习中心（Cooperative Learning Centre）的约翰逊兄弟认为："合作式学习就是在教学上运用小组，使学生的共同活动最大程度地促进他们自己以及他人的学习。"

美国肯塔基大学教授、"合作掌握学习"（cooperative mastery learning）理论的主要代表人物嘎斯基认为："从本质上讲，合作式学习是一种教学形式，它要求学生在一些由 2—6 人组成的异质小组（heterogeneous group）中一起从事学习活动，共同完成教师分配的学习任务。在每个小组中，学生们通常从事各种需要合作和互助的学习活动。"

我国学者王坦从 20 世纪 90 年代初开始从事对合作式学习的理论与实践的研究，他认为："合作式学习是一种旨在促进学生在异质小组中互助合作，达成共同的学习目标，并以小组的总体成绩为奖励依据的教学策略体系。"

从以上几种关于合作式学习的典型定义中我们可以看到，要理解合作式学习的内涵，必须把握好以下几个要点：（1）合作式学习是以学习小组为基本形式的教学活动，而且这种小组更强调的是一种异质小组，即小组成员在性别、成绩、能力、背景等方面具有一定的差异；（2）合作式学习是以合作性互动（cooperative interaction）为动力资源的教学活动，它强调教学活动中各个动态因素间都保持积极互动，以推进教学过程；（3）合作式学习是以共同目标达成为导向的教学活动，整个教学活动围绕着达成特定的目标而展开一系列教学环节；（4）合作式学习是以团体成绩为奖励和评价依据的教学活动，这种评价和奖励依据有助于促使及保证小组内的充分合作，使学生在小组内各尽所能，得到最大程度的发展。总之，合作式学习是以现代社会心理学、教育学、教学论、教育技术学等理论为基础，以最大程度地开发和利用教学活动中人的关系为基点，以共同目标的设计和达成为先导，以互动合作为基本动力，以小组合作为基本形式的一种教学策略和学习模式。

（二）合作式学习运用于幼儿园教育活动的意义及价值

随着学前教育改革以及幼儿园新课程实施的不断推进，合作式学习的理念以及实践运用也正逐渐成为幼儿园教育中的一大"亮点"，越来越多的教师在教学活动中设计并运用了合作式学习这一教学策略，并形成了不少生动而可行的实践案例。但是，幼儿园教育活动是一种既具有教学活动的一般特征但又不等同于教学的活动，因此，运用于幼儿园教育活动中的合作式学习会表现出不完全等同于原有概念的一些特点。在幼儿园教育活动中的合作式学习模式，是指教师为帮助儿童达成一定的活动目标，以异质小组成员互动为基本组织形式，以充分调动教育活动各动态因素的合作共享为动力资源，将合作精神的体现与合作策略的运用相结合的一种教育活动模式。这种活动模式应用于幼儿园教育活动设计中的价值和意义主要表现在：（1）促进儿童形成合作的意识，提高合作的能力。合作，与竞争一样，是人类社会赖以生存和发展的重要动力，从社会发展的角度而言，人类的大部分活动都可以说是合作性的。对于今天的儿童来说,他们将要面对的是一个多元、复杂、多变而相互依赖的社会,因此,将合作的观念引入教学系统、将合作的精神带给儿童,不仅是时代的要求,也是儿童发展的需要。在促进儿童发展和成长的过程中,作为教师和家长不能仅仅停留在考虑促进儿童掌握知识和技能的水平上,而应当更多考虑如何使儿童将其所学所能应用于合作的情境之中,更好地培养和促进其社会性的发展。正如合作式学习的重要代表人物约翰逊兄弟所说:"如果学生不能够把所学的知识和技能应用于与他人的合作性互动之中,那么这些知识和技能都是无用的⋯⋯这种教育是失败的。"①合作式的学习和教学活动,有助于儿童克服以自我为中心的倾向,培养自尊、自信、自强的自我意识和合群、接纳、分享的社会交往品质与能力。同时,合作式学习也创设了一种具有活力的、动态的合作情境,它在不经意中向儿童灌输了一种社会观念,即每个人都是一个丰富而多彩的世界,每个人都有他自己独特的过人之处,并能够成为身边同伴宝贵的学习资源。(2)促进儿童自学、乐学。一方面,由于合作式学习打破了原来以教师为中心的教学活动模式,要求儿童作为一个合作共同体中独立的一分子参与和加入学习。在小组成员间以及教师与儿童间的多边立体的互动合作中,儿童的学习主动性和独立性被大大地唤醒了。合作式学习给予了儿童更多的权利和自由,让儿童自己发现问题、积极寻找解决的途径、主动与他人交流互动、及时接纳他人的意见并调整自己;另一方面,合作式学习的倡导者认为,学习应该是满足个体内部需要的过程,只有愿意学,才能学得好。他们提倡把儿童的学习建立在满足儿童心理需要的基础之上,注重学习过程中非认知因素的作用。因此,合作式学习可以使儿童在相互交流、相互倾听、相互尊重的合作氛围中体验到学习的愉悦和乐趣,增强他们的归属感、认同感。(3)有助于建立和谐融洽的师幼关系。由于合作式学习将幼儿园教育活动视为各动态因素多边互动的活动过程,同时较以往传统的教育活动来说更强调儿童间的互动合作,因而教师与儿童间的关系就与以往的活动模式大不相同:教师不再是活动的指挥者和权威,而是加入儿童活动的一个参与者、合作者和欣赏者。这种教师角色的科学定位和合理转化使得儿童的主体意识得到更强的释放,一种良性的教学活动机制得以建立,一种平等、自由、融洽的学习环境得以生成。

二、合作式学习的一般类型

从合作式学习的基本概念来看,互动是体现这一学习模式的最主要特征之一。因此,我们可以将运用于幼儿园教育活动设计中的合作式学习大致分为三种类型。

(一) 师幼互动为主的合作式学习

所谓师幼互动为主的合作式学习,是指在幼儿园教育活动中,教师作为一个合作者和参与者加入儿童的学习和探究过程,并在活动进程中即时地、不断地与儿童进行对话、协商、质疑或

---

① Johnson, D. W., Johnson, R. T., Holubec, E. J. Circles of learning: Cooperation in the Classroom (4th ^{ed}.) [M]. Edina, Minn: Interaction Book Co., 1993: 17.

建议,以推动和扶持的方式"指导"儿童的学习。一般来说,这种形式的合作式学习指向的是儿童个体,因而在儿童的区角活动中比较多见。

宋庆龄幼儿园的陈磊老师在她的《体验孩子:区域活动案例》一书中曾经描述了一个案例,记录了在科学常识区认识磁铁活动中她与昆昆的一段互动学习过程。在这个以儿童自我探索和主动学习为主的活动案例中,教师始终以一个平等的合作伙伴身份在"指导"和"引领"儿童的学习,并在儿童的主动学习中及时地给予互动、回应和提携。

案例：磁铁活动记录

第一次:昆昆在轻易掌握用磁铁找赤豆盘中大头针的技能后,开始转移注意力,进行无目的的玩耍时,我用"想不想用磁铁帮忙来做些其他事情"这句话重新唤起了他的探索热情……第二次:在昆昆用磁铁将矿泉水瓶中已串联好的回形针往瓶口方向吸,但始终无法将回形针吸过瓶身。在他万分无助时,我建议他"你要试试看,沿着瓶子的哪一面往上吸,回形针才不会掉下来"。顿时,他豁然开朗,变换了思考的角度,用新的方法尝试操作后,又向着新的探索前进了……第三次:当昆昆经历多次失败而失去信心时,我说:"我和你一起来想想办法。"并及时提供了他解决问题所需要的工具材料。

透过这段文字记录,我们可以很真切地看到一个师幼积极互动和回应的活动场景,在这样的互动和合作交流中,儿童的学习和探究不仅自然生成,而且深刻而有效。

对教师来说,师幼互动为主的合作式学习要求教师完全投入,而这一点无论是在区域活动还是集体教学活动中都是很难做到的,教师不可能单独面对一个儿童,这给师幼互动为主的合作式学习的实施带来了一定的困难,也对教师的工作提出了更高的挑战。但是,在一定的单位时间和学习片段中,这种师幼互动的合作式学习对推进儿童的学习和探究、鼓励儿童的自我学习、建立轻松和谐的学习氛围等无疑是积极而有效的。

(二) 幼幼互动为主的合作式学习

所谓幼幼互动为主的合作式学习,是指在幼儿园教育活动中,教师创设一个以异质小组为单位的儿童学习小组,鼓励小组成员积极交流、共同合作并完成一定的学习目标的教育活动形式。它与前一种合作式学习模式相比,更强调的是儿童间的互动和共同学习过程,体现同伴间的经验共享和社会建构。

随着我国学前教育改革的深入,社会建构主义理论也逐渐"深入人心",它使我们认识到儿童的学习并不是一个孤立的认知过程,而是一种合作、交往的活动;学习也不是儿童对知识的记载和吸收,而是儿童与同伴、成人共同建构和分享的活动。基于此,在幼儿园教育活动设计中,教师努力为儿童创设小组学习、合作分享和共同建构的环境,并积极推进和保证儿童间更充分的互动交流,这种鼓励儿童充分合作的"课堂"与以往的"课堂"相比,表现出一些明显的不同(见表4-2):

表4-2　两类"课堂"不同特征的比较

	不合作的"课堂"	鼓励合作的"课堂"
教师	占有中心、权威地位,承担传授、指令、分配的角色。	不占有中心、权威地位,承担欣赏、观察、激励的角色。
儿童	指向教师/材料/环境。	指向教师/儿童/材料/环境。
教师对儿童的要求	自己完成自己的,不管别人。	可以和同伴商量、交流。
	不要交头接耳。	大家一起来想想办法。
	有什么问题和需要举手告诉教师。	告诉大家自己的想法和意见。
儿童的表现和情绪	为获得外在的奖励(小红花、五角星等)和表扬争着吸引教师的注意。	积极主动地与小组成员交流、协商,希望得到同伴的接纳、肯定和赞许。

当前,幼幼互动为主的合作式学习已经越来越渗透于不同类型的幼儿园教育活动之中,既有集体活动中的幼幼互动,也有区角活动、自由活动、游戏活动中的幼幼互动;既有渗透于学习活动中的,也有表现在生活活动、体育活动中的。作为教师,在集体教育活动的设计中,尽量为幼儿创设异质小组的互动合作式学习,使幼儿的概念建构建立在经验共享和充分的交流与对话的基础上。不仅如此,教师还应当及时地捕捉来自集体学习活动之外的可促进儿童充分互动的合作式学习契机,并给予积极的扶持和推动,以下就是一个成功的案例。

案例：纸桥(取自区角活动——建筑角)

活动发生在儿童自由选择的区域活动时间段中,有四名幼儿参加。桌子上放着两个塑料筐,里面分别放着一些积木和塑料雪花片。这是两种孩子们早已"司空见惯"的搭建材料,单独的"搭积木"和"插雪花片"活动显然很难引起孩子们更大的兴趣。果然,他们不由自主地开始了自己新的尝试和探索:刘伯谦将两根积木竖起来,拿起玩具柜上的一张纸,搭在上面,把雪花片一片一片地堆上去,边堆边叫:"看,我的雪花片不会掉下来的(见图4-7)。"他的叫声引起了边

图4-7　刘伯谦的搭建

上在"搭积木"和"插雪花片"的冯亦磊、嵇颖和顾心瑜的好奇,他们都围了过来。顾心瑜说:"这是一座纸桥。"嵇颖说:"我也会搭。"她边说边把两根积木竖起来,拿起同样的一张纸,搭在上面,把雪花片一片一片地堆上去。可是没放了几片,顾心瑜就叫了起来:"弯了! 弯了!(见图4-8)"刘伯谦说:"不行,你的两根积木离得太远了,中间没有撑住,雪花片要掉下来的。"嵇颖看了看刘伯谦搭的"纸桥",把自己搭的推倒,按照他所说的重新搭。在旁边看着的冯亦磊突然说:"我知道了,你的纸太薄了,所以会弯的。用硬一点的纸头肯定牢固一些。"冯亦磊向顾老师要了一张硬一点的纸,顾老师给了他一张铅画纸,他用铅画纸替换掉了原来的那张白纸。孩子们七手八脚地往上面放雪花片,没放多少,雪花片就掉落下来了,冯亦磊急了:"不行! 不行! 纸太大了。"他把铅画纸对折了一下,孩子们继续往上面放雪花片,可是铅画纸上的雪花片在滑动,顾心瑜说:"不行的,纸翘起来了。"冯亦磊说:"我有办法了。"说着,跑向玩具柜拿来一把剪刀,把铅画纸剪成了两张,说:"现在可以放了"。孩子们往上面放雪花片,顾心瑜说:"我们动作要轻一点的。"刘伯谦说:"要往中间放。"冯亦磊说:"我们大家说好,先放两边,再放中间好吗?"最后,四位幼儿采纳了冯亦磊的意见,大家轮流着小心地往"纸桥"上左右对称地一片一片地放雪花片(见图4-9)。

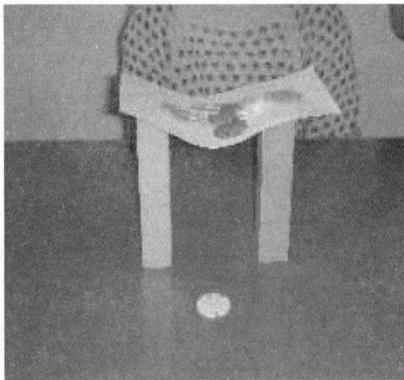

图4-8 嵇颖搭建的"纸桥"

图4-9 四位儿童共同讨论后搭建的"纸桥"

在一边观察他们活动的顾老师插话了:"你们有什么好办法使纸桥又牢、放的雪花片又多呢?"孩子们看着自己的作品讨论开了。嵇颖说:"纸片要硬一点,桥就牢了。"刘伯谦说:"两根积木要靠得近一点,桥就牢了。"顾心瑜说:"雪花片要靠中间放,桥就牢了。"冯亦磊说:"还有,我知道了,两根积木不够,我有办法使桥的底座更牢。"说着,他从塑料框里又找出两根积木。当他准备把原来的"纸桥"拆掉再搭时,顾老师建议他不要拆,在旁边重新再搭一座"纸桥"。冯亦磊竖起了四根积木,把铅画纸覆盖上去,刘伯谦发现了塑料筐里更粗的积木,边拿边叫:"用这种积木吧,这个更粗、更牢。"冯亦磊转头接过这根积木,顾心瑜、嵇颖忙着在塑料框里找寻同样粗的积木,终于,四根同样粗的积木找到了,孩子们的脸上洋溢着兴奋的神情,一座新的"纸桥"诞生了(见图4-10)。他们小心地往上面放雪花片。

图4-10　新的"纸桥"

从这个活动中我们可以看到,每个幼儿在与材料的互动中有着不同的感受和理解,他们相互交流、相互影响、相互争论、相互妥协、相互协调。在这种有意义的"对话"和"交流合作"式的学习过程中,每个孩子都在用自己已有的经验进行认知,正是他们之间的不同认知冲突导致他们争议、实践、尝试、猜测和推理,与此同时,促进儿童经历积极有效思维过程的学习活动也就自然地生成了。

每个幼儿的认知水平是不同的,他们往往是在自己原有的认知水平上进行建构的(见表4-3),他们的已有知识和经验对新知识学习的影响也时常表现出不同的形式:顾心瑜一看到刘伯谦的"作品"就脱口而出:"纸桥。"显然她已经能够用语言来概括和表达她的思维过程。而嵇颖的反应就是模仿着搭,虽然这也是一种学习,但她只是在复制他人的搭建,其思维水平仅停留在"匹配"的层次上;而对于"要使雪花片又多又不掉下来,必须既要轻放,又要对称着放"这样一个概念,不同认知水平的儿童起初的理解也是不同的,顾心瑜的理解是"轻放",刘伯谦的理解是"往中间放",冯亦磊的理解是"还要对称着放,先放两边,再放中间"。可见,概念是一种抽象的逻辑关系,是儿童所理解的事物运作的条件和关系,这个案例中的不同概念互为条件、缺

表4-3　案例"纸桥"小组儿童概念建构解析

姓名	认知水平	行为表现
刘伯谦	水平1:用两根保持一定距离的积木和一张纸,在上面放雪花片,雪花片不会掉下来。	有兴趣地尝试搭建与摆放。
顾心瑜	水平2:能从外观上判别,并给出"纸桥"的命名。	欣赏并积极介入,发表自己的想法、意见。
嵇　颖	水平0:认为有了积木、纸片就可以搭起纸桥,对两者之间的关系缺乏认知。	模仿搭建,但失败。
冯亦磊	水平3:能认识到除了积木间的距离,纸张的厚薄也是影响纸桥的因素。	向教师要求找一张更坚硬的纸替代原来的纸。

一不可。正是基于儿童之间的认知冲突以及随之产生的充分互动，促进着他们对概念的理解，即针对重要的现象与属性（如何使雪花片不掉下来，如何保持纸张平整，如何达到平衡）进行批判性的验证活动，在儿童自己的动手实践和不断地尝试、验证的过程中共同地建构起新的概念，同时，每个儿童也在不断地与材料、同伴以及成人的对话及互动中调整和修正自己的认知。

这个案例中的教师并不是一个无所事事的旁观者，而是一个敏锐但又不失立场的观察者。当教师发现某个儿童对一种早已"司空见惯"的材料突然萌发出一种新的操作冲动，而其他的儿童也被这种新的游戏和操作所吸引时，一个基于儿童共同兴趣之上的能引发他们互动合作和共同建构的学习背景就自然地产生了。由儿童兴趣点上生成的探究活动能够有效地激发起他们内在的学习动机，为儿童进入主动学习提供了有效前提。而在充分支持和保证儿童之间的主动探究及积极互动的同时，为了更好地推进儿童的概念建构过程，教师与儿童之间的对话和互动交流也是必不可少的。例如教师在关键时刻适时介入地提问："你们有什么好办法使纸桥又牢、放的雪花片又多呢？"在不干扰儿童自主建构的前提下，教师这一问题情境的设置无疑为儿童的学习和意义建构起到了"推波助澜"的作用。它很好地把握住了教育的契机，使儿童偶发性的、目的性并不明确的学习活动在教师的介入和推进下成为一个有意义的、促进儿童交流和共同建构的学习过程。教师的介入看似简单、平常，其实却是谨慎而巧妙的，它不是一种自上而下的"倾泻"或灌输，而是建立在与儿童合作式学习、共同建构基础上的"垂直性互动"。同时，问题本身又能促使孩子们在一定的情境讨论中把事物放在关系中进行逻辑思考和推断：导致"纸桥又牢、放的雪花片又多"这一结果的因素是哪些呢？在基于儿童日常生活和来自同伴经验的迁移性学习中，孩子们获得了讨论和对话，不仅重构了已有的认知，而且还生成了新的问题情境——怎样使桥的底座更牢固？孩子们的兴趣又一次高涨起来，这时候，教师又适时地介入：建议儿童不要推翻原来的"纸桥"，而是再搭一座。教师的这一建议是以合作者的身份、以一种协商的口吻提出的，它蕴含着教师的教育机智，因为从孩子们的语言交流和行动中，教师已经敏锐地预期到了可能发生和进一步推进的活动情境，她的建议不仅为儿童的后续学习和活动埋下了伏笔，同时又一次把儿童推向新的问题情境的探究与讨论中。

这是一个以幼幼互动为主的合作式学习案例，但其中也有师幼间的互动，相对来说，儿童之间的互动要比儿童与教师之间的互动更自由、更开放、更平等。哈泰帕在关于合作式学习的研究中把处于同年龄层的儿童之间的合作式学习称为"水平性互动"（horizontal interaction），它的作用要优于教师与儿童间的"垂直性互动"（vertical interaction）的作用，这是因为儿童能在合作互动中共享某些特定的观点和生活经验，而异质的同伴组合可以"通过儿童之间略有差异的视角与认识的碰撞产生内部的认知矛盾，而这种认知矛盾的解决将会引起每一个个体内部的知识的重新建构"[①]。

---

① 钟启泉.社会建构主义：在对话与合作中学习[J].上海教育，2001(02)：46.

（三）全员互动为主的合作式学习

所谓全员互动为主的合作式学习，是指在教育活动中教师与儿童组成一个学习者共同体，在这个共同体中的每一个成员都积极地互动、互赖，共享经验、合作交流，以共同完成一定的学习目标和任务。与前两种合作式学习类型相比，全员互动式的合作式学习更多地体现出了"多向互动"的特点，它可以较多出现在集体活动中，但也可以落实在小组的区角活动中。

全员互动为主的合作式学习中的每个成员（包括儿童、教师）都是一个平等的合作者、参与者。因此，这其中的师幼互动不是一种简单的上行式或下行式的互动，而是一种横向的互动。教师参与在儿童的学习小组中，始终以相同的角色身份和态度加入儿童的学习，即使教师比儿童具备更多的认知经验、拥有更强的策略意识等，但在与儿童就某个主题或探究内容展开学习的过程中，也应当隐藏起自身的教师身份，在平等地参与儿童的讨论或动手操作等活动中以协商者的口吻、建议者的态度、鼓动者的语言发表意见，给予暗示或引导深入。作为教师，必须时刻注意其"特殊"的角色身份，只有具备了这一明确的角色意识，才可能使学习者共同体间的互动合作得以实现，而教师对这一学习模式的支持和指导也就能在理想的学习情境中得以落实。

合作式学习所追求的互动是教师、儿童、材料，以及幼儿园、家庭、社区等环境的全面互动，它体现的是教育活动各动态因素的彼此影响，它们都是教育活动系统中尚待进一步开发的宝贵的资源；而作为幼儿园教育活动，也不仅仅是教师与幼儿之间的双边活动，而是各动态因素之间多边互动的统一体。

下面，我们通过一则案例来了解全员互动为主的合作式学习。

案例：在搭建中共同成长[①]

教师在学期初与幼儿一起讨论建构区的搭建主题。根据幼儿的共同经验与兴趣，大家一致确定活动的主题是搭建幼儿园附近的昊天广场。

第一次活动，幼儿均是凭借片段性的记忆单独搭建自己记忆中的昊天广场，没有特别的目的性。于是教师建议大家首先一起说说昊天广场里都有什么。幼儿说出了水池、音乐喷泉、假山、石椅子、长廊、台阶等。当教师继续提问这些事物的具体形状、数量、长度等特征时，发现幼儿虽然对身边的昊天广场有着浓厚的兴趣，却没有整体的观察，需要进行实地参观来丰富经验。于是，教师组织了集体参观，孩子们十分仔细地观察细节：喷泉近似圆形的形状、喷水格子的构造、喷泉周围的六层台阶等。教师还帮助幼儿从不同的角度拍了照片。

开始合作式的搭建活动后，幼儿开始自主地选择要搭建的建筑物，并主动地进行合作，与同伴交流。当积木数量不足时，在集体智慧的作用下，幼儿在废物角找到

---

① 改编自：何艳萍.幼儿园区域活动的实践与探索[M].北京：北京师范大学出版社，2010：99—101.

纸板箱等材料进行替代。他们还自行邀请美工区的小伙伴对纸板进行了简单的装饰。

直至搭建进行到后期,幼儿兴趣依然浓厚,甚至对自己提出了新的挑战:在教师的鼓励下,幼儿合作将长廊的两边搭成有弧度的,以模仿真实昊天广场的建筑。但在搭建长廊弧度成功后,他们发现无法盖上廊顶。于是,大家在活动结束时一起讨论想办法,终于有幼儿提出再做几个三角形纸板作为廊顶。在教师的支持下,幼儿开始测量长廊顶上的缝隙、在美工区裁板制作三角形纸板。经过大家近1个小时的合作后,终于将长廊严严实实地盖上了顶。

随着经验的积累,幼儿的搭建水平逐渐提高,他们不仅能形象地搭出长廊、音乐喷泉、猿人雕塑,还能巧妙地利用石子路、花丛、草坪、路灯等各种辅材,使昊天广场内的布置更丰富。但是,这时,教师发现幼儿组建的随意性强,各个建筑物的位置总是变,不能清晰地表现建筑物之间的空间关系。于是,教师与幼儿共同写了"致家长的一封信",请爸爸妈妈带领孩子再去一次昊天广场,将几处建筑物的空间位置画下来。家长的积极支持、配合,给幼儿带来莫大的鼓舞。而在后来搭建过程中,大家发现的建筑物之间距离比例的问题,也因这一次与家长合作完成的实地观察与记录迎刃而解。

在最后一次区域活动的评价中,教师请幼儿当小向导,带领全体小朋友参观"昊天广场",这一次幼儿真正体会到了成功的喜悦。

从案例中我们可以看到,整个活动都体现了全员互动为主的合作式学习的特点。围绕着从搭建的主题到具体搭建目标,再到使用材料以及搭建难点等问题,教师与幼儿多次合作开展了生成的、深入的讨论;运用教师组织集体实地考察或家长携幼儿单独观察等形式,通过全员互动的主要方式促进幼儿的生活经验的积累;在每次搭建过程中,基于幼儿间互动合作的实际情况,放手让孩子们自由交流、共同分享,在实践操作中自己发现问题并尝试寻找解决问题的方法策略。

在这个案例活动的开始,教师对开展大型建构活动的兴趣点的捕捉非常关键。作为后续互动合作的一个基础,这也是幼儿可以进行全员互动为主的合作式学习的前提。案例中的教师对这个活动并没有太多的预设,因为教师并不能确定建构区活动的主题是否能让多数幼儿找到共同的兴趣点。因此,建构活动采用了合作互动,同时内容可以随着搭建的进程不断变化和生成。但是,教师并不是简单地让幼儿进行无目的自由的互动讨论,而是适时地采取生活导向的介入,通过教师与幼儿集体互动,将建构区的近期主题锁定到幼儿提议较多的昊天广场上。活动主题的确定由幼儿与教师共同协商来完成,幼儿的建议都是根据已有的生活经验提出的。

建构活动的具体目标来自全员的生活经验,包括幼儿平时离园后在广场上的活动,以及教师的记忆。对于这个大型建构活动的主题,教师与幼儿首先进行的是谈话,回忆生活中所见的广场有哪些建筑特点等。这个过程让教师与幼儿更加完整、全面地回忆昊天广场的大致建筑特征,帮助幼儿构建对建构目标的初步印象。因为幼儿的认知特点,使得每个幼儿个体能表达的只是一部分的建筑特点,经过幼儿之间的合作,大家才得以设定了初步的活动目标。

根据大家互动讨论的情况,在真正建构活动开始前,教师带幼儿进行实地观察,让幼儿明确自己要搭建什么建筑物,即把下一步活动目标落实到具体层面。而当合作的建构活动到了后期时,出现了广场整体布局及建筑物间组合的细节问题。此时,教师既无法直接告知并规定幼儿如何进行下一步操作,又无法仅依靠自己的能力让幼儿通过主动建构来解决这一问题。自此,家长也参与到此合作活动中,在课余时间带幼儿进行更充分深入的实地观察。通过幼儿、教师、家长三方的互动,幼儿在与家长的帮助下,运用各种表征方式仔细记录下昊天广场的整个方位布局。而回到教室后,幼儿通过结合自己的记录纸进行表达,并在进一步的师幼互动和幼幼互动中确定了下一步建构活动的蓝本。在搭建昊天广场的实践操作中,幼儿除了能进行简单的搭建合作外,还体验了合作解决问题的过程。幼儿在发现积木数量不足、如何搭建两侧有弧度的长廊及长廊无法盖顶等问题时,不仅在讨论中找到废弃纸板箱等材料进行替代的方法,还尝试自主邀请美工区的幼儿合作完善纸板,其社会性交往得到了发展。在这个过程中,幼儿可能会遇到解决问题的瓶颈,或是面对困难时自信心不足。但经过尝试,幼儿能够以物代物、创造性地使用废旧材料,并在游戏中与同伴协商合作。教师在这里适时介入与提供"支架",组织更多的幼儿进行有针对性的讨论来解决为长廊盖上廊顶的问题,让这一全员互动的合作式活动更加有目的、有效率。

因此,在这个案例中我们也可以获得一些有关教师指导全员互动为主的合作式活动的启示。首先,要根据幼儿的年龄特点选择搭建的重点和难点,这也是活动开始的关键,任何建构活动主题的确定都要来源于对幼儿搭建水平的分析。其次,教师在幼儿建构活动中的支持与引导不仅体现在丰富幼儿的经验上,更体现在为引导幼儿在与同伴的互动中学会经验交流、协商分享、合作讨论,从而共同解决实际遇到的问题当中。引导幼儿通过观察、比较发现问题的过程,正是幼儿认知产生矛盾冲突的过程。教师如果适时地提出问题,引导幼儿思考问题、解决问题,就可使幼儿获得新的经验。这样,问题在搭建过程中不断地出现,不断地被解决,促使了幼儿向更高的水平发展。再次,教师要有目的地引导幼儿根据图纸进行搭建,这样可以促进幼儿空间知觉的发展,促使游戏不断深入,孩子们的搭建水平也不断提高。

三、合作式学习活动的设计

(一) 异质成员的分组

从合作式学习的基本特质来看,为了保证小组学习的充分交流和积极互赖,实现幼幼互动的一个最基本和重要的方式,就是把儿童分成一个个学习小组。而这种小组既不同于传统教学中"兴趣小组"式的同质分组,也不是儿童间随意的、自然的合作。所谓异质分组,就是把性别、能力、学习风格、个性以及家庭背景等方面存在差异的儿童放在同一个学习小组内,通过小组内成员间的互补、互动以及产生认知冲突和调整重构的过程促进儿童的自我学习和相互学习,从而更好地发挥小组的作用。在运用合作式学习的模式时,采用异质小组是其根本特色,它不仅使小组成员的构成具有互补性,为组内的异质互助合作奠定了基础,也使全班各合作小组之间具有同质性,为组间的交流以及公平竞争创造了条件。

(二) 活动空间和时间的安排

合作式学习的空间环境与传统教学活动区别较大:首先,它的空间布置不同于传统教育活动惯常采用的"稻田式""马蹄形""半圆区"等,这些方式使教师处于空间上的绝对"权威"地位,合作式学习的空间环境改为更自由、更开放式的"田字格""扇形区""灵活组合形",在空间上拉近了儿童之间的距离,更利于他们小组间的交流和走动;其次,合作式学习允许儿童在合作过程中共享一个开放式的学习群体环境,如小组合作中产生的对学习材料或工具的需要和自行的取放等,当然,各小组之间还是力求保持一定的空间距离,以互不影响和干扰为前提。

在时间的安排上,合作式学习是以保证儿童的充分互动和交流为基点的,因此,首先应当摒弃的是为合作而合作的"形式",即为了追求合作式的学习,而机械地套用合作的模式,在统一的时间里开始,又在统一的时间必须终止的小组合作式活动;此外,时间的安排应当体现灵活性、开放性,即根据儿童小组学习的内容、形式,儿童的活动状态、情绪反应进行灵活的安排和调整。

(三) 材料的设计与投放

由于合作式学习体现的是小组成员的共同学习,因此,从促进小组有效学习和积极互动、建立互赖关系的角度出发,教师对材料的设计和投放要体现以下几个特点:(1)材料的合作性,即提供给每个学习小组一份材料,让小组成员共同讨论、共同探究或操作实践。(2)材料的互赖性,是指提供给一个学习小组的材料本身是需要小组成员间在一定的分工和合作的基础上才能完成的。(3)材料的灵活性,教师提供给小组学习的材料,可以由学习小组经商量讨论后,对材料进行灵活的变通或调整、分配。例如一个语言材料,可以由小组成员对材料先进行角色分工和合作,再予以综合;一个有关科学探究的材料,也可以由小组成员在任务分配的同时对材料进行分解等。(4)材料的开放性,是指教师在提供给学习小组探究的材料时,还应考虑到材料本身的拓展性和开放性,便于儿童在使用、操作和探究材料的过程中,与材料互动,形成对材料的开放性使用和操作,即产生不同于其他学习小组的独特的想法和尝试。

(四) 互赖行为的鼓励与支持

在小组式的合作式学习中,每一个儿童都是一个独立而独特的学习个体,他们既在一定的环境和材料的作用下进行自我学习,也在同伴、教师、他人的影响下进行共同学习。在一个儿童充分合作的社会性学习环境中,各独立个体的目标是非常紧密地联系在一起的,因此,为了达成共同的目标,个体之间的行动和探索行为是积极互赖的。作为教师,在运用合作式学习模式与策略的过程中,不仅应当为儿童提供促进其小组合作和积极互动的环境与条件,更应当鼓励儿童的互赖行为,包括儿童在小组中的角色分工、相互协商以及一定的妥协与调整等,尤其对于自我意识更强的年幼儿童,教师的鼓励和支持不仅能够使他们逐渐学会合作,还能使他们慢慢体会到合作的成功与乐趣。

《幼儿园教育指导纲要(试行)》明确提出要为幼儿提供健康、丰富的生活和活动环境。作为教育活动,应当努力满足幼儿运动的需要、与同伴交往的需要、探索环境的需要和表现表达的需要等,而合作式学习能够在满足幼儿上述需要方面发挥其重要的作用和价值,进而真正有效地促进幼儿的主体性发展和社会化进程。

下面我们以几段教师笔下的活动记录片段为例来加以分析①。

案例：活动记录片段

记录一：

宣布剧场工作开始的时候,演员们一下子冲进了服装间……服装师立刻手足无措,只能在柜子里一通乱找,工作间里一片混乱,已经分不清演员和服装师了,当其中一个演员在另一边的衣架上找到小狐狸的演出服时,其他几个演员索性也不和服装师商量了,自顾自地在衣柜里翻找自己需要的演出服……结束讲评时,我播放了服装间里的工作片段,让孩子们讨论:为什么演员化妆用了这么长的时间?在议论中,孩子们发现:服装间里的东西太乱了,大家都在找东西,所以花了很多时间。于是,整理服装间的话题和活动由此开始……通过活动后的反思,我认为服装间应提供不少于6平方米的空间,以3至4名幼儿能自由在其中活动为宜。提供的橱柜应有利于幼儿操作,非当前开展的自由剧主题的材料可暂时在别处存放。至少提供2个以上的衣橱,便于幼儿分类摆放。提供穿衣镜及椅子若干,方便演员穿脱衣裤用。总之,我觉得要创设一个合理有序的、整洁的服装间,需要教师和幼儿共同规划和设计。

记录二：

在DIY室工作中我发现:只有个别"小领袖"能掌握时间,并根据时间进行工作……大部分幼儿缺乏对时间的概念认识,如:剧场排座员不能正确向观众说出演出时间;演员不认识整点和半点……在重新制定了"道具师"计划后,我组织了以下几个活动,希望通过这几个活动,幼儿能理解有计划工作的重要性和时间是计划执行的有效保障。

---

① 选摘自:黄凯,黄莺.幼儿园自由剧模式的探索——儿童剧与幼儿心智发展的实践研究[M].上海:上海教育出版社,2012:132—137,144—149,201—204.

（1）谈话活动：大家讨论"道具师"怎样制作道具快，能满足演员的需求？从中孩子们讨论得出：要合理安排道具使用的先后顺序，及时满足演员的需求；大家如果合作，可以加快一项任务的完成；每一项任务要有时间节点，有利于"道具师"快速、合理地完成道具制作，还有加强自控力等也可以使制作加快。

（2）集体教学活动：①认识日历，了解月、周、星期等时间概念。②制定"道具师"时间计划书：教师根据幼儿的讨论设计一份时间计划书并让幼儿执行。

（3）模拟剧场活动：在DIY室模拟剧场中，关注计划的执行，并加以引导，如：时间节点的提示和适当调整等。体验有效完成任务的重要性。

记录三：

陆心瑜是一个比较内向、不愿意在集体面前大胆表现的孩子……尽管没有教师和同伴的指引或是规定，陆心瑜总是有意无意地充当着"助手"这一角色……今天在化妆间里只有陆心瑜一名化妆师，还有一名化妆师生病没来园。这样，陆心瑜就从平时的助理化妆师转而承担起了主要化妆师的工作，她显得不知所措，十分茫然。平时她都是听从同伴的"指示"开展工作的，现在没有人告诉她怎么做，不知从何下手，小脸涨得通红通红……在同伴一声比一声急促的喊声中，陆心瑜显得更加手忙脚乱，她瞪着一双眼睛着急地看着小演员，紧咬着嘴唇，差一点就流出眼泪了。正在这个时候，扮演"蘑菇房子"的（演员）朱宜晨一边指着化妆盒一边对陆心瑜说："你先把这个盒子打开。"陆心瑜好像一下子找到了方向，按照朱宜晨的指示一步一步地打开几个化妆盒，可是，手里拿着化妆刷和粉饼等工具又不知所措了。还是朱宜晨指着粉饼对她说："喏，拿着这个擦到我脸上。""我喜欢粉红色的眼影，把这个颜色擦到我的眼睛上。""好的。"陆心瑜点点头，按照她的指示做了。尽管陆心瑜很没有自信，用的力气也很小，小演员的脸上几乎看不出有过化了妆的痕迹，但是陆心瑜终于露出了今天她"工作"以来的第一丝微笑。

……在接下来"工作"的时间里，陆心瑜不再是单单听从同伴的意见，她会和同伴讨论，"你想要什么颜色？""我觉得你把头发这样弄很好看。"……陆心瑜重新认识了自己的"工作"，也重新认识了自己。在活动最后评价环节时，我请孩子们互评："你觉得今天谁的工作最好？为什么？"有好几位幼儿都表扬了陆心瑜的工作，我也大大地赞扬了陆心瑜的表现，同时也对她提出小建议。这个时候的陆心瑜不仅露出自信的笑容，同时也有了坚定的眼神。

在以上案例大班自由剧"蘑菇房子"的排练与演出过程中，幼儿在其中承担了演员、剧作家与导演及工作人员等角色，每个人都需要承担各自的工作，并通过共同协商配合来完成整个剧目排练演出的任务，充分体现了合作式学习活动设计的特点。

记录一呈现了教师根据幼儿选择并更换演出服装的需要而创设了服装间,对其环境所需的空间设置细节进行设计与规定,并投放了一系列促进合作式学习活动的材料。整个活动空间的安排除了符合幼儿的需要外,还要与当前开展的自由剧内容相适应。这不仅方便了演员的服装更换,同时还保证了服装工作小组成员间的走动和交流。

而服装间活动材料的设计与投放可以帮助幼儿更好地参与到合作式学习活动中来。首先,与服装师工作特征相符的工作环境创设有利于让幼儿将自己的注意力集中到自己的工作上,有助于注意力的保持;其次,衣橱的科学设置为幼儿创设了一个合作式学习所需的开放式的学习群体环境,体现了材料的开放性;再次,服装的整理要求幼儿学会自行取放并分类演出服装,体现了材料的灵活性;最后,演员与服装工作小组成员需要分工合作来完成任务,共同做到对有序、整洁空间环境的维护,体现了材料的合作性与互赖性。因此,要让幼儿沉浸到合作式学习中,就要创设有序的环境并投放充足的材料,让幼儿积极地、主动地与环境、材料进行互动、交流,从而潜移默化地投入到活动情境中。

在幼儿园活动的幼儿往往被放置在一个比较宽松、自由的生活和学习环境之中,时间概念容易被忽视。幼儿习惯了在教师或保育人员的催促与提醒下进行下一项活动,而没有自主的对时间的意识与安排。如记录二呈现的,在每一项活动计划的制定过程中,幼儿要学会根据需要及道具的简易程度、大小和数量等因素制定每项任务的时间节点,分解任务量,使工作成效在短时间内能得以实现。这个"道具师"的时间计划书的制定并不是教师或个别幼儿的个体行为,而是经过师幼与幼幼的有效互动及合作协商,在集体讨论的基础上共同确定的。这也就帮助除了个别"小领袖"以外的幼儿能体验自主制定时间计划增强了幼儿的时间认知,同时促进幼儿养成珍惜时间等良好习惯。

记录三表现了幼儿在自由剧中的分组特点与合作中出现的互赖行为。在自由剧的前期分组安排中,幼儿根据自身爱好兴趣来主动选择各个活动小组,而教师基于个体的性格特征等进行了略微的协调,形成异质成员的分组。例如喜欢做化妆师的两个孩子分在了化妆的工作小组中,但拥有同样兴趣的两人的性格却不甚相同。陆心瑜的性格比较内向,不愿意在集体面前大胆表现,在集体中没有很强的自我意识和自我认同感;另一名化妆师则较有主见,对化妆的操作很大胆,并有意无意地带领"助手"陆心瑜开展工作。

记录三的片段叙述了没有工作搭档的陆心瑜的一日活动情况。陆心瑜在没有自信与策略来解决遇到的突发状况时,小演员朱宜晨成了第一个合作伙伴,向陆心瑜伸出了援手。他用语言提示陆心瑜每一步要做的动作,包括打开盒子、如何擦粉饼、使用何种颜色的眼影等。在这个过程中,一方面陆心瑜依赖朱宜晨的提示与指导,另一方面朱宜晨也需依赖化妆师的工作才能完成化妆。而当陆心瑜的自信心增强后,在与其他小演员之间的互动交流中,同样处处体现了互赖行为,如小演员依赖陆心瑜的建议才能更好地选择合适的眼影颜色、保护妆容,而陆心瑜也依赖小演员的指示与协调配合才能顺利地完成化妆任务。教师在这次排练最后进行的点评环节,为陆心瑜的化妆师工作提炼出了经验与建议,同时赞扬了陆心瑜的表现,鼓励了她,使她的自信和自我意识都得到了提高。

第三节　体验式学习

体验式学习始创于 20 世纪 40 年代的英国,它作为一种学习模式在 60 年代曾被美国普遍地运用到普通学校教学过程中,并引起了美国教育界对其在理论与实践上的广泛探究。随着这种学习模式在世界范围内的传播,它给我国课程改革背景下的教育活动模式探究带来了新的启示。

一、体验式学习概述

体验式学习,即"experiential learning",由此可见其含有通过经验、借助实践学习之意;而《现代汉语词典》中对于"体验"一词的解释是"通过实践来认识周围的事物"。在教育领域,对"体验式学习"的理解与辞源的含义基本是一致的:"体验,指学习者通过实践来认识事物,在亲身经历的学习与探究活动中获得情绪感受,融入自身的经验之中,并对原有经验产生影响,它是影响学习者情感、态度和价值观的重要活动。体验式学习泛指学习者亲身介入实践活动,通过认知、体验和感悟,在实践过程中获得新的知识、技能、态度的方法。"

体验式学习与传统的学习方式相比,更注重学习者个体作为一个平衡体的存在。从哲学的角度看,"体验是人对社会生活整体性参与的结果,人总是以整体的意识和形象进行某种社会行为,这种整体而内在的心理结构就是体验"[①]。而从现代心理学的角度来看,体验就是一种积极的内心活动,"是指由身体性活动与直接经验而产生的感情和意识,就是指人们在实践中亲身经历的一种内心情感活动,一种对感情的感知方式"[②]。哈佛大学的教授戴维·科尔布对体验式学习做了大量的研究和论述,他将体验式学习描绘成一个四阶段的循环周期(见图 4-11),这个周期是由四个元素构成的一个理论模型:具体的体验、观察与反思、形成抽象的概念和普遍的原理、在新情境中检验概念的意义。它是一个动态的、循环往复运转的周期。

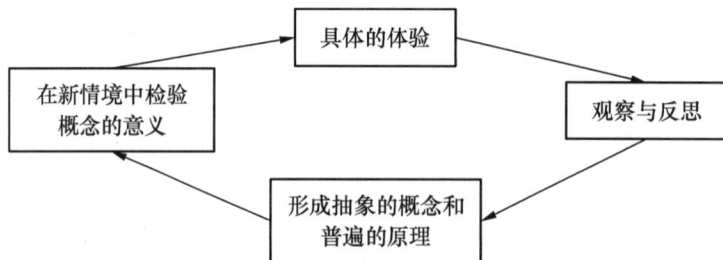

图 4-11　体验式学习模式

---

① 蔡熹耀.体验式学习的价值生成机理及关联分析[J].科技管理研究,2004,24(05):126.

② 黄乘英.体验式学习与研究性学习——兼与刘俊利先生商榷[J].历史教学,2005(03):65.

从以上关于体验式学习含义的概括中我们可以看出,作为在学习理论研究与教学理论研究中的一个新课题,这种学习模式强调和体现的是学习者在实践与一定情境中的主体参与和亲身经历,以及由此所产生的内心活动。这种学习模式在教育活动和教学中的运用,更注重的是学生的亲身体验与实践,引导学生从体验中感悟、从实践中学习,与以往目标导向的教育活动模式相比,它更追求学习过程对学生的意义。

二、体验式学习的特点

(一) 情境性

近年来,情境学习理论在心理学和教育学领域引起了人们广泛的兴趣,尤其在教学设计和教学实践层面得到了推广和应用。情境学习理论强调知识与情境之间动态相互作用的过程,它认为"知识与活动是不可分离的,活动不是学习与认知的辅助手段,它是学习整体中的一个有机组成部分"①。因此,真正的学习是在有意义的情境中发生的,学习者正是在情境中通过活动获得了知识,学习与认知本质上是情境性的。体验式学习模式就是将情境学习理论应用于教学设计与实践中的一种典型范式。要让儿童在亲身经历和体验中获得知识或概念,情境设置是引发和生成这种学习的最基本条件。情境,既可以是发生在一定背景中的真实情境,也可以是模拟的情境。学习者通过在一定情境中的亲身感受,充分地运用自身的多种感知通道接触情境中的事物、材料,进而在感受、刺激的过程中产生丰富的、真实的体验。

对于儿童来说,体验是一个相对复杂的过程,是伴随着主体的一系列活动参与、感受,产生内心情感体验的过程,它是学习者介入一定的实践活动中,用自己的心灵感悟并获取体验性知识的过程。因此,实践性和活动性也是体验式学习必不可少的特点之一。只有在活动和实践的前提下,才能保证和实现儿童的体验过程。

(二) 亲历性

所谓亲历性,是指在体验式学习中让学习者进入某种情境,参与其中的实践与活动,在这样的过程中用自己的身体、感官和心灵感受、体验和领悟。这种亲历性反映在学习者个体身上,表现出如下特点:(1)由于体验式学习是基于每个学习者个体自身参与的学习活动,而不同个体之间是有差异的,因此,对同一个情境、背景或事物,每个学习者的感受和体验不尽相同。作为教师,应当认识到学习者在体验过程中的这种独特性,鼓励并允许儿童有因人而异的、个性化的体验结果。(2)体验式学习是伴随着学习者个人情感体验的活动。对于儿童来说,它能充分调动和引起他们内心情绪情感体验,所获得的知识或技能往往更深刻、更有效,这样的学习也才真正具有意义。因此,体验式学习也是体现情感性的活动。在幼儿园的艺术活动中,体验式学习模式得到了广泛的运用,充分体现出其在进一步完善儿童的情意结构和人格结构方面的重要作用。(3)体验式学习注重学习者在活动中的人际沟通、能力拓展以及潜能发掘,在

---

① 张振新,吴庆麟.情境学习理论研究综述[J].心理科学,2005(01):125.

这种价值追求的影响下,体验式学习模式更强调和突出的是学习者的体验和学习过程以及伴随着这一过程的反思。因此,儿童在个体的学习过程中的亲历体验还具有反思性的特点,这种反思能够促进学习者的思维和元认知的不断发展,能够帮助学习者改善和调整学习策略,进而使学习者学会学习。

三、体验式学习活动的设计

(一) 学习情境的设计:真实性、模拟性、社会性

对于学习情境的设计,巴拉布等人曾提出以下几条基本原则[①]:(1)进行与专业领域相关的实践;(2)使学生能真正自主地进行探究;(3)教师应当是学习和解决问题的专家,教师的工作就是通过向学生提问,对其学习和解决问题进行指导和建模;(4)应给予学生反思的机会,使其反思自己在做什么,为什么这么做,甚至收集证据来对其行为的功效进行评价等;(5)给学生设置的困境必须是不太明确的或界定松散的,以留有足够的空间让学生能利用自己的问题框架;(6)给出的问题必须是真实的问题,而不是经过简化的问题;(7)工作是合作性和社会性的;(8)学习的脉络具有激励性。

在体验式学习模式的情境设计中,教师首先要注意情境的真实性,即与儿童的社会生活经验和社会文化背景以及所学知识相联系的、真实的环境。当然,从总体上来说,学校或幼儿园的环境毕竟不能等同于真实的生活环境,因此,就有必要从知识与社会生活实际的联系入手,尽量创设一个高度真实的模拟环境。这样的模拟环境应当具备真实环境的许多复杂的特质,如能够促使儿童(学习者)有机会生成问题、提出各种假设和解决问题的思路;能够有助于儿童在解决结构不良的、真实的问题情境过程中充分获取资源和信息;能够让儿童在充分感受和体验的过程中获得情绪情感上的满足和快乐等。其次,学习情境设计的另一个重要方面是对社会性的把握和理解,即应当为儿童(学习者)创设一个能够自主、自由地合作、交流和分享的学习情境,而不是纯粹个体的探索行为和体验活动。这是因为儿童本身的生活环境就是一个开放、多元的体系,这样的环境(即使是模拟的环境)将有助于他们在与多种因素(包括事、物、人等)的互相作用中获得体验性知识,同时也有助于培养他们适应一个社会化环境和背景所应具备的能力和素质。

(二) 学习内容的设计:适宜性、意义性、挑战性

体验式学习是学习者亲身介入实践活动,在亲身经历的学习与探究活动中获得情绪情感体验,进而认识事物和获得新的知识、技能的学习过程。在体验和学习的过程中,给儿童所创设的情境中应当包含什么样的学习内容也是一个非常关键的问题。首先,让儿童体验和学习的内容应当是以儿童的生活经验为基础,并与其生活实际紧紧相联的,即所谓适宜性的内容,是儿童在自己的生活中能够看到的、听到的、感受到的,是他们在学习的过程中能够体验、操作

---

① 梁好翠.情境学习理论及其教学含义[J].广西社会科学,2004(12):176.

和思考的。其次,学习内容的设计应当体现内容的意义性和挑战性,所谓意义性是指学习内容是能够为儿童(学习者)的学习活动提供基本线索、信息和相当的学习机会的,是能够引发儿童思考、探索并积极求证的;所谓的挑战性是指渗透在学习情境中的学习内容是能够促使儿童(学习者)处于"最近发展区"的最佳挑战水平上的,是通过教师或其他途径适当的"支撑"而获得提升和重新建构的知识和内容。

(三) 活动评价的设计:过程性、持续性、开放性

体验式学习与传统学习模式的一个显著区别就在于体验式学习不以学习结果为价值取向,而是更注重学习过程,是一种新的学习方式。对于以过程目标为导向的体验式学习模式,其评价活动的设计应当体现以下几点:(1)注重过程性,对儿童学习成效或儿童学习能力(探究能力、参与实践活动的能力等)的评价应结合具体的真实问题或模拟真实情境中的问题解决过程来进行。(2)体现持续性,评价应当自然地与学习整合在一起,在学习的过程中对儿童实施持续的、现场式的、跟踪式的评价。这种评价的方法和手段可以是实录式的观察记录或认知成长档案等。(3)追求开放性,是指对体验式学习的评价注重评价手段和方法的多样性以及评价主体的多元性。无论是对学习结果还是儿童发展的评价方式都不能仅仅是以量化的、标准化的测量或等级评定为主,而应尽可能采用多样化的评价方式,如活动观察、档案记录、成长手册、作业评定、家长(教师)访谈等。在评价的参与者和主体方面,不仅教师,儿童(学生)也可以成为评价的主体之一,参与对自己、对他人、对学习过程的有意义的评价之中,同时,通过这种评价促使自己更好地反思、判断,从而推动其更深入、更有效的学习和探究。

以下提供一个体验式学习的案例,以期进一步加深对这一学习模式设计相关问题的认识和理解。

案例:大卖场

那天,活动室被布置成了一个模拟的"大卖场",两边放着各种物品,有饮料(铝罐装的、塑料瓶装的,大小和形状不一)、食品(巧克力、饼干、薯片、糖果等)、水果(橘子、香蕉、苹果、柚子等)和日常用品(卷筒纸、塑料吸管、一次性纸杯等)。顾老师:"你们看,今天我们的教室像个什么地方呀?"嵇颖:"像个商店。"胡凯悦:"像超市。"刘伯谦:"像个大卖场。"顾老师:"今天,让我们一起去逛逛大卖场,好吗?"钱依天:"这个大卖场太乱了,东西应该整理一下的。"作为对钱依天建议的积极回应,孩子们交流起了物品应该怎么放,并分头进行整理、归类。通过孩子们的共同商议和小组合作,一个"大卖场"里的物品被分别归放在了饮料、食品、水果、日常用品四个区域。

这时,顾老师拿出放在一边的购物篮和装有"钱币"(绘制的,有1元、2元和5元不等)的小钱包:"我为你们准备了买东西用的篮子和钱,你们可以用这些钱去买你们想要的东西。"冯亦磊马上大声地叫了起来:"可是,我们又不知道这些东西要多少钱。"

妞妞说:"我们来写吧。"于是,孩子们分成了四个小组,各自给四类商品标价。

顾老师观察到了第三组在饮料区的交流和对话。妞妞:"清茶是几元的?"汪洋:"3元的,就写3元吧。"妞妞拿起笔,正准备写,刘心虎一把拉住她:"不对,不对!是3块5的,我喝过的,肯定是3块5。"冯亦磊说:"还是写少一点吧,便宜点,等会儿我们就能多买一些东西了。""对对对!"妞妞兴奋地附和着,并毫不犹豫地在纸条上写下了2元。刘心虎:"不对的,不是2元的,肯定不是的。"妞妞不高兴地说:"你好烦,有什么关系啦,又不是真的喽。"在小组其他小朋友的"支持"下,妞妞又给矿泉水、可乐、雪碧等分别标上了价。这次,刘心虎也再不反对了,他们组给饮料标的价都在1元至3元之间。

顾老师带着孩子们在四个商品区走了一圈,让孩子们分别看了看不同商品的标价。接着,顾老师说:"我为你们准备的钱包有两种,一种里面一共有15元(4张1元、3张2元和1张5元),还有一种里面一共有20元(4张1元、3张2元和2张5元),你们可以自己去选一个钱包。"孩子们开始去拿钱包和购物篮了,大多数孩子都倾向于要钱币多的那个钱包。孩子们各自拿着自己的钱包和购物篮走向商品区,他们一边看着自己手中的钱,一边对照着不同商品下方所标的价格,往自己的购物篮里放着自己所选中的商品。

在顾老师的建议下,孩子们分成四个小组,每组孩子相互之间验证每个人所购商品的总价以及需要付出的钱币。第三组的妞妞说:"先看看我的吧。"她指着篮子里的商品"这是可乐,3元的;这包饼干也是3元;这个苹果1元;还有这罐巧克力是6元,哦!让我想想……一共是13元。"冯亦磊:"对的,对的!你付钱吧。"妞妞从钱包里掏出4张1元数起来:"1元,2元,3元,4元。"又掏出3张2元,一边数一边往4张1元上放:"4元加2元是6元,再加2元是8元。"当她准备要往上再数一张2元时,冯亦磊叫了起来:"不要了,你再拿一张5元就好了,8加5正好是13呀。"妞妞迟疑了一下,似乎明白了,她从钱包里又拿出一张5元:"对了,正好是13元。"汪洋:"那你快把钱交到收银台去吧。"妞妞得意地跑到收银台去交钱,边跑边说:"我还有钱,我等会儿还可以再买东西的。"

轮到刘心虎了,他的购物篮里放满了商品,妞妞叫起来:"哇!你买这么多东西,你钱够不够啊?"汪洋:"你有没有数过钱呀?"刘心虎点点头。冯亦磊说:"我们看看你买的东西吧。"刘心虎从篮子里一样一样地往外拿着:"这是雪碧,3元;这瓶清茶,2元;这是柚子,4元;这块巧克力,3元;这包薯片,2元;还有这包吸管,1元;这包糖,2元。"汪洋:"一共多少钱呀?加一加吧。"刘心虎用手一一点着每样商品:"一共是……一共是……"妞妞最快叫起来:"一共是17元,你付钱吧。"在妞妞的催促下,刘心虎从钱包里拿出一张1元,又拿出一张5元,看了看,随后又掏出一张2元放在

5元上："一共17元。"冯亦磊惊讶地叫起来："开什么玩笑,这又不是17元,这是8元哎!"这下可把刘心虎难住了,妞妞说："不行,不行,再把你的钱数出来。"刘心虎似乎有点明白过来了,把钱包里的钱都掏了出来摊在桌上,妞妞说："已经有8元了,我们再接下去数吧。"刘心虎拿起一张1元,妞妞接过来："9元。"刘心虎又拿起一张1元："再加1元,是10元。"汪洋："再加,还有一张1元,还有这张2元的,现在是13元了,对! 13元。"在一边默默看着的冯亦磊突然插话了："这样数太麻烦了,我有办法了,只要拿掉3元钱就可以了。"说着,他把大家摊在桌上的钱币都归拢起来,抽出一张1元和一张2元,将剩下的一推："这里就是17元了。"妞妞似乎有点不相信,用手一一点着剩下的钱,口中默念着。汪洋兴奋地叫了起来："对对对! 肯定是17元,这个钱包里一共是20元的,20减3等于17,对了!"

　　在这个案例中,教师为儿童创设了一个模拟的情境和游戏活动,使儿童在购物的背景中通过集体以及小组间的合作和交流,积累和分享与分类、对应、比较和计算等相关的经验,并在解决一系列基于该情境背景的数学问题的过程中学习和建构起相应的数概念。在这个案例中,情境虽然是在教师的创设下显现的,它与真实情境相比,看起来可能教师预设的成分相对要大一些,但即使这种预设,它也是基于儿童的兴趣和需要,并以他们的生活经验为前提的。因为教师已经明确地意识到"儿童主要是通过参与活动(或游戏)中的社会实践,而不是通过发现独立存在于他们之外的结构来达到对数学的理解的"[①]。

　　在这个案例中,教师也非常注意为儿童营造和创设一个小组交流和互动的背景,让儿童在与他人、环境和材料的多重作用中获得体验性知识。从儿童的知识获得和概念建构来看,如果没有一个儿童共同对话、交流和合作的背景,儿童的自我建构也就仅限于其原有的认知,不可能通过接受来自同伴的信息达到一种提升、修正,或仅是模仿。可见,从起先儿童个体、个别的认知到经历冲突、协商、接纳、修正的过程后获得新的认知,互动对话式的沟通已经完全超越了单纯的意义的传递,体现出重新建构意义、生成意义的功能。对于这一点,我们可以在活动的最后部分,即孩子们购物后钱币验算中领略和重温儿童概念的意义建构过程,从已有概念到新概念的发展中,折射出在一个基于合作和交流互动的学习背景中的儿童数理逻辑概念意义建构的基本轨迹:运用旧概念解决钱币的计算问题——→遭遇困难——→调整运算策略——→作出正确的判断,形成新的概念。整个建构的过程和方式是清晰的,虽然在不同儿童个体身上建构的各个关键点所处的状态是不尽相同的,但正是在儿童之间所产生的认知冲突中、在与材料和情境问题所呈现的矛盾中、在反复地体验情境背景的过程中,他们不断地反思和修正着自己的原

---

① [美]莱斯利·P·斯特福,杰里·盖尔.教育中的建构主义[M].高文,徐斌艳,程可拉,等,译.上海:华东师范大学出版社,2002:119.

有概念,通过顿悟形成新的假设,并通过实践加以验证,最终推进着儿童建构并形成新的概念。此外,通过这种体验式的情境学习,也能使我们强烈地感受到儿童数概念的形成并不是简单地可以由教师通达到儿童那里的,相反,儿童数概念的形成是需要经历一个艰难的历程的,而在这一学习和建构的历程中,让不同发展水平的儿童通过一定的情境加深体验,并积极地展开合作和交流是有益而有效的。

第四节　接受式学习

一、接受式学习概述

(一) 接受式学习的含义

接受式学习是指学生通过教师呈现的材料来掌握现成知识的一种学习方式。与发现式学习相比,接受式学习的内容是以确定的方式由教师传授给学生的,而不是由学生独立、自主地发现和探寻的。

当代认知心理学家奥苏贝尔积极倡导接受式学习并对它进行系统研究。他强调的不是一种机械的接受式学习,而是一种有意义的接受式学习。所谓"有意义",即指接受学习以学生的认知结构为基础,并在教学过程中强调学生的理解和顿悟。他认为,学习过程是在原有认知结构基础上形成的,认知结构对于学习过程始终是一个最关键因素,新的学习都是在过去学习的基础上产生的,新的概念、命题等总是通过与儿童原来的有关知识相互联系、相互作用而转化为主体的知识结构。学习者在学习中主要是通过言语(包括书面和口头)呈现的方式来获取间接经验和理解知识的意义,进而接受系统的知识的。

要理解和把握接受式学习的实质,首先,必须把接受式学习与机械式学习区分开来。机械式学习是指不理解学习材料的意义,死记硬背式的学习,而接受式学习可以是有意义的,也可能是机械的。其次,必须把接受式学习与被动式学习进行区分。被动式学习是指学生由于缺乏学习的需要、动机、兴趣或者缺乏必要的学习能力和基础等而不积极主动参与学习活动,接受式学习则可能是主动的,也可能是被动的。因此,真正的接受式学习或者说有意义的接受式学习必须具备以下两个方面的特点:(1)学习者具有意义学习的心向,即学习者具有内部动机和学习兴趣;(2)学习材料对学习者具有潜在意义,即学习材料本身的逻辑意义能与学习者原有认知结构建立联系。可见,要使接受式学习成为主动的、有意义的接受学习,既依赖教师所呈现的学习材料及方式,也依赖学习者主体的参与和学习能力。

(二) 接受式学习与发现式学习的关系

学习,是一种重要的心理活动现象,就人类的学习而言,除了能使个体获得经验,掌握社会文化与科学知识外,它还是个体在与他人的交往中进行的自觉的、积极的、主动的学习过程。

因此,人类的学习从理论和实践两方面来看,总是呈现出积累经验、改造经验、认识世界和改造世界的总体态势,而这一过程始终是接受式学习和发现式学习的有机结合。

接受式学习与发现式学习是两种相对的学习方式,它们相互之间既有区别,又有联系。其区别主要表现在[①]:(1)侧重点不同:接受式学习强调现成知识的掌握;发现式学习则强调探究过程;(2)呈现学习材料的方式不同:在接受式学习中,教师把学习内容直接呈现给学生;在发现式学习中,教师只呈现一些提示性的线索,而不直接呈现学习内容;(3)学习的心理过程不同:在接受式学习中,学生只需直接把现成的知识加以内化,纳入到认知结构中;在发现式学习中,学生必须首先通过自己的探究活动,从事实中发现关系、归纳出结论,然后再把结论纳入到认知结构之中;(4)教师所起的作用不同:在接受式学习中,教师起主导、控制的作用;在发现式学习中,教师只起指导作用,而不控制具体的学习过程。事实上,在促进学生的知识获得与认知发展中,两者的功能和作用是各不相同的,接受式学习有助于理论性更强的学习材料的获得,而发现式学习则有助于对与实际生活相关问题的解决。两者在教学中的地位和作用不存在孰轻孰重或非此即彼的关系,而是一种交叉、重叠和整合的关系,在不同的学习领域、学科门类以及不同的学习对象和学习环境、条件下,两者既可以相互制约,也可以相互促进。一方面,接受式学习是发现式学习的基础,一定的知识基础和积累是学习者展开自主发现和有效探索的重要保证,学生知识接受量的增大、经验的丰富能够更好地促进他们的发现式学习;另一方面,发现式学习也为接受式学习的开展提供了良好的具体经验基础,学习者通过发现式学习获得的具体经验,可以更好地促进在接受式学习中对相关知识的理解和掌握或使知识经验得以巩固、加深。

(三) 接受式学习运用于幼儿园教育活动的意义及价值

幼儿园教育活动作为体现和承载幼儿园课程的一个载体,总是会清晰地反映出不同的教学理论、学习理论和课程理论的影响及渗透。在幼儿园课程改革的重大观念改变中,"改变课程过于注重知识传授的倾向""改变课程实施过于强调接受学习、死记硬背、机械训练的现状"是两个很重要的方面。但事实上,新一轮课程改革并没有否定接受式学习本身,而是批判了过于注重灌输和传授、过分被动接受以致产生的极端不良倾向,因为这种学习本身就违背了接受式学习的初衷,只能说是一种"伪接受式学习"。因此,我们应当清醒地认识到,学习方式本身并没有先进落后之分,不能简单地以一种学习方式来否定或代替另一种学习方式,它们之间是各有特点,而且可以相互依存、彼此渗透的。接受式学习运用于幼儿园教育活动之中也有其独特的作用和价值。

首先,接受式学习能够使儿童通过对学习材料和内容的有意义加工及积极思维,掌握系统化的知识。从学习理论的相关研究中我们可以知道,内驱力、线索、反应和强化是影响学习的四个基本要素,它们是学习发生的动力系统,并决定着学习的性质。接受式学习正是按照这四

---

① 施良方,崔允漷. 教学理论:课堂教学的原理、策略与研究[M].上海:华东师范大学出版社,1999:130.

个基本要素所构成的规律来安排学习的。在接受式学习中,教师可以在了解教材和儿童特点的基础上,通过向儿童呈现有潜在意义的学习材料激发他们的学习兴趣和动机,促进儿童对教师所给予的知识进行选择、理解、加工和内化,将新的学习内容同已有的认知结构建立联系,使新知识获得意义,并有效迁移和灵活应用。

其次,接受式学习还有助于养成儿童良好的学习内部动机和态度。一个有意义的接受式学习是以儿童学习需要和兴趣的激发为前提条件的,离开学习主体的内部动机和渴求的接受式学习就可能演变为一种被动接受和灌输的学习过程。因此,对于教师来说,接受式学习的展开需要充分调动起儿童的学习兴趣,它不仅表现在接受式学习活动展开之前,更表现在学习活动展开的过程之中。运用多种手段和方式持久激发儿童的学习兴趣是成功的接受式学习实施的重要条件,而教师对此从观念到行动的充分重视和强化,无疑也将间接地有助于促进儿童良好的学习动机和态度的养成。

最后,接受式学习相对于其他学习模式而言,所需要投入的成本和时空环境等物质条件较少,比较经济易行,即使是在物质条件相对匮乏的地区或机构、幼儿园等也比较容易开展。

二、接受式学习活动的设计

(一) 以儿童的经验点为基础,确立与把握适宜的学习材料和内容

接受式学习与发现式学习在幼儿园教育活动的运用中有着各自的特点和价值。相对说来,接受式学习所适用的学习领域比较偏向以情感为基础的艺术、语言等学科领域内容,而发现式学习所适用的学习领域比较偏向以认知为基础的科学、数学等学科领域内容。但对儿童来说,学科领域不是完全分开的,幼儿园的教育活动是以领域整合的方式呈现的,在一个教育活动中可能渗透着不同领域的学习内容,而对于不同的儿童来说,在一个相同的教育活动过程中所获得的领域知识的面以及点也是因人而异的。因此,教师在设计教育活动时,必须从一个活动所涉及的领域范围的主线,即从该活动所呈现的主要学习领域的价值出发考虑教育活动的形式。而确立接受式学习为主要活动模式,首先必须对活动的内容和材料进行分析、把握,确定学习材料的意义,即以儿童已有认知结构和经验点为基础。例如教师给小班幼儿设计接受式音乐活动时,就首先要对歌曲进行意义性筛选,以歌曲所反映的内容或主题是否与幼儿的已有生活经验相关为主要依据,从而使学习材料和内容能够引起儿童的共鸣,促进他们的积极思维和想象,进而促进他们对知识的理解和应用。

(二) 遵循儿童接受知识的心理规律,充分调动儿童的学习兴趣、动机

对儿童来说,一个有意义的接受式学习活动应当是能够引起他们积极主动的心理过程的活动。而儿童心理活动的主动积极与否,不仅取决于新的学习内容和材料能否通过教师的传授被纳入到他们原有的认知结构中,进而产生意义,更取决于儿童的学习兴趣和需要。因此,教师在采用接受式学习方式设计教育活动时,要从儿童心理发展以及知识接受的一般规律出发,充分地引发和培养儿童对学习内容产生积极的需要及兴趣,使儿童产生主动学习的愿望,

从而避免"填鸭式""被动式""注入式"学习。

（三）采用灵活的、多样的活动手段与形式，拓展儿童信息获得的资源和渠道

对于教师来说，确保接受式学习活动真正对儿童有意义的另一个关键点便是应当灵活运用各种教育活动环节以及现代化的教育教学手段，而不是一味机械地采用讲解、问答等传统的教学方法和手段。例如诗歌《摇篮》是一个文学性、艺术性、情趣性兼具的，适合学龄前儿童的，较好的语言学习材料。教师在设计活动时，采用了多种活动手段和方式，通过让幼儿观看多媒体录像、情景游戏、动作及绘画表现等手段理解、"接受"诗歌，在反复的体验、表达和合作等多种学习方式的作用下，加深和拓展他们对诗歌内容的记忆和把握。在这样的接受式学习中，幼儿不仅能够主动积极地学习诗歌中的优美语句，获得意义性理解，还能充分地领略和感受优美诗句所营造的意境美、韵律美，想象并体验各种"摇篮"和"宝宝"之间的亲密无间。

案例：诗歌《摇篮》

摇　篮

蓝天是摇篮，摇着星宝宝，
云儿轻轻飘，星宝宝睡着了。
大海是摇篮，摇着鱼宝宝，
浪花轻轻翻，鱼宝宝睡着了。
花园是摇篮，摇着花宝宝，
风儿轻轻吹，花宝宝睡着了。
妈妈的手是摇篮，摇着小宝宝，
歌儿轻轻唱，小宝宝睡着了。

关于幼儿园教育活动模式，本章主要围绕探究式学习、体验式学习、合作式学习、接受式学习展开讨论。然而，从儿童发展特点以及所涉及的领域范围特点来看，幼儿园教育活动的模式并不仅限于此，因此，对于本章内容的学习和理解，我们应当把握好以下几点：第一，这四种学习活动模式并不是幼儿园教育活动模式的全部，也不存在着可以在某些学科领域中进行简单划分和对应相连的关系。第二，虽然这四种学习活动模式有其各自的特性、价值取向和实践应用，但它们彼此并不是在同一个逻辑关系上进行划分的，因此，它们之间的关系并不是完全隔离而互斥的，而是一种交叉与融合的关系：探究式学习离不开体验的过程；必要的接受式学习可以更好地促进探究；合作式学习是探究过程中必不可少的一种学习方式；体验式学习中的合作互动能使学生在特定情境中获得更有效的体验和提升。第三，每一种学习模式都各有其长处和短处，有其适用的前提、条件和其他各种影响因素，因此，我们不能简单地以"传统"或"改

革"为标签判定和取舍它们，而应当更理性、全面而审慎地加以运用，更好地发挥它们各自的功能和作用。

思考题

1. 试述探究式学习模式运用于幼儿园教育活动的意义与价值。
2. 如何理解合作式学习中的教师作用？
3. 体验式学习具有哪些基本特征？
4. 以某一主题为内容，用合作式学习模式设计一则教育活动。
5. 如何理解探究式学习模式与合作式学习模式在幼儿园教育活动设计中的相互关系？
6. 谈谈你对接受式学习模式在幼儿园教育活动中运用的基本认识。

第五章 幼儿园教育活动的组织与指导

《幼儿园教育指导纲要（试行）》指出，幼儿园教育活动是教师以多种形式有目的、有计划地引导幼儿生动、活泼、主动活动的过程。教师，作为活动的组织者，其教育行为（包括内部行为和外部行为）在活动的组织与实施过程中起着关键性的作用。它不仅是教师素质的外化和集中体现，也是直接或间接影响活动结果的重要因素。因此，对于教育活动组织与指导的探讨和研究就成为体现教师创造性工作的一项重要内容。本章将围绕这一主题，着重从教师的作用以及在活动组织与指导中的角色、策略运用和有效的师幼互动等方面展开讨论。

第一节 幼儿园教育活动组织与指导概述

幼儿园教育活动的组织与指导是一项创造性工作，是教育者与儿童平等对话和交流的过程，是体现教师的教育理想和观念的过程，也是教师教育行为显现和作用的过程。教师对教育、对儿童以及对自身的正确认识和理解将通过外显的教育行为在活动的组织与指导中影响教育的效果。

一、教育活动组织与指导过程中的基本要素

教育活动是由不同的对象、不同的情景和不同的环境条件所构成的一个复杂而动态的活动，活动本身的复杂性决定了组织与指导活动过程的复杂性。这种复杂性表现为影响活动实施的多种因素，而在一系列因素中，教师、幼儿和环境是最主要的三大要素。由于第三章对幼儿园教育活动中的环境已作了重点的讨论，在此，主要着重从教师和幼儿两大要素展开讨论与阐述。

（一）教师

教师是教育活动的组织、指导与实施的重要因素。教师的观念、素养、教育能力水平将直接影响活动的组织与实施进程，并最终影响幼儿的发展。随着《幼儿园工作规程》和《幼儿园教育指导纲要（试行）》的贯彻，幼儿园教师在教育观念和教育行为上已经有了一些根本性的改

变,这种改变主要表现在教师对教育活动过程的直接监控减少了,对儿童活动主体意识的唤醒和促进行为增加了;流于表面的低效互动减少了,注重实效的深层互动增加了。然而,尽管教师的观念意识和教育行为正朝着正确的方向改变,但在遇到不同的教育情景和背景时,还有一部分教师的教育决策能力、驾驭和调控儿童的学习以提供有效支持的能力等都存在着一定的问题。因此,有必要对教师在教育活动组织与指导中的角色意识和行为展开进一步的分析。

1. 教师的教育观念

《幼儿园教育指导纲要（试行）》中明确提出"教师应成为幼儿学习活动的支持者、合作者、引导者"。虽然这句话已为广大的教师所耳熟能详,但在实际的工作中,在面对一个个鲜活的教育活动场景和教学现场时,教师往往会在传统教育模式与现代教育模式之间挣扎,不自觉地受到传统观念的影响,在教育决策和行为方面过分张扬了教师的权威性。教师的教育观念是直接或间接影响教育活动组织与指导的关键因素,要建立正确的教育观,教师必须把握和处理好以下两对关系。

首先,正确处理好教师权威和儿童权威的关系。教师作为一种职业身份,带着社会所授予的角色进入幼儿的世界,对幼儿的身心发展提供保护、引导和一定的教育,教师承担着把主流社会所倡导和肯定的价值观念、行为规范及知识技能传递给幼儿的任务。正是教师的这种社会所预设的角色,加之中华文化历来所倡导的"师道尊严""长者为师"等传统观念意识,使得教师的权威地位在幼儿园得以显现。虽然客观地说,由于教师特定的角色身份以及他们所面对的教育对象和教育目标,为了建立有序而稳定的教育环境与秩序,为了提高幼儿园保教工作的效率,为了有助于幼儿身心的健康和谐发展,确立教师的权威有它的必要性和一定的适宜性。但是,在幼儿园,"教师往往将社会所赋予的正式权威的地位与权利视为理所当然,以至于在和学生(幼儿)的交往中自觉或不自觉地带有权威意识,并将班级当作施展自己权威的得天独厚的对象"①。应当指出的是,教师权威必须是有限度的,不能超出适宜的范围而滥用权威,尤其是在充分尊重幼儿、相信幼儿的前提下,教师更应当自觉地减少权威意识,而应当"蹲下身来""倾听幼儿""跟随幼儿""等待幼儿""接纳幼儿",将幼儿视为平等、独立而受尊重的社会成员;在合作交流和共同磋商中张扬"儿童权威",民主平等地对待所有的幼儿;"以关怀、接纳、尊重的态度与幼儿交往,耐心倾听,努力理解幼儿的想法与感受,支持、鼓励他们大胆探索与表达";建立"平等对话"的师幼关系,使幼儿与教师一样都拥有平等思考的权利、自由发表见解的权利、与他人展开争鸣的权利,进而使教育活动中的师幼对话真正成为双方心灵沟通、情感互融和共同发展的过程。

其次,正确处理好教师主体和幼儿主体的关系。现代教育是培养全面发展的现代人的教育,而现代人的最根本标志,应是人的主体价值的充分呈现。这里所说的主体价值,既包括儿童的主体价值,也包括教师的主体价值。② 现代儿童观认为,教育活动过程中的儿童是一个积

① 吴康宁.教育社会学[M].台北:高雄复文图书出版社,1998:286.
② 张博.教师主导辨析——兼论幼儿教师在教育活动中的角色和作用[J].学前教育研究,2002(02):31.

极参与活动并建构相应知识经验的主体,他们通过主动表达自己的感受、兴趣和需要,通过自主的探索以及与教师或儿童的相互交流、相互影响和相互作用,实现着自身的发展权利。从社会的角度来说,儿童作为社会成员,是一个独立的人、发展中的人,游戏、学习和发展是他们不可剥夺的基本权利,教育活动中的探索、游戏、交往、操作等都是幼儿主体性表现的需要和基本途径。教师作为教育活动中的重要因素,对于活动目标的设定、内容方法的选择、过程形式的思考等都是其主体价值的体现,教育活动设计与指导是教师的一项创造性工作,教师在其中起主体作用。但是,我们应当清醒认识的是,教师主体价值的体现更需服务于儿童主体价值,也就是说,儿童主体价值的充分体现需要教师的引导、主导、诱导和启发,因此,教育活动中教师的主要作用是"导","导"是教师主体角色作用显现的一个重要方面。

2. 教师的教育能力

幼儿园教育活动是教师依据一定的教育目标和任务,通过有计划、有系统地为幼儿提供相应的学习环境和材料,帮助幼儿获得和提升经验,引导其心智健康发展的重要途径。因此,幼儿园教师不仅应当具备正确的教育观、儿童观,而且更应当具备有效设计教育活动和组织实施教育活动的能力。教师在活动组织与指导中的能力主要包括以下几方面。

(1)观察了解幼儿的能力。教育活动情境的复杂性与教育对象的个体差异性要求教师必须具备敏锐的观察能力,善于观察是教师专业能力的基本要求。首先,在教育活动中,教师要观察了解幼儿的兴趣、需要以及认知发展水平和起点,以更好地确立和调整教育活动的目标和内容要求;其次,教师要能够及时地观察幼儿对活动的材料、环境、组织形式的反应,分析了解幼儿的不同发展水平和心理活动特点,进而为幼儿提供即时的帮助和指导;再次,教师还应当观察幼儿参与活动的态度、情感,通过幼儿的行为、言语、神情来捕捉有效信息,积极鼓励幼儿大胆地探索和创造。

(2)与幼儿积极互动的能力。教育活动是师幼双向交流和互动的过程。教师作为一个更有目的和计划性的主体,应当在教育活动组织与指导的过程中,积极地与幼儿展开沟通和交流。通过教师主动发起或引发幼儿主体发起的互动,引导幼儿主动探索、积极尝试、大胆表现。可以说,教育活动中教师与幼儿的沟通和交流是决定教育活动成效的关键因素,作为教师,既应当从语言沟通着手与幼儿进行对话交流,激励幼儿的学习探究兴趣、推动幼儿的思考过程或引导幼儿主动与同伴交往;也应当运用非语言沟通的方式,通过身体动作暗示、行为示范等与幼儿进行情感的交流,增强幼儿的信心和勇气。总之,教师的互动意识和互动能力可以促进教师与幼儿间平等的对话,互相分享彼此的思想、交流彼此的情感、体验彼此的观念,互教互学,共同发展。

(3)及时转变角色的能力。教育活动中教师的角色是多元而特殊的,教师活动情境的复杂性决定了教师角色的多样性。由于教师的主要角色已经从传统意义上的"传道授业者"转变为儿童活动的支持者、合作者、指导者。这一角色身份的变化,要求教师在完成支持者、合作者、指导者的角色任务时,应当根据具体的教育对象、确定的教育目标、具体的教育情境、幼儿的学习方式灵活地处理各个角色之间的更替。正如《学会生存》一书中所指出的:"教师的职责现在越来越少地在于传授知识,而越来越多地转向激励思考;除他的正式职能外,他将越来越成为一个顾问,一位交换意见的参加者,一位帮助发现矛盾论点,而不是拿出现成真理的人。他必须集中更多的时间和精力从事那些有效果的和有创造性的活动:互相影响、讨论、激励、了解、鼓舞。"

（4）不断评价和反思的能力。在教育活动过程中,教师除了创设情境和材料积极地与幼儿进行互动外,还应当及时地对幼儿的活动和学习作出分析评价,进而反思自己的教育行为策略以及对幼儿所产生的影响,以此来理解自己的教育行为与幼儿的行为或态度反应之间的关系。一般说来,这种对活动的评价和反思能力主要包括:活动或学习的目标是否与幼儿的已有经验水平相契合? 所提供的学习经验是否能有效地促进幼儿的认知发展? 所采用的活动组织形式是否适合幼儿的兴趣需要和年龄特点? 活动过程是否调动幼儿的主体性以及鼓励幼儿间的合作交往? 教师是否能为幼儿提供及时、适宜而有效的支持与指导?

综上所述,教师作为教育活动组织与实施中的一个关键变量,其教育观念将通过教育行为影响活动过程的走向和实效。但是在现实中,教育观念与教育行为的转化之间仍然存在着不少问题,例如教师的教育行为往往会游离于正确的教育观念之外,从而使得教师出现教育行为偏离目标或在具体的教育情境中缺乏一定的教育机智,在教育行为能力上产生困难;在帮助幼儿发现问题并解决问题上存在困难;在及时捕捉来自幼儿的有效信息,生成有价值的活动生长点上存在困难;在如何介入以及何时介入幼儿的学习和探究过程中存在困难等。可见,教育活动的过程是一个动态而复杂的过程,教师的教育观念和教育行为之间差距的缩短不可能一蹴而就,它是一个在不断的实践、研究、反思的循环动态过程中才能逐渐改善的过程,当然也依赖于教师的专业成长支持系统的建立与完善提高。

(二) 幼儿

幼儿园教育活动旨在促进幼儿发展,在组织和实施教育活动的过程中,教师必须时刻把握和牢记幼儿这一要素。具体说来,教师应当在活动中时时关注幼儿的需要,分析幼儿的行为和情感态度表现,了解幼儿的学习方式和特点,只有这样,才能保证教育活动组织与指导的实效性。

1. 幼儿是独立的、自主的

幼儿期是生命个体在认知、情感、人格等方面迅速发展的重要时期。每一个幼儿作为社会个体都是独立的、自主的,这种独立和自主表现在他们的认识活动、学习活动、游戏活动、日常生活活动等各个领域。同时,每一个幼儿都是一个可发展的个体,他们会不断地向周围环境进行探索,以发展自己的各种潜能,他们在活动中所表现出来的思考、判断、评价以及解决问题的能力常常超越成人的预料,甚至会给教师和成人带来启示。可见,幼儿完全应当享有自己的精神世界、生活世界和生命世界,而且其精神世界的丰富性并不亚于成人。而教师和成人,则应当认识到幼儿的独立和自主,尽可能创造一切条件和环境,满足他们的好奇、好问、探究、交往,尊重幼儿的精神和情感世界,支持幼儿自主、独立、主动的学习和游戏,使幼儿真正能够健康、活泼地成长。

2. 幼儿是真实的、感性的

杜威曾经说过:"儿童的世界是一个具有他们个人兴趣的人的世界,而不是一个事实与规律的世界。儿童世界的主要特征不是什么与外界事物相符合这个意义上的真理,而是感情与同情……"从杜威的话语中我们可以读到儿童世界与成人世界的不同。对于幼儿来说,他们的世界是充满了童真、童趣与童话的感性世界。幼儿的天真烂漫、无忧无虑不仅仅表现在他们的生活世界、游戏世界里,也同样反映在他们的学习、探索和其他活动中,因为这就是幼儿真实的个性显现。因此,对于幼儿园教育活动的组织与指导,教师不仅需要从幼儿个体的发展水平、能力、经验、个性和兴趣等方面着手加以充分的关注,而且还应当认识到幼儿有与其自身个性特点相匹配的、不同的学习方式。教师在组织幼儿的学习和探究活动时,应当尊重幼儿的真实个性,让幼儿通过真实的情境、真实的生活进行体验性的学习,而不是以理性思维的方式向幼儿传递事实或规律。

3. 幼儿是能动的、创造的

现代教育观认为,学习过程中的儿童不是一个被动的接受者,而是一个积极主动的参与者。幼儿在教育活动过程中是一个主动参与、互动交流并积极建构的主体,其主体行为具体表现在他们的探索、发现、判断、交流、表达等一系列活动中,从中可以看到他们身上所蕴含的独立、自主、能动和创造的潜能。作为教师,必须认识到幼儿的这些潜能,在活动的组织与指导中,充分调动一切手段途径、利用一切可能性因素和条件为幼儿创造一个有助于他们积极发挥自身的能动性及创造性的环境,让幼儿在主动大胆的尝试及创造性表现中实现和体会成功。

二、教育活动组织与指导的基本原则

对于教师来说,教育活动的组织与指导既是一项创造性的工作,又是一项艺术性的工作,需要教师的教育机智和个人智慧的创造性投入,并不是简单意义上的几条规律和要点就可以明晰的。但是,从一般意义上而言,教师对教育活动的组织与指导还是有可遵循的基本原则的。

(一) 灵活性原则

随着幼儿园教育改革的不断深入,课程已不再仅仅是以教材为中心的固定不变的文本,它必须适合每一个儿童的发展需要,而作为课程实施重要载体的教育活动也就应当最大程度地满足幼儿发展的需要。因此,对于教师来说,由于教育对象的个体差异性,在以促进幼儿发展为目标的活动组织与指导中就必须遵循灵活性的原则。具体地说,灵活性原则意味着:(1)灵活处理"预设"与"生成"的关系。教师作为教育活动的计划者、组织者、指导者,其教育行为和教学策略的选择总是有其一定的计划性,在活动的进行中,教师一般也是按照既定的方案予以实施的。但是,教师也常常会在活动的进行过程中碰到类似的情况:或是教师原先设计的活动内容和材料不能唤起幼儿的兴趣;或是孩子们由一个活动环节会派生出新的内容,从而取代了对原有内容和活动安排的兴趣。由此,教师就不能仅仅拘泥于既定的教学计划,而是应当及时捕捉儿童的兴趣和需要,以此作为灵活调整教育活动的新的"生长点",在大多数幼儿的经验和兴趣范围里即时生成新的活动内容与主题,从而真正以幼儿为主体,让幼儿在自主性学习中主动建构和提升经验。例如①:在中班语言活动"蚂蚁飞上天"的进行过程中,当最后一个环节教师向孩子们抛出问题"怎样帮助蚂蚁飞上天"时,孩子们纷纷表达着自己的想法。突然,心心大声问:"老师,蚂蚁有几只脚?"全班孩子为之一愣,他们的眼睛齐刷刷地朝老师看去。这个说:"蚂蚁那么小,它有几只脚?"那个说:"可能跟兔子一样有四只脚。"⋯⋯面对孩子们的疑问,教师改变了原有的计划,带着孩子们到户外抓来了蚂蚁,并把蚂蚁放到教室里的投影仪上。孩子们看着放大的蚂蚁,饶有兴趣地数了起来:"1、2、3、4、5、6,蚂蚁有 6 只脚。"孩子们高兴地欢呼起来。这个例子中的教师就灵活处理了"预设"与"生成"的关系。(2)灵活处理"抛球"与"接球"的关系。在《儿童的一百种语言》一书中,曾经形象化地将教育活动过程中的师幼互动比喻为"抛接球",教师与幼儿之间的交往就像抛球、接球一样,不断抛球、接球的过程,就是幼儿与教师合理互动的过程。作为教师,不仅应当敏锐地接过幼儿抛来的"球",给予即时的回应,而且还应当在一定的情境中主动地向幼儿"抛球",以此推动幼儿的自主性探究和学习。一个优秀的教师,在与幼儿的互动中应当灵活应变,既可以由教师作为发起的主体,与幼儿进行言语和非言语的积极交流、互动,也可以支持和鼓励幼儿作为互动发起的主体,教师给予支持性的回应和交流。(3)灵活处理角色身份。教育活动过程中的教师是一个多重角色身份的体现,在不同的活动类型和组织形式中,在对待不同个性和发展水平的幼儿个体时,教师应当灵活调整多重身份,以不同的角色介入幼儿的学习活动:如当幼儿在自我探究和发现材料所蕴含的问题情境中积极地进行思考时,教师应当是一个忠实的"欣赏者"或"合作者";当幼儿在参与技能性的学习活动时,教师可以是一个耐心的"示范者"或"指导者";当幼儿在解决问题式的学习中遇到困难止步不前时,教师则应当是一个"激励者"和"建议者"。教师在这样的角色变换中,就能够不失时机地为幼儿的学习提供有效的支持和推动。(4)灵活调整活动节奏。幼儿的年龄特点和心理发展水平决定了幼儿园教育活动的组织应尽量体现生动活泼与游戏性,这一特点的实现有赖于教师的教学设计和教学组织。一般说来,"动静交替"是教育活动呈现的基本原则之一,而这一原则的体现则依赖于教师在教育活动组织过程中的自主心理调节,即教师必须在动静交替原则的前提下,根据幼儿即时的心态变化和反应,掌握活动进程的快慢和张弛程度,灵活转换,及时调整,以利于幼儿在身心舒服、既不疲惫厌倦也不过度兴奋的状态下进行活动。

(二) 主导性原则

教师对教育活动组织与实施的主要作用是"指导",而对于教师的指导作用和指导者身份,不同的教育观有着不同的解释。传统的教育观认为,教师是教育活动的决策者、指挥者、领导者,"导"就是指直接的指导作用和主导地位;而现代的教育观则认为,教师是教育活动的支持

---

① 吴文艳. 基于预设显于生成——浅谈集体活动中的预设与动态生成[J]. 学前教育研究,2006(09):11.

者、合作者、指导者,"导"更多的是指教师间接的指导作用,即"引导""诱导"和"疏导"。因此,对于教师来说,应当正确地把握好"主导性原则",即在教育活动的组织与实施中,明确教师的主要作用和价值在于"引导""启发"等间接性的指导,而不是原来传统意义上的传递知识式的直接指导。主导性原则体现为:教师应当引导幼儿自主地学习和探究,通过平等地参与幼儿的活动,使教师与幼儿的心智在共同感兴趣的问题上汇合,从而更适时、适宜地满足和体现幼儿的主体性。主导性原则还体现为:教师必须意识到自身在活动组织与指导中的主体价值主要是"导",包括对幼儿活动参与态度情感的引导、对幼儿活动进程中解决问题的指导以及对幼儿进一步探究问题和深入式学习的诱导等。

下面我们将两段课堂活动中的师幼对话片段进行对比[①],以此来说明和解析这一原则。

案例:师幼活动片段

片段一:

师:听完这首乐曲,你的感受是欢快的,活泼的,还是温柔的?

幼:欢快的,活泼的。

师:第一段很轻快的音乐描写的是哪种小动物?

幼:小老鼠、小兔子、小松鼠、小狐狸、小猫、小鹦鹉、小麻雀……

师:第二段沉重的、缓慢的音乐像什么?

幼:大象、狗熊、狮子、鳄鱼、乌龟……

师:这首音乐讲的是《龟兔赛跑》的故事,你们再想想第一段音乐描写的是哪种动物?

幼:小兔子。

师:这是一只骄傲的小兔子,它输掉了比赛,你们想想骄傲的小兔子是什么样的?

幼:挺着胸,仰着头。

师:第二段音乐描写的是哪种动物?

幼:乌龟。

师:慢吞吞的乌龟通过自己的努力取得了胜利,小乌龟勤恳努力的样子谁来表演?

……

师:第三段音乐是小动物们庆祝乌龟取得胜利,它们是怎么为乌龟庆祝的呢?

幼:跳舞、唱歌、拍手。

---

① 选摘自:李建丽.幼儿个性化教育的实践探索[M].北京:北京师范大学出版社,2009:68.

片段二：

师：请小朋友听一首好听的音乐,听完后告诉我你的感受。

幼：优美、动听、欢快、温柔、高兴、沉稳、好听、快乐……

师：第一部分的音乐你听后有什么样的感受?

幼：快乐、活泼、高兴、蹦蹦跳跳的。

师：你会想到哪些小动物呢?

幼：小兔子、小鹿。

师：第二部分的音乐你听了有什么样的感受?

幼：缓慢,声音低一点,慢吞吞的。

师：你会想到哪些动物呢?

幼：大象、乌龟。

师：小朋友们说得都非常好,这首音乐给我们讲的是《龟兔赛跑》的故事,你们还记得这个故事里都有哪些小动物吗?

幼：小兔,乌龟。

师：你们还记得谁取得了胜利?

幼：乌龟。

师：为什么?

幼：小兔子太骄傲了,它以为乌龟跑不过它就去睡觉了,结果小乌龟胜利了。

师：这首曲子第一部分的音乐是哪个小动物先出来的?

幼：骄傲的小兔子。

师：第二部分的音乐是谁出来了?

幼：小乌龟慢慢爬出来了。

师：小乌龟胜利后大家又做了哪些事情?

幼：为小乌龟庆祝胜利。

师：他们是怎样为小乌龟庆祝的?

幼：唱歌、跳舞、做游戏。(幼儿站起来做动作)

通过对两个教学流程相同的片段对比,我们可以从案例中体会到主导性原则的一些特点。为了同样的教学目的,两个片段中的提问有细微差别,却导致幼儿的回答产生巨大的不同。

教师的提问直接给出的信息不宜过多,主导应是引导、启发等间接的指导。片段一中的教师给出了"欢快的、活泼的、温柔的"的选项,让幼儿从指定的形容词中选择一个进行表述。这使得问题的预设性增强,幼儿的回答具有指向性,导致开放的问题变成是非题,限制幼儿在语言表达上的想象力。而在后面的提问环节中,片段一中的教师依然出现这一问题,直接告知幼儿每一乐段的感情色彩后再询问其与什么动物相似,相对来说,片段二中教师的提问更能帮助幼儿主体性的发挥。

引导是让幼儿先行探索,而不是直接给出答案。片段一中的教师直接说明这段音乐表现了《龟兔赛跑》的故事,使幼儿失去探索想象的机会。而片段二中的教师先让幼儿在没有限制情境的条件下自行从音乐特色联想到各种动物,再通过回忆故事内容了解《龟兔赛跑》故事中的主要角色与情节梗概。至此,幼儿便能很自主地、顺利地对应每个乐段所表现的动物形象。同样地,关于动物角色扮演的环节,片段一中的教师未让幼儿有所思考迁移就直接点明"骄傲的小兔子""慢吞吞的乌龟"的形象,只见"主",不见"导";而片段二中的教师在幼儿回忆故事后提问两乐段及其对应的动物形象,此时幼儿是经过自己的推理确定角色表演定位,更加具有主动性且把握更准,并能引导幼儿在情感上更深入地体验教学的情境。

(三) 针对性原则

所谓针对性原则,是指教师的指导必须有明确的定向和目标,善于"对症下药",教师应当能够根据幼儿的实际情况和行为表现,在观察分析的基础上,采用灵活有效的方法提供有针对性和重点的指导。在教育活动中,教师所面对的是不同的幼儿个体,他们在兴趣爱好、能力水平、个性特征等方面存在着不同的差异,教师所组织的活动既有集体性的教育活动,也有相对个别化的区角活动。对教师来说,针对不同的活动类型和不同的教育对象,指导要做到因人而异、因环境而异。针对性原则还体现在教师面对纷繁复杂的教育活动情境、因素以及可能出现的意外事件时,应当利用一定的教育智慧,针对性地予以关注和解决。

案例:新闻播报[①]

一天,我偶然经过厕所,听见里面有一个很好听的声音正在播报当天铭铭播报过的那条"小狗厕所"的新闻。我好奇地探头看了看,结果让我大吃一惊,原来是平时特别不爱说话的静静。

静静、滢滢等小朋友都属于不敢在集体面前说话,但在平时游戏时与同伴交流得十分高兴的一类孩子。有一天自选游戏时,滢滢将一个废旧的鞋盒加以改造,模仿播音员播报。很快,我们一起建立了新闻播报站,这些孩子都争相来到这里当新闻播报员,精心创设的游戏环境支持了他们的学习和表现。

壮壮小朋友因为家庭和自身发育的原因,能力稍弱一些,平时不爱说话,班上的播报活动从不参加。一次,他妈妈的话引起我的思考:这几天壮壮回家后总是把幼儿园里听到的新闻讲给妈妈听,看来壮壮很喜欢播报活动,但因胆小不善言辞,缺乏自信,所以不敢播报,只能回家后在熟悉的妈妈面前满足愿望。如果能满足他的愿望,

---

① 选摘自:李建丽.幼儿个性化教育的实践探索[M].北京:北京师范大学出版社,2009:103.

并能有利于其语言发展、自信心培养,使其能大胆表现,该有多好!我让壮壮妈妈在家把壮壮播报的新闻录好音,第二天带到班上放给小朋友听。当同伴听完录音后,全班响起了一阵热烈的掌声,壮壮高兴地笑了。之后的很长一段时间,壮壮都积极地参与播报活动,胆子变大了,性格也开朗了。

对于奇奇、嘉仪等小朋友来说,新闻播报活动轻而易举,于是,我将单一的集体播报形式调整为小组播报、录音播报、书面播报等多种播报形式,给不同水平、特点的幼儿搭建了平台,使每个幼儿都能选择适合自己的方式参与活动。下一步我会引导他们建立我园的广播站,迎接更大的挑战。

如案例"新闻播报"呈现的是幼儿园中大班经常组织的新闻播报活动,它既能拓宽幼儿的认知面,成为幼儿积累生活经验的新方式,又能给予幼儿在集体前进行交流互动的机会,让其大胆地扮演新闻播报员的角色,还在这个过程中锻炼了幼儿口头语言表达的技能。有时,教师在组织类似新闻播报的活动时,往往只做到了让幼儿轮流或自愿讲述,针对幼儿的表现只是简单地鼓励或评价。而案例中的教师根据不同幼儿的口头语言表述能力、社会性发展水平与性格等因素调整新闻播报的形式、支持与指导策略。

在播报形式上,案例中的教师针对幼儿社会性发展的不同水平,将以往单一的集体播报形式调整为小组播报、录音播报、书面播报等多种播报形式,使每个幼儿都能选择适合自己的方式参与活动。这让像静静这样平时不爱说话的、性格较为内向的幼儿也有平台播报新闻。而针对奇奇、嘉仪这样的小朋友,教师则引导他们挑战自我,并向广播员努力,更好地发展自身特长。不同形式的新闻播报源于对幼儿的观察和了解,通过灵活多样的活动形式,实现对不同幼儿的有效支持与鼓励帮助,这一组织方式的调整是教师进行有针对性指导的前提。

在教师的支持下,案例中呈现了教师基于静静、滢滢等小朋友在游戏中游离于同伴互动交流的问题,支持滢滢在自选游戏中改造废旧的鞋盒作为道具,并与幼儿一起建立了新闻播报站。教师对于游戏环境的精心创设与道具的支持能促进幼儿更好地扮演新闻播报员的角色,也是面对活动中出现问题进行针对性指导的体现。

在教师的指导策略上,案例中叙述了壮壮由于发展水平与性格、家庭等多方面因素,从不参加播报活动。教师经过适时恰当的引导,帮助壮壮建立自信心,促进其语言表达能力的提高与社会性的发展。首先,教师能从与家长交流的细节中准确把握壮壮对新闻播报的兴趣与遇到的操作性困难。其次,在了解的基础上,教师并没有放弃教育契机,而是尊重幼儿的现有能力水平,让幼儿完成向母亲播报新闻的简单任务。这种包括家园合作在内的一系列指导策略是教师在活动中进行有针对性指导的具体实践,需要教师的教学智慧,包括及时地发现并把握指导时机、灵活转换指导方式、根据幼儿实际情况采用适宜的指导措施等。

第二节 幼儿园教育活动中的师幼互动

　　幼儿园的师幼互动贯穿于幼儿一日生活的各个环节之中,它是幼儿园各项教育目标得以实现的重要保证,是促进幼儿全面发展的关键性因素,也是教师内在的教育观念、教育能力和外显的教育手段、教育行为相结合的综合表现。《幼儿园教育指导纲要(试行)》明确指出:教师要以关怀、接纳、尊重的态度与幼儿交往,耐心倾听,努力理解幼儿的想法与感受,支持、鼓励他们大胆地探索与表达。关注幼儿在活动中的表现和反应,敏感地觉察他们的需要,及时以适当的方式应答,形成合作探索式的师幼互动关系。在对《幼儿园教育指导纲要(试行)》精神的贯彻与实施中,对提高师幼互动质量(即互动的恰当、适宜、有效)的研究已经成为幼教改革中的一大热点。[①] 对此问题的探讨既有宏观层面上的对师幼互动的理论结构和范式的研究,也不乏微观层面上的对师幼互动的动态过程的质性研究。总之,在幼儿园的各类教育活动和一日生活中,师幼互动无处不在,无论是较为抽象的教育目标、教育原则,还是较为具体的教育方案、教育内容,都会在师幼互动中有所实现。

　　幼儿园教育活动是由教师的"教"和幼儿的"学"构成的双向活动,师幼双方的互动是教育活动过程中的关键。对于教师来说,在教育活动的组织与指导中,对师幼互动的研究和具体行为是极其重要的。

一、师幼互动关系的内涵

　　所谓师幼互动,是指发生在师幼之间的交互作用和影响。在《教育大词典》中对互动的解释是"人与人或群体之间发生的交互动作或反应的过程,也包括个人与自我的互动过程"。可见,"互动也称为相互作用,是指人与人之间的心理交互作用或行为的相互影响,是一个人的行为引起另一个人的行为或改变其价值观的任何过程"[②]。这种交互作用和影响通常是伴随在人的交往活动之中的,因此,交往是互动的基础。

(一)师幼关系的基本特征

　　在幼儿园的运行机制中,人际关系是起决定性作用的因素,而在幼儿园的人际关系中,师幼关系又是最为主要的。虽然教师在广义上被称为教育者,但教师与幼儿之间的关系绝不是单纯的教育者与被教育者之间事务性的关系,因为对幼儿来说,教师既是教育者,同时也是他们的养护者。在幼儿园的一日生活中,教师不仅担负着组织幼儿学习和活动的教育职责,而且也同样担负着照料幼儿生活(包括吃饭、睡觉、盥洗等)的养育职责。教师对幼儿生活上的细心照料和密切关注以及对幼儿需要的适宜满足使幼儿与教师之间的关系也带有情感上的依恋。

① 卢乐珍.关于师幼互动的认识[J].早期教育,1999(04):28—29.
② 章人英.社会学词典[M].上海:上海辞书出版社,1992:151.

可见,师幼关系的基本特征表明了它与师生关系的不同:师幼关系更体现出它在师幼双方的构成以及作用机制上的特殊性。

首先,师幼关系是相互平等和民主的关系。教师应当抛弃传统师道尊严的旧思想,正确对待和使用教师权威,清醒地意识到权威的限度和滥用权威可能带来不利后果,提高教师自身的观念、素养,正确定位好自身的角色身份,以平等、民主、对话、开放的心态与幼儿进行交流和互动,在一种良性、和谐的相互关系中使幼儿的潜能得到最大程度的发挥,使幼儿的情感和思想得到最好的表达,使幼儿的主体精神得到最充分的展示。

其次,师幼关系是相互依赖和接纳的关系。教师的素质、观念对良好师幼关系的建立起着极为重要的影响作用。作为教师,应当明确认识到自身所面对的既是带有共同年龄特征的幼儿群体,也是带有明显个体差异的幼儿个体。教师在与幼儿的互动交流中,应当用尊重、接纳和肯定的态度面对所有的幼儿,使幼儿在宽松、自由的环境中与教师交流,既在情感态度上依赖教师的关心照顾,也在知识能力上接纳教师的引导指点,使彼此心理相容、互相接纳。同时,教师也应当明确在师幼互动中,不仅可以让幼儿向教师学习,也可以使教师向幼儿学习,从而在相互依赖、相互学习、相互接纳中共同发展、共同成长。

(二) 师幼互动的作用

幼儿园的师幼互动,它是指发生在幼儿园的教师与幼儿之间的相互作用、相互影响的行为和过程的综合。教师与幼儿之间的有效互动具有重要的作用和价值。第一,从目的上来说,有效的师幼互动的最终目的是更好地促进幼儿的全面发展,包括在身体、认知、情感、人格等方面的发展,因此,师幼互动有助于幼儿在教师所创设的环境中,通过与教师的交流、合作和帮助获得各个方面的发展。作为影响幼儿发展的重要因素,师幼互动对幼儿的发展和适应,特别是情感适应、学习过程、行为发展以及人际关系等方面均有重要影响作用。第二,师幼互动是有效教学得以实施的途径。根据维果茨基的观点,教学需要通过社会交往才能实施对幼儿发展的促进作用,而师幼互动就是一种重要的社会交往形式。同时,任何一种教育理念、教育目标、教育方案、教育计划的实施总要借助于人际之间的互动才能实现,对于幼儿来说,要借助与教师的行为互动才能实现其发展。教学活动中教师的作用是帮助和推动幼儿完成自己个人所无法完成的学习任务,为幼儿搭建基于其"最近发展区"的通道。因此,从某种角度而言,教学也就是一个以幼儿的"最近发展区"为核心,不断造就和跨越其"最近发展区"的过程。这一过程的实现,离不开教师与幼儿的积极互动和有效合作交流,离不开教师的帮助和支持,而教师最大的帮助和支持就是在恰当的时候用恰当的方法引发幼儿更高级的心智功能和解决问题能力的发挥,促进其迁移和内化。第三,幼儿园的师幼互动所发生的背景、互动的内容以及互动的方式具有多样性,教师在不同情境中与幼儿之间在语言、行为等方面的有效互动可以给幼儿提供一个直观而形象具体的范例,使幼儿在言行举止、行为规范等方面得到一个可供模仿和学习的榜样。第四,由于师幼互动是来自教师与幼儿间双向的相互作用和影响,而且其交互作用也不是一次性或间断性的,而是伴随在幼儿园一日生活中的教学、游戏、生活等各种活动环境中的一个连续循环的动态体系。师幼互动绝不是简单意义上的语言或行为的反馈，而是能够真切反映教师与幼儿的观念与看法，并对教师与幼儿产生影响的动态过程，是幼儿园教育活动中的核心要素。因此，有效的师幼互动不仅能够在互动过程中对双方产生即时影响和帮助，也能够对以后的互动关系和互动行为产生进一步的影响。第五，由于师幼互动中的教师角色和幼儿角色的特殊性，在良性、和谐、平等的互动中，更能够使幼儿产生对教师的情感依赖，而这种正向的情感依恋可以在无形中增加幼儿对教师形象的期望和肯定性评价，从而也从另一方面增强了教师工作的自信心和成就感。最后，师幼互动开启的是教师和幼儿之间的双边活动，其实质是一种人际交往的活动，在这种互动交往中，幼儿也在不断地发展着自己与他人沟通和交流的技能，它将有助于幼儿的社会性发展。

（三）师幼互动的类型与基本模式

发生在幼儿园的师幼互动是多种场景、多种内容、多种形式的。一般说来，师幼互动可以有以下几种分类：（1）根据互动参与主体的不同，可以将互动分为教师与群体幼儿之间的互动、教师与小组幼儿之间的互动和教师与个体幼儿之间的互动；（2）根据互动行为发生场景的不同，可以将互动分为教学活动中的互动、游戏活动中的互动和生活活动中的互动[1]；（3）根据互动发起者的不同，可以将互动分为教师主动发起的互动和幼儿主动发起的互动；（4）根据互动的目的性和计划性的不同，可以将互动分为正式的互动（通常指具有明确的互动目的、内容与预期目标的互动）和非正式的互动（通常指没有预设互动目的的、较随机的、偶发的互动）等。

师幼互动作为幼儿园教育的基本表现形态，存在于幼儿的一日生活之中，表现在幼儿园教育的各个领域。已有的研究表明，现实中的师幼互动模式有多种，国外曾有研究者将师幼互动的模式归结为温暖型的、参与型的、支持型的、冲突型的、控制型的五种。英国学者阿什莉等人把课堂互动行为分为教师中心式、学生中心式和知识中心式三种。利比特和怀特等人把教师在课堂上的互动行为分成三类：教师命令式、师生协商式、师生互不干涉式[2]。克吕夫等人则运用质性分析方法根据教师—儿童互动的行为把互动类型归为三种：①引导—回应性。在这种类型的互动中教师喜欢问"为什么"和"如何做"之类的问题，他们的提问基本上能围绕儿童的兴趣与反应，在不影响儿童活动的前提下使用多种互动策略，如：示范、提示。②引导—非回应性。在这种类型的互动中教师对儿童也有指导，但是对儿童的回应不敏感。而且他们的引导不太关注儿童自己的需要与兴趣，经常要求儿童停止正在进行的活动而转向其他活动，互动的内容多为间断的布置任务性质的对话；③非引导—回应性。在这种类型的互动中，教师尽管能认可儿童的回应，注意回应儿童，有时能给儿童提供信息或选择，但他们很少引导、丰富与促进儿童的活动内容。他们喜欢问的问题多是"什么"或"什么地方"之类的描述儿童活动的问题。另外，豪斯从幼儿的情感表现和行为方式的角度出发，将师幼互动归结为安全型的、依赖型的、积极调适型的、消极调试型的四种；美国学者皮亚塔则从教师行为的指向角度将师幼互

---

① 刘晶波.理想师幼互动行为的探究[J].学前教育,2004(05):10.
② 陈奎熹.教育社会学研究[M].台北:师大书苑有限公司,1992:155—156.

动归结为积极的和有障碍的两种。

在我国，学者吴康宁根据教师行为对象将师生互动类型划分为三类：师个互动、师班互动、师组互动，还根据师生行为属性将师幼互动行为划分为：控制—服从型、控制—反控制型、相互磋商型①。研究者刘晶波基于深入幼儿园的行动研究，根据互动主体双方的角色定位，提出幼儿园的师幼互动有两种基本模式：一种是倾斜模式，其根本特征是在互动过程中，教师俯视幼儿，幼儿仰视教师。另一种是平行模式，其根本特征是在互动过程中，教师与幼儿彼此平视，是一种平等交流式的互动。周欣在探讨教师在幼儿游戏过程中所起的作用时，根据教师介入游戏的方式将互动分为平行式、合作式与外部干预式三种类型。卢乐珍指出，幼儿园的各项教育活动都是教师与幼儿互动的过程。常见的师幼互动有三种形式：①互动是由教师直接引发的；②互动是由个别幼儿或幼儿集体引发的；③互动方式是教师借助环境引发的②。姜勇、庞丽娟则根据师幼互动的目的、宽容性、情感性、发现意识、方式等维度将师幼互动分为：严厉型、民主型、开放学习型、灌输型③。黄娟娟则根据师幼行为属性，从控制—容许、拒绝—接受的维度，将幼儿园半日活动中师幼互动的类型划分为控制型、容许型、拒绝型、接受型四种类型④。

从以上关于师幼互动的类型和基本模式的介绍中我们可以看到，师生（幼）互动的类型和内容划分多种多样，从行为方式、情感表现、互动对象、角色定位等不同的分析角度所进行的归纳涵盖了丰富的分类形式，但师幼互动本身在情景创设、主体关系、互动行为和情感特征等方面都存在着一定的复杂性和不稳定性，师幼互动是与教师专业素养、职能发挥以及幼儿年龄特点、个体差异等一系列复杂问题相关联的综合体系，有待于我们进行更深层次的不断解析与研究。

（四）师幼互动的评价

幼儿园教育活动是由教师的"教"和幼儿的"学"构成的双向活动，师幼双方的互动是教育活动过程中的关键，因此，对师幼互动的分析和评价是关乎教育活动质量的重要标志，同时，对于教师来说，师幼互动的质量也是教育活动组织与指导有效性的重要显现。

在课堂互动的评价方面，美国弗吉尼亚州大学的皮亚塔教授及其团队研发了一套用于评价从幼儿园到小学三年级班级质量的观察工具，即课堂互动评价计分体系（Classroom Assessment Scoring System，简称 CLASS），用于对教师的半日活动情境下的师幼互动情况进行观察和记录。该工具的评定不仅提供了关于早期教育及小学教室当前状态的信息，也对儿童学业以及社会性的发展具有预测性的价值。

CLASS 系统的研发基于对众多文献的回顾，也基于美国国家儿童健康和人类发展研究院

---

① 吴康宁.教育社会学[M].北京：人民教育出版社,1998：28.
② 卢乐珍."师幼互动"的认识[J].早期教育,1994(04)：28—29.
③ 姜勇,庞丽娟.幼儿园师生交往类型的研究[J].心理科学,2004(05)：1120—1123.
④ 黄娟娟.幼儿园半日活动中师幼互动类型及成因的社会学研究[J].上海教育科研,2009(02)：43—46.

(NICHD)早期养育研究(Study of Early Care)与国家早期发展和学习中心(NCEDL)多州学前研究(MultiState Pre-K Study)中对大量班级的观察。CLASS 所评价的维度来自对儿童养育和小学研究中所使用的班级观察工具的回顾、有效教学实践的文献、小组讨论(focus groups)和大量的预研究。从最广泛的水平上看,教师和学生之间的互动被分为三个维度——情感支持、班级组织和教育支持(图 5-1),它呈现了 CLASS 所评价的每一维度和这些维度包含的下一级子维度。这一用于班级互动的组织结构的有效性已经在 3000 多个班级中得到验证,这些班级覆盖了幼儿园到小学五年级。

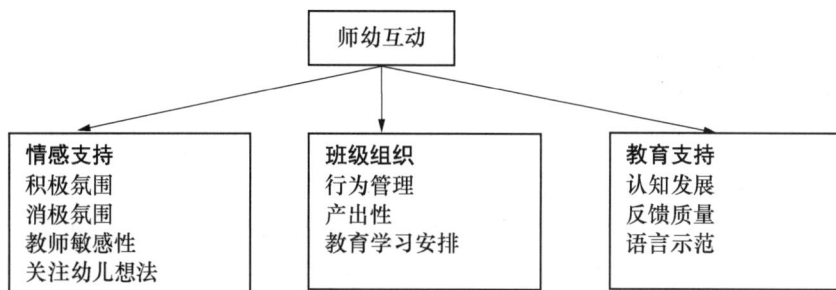

图 5-1 CLASS 的维度和领域框架

在上图中,情感支持、班级组织、教育支持是三个大的维度。

情感支持主要包括以下四个评估方面:(1)积极氛围,反映教师与学生和幼儿之间所呈现出的情感联系和通过口头与非口头互动建立的热情、尊重和喜爱。包括:关系、积极情感、积极交流、尊重等 4 个评估的子项。(2)消极氛围,反映班级中表现出的消极情感;教师消极情感的频率,或是对幼儿表现出的消极情感,比如愤怒、对立或者攻击。包括:消极情感、惩罚控制、嘲笑/不尊重、严重的否定等 4 个评估的子项。(3)教师敏感性,包括教师能意识和回应幼儿的学习、情感需要;高度的敏感性有助于幼儿积极探索,促进学习能力的发展,因为教师总是能提供安慰、保证和鼓励。其中包括:意识、回应、关注问题、幼儿自如表现等 4 个评估的子项。(4)关注幼儿想法,关注教师与学生互动的水平,幼儿对活动的兴趣、动机,教师对幼儿观点的关注,鼓励学生负责和自主。其中包括:灵活和关注幼儿、支持自主和领导、幼儿表达、限制移动等 4 个评估的子项。

班级组织这一维度包括了与组织和管理幼儿的行为、时间和注意力有关的一系列班级过程。具体包括三个评估方面:(1)行为管理,即教师提供清晰的行为期望的能力、使用有效的方法防止和修正行为。其中包括:清晰的行为期望、前瞻性、纠正错误行为、学生行为等 4 个评估的子项。(2)产出性,指考虑教师怎么组织教育时间和常规,为幼儿提供活动,让他们有机会参与学习活动。其中包括:学习时间最大化、常规、过渡、准备等 4 个评估的子项。(3)教育学习安排,关注教师怎么最大程度地利用幼儿的兴趣、让幼儿最大程度地参与和让幼儿从课程和活动中获得最多学习。其中包括:有效的促进、形式和材料多样、学生感兴趣、学习目标的澄清等 4 个评估的子项。

教育支持的理论基础主要来自儿童的认知和语言发展。CLASS 中教育支持包括三个评估方面:(1)认知发展,评估教师对于能够促进高级思维能力和认知能力的教育性的讨论与活动的情况,以及教师对于理解性教育而非机械性教育的关注度。其中包括:分析和解释、创造、融会贯通、与现实世界联系等 4 个评估的子项。(2)反馈质量,评估教师提供反馈的程度,这些反馈往往可以扩展学生的学习和理解,能够鼓励学生对于活动的持续性的参与。其中包括:提供支架、反馈回路、促进思考过程、提供信息、鼓励和肯定等 5 个评估的子项。(3)语言示范,关注教师使用语言刺激以及语言指导的质量和数量。经常对话、开放式的问题、重复和拓展、自我和平行对话、高级的语言等 5 个评估的子项。

二、我国幼儿园师幼互动现状与问题分析

随着《幼儿园教育指导纲要(试行)》的颁布,对教师专业成长和师幼互动问题的讨论已经引起了幼教界理论和实践工作者高度的重视和关心。师幼互动不仅成为评价教师专业素养能力的重要指标,也是衡量幼儿园教育过程质量的重要依据。因此,深入幼儿园实践,从不同背景下对师幼互动的范围、关系、性质、内容等相关问题展开较深层的分析和研究,有利于研究现状、发现问题,从而提出积极的对策和建议。

(一) 不同活动背景下的师幼互动存在不平衡性

幼儿园的师幼互动背景一般可以分为学习活动背景、游戏活动背景和生活活动背景。在不同的活动背景中,师幼互动的频次数量、发起主体、类型与性质等都存在着不平衡性。有研究表明,发生在幼儿园学习活动中的师幼互动频次最多,其次是生活活动和游戏活动;但与此相对,幼儿与幼儿间的互动正好呈现相反的结果,即从游戏活动到生活活动再到学习活动依次递减。①

从以上研究结果可以看出,不同活动背景对于师幼互动的性质有着明显的影响作用。首先,学习活动是教师设计与组织的,在教师的观念中往往更看重其教育价值,因而也就会更主动地意识到应在学习活动中与幼儿进行互动;而相对于学习活动而言,教师可能会认为游戏活动是幼儿自己的活动,自由度大、自主性强,可以更多地让幼儿自己游戏、自己发展。可见,教师对不同活动类型的重视程度和认识态度直接影响了他们与幼儿的互动次数和互动行为。其次,不同活动类型对师幼互动提出了不同的要求。相对于游戏活动来说,学习活动是更正规的教育活动,需要教师给予幼儿的启发、支持和指导要超过前者,活动过程中需要师幼之间的问答、配合机会更多;而生活活动中幼儿常常会表现出在行为规范、习惯养成、自理技能等方面的问题,也就更需要教师给予指导性的互动和交流。

(二) 师幼互动行为发起主体存在不对称性

所谓师幼互动行为发起主体的不对称性是指在师幼的互动交往中,主体双方在主动性和

---

① 张博.幼儿园教育中不同活动背景下的互动行为分析[M].学前教育研究,2005(02):17.

被动性方面呈现出的不对称性,即教师与幼儿的主动交往行为和被动交往行为在次数上不对称。有相关研究表明,在幼儿园一日生活的师幼互动中,幼儿主动与教师交往互动的次数占总数的 21%,被动与教师交往互动的次数达到 79%。在生活活动的背景中,互动发起的主体更多的是教师,在学习活动中更甚:幼儿主动与教师交往互动的次数只占总数的 6%,而幼儿被动与教师交往互动的次数占 94%。只有在游戏活动的背景中,幼儿为发起主体的互动次数略多于教师为发起主体的互动。[①] 另一项研究表明,由教师主动的互动行为占互动总数的 66.88%,幼儿主动的互动行为占 33.12%。[②] 此外,黄娟娟[③]通过对上海市 50 所幼儿园活动中师幼互动的观察分析,指出幼儿园中的师幼互动的形态分布主要呈"伞状空间"分布和"散状空间"分布(见图 5-2,图 5-3)。在"伞状空间"中只存在着一个个封闭性极强的幼儿个人的"私有化小空间",幼儿处于拘束、压抑状态。而在游戏活动、生活活动、区角活动的场所中,虽然幼儿是呈散状分布的(图 5-3),但在教师创设的环境、提供的材料中,体现了教师的目的、意图,因此,幼儿不完全受控于教师的、可发挥自己主动性的自由度是极其有限的。从教育行为上看,教师在教育活动中普遍习惯根据自己的预设框架展开教育教学活动的整个过程,在面对幼儿生成的虽不太规范、但却完全正确甚至具有创造性的见解时,更是千方百计地按照自己的预设框架加以格式化,普遍习惯采用转移话题、异议留存等策略来回避幼儿提出的自己不能解答的问题,以维护自己的绝对权威,领导、控制着幼儿的一举一动。

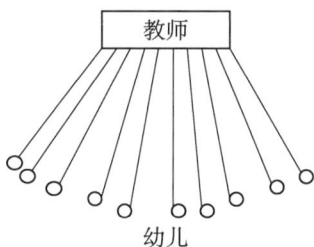

图 5-2　伞状空间　　　　　　图 5-3　散状空间

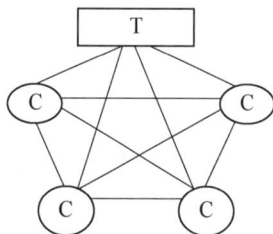

由此可见,从互动交往发起的主体来看,存在着明显的不对称性。这种不对称性在很大程度上揭示了师幼互动关系中教师与幼儿各自的地位,幼儿在互动中的被动地位比较突出。虽然教师的主动地位和幼儿的被动地位在不同的互动情景、互动内容和互动对象中也有一定的合理性,但是,教师必须以平视的目光和态度对待与认识幼儿,减少以高度控制、服从为主导和行为特征的互动。

(三) 师幼互动的内容存在不均衡性

从已有研究结果来看,在幼儿园不同类型活动中所发生的师幼互动内容是不尽相同的。

① 张博.幼儿园教育中不同活动背景下的互动行为分析[J].学前教育研究,2005(02):17.
② 左瑞勇,柳卫东.幼儿园师幼互动现状与对策分析[J].重庆师范大学学报(哲学社会科学版),2005(04):118.
③ 黄娟娟.幼儿园半日活动中师幼互动类型及成因的社会学研究[J].上海教育科研,2009(02):43—46.

其中,互动内容比较多地偏重于知识技能的传递和指导、既定规则的维护和遵守、行为习惯的养成和纠正等方面,而教师与幼儿间从情感出发的沟通与交流式互动相对比较少;另外,从师幼互动行为的动因来看,由学习活动、生活活动或游戏活动背景所产生的互动也以事务型为主,情感型比较缺乏。

师幼互动所呈现的内容与教师对互动行为以及不同类型活动的价值认识有着必然的联系。从本质上说,师幼互动是涉及幼儿园机构中众多因素的、在空间和时间范围上具有相当复杂性的一个极为重要的教育过程和环节,它与教师的教育观、儿童观,幼儿园的文化观、人际关系状态以及幼儿园的环境等许多因素都有着直接或间接的联系。作为教师,对互动价值作用的不同认识,就会导致不同的互动行为和内容。应当说,师幼互动交往是为了交流沟通,而不是建立简单的刺激—反应;是为了促进幼儿在共同协商、平等对话环境中发展自主性,而不是形成教师发令幼儿执行的单向而不协调的交流模式。因此,教师与幼儿互动的内容就不能仅仅局限于从教师下行到幼儿的倾斜式的传递或指导、要求或控制,而是需要积极地探寻以教师与幼儿的平行交流和回应为互动的内容基础。

(四) 师幼互动的形式存在不一致性

师幼互动的形式主要包括教师与全体幼儿、教师与小组幼儿以及教师与个别幼儿互动三种。从幼儿园的实际情况来看,教师与个别幼儿的互动次数最多,占总数的 49.31%;其次是面向全体幼儿的互动,占 33.30%;面向小组幼儿的互动次数最少,占 17.9%。[①] 在学习活动、游戏活动和生活活动这三类活动中,生活活动中的个别互动为最多,其次是学习活动,最少是游戏活动。

究其原因,从客观上分析,由于生活活动中教师较多关注于对幼儿行为、自理能力、习惯的培养和要求,往往会因为维护纪律、纠正偏差、照顾生活等各种情况而与幼儿个体频繁互动;而游戏活动中幼儿之间的互动交往会明显多于其他两类活动,无形中减少了教师与幼儿互动的机会;学习活动中教师与个别幼儿的互动少于生活活动,可能是因为在集体活动中教师的互动在指向上往往是不确定的,教师在很多情况下并没有具体的互动对象,而只是指向所有参加活动的幼儿。从主观上分析,由于互动情景本身的复杂性和多样性,同时教师所面对的幼儿个体是各不相同的,所以针对幼儿个体的互动会多一些。但是,教师不能因此忽略了与全体幼儿和小组幼儿互动的形式,尤其是在集体的学习活动、游戏活动、生活活动中,不能以牺牲大多数幼儿的发展为代价,只关注与极少数孩子的互动。同时,教师也应当知道,教师与幼儿在活动中自然地构成了一个学习共同体,共同体中的每一个成员都能够在与不同对象的互动和交往中获得思维的启发、经验的积累和情感的共鸣,因此,教师与幼儿群体的互动也能够在一定程度上对不同的活动参与者的学习或探究产生影响和推进作用。

综上所述,幼儿园的师幼互动是一种双向的人际交流活动,从实质上决定了互动中的师幼

---

① 左瑞勇,柳卫东.幼儿园师幼互动现状与对策分析[J].重庆师范大学学报(哲学社会科学版),2005(04):118.

双方应当是平等对话的双方。但从我国幼儿园师幼互动的现状来看,呼唤幼儿在互动中的主体意识,实现真正意义上的平等仍是一个需要强调的话题。

三、有效师幼互动的支持策略

所谓师幼互动的策略是指教师在应对具体的师幼互动关系情境时,为有效促进幼儿的发展所采取的具体行动和方法。由于师幼互动情境具有多样性、复杂性的特点,因此,师幼互动策略也必然是多样化的。

(一) 激励式互动策略

对于幼儿来说,参与活动的兴趣是其通过活动获得发展的基本前提,因此,激发幼儿学习和活动的兴趣也就成为教师与幼儿互动中的一个首要问题。所谓激励式互动策略是指教师为激发幼儿的活动兴趣,鼓励幼儿的持续性活动而与幼儿进行的互动行为。一般可以包括以下几个具体策略。

1. 情境感染

幼儿的学习兴趣与学习愿望总是在一定的情境中发生的,适宜的情境能够引发幼儿参与活动的兴趣。教师可以通过情境的创设和感染激发幼儿的学习与活动兴趣。如在美工活动中,教师设置了"小鸟飞来了"的情境,在油画棒的顶端贴上一幅小鸟图,以画纸为天空,用油画棒在纸上自由画直线或曲线来表现小鸟飞,由此激发幼儿的兴趣;又如在"量的比较"(高低、高矮等)的数学活动中,纯粹的比较往往不能很好地激发幼儿数学活动的兴趣,教师创设了"我们是小小建筑工人"的活动情境,让幼儿自由用积木搭建"高楼",比较楼的高低,从而体会量的比较以及量的相对性。在不同的活动中,面对不同年龄的幼儿,情境感染的策略可以有所不同:探究式的学习活动一般可以创设问题情境,表现体验为主的活动可以借用故事情境的感染,概念建构为主的活动则可以从生活情境的渗透入手。

2. 语言催化

师幼互动的方式可以分为语言互动和动作互动两大类。相对说来,语言互动比动作互动更重要,这是由幼儿的年龄特点所决定的,而且动作互动可能缺乏情感的交流和沟通,以致陷入刺激—反应的消极模式中。因此,语言在教师与幼儿的有效互动中是一个重要的支持因素。在互动中,教师应当运用生动形象、富有感情的语言激励幼儿的活动兴趣。如区角活动中,小班幼儿在益智区用橡皮筋在钉板上构图时,教师用语言暗示巧妙地激起了幼儿的活动兴趣:"橡皮筋朋友想在这块体操板上跳舞呢,你们来试试看,橡皮筋朋友会跳出怎样漂亮的舞呢?"当教师看到幼儿的尝试和操作时,又给予了及时的肯定:"瞧,红色橡皮筋在跳三角形舞呢!""绿色橡皮筋模特在走直线呢!"通过生动有趣、拟人化的语言交流,不仅催生了幼儿的活动兴趣,使之体会到成功的喜悦,也带动和感染了其他幼儿的探究兴趣。

3. 情感分享

由于幼儿受年龄特点和身心发展特点所限,他们在参与活动的过程中往往会更需要,也更依赖成人的帮助和支持,而这种支持往往包括情感态度上的支持和肯定。因此,教师在与幼儿进行以激励为目的的互动时,不能忽略了情感的投入,情感的交流和分享是有效互动的重要支持策略之一。教师在与幼儿互动的过程中,语言、动作、态度、情感的投入缺一不可,而且情感的融入往往能够使幼儿更觉亲近、信任和依恋,使幼儿在分享教师情感的同时,主动接纳教师的意见,吸收教师的经验。此外,在交谈互动中的情感分享对建构平等民主的师幼关系具有积极的意义,它也有助于教师以此为途径寻找恰当合适的教育契机,以提高教育质量和效果。

(二) 追随式互动策略

幼儿是教育活动的主体,教师的作用在于创设环境与条件,引发与支持幼儿的自主性学习和探索。因此,教师应当在与幼儿的积极互动中减少和避免直接的要求或指令,以平等宽容的心态追随幼儿,在观察分析幼儿的基础上与之展开有效的互动,进而促进幼儿的自主发展、主动学习。

1. 环境创设

环境是最重要的教育资源和发展条件之一,随着教育改革的逐渐深入,教师已经充分地认识到了环境对儿童发展的作用和价值,并着力于在幼儿园为幼儿构建和创设合适的环境。然而,当教师着重研究环境创设的同时,可能忽略了师幼互动中环境的作用和价值。实际上,一个优秀的教师应当能够充分利用环境的因素,在互动中让幼儿自己发现环境、享受环境以及在环境中自主地学习。创设合理的互动环境是提高师幼互动质量的一个重要条件。首先,教师要创设能够支持幼儿自我探究的环境。教师可以通过对幼儿日常生活和行为表现的观察,发现幼儿的兴趣,也可以通过与幼儿的交流和谈话,了解幼儿的需要,以此为前提,为幼儿及时创设基于他们需要和兴趣的探究环境。其次,教师要创设能够引发幼儿积极与材料和他人进行互动的环境,鼓励和支持幼儿通过活动环境中的充分互动发现问题并解决问题。

2. 变换调整

所谓变换调整的策略是指教师及时根据幼儿在活动中的表现和出现的问题,变换原先的应对策略,以更好地满足幼儿活动与发展的需要,尽可能平衡幼儿个体需要与幼儿全体需要之间的关系。如在幼儿的自主性探索活动中,让幼儿结伴以小组形式开展活动是经常出现的,教师在观察幼儿小组活动开展的过程中发现在不同的情境下幼儿会产生不同的问题:小组人数与活动规则要求不符怎么办? 有的幼儿想要临时加入其他小组怎么办? 教师期望的小组组成成员与幼儿期望的小组组成成员有矛盾怎么办? 小组中的有些成员无法很好地进入小组的探究活动怎么办? 类似的问题虽然都是关于活动组织形式的,但因为对象、环境、内容等方面的不同就会在不同的互动情境中产生完全不一样的问题。因此,教师在面对这些问题与幼儿展开互动时,就需要采用变换调整的策略。例如,有时让幼儿在自然情况下按意愿分组;有时需要建议幼儿根据活动进程灵活分组;有时需要根据内容逐步细化,灵活改变分组的人数规定或允许幼儿在一定的情况下有自己的活动空间等。

3. 耐心等待

在追随幼儿、引导幼儿主动地进行探究和学习的互动过程中,教师适时适度的耐心等待也是很重要的一种策略。一般说来,在幼儿自主学习、发现问题、尝试实验、积极验证的活动过程中总会遇到一些困难,当幼儿求救于作为指导者和支持者的教师时,教师是直接地给予提示或答案,还是间接地将问题抛回给幼儿,鼓励和耐心等待幼儿自己发现和探寻呢? 这是教师常会面临的具体问题。下面通过一段教师记录加以分析。

案例:"建高楼"记录

在探索性主题活动"造房子"的过程中,孩子们将收集来的大大小小的各种废纸盒、卷筒纸芯、纸板等作为材料来"建高楼"。可是那些材料总是要倒塌,孩子们产生了困惑:"怎样才能将房子造得高而不倒下呢?"围围跑来问我,我回答说:"你再去想想办法试一试,老师相信你一定会找到好办法的。"第二天,围围还是在"建高楼",但是多次尝试均未成功,他一脸无奈,似乎想放弃,这时我在一边默默地投放了相关的图片和双面胶、橡皮泥等辅助材料。不一会儿,只见围围边看图片边开始研究怎样"建高楼":他将牛奶盒横着放,变成了宽宽大大的底座,然后再造高楼。"呀! 高楼真的不会倒下来了!"围围激动地叫了起来。旁边的丰丰见了,也尝试起来。他用卷筒芯和垫板帮忙,左摆右放,放在了四个角上,再放上垫板,"高楼"也能牢牢地站住了! 不久,围围又发现如果用双面胶把几个盒子黏住,也能造出高楼来。[1]

这段文字中的教师对围围的困难采用了等待的互动策略,但这种等待并不是消极的袖手旁观,而是暗暗的辅助支持,通过材料的中介,暗示幼儿并耐心等待幼儿自己的发现和迁移性学习。

4. 及时反思

反思是教师对发生在具体教育情境中的问题的思考和探究,它是教师教育能力体现的一个重要方面,而在日常教育过程中的师幼互动情境也是引发教师反思的主要情境之一。一般来说,反思是基于观察与记录的,教师要在互动中真正做到跟随幼儿、支持幼儿、提携幼儿,就必须及时地对自己和幼儿的互动行为进行反思,从互动过程带给幼儿的影响去推断自己的行为的适宜性和合理性,真正建构起良性和谐的师幼关系。下面通过一段教师的记录与反思加以说明。

---

[1] 王厥轩.幼儿园探索型主题活动案例100例[M].上海:上海科技教育出版社,2003:201.

案例："穿鞋子"记录

我发现托班的孩子们在游戏中对体验和模仿爸爸妈妈的角色产生了很大的兴趣，于是，我就在教室的一角投放了各种不同大小、款式的鞋子，孩子们很好奇地围上来。"咦，花的！"谢钰欣对一双带蓝色浅花的拖鞋发生了兴趣，我问道："想不想试穿一下？"他很兴奋地穿起了花拖鞋，并走了起来。陈璐看见了，也穿起了一双带粉红色浅花的大拖鞋，跟在谢钰欣的后面走了起来。他们边走边高兴地交流起来："哎，我穿花鞋子了。""我的鞋子颜色好看。""花鞋子好看，你的鞋子也好看。"我在一边鼓动道："你们还想不想试试其他的鞋子呀？"孩子们又走近了一堆鞋子，谢钰欣指着几双女式的鞋子："这个我不想穿。"林哲浩站在一双高跟皮鞋面前迟疑着，在我的鼓励下他穿上了高跟鞋，并试着迈出了第一步。"咯哒、咯哒"皮鞋踩在地板上，发出了清脆的节奏声，孩子们都被吸引了过来，陈璐也起劲地把自己的拖鞋重重地踩在地板上，发出"蹋蹋"的声响……过了一会儿，孩子们又被一双特别小的鞋子吸引了。谢钰欣说："这么小的鞋子！"我说："想试试吗？"他拿起鞋子只试了一下就放弃了，转身去试穿另外一双"爸爸型"的大鞋。李昊霖走了过来，拿起小鞋穿了起来，他使劲地想要穿进去，从一只脚换到另一只脚，并不断地变化着姿势，可还是没有成功，他的尝试持续了好长一段时间，最后他放弃了试穿，但却没有放弃这双小鞋子，而是拿在手上开心地把玩着。

今天的活动我是鼓励孩子们自己尝试、自己体验的，我觉得在这个活动中，小年龄孩子在自由的体验中获得了一种情感上的满足和愉悦。对于托班孩子来说，学习的发生往往是和孩子们的游戏、生活和具体的情境紧紧地联系在一起的，这个活动既可以说是孩子们在游戏、在体验成人的生活，也可以说孩子们在积极自主地学习，在探索和比较不同大小的鞋子、鞋子与性别的关系以及鞋子所产生的不同声音、节奏等。另外，我觉得对于小年龄幼儿来说，模仿就是一种学习，在游戏状态下同伴之间的尝试行为往往是很有启发价值的，也是孩子们所需要和可以接纳的。

以上文字记录中的教师对自己与幼儿互动进行反思，不仅使教师更清晰地看到了不同孩子的行为动作、语言交流以及他们表露出的不同性格特点，而且也使教师对自己的互动策略作出了即时的评价，使教师认识到幼儿对环境的体验和反应具有个体性、独特性。作为教师，应当允许和满足幼儿有自我的活动方式和过程，而不是按照教师所期望的方式加以干预和要求。可见，教师及时的反思能够透过观察和记录思考与解读幼儿的行为、语言，师幼互动交往的意义及状态，以更好地促进幼儿的学习。

(三) 挑战式互动策略

要建立有效的师幼互动,教师的支持性策略除了"鼓励""追随"以外,"质疑""挑战"也是相当重要的。在互动中,教师若能够捕捉恰当的教育时机,在"质疑"的基础上给幼儿一个具有"挑战性"的平台,就能够进一步地推进幼儿的问题解决和思维发展。

1. 问题质疑

学起于思,思源于疑,幼儿的积极思维往往是从疑问开始的,有疑问才能激发幼儿探索和解决问题的愿望。教师在与幼儿互动的过程中,适时适宜的问题质疑,可以引发幼儿进一步思考、商量、冲突,直至问题解决。例如,在初春二月,孩子们对蚂蚁产生了兴趣,他们自发地到幼儿园各处去寻找蚂蚁,可一只也没找到。教师质疑道:"怎么会没有呢? 你们想想,平时都是在哪里看到蚂蚁的呢?"于是,孩子们又到幼儿园的草地、操场、花坛边去寻找,可还是没有发现。这时,孩子们产生了各种不同的想法:有的认为蚂蚁可能在树叶上,有的认为蚂蚁会在洞里,有的说可以找些吃的东西去引蚂蚁……此时教师又抛出了一个问题:"想一想,你们以前是在什么时候看到蚂蚁的,冬天还是夏天?"[1]教师的两次问题质疑,前一次鼓励了幼儿的探究兴趣和探究行为,后一次则在问题思考和解决的途径上给予了适时的暗示和引导。教师的质疑对幼儿提出了挑战和新的探索任务,孩子们在教师的帮助下自己结伴分组,观察寻找,并用自制的记录表发现和弄清蚂蚁与温度之间的关系。可见,教师的问题质疑能够在恰当的时候保护幼儿的探究兴趣,使幼儿的无意性探究变为更有意义的学习。

2. 启发思考

在教育活动的互动过程中,经常可以听到教师问幼儿:"你发现了什么?""你有什么问题吗?""这个问题你是怎么想的?""你有什么办法解决?"……教师作为活动的指导者,通过问题情境的创设,启发幼儿积极思考和交流是极其重要的策略之一。教师可以借助具体情境,通过开放性的问题以及丰富多样的材料,激发幼儿不断思考、主动探索,从中培养幼儿良好的学习习惯和探索精神。例如,当进入冬天的第一场大雪来临的时候,孩子们一踏进幼儿园就兴高采烈地议论开了,教师就此引导幼儿生成了一个关于"雪"的探究活动。教师首先让幼儿自由地在塑料小桶里装雪,并将它们分别放到走廊、窗台和操场上。午睡起床后,一个孩子突然说:"老师,窗台上小桶里的雪没有了,就剩下一点水了。"孩子们都纷纷围拢了过来,教师及时地抓住时机启发幼儿思考:"咦,雪哪去了呢?""为什么放在外面的雪还在,房间里的雪却没有了呢?""你们知道雪是怎么形成的?""雪为什么会融化呢?"这些问题在一个恰当的情境中被自然地引发出来了,由此教师不失时机地抛出了启发幼儿进一步思考和探究的问题。在这样的有效互动中,既保持了幼儿探究的兴趣,同时又进一步推进和生成了幼儿新的探究活动。

3. 推动深化

在以幼儿自主探索为主的教育活动过程中,教师应当善于观察幼儿的兴趣和需要,在幼儿

---

① 王厥轩.幼儿园探索型主题活动案例 100 例[M].上海:上海科技教育出版社,2003:120.

的经验水平上帮助他们即时生成既有兴趣又有挑战的主题内容。但是,受年龄特点所限,幼儿的探究内容、思维方式、参与态度等往往会表现出不稳定、不全面、不深入的特点。作为教师,在与幼儿的支持性、挑战性互动中有效地深入推进幼儿的学习和探究是一项十分重要的策略。教师的"推动深化"策略应当是灵活机智的,是针对不同的活动情境和背景的,应当根据幼儿的经验水平、活动材料、活动时间和空间以及幼儿的活动情绪等因素综合考虑:当幼儿的探索问题比较零碎或仅仅停留在表面时,教师可以采取主动参与或加入活动的方式,以合作者的身份和幼儿一起讨论、一起交流,以体现"推动深化";当幼儿由于对材料陌生或因探究的问题引发争论而无法继续活动时,教师可以启发式、开放式的问题鼓励幼儿的讨论和争议,激起幼儿新旧经验之间的认知冲突,以体现"推动深化";当幼儿因为对活动形式或其他因素的影响而降低或丧失活动的兴趣时,教师可以通过材料环境的调整、语言的激发与鼓励等支持幼儿持续活动,以体现"推动深化"。

第三节　幼儿园教育活动组织与指导的一般性策略

幼儿园教育活动的组织与指导是涉及教师的教育观念、教育活动计划与设计、教学方法策略以及对幼儿学习与活动的评价等诸多问题的综合体系。其中,教师在教育活动中所采用的方法和策略是直接影响活动质量与幼儿发展的重要因素,因此,对教育活动实施组织与指导的方法策略也就成为衡量教师教学能力的重要指标之一。本节我们主要讨论教师在活动组织指导过程中的一般性策略,有别于上一节中针对师幼互动前提下的具体的互动策略。

一、观察

观察是幼儿园教师一日工作中不可缺少的重要方面,无论是教学中的引导还是日常生活中的指导,广泛的观察是教师工作的基本前提,因此,观察也就成为教师在教育活动组织与指导中的基本策略之一。

(一) 观察及其意义

所谓观察,是指教师借助于感官或一定的手段或工具,运用一定的方法捕捉发生在教育活动情境中的各种信息的过程。一般来说,观察可以分为自然情境中的观察和特别情境中的观察,前者通常是指在幼儿一日生活各个环节中的自然观察;后者通常是指为了特定的观察目的而特别设置活动场景,运用一定的观察手段进行的观察。在此,主要讨论前者,即教师在正常的教育活动情境中所运用的观察。

在教育活动中实施观察的意义主要在于:(1)观察是了解幼儿的窗口。对于教师来说,教育活动的组织与指导的前提是对幼儿的分析与了解,而观察是了解幼儿的兴趣和需要、经验水平、个体差异、年龄特点、学习方式等一系列重要因素的主要方法与途径。正如蒙台梭利所说:

"生命本身在运动,为了研究它,探索它的秘密,指导它的活动,就必须观察它,不带先入之见地了解它。"①通过观察,教师可以获得对幼儿各方面状况的认识与了解,进而有针对性地、有效地制定教学计划和调整教育活动方向。(2)观察是实施教育活动的基础。在我国的《幼儿园工作规程》和《幼儿园教育指导纲要(试行)》中也明确提出了在教育活动的实施过程中,必须观察先行。通过观察,教师可以获得来自活动中的最具体、最真实、最充分的信息,通过对这些信息的分析,可以促使教师进一步思考和调整教学策略,以更好地促进幼儿的学习与活动。

(二) 如何实施观察

在教育活动的组织与指导中,教师观察方法和策略的运用既是经常的也是多样的,针对不同的活动对象、活动内容和活动形式,观察的目的和实施不尽相同。

1. 活动开始阶段的观察

无论是以幼儿的自主探索为主的探究式学习,还是以幼儿的互动交流为主的合作式学习或是以知识经验的传递为主的接受式学习,都以幼儿的学习兴趣为起点。因此,在教师按照预设的活动计划和内容开始实施对活动的组织与指导过程中,首先就应当通过观察判断幼儿对活动内容、材料以及活动的组织形式等是否有兴趣:如果教育活动是以游戏的形式展开的,就可以观察幼儿对游戏的参与态度、情绪情感表现等;如果教育活动是幼儿自己的合作性操作或探索,就可以观察幼儿对操作及其材料的关注度、接受度等;如果教育活动是以教师带动为主的、相对高结构化的活动,就可以观察幼儿对教师所创设的活动环境是否有兴趣、是否被教师的语言和动作所吸引等。总之,活动开始阶段的观察是一个基础,通过这一基础性的策略实施,可以为后续的活动进程提供一个好的开端,也为教师在活动组织与指导中其他策略的运用打下基础。

2. 活动进行阶段的观察

幼儿是学习活动中的主体,在活动进程中,教师要真正做到跟随幼儿、指导幼儿、支持幼儿,其前提就是观察幼儿、解读幼儿。通过观察,教师可以真实地了解幼儿的经验水平以及幼儿是如何与环境和材料进行互动的、在他们的互动过程中发生了什么、幼儿是否需要他人的帮助、教师应不应该介入、以怎样的方式介入以及什么时候介入,等等。因此,在活动进行阶段中,教师主要应该观察幼儿的互动情况,即幼儿与材料、环境的互动情况,与教师和同伴的互动情况等;观察互动中幼儿的行为、动作、语言、情绪等,并作出即时的分析解读或跟踪式的记录(可以是文字,也可以是录像影像等),从而采取进一步的策略以更好地支持幼儿的学习活动。以下是一段教师的观察记录,记录了教师对两个在探索过程中的孩子的行为观察②:

　　在主题活动"洞"的探索中,两个孩子对一个打了四个洞的纸箱的深浅产生了兴趣,并

①〔意〕玛丽译·蒙台梭利、蒙台梭利科学教育方法〔M〕.任代文,译.北京:人民教育出版社,1993:11.
② 王厌轩.幼儿园探索型主题活动案例100例〔M〕.上海科技教育出版社,2003:180.

进行了一连串的探索活动。

　　一个女孩尝试着将一只手伸进洞内,另一个男孩也学着伸了一只手进去……他们反复地用手和眼睛感觉、观察着洞的深浅,并交流议论着。由于这四个洞是两个不同方向的,而且都是隐藏在盒中的,因此对孩子们来说颇具挑战性。这时我觉察到了孩子们的需要,便给了他们各种材料和测量工具以支持他们的探索行为。

　　两个孩子高兴地开始使用材料进行测量。男孩看见我提供的各种材料并没有进行选择,而是很直接地取了一件又一件摆弄着;女孩则一件件地翻找着她认为合适的测量工具,最后她找到了一把卷尺,开始了测量……活动结束时,男孩没有得到满意的测量结果,胡乱地做了一通记录,女孩则测出了四个洞的深浅,并做了正确的记录。

3. 活动结束阶段的观察

在教育活动的结束阶段,观察方法与策略的运用主要为对活动成效的评价服务。一般来说,教师主要需要观察的是幼儿在整个活动持续进程中的参与态度、情绪反应,幼儿是否有继续活动或引申出进一步后续活动的愿望,是否希望得到教师或同伴的肯定性评价,是否愿意与他人一起进行讨论和交流评价,是否愿意发表自己的意见、介绍自己的作品等。这些观察信息的获取,可以使教师更充分地得到幼儿在整个活动中的认知发展、能力水平、情感态度、学习习惯、合作交往等各个方面的有效信息,既能够使教师对本次活动作出总结性评价或对个别幼儿作出个案式评价,也能够使教师获得对后续活动计划的富有参考性价值的有用信息。

二、导入

从教师的角度而言,教育活动是教师有目的、有计划、有组织地实施的活动,教师作为活动的组织者、指导者,自然承担着引导幼儿进入所要探究的主题、所要体验的情感、所要表达的形象、所要建构的概念等的角色任务。因此,教师恰当的活动导入策略非常重要,它可以在较短时间内吸引幼儿的注意力,激发幼儿的活动兴趣,引导幼儿主动探究与思考,保证教育活动实施进程的顺利,使幼儿在轻松、自主、有趣、愉快的氛围中开展活动。

(一) 激趣导入

对于年幼的儿童来说,兴趣是他们加入活动的最直接、最真实的理由,因此,教师运用激起幼儿兴趣的方式导入活动或探究主题中是十分常用和有效的教学策略。激起兴趣的形式可以根据幼儿的年龄特点、幼儿所要进行的活动内容或材料以及当时当地的时空条件等有所不同:对于小年龄的幼儿来说,可以更多地借助外在的因素激发他们的活动兴趣,例如用新奇的玩具、学具或材料,或者用教师生动、夸张的语言、表演等;而对于稍大年龄的幼儿来说,则可以更多地借助对幼儿内在参与态度和情感的激发来引起他们对活动和探究的兴趣,有时可以用一个问题引起幼儿的探究兴趣,也有时可以用幼儿感兴趣的一场讨论引出主题,等等。总之,激趣导入应当因人因事而异,体现灵活性、有效性。

（二）游戏导入

游戏是幼儿最常见、最喜欢的活动形式,无论是正式的教育活动还是其他非正式的教育活动,无论是集体活动还是幼儿的个别或小组活动,游戏总是紧密伴随着幼儿的一种活动形式,因此,通过游戏的形式进入活动的主题或内容之中不失为一种极有价值和效果的导入方式。在探索性的主题活动中,教师可以通过一个幼儿积极参与和体验的游戏或小实验,引导幼儿在游戏情景中发现问题,进而思考如何探究问题、解决问题;在体验性、表现性的主题活动中,教师可以通过一个语言游戏、音乐游戏或表演游戏让幼儿进入对游戏材料所蕴含的作品(故事、儿歌、歌曲、律动等)的体验和创造性表达中;在概念建构为主的主题活动中,教师也可以借助游戏的形式将所要建构的主要概念蕴含其中,如为了帮助幼儿建构起有关形体的概念,教师可以通过"搭积木"等建构游戏,使幼儿在玩中产生对形体的比较与认识,从而建构起相应的概念。

（三）情境导入

在建构主义理论的支持下,"情境中学习"已经成为教师积极创设环境以引发幼儿自主、主动地学习和加入活动的一种重要方式。在教育活动的组织与实施中,通过情境创设导入活动主题的方法和策略经常可见。导入活动的情境可以是真实的生活情境,如由幼儿一日生活中发生的某件真实情境事件,教师引导幼儿一起参与讨论、探索或合作,继而进入活动主题之中;也可以是教师预设的问题情境,如教师创设一个模拟的生活情境,将幼儿所要探索的问题、建构的概念、体验的作品材料、表达的情绪情感蕴含于情境之中。总之,通过情境导入的方式可以较快、较顺利地将幼儿引入到主题之中,避免了幼儿因为对活动形式的厌倦而导致对活动内容和探索问题的厌倦。同时,情境导入的方式也给幼儿提供了一个思考和解决问题的背景,借助这样的一个平台,幼儿就能够较顺利地调动起他们的已有经验,在迁移性的学习中促进其新经验的形成和提升。

（四）问题导入

幼儿天性好奇、好问、好动,在他们的生活体验中充满了对问题的追索。小问题、大问题、简单问题、深奥问题,比比皆是。利用问题引发幼儿的学习与活动愿望,帮助幼儿由散点式的问题导入探索和活动的主题是教师重要的教学策略。作为教师,采用问题导入的方法和策略,可以有效地调动起幼儿的认知参与,使他们在积极、互动的认知冲突中思考问题、提升经验、建构概念。尤其对于以问题探究为主的探索型学习活动来说,问题的引发和导入是十分关键的,一个恰到好处的问题不仅可以唤起较大多数幼儿的学习兴趣,可以激起幼儿与幼儿之间、幼儿与材料环境之间有意义的互动,而且可以帮助幼儿引申出后续进一步探索的问题,以有效地支持和推动幼儿的深入学习与探究。

三、提问

在教师组织和指导教育活动的过程中,提问是教师运用语言与幼儿进行互动中的一项最基本的,也是最常见的教学方法和策略。提问这一策略的目的主要表现在:(1)帮助幼儿提取已有经验,进行迁移性学习;(2)引导幼儿进行观察、想象、思考或创造;(3)了解幼儿对活动材料或认识对象的态度与情感等。在教育活动的不同情境中,教师的提问策略是灵活而多变的,有时是前置式的问题,有时是后置式的问题;有时是设问,有时是反问。同时,教师应当根据幼儿的实际情况,灵活调整问题,多引出启发性、开放性的问题,在层层深入式的问题情境中将幼儿的学习和活动不断推进。

(一) 启发式提问

在教育活动的组织中,教师的启发性问题通常表现在以下的不同情境中:(1)当教师发现幼儿对某些现象或材料感兴趣,而这种兴趣对于生成一个新的主题活动是极有价值的时候,教师可以通过启发性问题将幼儿引入活动或探究的主题中。例如在班级的自由活动时间里,孩子们在自发交流,林林露出刚换过的牙给小朋友看:"我换新牙齿了!"青青说:"我也换过的。"敏敏说:"我早就换好了,有什么稀奇。"小欣说:"让我看看你的牙齿,你换了几颗呀?"……教师发现了孩子们对换牙的兴趣,及时地向全体幼儿提出了启发性问题:"你有没有换过牙? 换了几颗?"在教师的问题启发下,孩子们兴奋起来,有的幼儿还回家问过爸爸妈妈后,第二天再来告诉教师。第二天孩子们又产生了新的问题:"老师,人为什么要换牙啊?""我换的牙怎么没有敏敏多呢?""人一共有几颗牙齿啊?"……随着幼儿一连串的问题,就自然地产生了一个基于幼儿探究兴趣点的主题活动"我们的牙齿"。(2)当教师发现幼儿的自主学习和探究因面临困难而可能止步不前的时候,教师可以通过启发性问题引发幼儿进一步的讨论和探究。例如在有关"船"的主题活动中,孩子们凭着各自的已有经验进行交流。教师发现由于幼儿的经验所限,讨论和探究很难深入,教师便向幼儿抛出了一个启发式问题:"你们都是从哪里知道这些知识的呢?"通过教师的这一问题,将幼儿的思维引向了对获取信息途径的思考和讨论,而且通过孩子们的相互交流,使其得到了关于怎样获得更多更广的知识和信息的方法的认识,孩子们知道了可以通过去图书馆、请爸爸妈妈上网找、去拍照片等手段。当幼儿运用这些方法进行迁移的时候,关于主题的探究活动就顺利地深入了。

(二) 发散式提问

教师在运用提问策略时,多提开放性和发散性问题是十分重要的。幼儿是教育活动的主体,教师的指导作用很大程度上反映在对幼儿的活动主动性、积极性和创造性的激发与引导上,因此,教师能够在恰当的时机提出有价值的发散性问题,给幼儿充分的思考空间,支持幼儿的大胆想象和创造是极其有效的。(1)当幼儿在自己的努力下完成了自己的"作品"时,教师可以通过发散式的提问,引导幼儿对自己的"创作"进行表达,可以是语言上的解释,也可以是其他非语言方式的说明。例如我们经常可以听到教师这样问幼儿:"你做的是什么呀?""你来介绍一下你的作品好吗?""除了××刚才介绍的,你们还有其他与他不一样的吗?"(2)当幼儿的思维或想象由于年龄所限比较单一狭窄时,教师可以通过发散式的提问,引导幼儿转变问题思考的方向,在新旧经验建立联系的基础上进行概念的再建构。例如有的小年龄幼儿在认识形体的概念时往往受有限的生活经验的影响,只认识形体的某些外在特征而忽视了其本质特征,因而不能获得正确的形体概念,教师就可以在幼儿充分操作和比较的基础上,通过发散式提问"××图形是怎么样的呢",帮助幼儿在操作的同时建立对已有经验的重新思考和概念的重新建构。

(三)层叠式提问

在教育活动的组织与指导过程中,教师往往会发现孩子们对问题的探究和兴趣常常是层出不穷的,一方面,教师要保护好幼儿的学习兴趣,积极地支持和满足幼儿的探究愿望与活动需要;另一方面,教师也需要对幼儿的散点式问题和兴趣作出及时的判断与把握,准确地筛选出既满足大多数幼儿的学习兴趣,又能够对幼儿产生认知或能力上挑战的内容和问题,再通过提问的方式支持和推进幼儿的自主性学习。其中,教师提问策略的一个重要方面就是提出能够将探究内容的前后关系连成一条推进线索的层叠式问题,在层层深入式的问题链中,不断推动幼儿的探索和思考活动的进行,引导幼儿自己尝试解决问题。例如第四章"我长大了"这一案例中,教师就巧妙地根据幼儿的探究兴趣适时地抛出了层叠递进的一连串问题:"你们是不是都知道自己的身高、体重结果了?""你们是怎么知道自己长大了呢?""是不是光凭这一张记录纸就能知道长大没有呢?""比一比两张记录纸,你有没有长大呢?""卫生老师很想知道我们班到底有多少小朋友长高又长胖了……你们有办法吗?""怎么记呢?"层层推进的问题为幼儿提供了一个深入探究与讨论思考的有效平台。

四、回应

教师作为教育活动中的一个有目的、有意识的教育者,其指导的一个重要策略是捕捉恰当的教育契机对幼儿作出积极的回应。所谓回应,是指教师在与幼儿的"对话"与互动中的一种作为教育者的态度和策略,是教师敏锐地意识到幼儿的需要而及时给予的引导和帮助。一般来说,教师在教育活动的组织与指导中,"回应"和"暂时忽略"的教育策略常常是相对而言的:有的时候需要教师即时作出恰当的回应;有的时候,教师会对幼儿的提问、幼儿的动作或表现暂时忽略,而这种忽略并不是一种消极的怠慢,而是教师有意识地为幼儿多留一些自由发挥、自己探索、自我表达的空间,让他们能够主动思考、自我反思,它是教师的一种"冷处理"的教育智慧和策略。在不同的教育活动情境中,教师的回应策略也有着不同的具体表现。

(一)重复

教师在教育活动的组织中,重复幼儿的回答并不少见,但重复并不是一种简单意义上的语义重述,而是教师教育机智和策略的表现。(1)教师重复个别幼儿的问题或向全体幼儿反馈有价值的信息,通过语义上的加重和提醒,帮助幼儿在分享中获得他人的经验。如教师转述幼儿的问题或答案:"××,你发现三角形都有三个角、三条边吗?""他发现球掉下来的速度要比纸片快,它们是不一样的吗?"(2)教师通过重复幼儿的话语,婉转地表达对幼儿的提醒与暗示,启发幼儿对自己的话语作出调整。如小朋友围着饲养角里的小兔子找来各种食物想喂它,丁丁说:"老师,小兔子怎么不吃饼干呀?"老师故作惊讶地说:"咦!小兔子怎么不吃饼干呀?"根据幼儿的年龄特点恰到好处地把问题反抛给幼儿,以探询的口气、重复的语言对幼儿的回答作出回应,以刺激幼儿进一步的思维和质疑。

(二) 反问

教师在运用回应策略时,除了重复以外,还可以在活动指导中有意识地创设问题情境,引发幼儿主动发问,而教师则可以通过"反问",将幼儿在一定情境中的问题再抛回给幼儿,虽然表面上是将问题悬置起来,而实质上则是通过一种对话双方(师幼)平等交流的氛围促进了幼儿的认知冲突,使幼儿能改变原有的认知图式,重新建构知识与概念。同时,这种悬疑式的反问能够使教师与幼儿间的对话更充满开放性、生动性,它不是封闭和预设的,而是随着主题和幼儿的兴趣、思维不断生成的,它好比是一种"催化剂"和"反馈环",能有效地促进自我尚未很好分化的幼儿在成人的推动下萌发自我反思的意识,在怀疑假设的前提下促进幼儿更好地主动建构知识。(1)当幼儿自发提问时,教师适时反问。幼儿常常会有源源不断的问题向教师提出,教师可以不急于回答,而是把问题再抛回给幼儿,或是以疑问的口气给出不确定的答案以引发幼儿进一步的思考。如教师常常会反问幼儿:"它们都是一样的吗?""小草只长在泥土里?""蚂蚁也要冬眠吗?"(2)当幼儿在对问题的探究中因为知识经验的有限而得出了有悖于生活现实的结论时,教师可以通过反问引起幼儿的再思考,促使幼儿在认知冲突和思维碰撞中逐步领悟真知。如在关于"人的牙齿"的主题探究活动中,孩子们自己搜集资料讨论了"人一共有多少颗牙齿""什么时候换牙""一般换几颗牙""人为什么会掉牙"等一系列问题,苗苗说:"妈妈说小孩子晚上睡觉前吃糖不刷牙就会掉牙的。我外婆最喜欢吃糖了,她晚上也不刷牙的,她掉了五颗牙呢。"教师听见了,就反问道:"老师的外婆不喜欢吃糖,天天晚上刷牙,为什么也会掉牙齿呢?"教师的这一反问使孩子对自己的答案产生了怀疑,在矛盾冲突中幼儿自觉地重新思考问题。(3)当幼儿之间在对话互动中产生问题时,教师适时地予以反问,将幼儿之间的讨论和交流引向深入。如孩子们在关于"鳄鱼"主题的讨论中对"鳄鱼宝宝是谁生的"产生了分歧,有的幼儿说是鳄鱼妈妈生下了鳄鱼宝宝,有的幼儿说是鳄鱼爸爸生了鳄鱼宝宝,教师用疑惑的口吻反问他们:"为什么呢?""你们同意××的话吗?"在教师开放性的反问中,孩子们的思维被大大地调动了起来。

(三) 提炼

在幼儿园教育活动中,无论是幼儿个别学习为主的活动还是幼儿全体参与为主的集体活动,其学习和探究总是需要教师的帮助指导和归纳提升的。对于幼儿来说,新的经验和概念的获得离不开对环境材料的感知和体验,也离不开教师的概括和归纳、提炼。因此,教师在对幼儿作出积极回应时,归纳提炼式的回应是至关重要的,它能够使幼儿在感性体验的基础上将零碎的感受和体验上升为系统的知识和概念,引导幼儿在同化和顺应的基础上使其原有的认知结构得到重组。一般说来,教师的归纳提炼是基于对幼儿活动的充分观察之上的,通过观察,教师获得了幼儿对探究问题或操作材料的过程性信息,通过教师有意识的加工和反馈,将这些信息再呈现给所有幼儿的时候,教师所作出的积极回应就是把幼儿探索或操作所获得的结果在展示的同时进行抽象概括或归纳提炼。如在幼儿用不同的材料搭建"高楼"并探索用不同的工具比较其高矮的活动中,教师将观察到的三组幼儿不同的比较结果展示给所有幼儿的时候,进行了适时的归纳和提炼,让幼儿知道了比较高矮可以借用不同的工具以及较抽象的"量的比较具有相对性"的概念。

幼儿园教育活动中教师角色的多变性决定了教师在活动组织与指导策略运用上的丰富性、多样性,而教育工作本身就是一种创造性工作,教育活动的组织与指导更是教师创造性工作的最好体现。因此,关于教育活动的组织与指导终将成为教育工作者不断探寻的永恒话题,值得教育工作者在理论和实践的领域中不断总结、不断创新。

思考题

1. 你认为幼儿园教育活动实施的影响因素有哪些? 请举例说明。
2. 讨论教师在幼儿园教育活动组织与指导中的作用和影响。
3. 当幼儿对教师预设的活动主题没有兴趣或表现倦怠时,教师应当如何应对?
4. 结合实际,谈谈你对师幼互动的价值认识。
5. 在教育活动的组织与指导中,如何提高师幼互动的质量?
6. 请结合实例谈谈教师应如何运用"观察"策略。
7. 你认为教师在教育活动组织与指导中的关键性策略主要有哪些? 为什么?

第六章 幼儿园教育活动评价

幼儿园教育活动作为一种带有一定目的和指向的活动,其目标的达成与否、教育价值观的体现程度、社会培养和需要的满足与否以及儿童发展的促进效果等都需要通过评价来得以落实和体现。因此,对幼儿园教育活动的评价是学前教育理论工作者和实践工作者共同关注的重要研究课题。

幼儿园教育活动评价是幼儿园教育评价中的一个重要组成部分,也可以理解为是一个收集教育活动相关方面的信息并依据一定的客观标准或评价者的立场、观点对活动过程诸要素及活动效果作出衡量、判定或赋予其价值意义的过程。它涉及对教育活动的目标、教材内容、活动过程、形式与手段、环境与材料以及活动效果等的评定,同时,由于教育活动的过程是一个由教师与幼儿共同参与和相互作用的过程,充满了动态性、多变性、偶然性和潜在性,也就使得教育活动的评价涉及对教师和儿童的评价,因而它更具复杂性、多元性和挑战性。

第一节 幼儿园教育活动评价的内容与原则

一、幼儿园教育活动评价的基本原则

原则是人们行为和工作所依据的法则或标准,作为必须遵守的基本要求,幼儿园教育活动评价原则不仅具有理论参考价值,而且更具有实践指导意义。其基本原则包括以下几点。

(一) 尊重性原则

所谓尊重性原则是指在教育活动评价的实施中应充分体现对被评价者的尊重,无论是对幼儿的评价还是对活动中教师的评价都应当坚持客观、公正的态度,同时以激励、发展与正面肯定为主,以帮助教师或幼儿发现、发扬长处,弥补不足。尤其是行政管理者对教育活动中教师行为的评估和鉴定,更要体现尊重和鼓励的原则,因为评价的目的不是甄别和选拔,评价者应善于发现、充分肯定教师在教育活动中的成功和创新之处,也可以让被评价者(教师)一起参与评价,从而激发教师主动进行教育活动后的自我反思,加强对教育活动的调整和再探究。因

此,教育活动评价应该建立评价者和被评价者之间的平等关系之上,使教育活动评价更好地体现出客观性、公正性,以达到用评价促进教育活动改革和提高活动质量的作用。

(二) 科学性原则

教育活动评价的科学性原则要求在评价的实施中,评价者不能单凭主观经验或直观感觉评定和判断教学质量或幼儿的发展能力与水平,而必须采用科学合理的评价方法、手段和工具展开评价。科学性原则首先体现在评价展开之前,教师应对评价的对象、内容以及评价的依据作认真的考虑,应当明确为什么要评价、满足什么需要、解决什么问题、应当收集哪些方面的信息和数据、要采用哪些测量或评估手段、在什么时间和场地进行评价等一系列问题,即充分做好评价前的准备;其次,科学性原则还体现在评价的实施中,评价方法和手段要具有一定的科学化标准,能便于评价者的合理操作和实施;再者,科学性原则还应当体现在评价者必须综合考虑教育活动各相关因素间的相互关系和作用上,从静态和动态两方面实施评价,即既考虑量化的评价指标,又体现对质性评价手段的运用。

(三) 全面性原则

评价是每位教师日常教学工作中不可缺少的一个部分,其核心是通过获取信息来作出判断,它是以确定学生的能力水平、测定教学的效果、调整教育过程、通过反馈激励来促进学生的学习为主要目的的。为了更好地发挥评价在促进学生发展、教师专业能力提高和改进教学质量上的功能,评价者在实施评价中应当遵循全面性原则,它表现在两层含义上:(1)应全面评价幼儿的发展水平,即评价的内容应反映幼儿的整体发展水平,而不仅仅是在认知发展层面上的能力水平,还应当包括儿童的自我意识、群体意识、环境意识及基本素质和能力的发展;要防止评价内容只关注教学或课程的片面化倾向,使评价的视角更全面而多向,同时关注对幼儿学习兴趣、态度、情感、交往、学习风格、学习习惯、自理能力、适应集体、遵守规则等多方面的考察和评价。(2)评价的渠道应体现全面性和多样性,即评价者既可以通过在日常活动中采用观察、记录、交流等多种方式对教育活动中的教师和幼儿进行评价,也应当把来自家庭、社区等多种渠道的信息作为一种评价的途径。应当树立起评价是教师、儿童、家长及管理部门共同参与和合作的一个过程的理念,而不是以往那种家庭和社会不参与评价,只是了解幼儿评价情况的状态。

(四) 情境性原则

由于教育活动是在特定的环境与背景下由不同的个体参与而发生的活动过程,因此,对教育活动的评价就不可能脱离其特定的情境性。脱离了具体和特定的情境对活动中的各项内容和要素的评价往往是标签式的、等级式的且有失偏颇的简单评价。在教育情境中,评价也就是把获得的有关儿童学习的信息与评价标准进行比较并作出判断和决定的过程。作为评价者,应当跟踪幼儿的真实生活和学习情境,观察与记录他们在实际情境问题中的参与、操作、实验、交流、合作、态度等方面的状况并作出分析和评价。把握和提倡评价中的情境性原则,更关注的是幼儿的学习过程而非学习结果,更强调的是评价的过程性、现场性和即时性。

(五)个别化原则

儿童作为一个发展个体,全面性和个性是其发展的两个不同方面。作为教育者,既要全面关心儿童群体的发展,也要关注儿童作为独立个体的发展需要和潜力。因此,对于评价来说,既要关注幼儿的全面和谐发展,也要关注幼儿某一方面的突出表现和潜在能力,为其个性化、个别化的发展和生成留有空间。在教育活动评价实施中的个别化原则是指评价者或教师应当从幼儿的不同潜能和个性出发制定评价手段与方式,如"幼儿成长档案袋"的形式,既能记录评价幼儿的现有能力水平,又能了解幼儿的成长过程和发展方向。此外,个别化原则还指教师应当遵从幼儿的个别差异,可以视评价的实际情况,在活动的一定情境范围内针对不同的幼儿有不同的观察和记录着眼点,体现评价的弹性化、个性化。

二、幼儿园教育活动评价的内容

幼儿园教育活动评价主要包括两大方面,即从教师角度出发的对教育活动设计与指导有效性的评价和从幼儿角度出发的对活动参与有效性的评价。主要涉及的评价内容有教育活动目标、过程、方法、环境创设,以及幼儿活动的参与态度、认知发展、动手操作能力、社会性交往等方面。

(一)对幼儿学习的评价

对于幼儿园教育活动的评价,在相当长的一段时间里是以对教师教的评价为主要的切入点的,评价内容包括教师的教学设计、教学内容、教学过程、教学方法、教学特色、基本素养等方面(见表6-1),体现出一种"以教为主""以教评学"的评价态势。

从表格可以看出:"幼儿园一日活动评价记录表"中的评价内容主要涉及对目的内容、过程方法、教师基本素养、教学即时效果的评价,这些均是从教师角度出发的评价。对活动的主体,即幼儿的学习过程、学习方式、学习实效等关注不够,甚至"忽略不计"。在上述评价体系的导向下,教师关注最多的自然是自己是否完成教学任务、教学的重点和难点是否得到解决;而对教学环境的创设、幼儿的学习状况(包括态度、方式、能力、个体差异等)就会相对忽视。

事实上,教育活动的最终目的是促进幼儿的发展和提高,而幼儿作为教育活动中的每一个活生生的、带有自主意识和愿望的个体,才是最需要得到关注的。"从幼儿出发""以幼儿为中心""以幼儿发展为本"正是教育实践者需要在教育活动的设计、实施以及评价等方面用真真切切的理念和行动付诸实践的。随着教育理论和教育改革的推进,教师也逐渐地认识到教育活动的真正价值在于促进幼儿的整体素养,在于激发幼儿的主体意识和创新意识,在于鼓励幼儿富有个性化的表达表现。教师与幼儿的双主体角色是教育活动评价要素中的一个重要方面,教师是教育活动过程中的施教主体,从教师出发的评价只是一个方面,幼儿是教育活动过程中的学习主体,因此,评价必须从过多地关注教师如何"教"转变到同时关注幼儿如何"学",并关注幼儿在学习活动中多方面潜能的发展过程,体现"以学评教"。

表6-1　幼儿园一日活动评价记录表

评价类目	评价等级 优			良			中			差		KP代码	参照标准(优)
	10	9	8	7	6	5	4	3	2	1		
总价印象评价												
评价指标 1. 目的内容(0.26)												1. 目的明确,要求具体适度,切合幼儿实际;保教结合、体、智、德、美互相渗透;活动内容正确,合理。
2. 过程方法(0.32)												2. 结构合理完整,程序严密紧凑,环节交替自然有序;方法、手段、形式的运用符合内容需要和幼儿实际;面向全体,注重个体差异,因人施教,善于处理偶发事件;以游戏为基本活动形式,注重游戏的教育作用。
3. 教师基本素养(0.22)												3. 热爱幼儿,能全面观察了解幼儿,坚持正面教育,教态亲切自然,处处为人师表;语言准确生动,富启发性,讲普通话;调控应变能力强;创设和利用与教育相适应的良好环境;熟练掌握幼儿卫生保健技能,演示操作熟练正确。
4. 教学即时效果(0.20)												4. 达到预期教育目的和要求,幼儿情绪愉快,主动参与,思维活跃;良好习惯形成,促进幼儿能力和个性得到全面发展。
加分幅度	1.0	0.9	0.8	0.7	0.6	0.5						评价意见:
特长加分												

加分理由:

幼儿园＿＿＿＿　班级＿＿＿＿　执教者＿＿＿＿

时间＿＿＿年＿＿月＿＿日　上午(　)　下午(　)评价人＿＿＿＿

使用说明:

1. 评价人按总体印象在相应等级栏内打"√",并在KP代码栏内填写相应代码。

2. 将有关活动状况与评价指标参照标准(优)逐条对照衡量后,在相应等级栏内打"√",并在KP代码栏内写上相应代码。

3. 特长加分是指评价指标评价得分不足以无足表达而需要加分的,加分幅度可在"0.5—1.0"的相应栏内打"√",并在KP代码栏内写上相应分值。

从幼儿学习出发的评价，对幼儿参与活动状态的关注主要涉及六大方面：情绪状态、注意状态、参与状态、交往状态、思维状态、生成状态。因此，对教育活动过程中幼儿的"学"进行的评价可以包括以下几方面的内容。

1. 幼儿对教育活动的参与度

主要评价在教育活动的进行过程中幼儿的注意力集中程度；在学习、探索以及表达表现活动中的积极性、自主性、能动程度等。

2. 幼儿的情感态度

主要评价幼儿在教育活动过程中的情绪状态，包括在活动中表现出来的学习态度、情感、语言、动作等。

3. 幼儿的学习方式

主要评价幼儿在教育活动中所表现出来的学习风格以及采用的倾向性学习方式和策略，包括其学习方式的多样性、个别性、独特性程度和表现。

4. 幼儿在教育活动中的互动程度

主要涉及对幼儿在教育活动过程中与他人（幼儿和教师）互动交流状况的评价，包括活动中与他人的合作交流和互动的次数、形式以及有效性等方面。

5. 幼儿在教育活动中的能力表现

主要评价教育活动中幼儿在能力发展水平上的表现和反映，包括活动中的语言表达能力；敢于提问、经验迁移、分析判断等思维能力；动手操作能力以及创造性表达能力等。

6. 幼儿的学习习惯

主要评价教育活动中幼儿对学习、探索活动的坚持性；克服困难的勇气和毅力；善于倾听他人、接纳他人意见以及与他人友好合作、交流协商等方面。

以上几个方面的评价内容，可以以量化等级的评定方式显现在"幼儿园教育活动定量评价记录表"中，与以评价教师为主的对活动目标、环境材料、内容、组织与指导等的评价一起，共同构成一份比较完整而全面的评价表（见表6-2）。

表6-2　幼儿园教育活动定量评价记录表

评价项目 ＼ 评价指标		好	较　好	一　般	差
幼儿	参与度				
	情感态度				
	学习方式				
	互动程度				
	能力表现				
	学习习惯				

（续表）

评价项目 ＼ 评价指标		好	较　好	一　般	差
教师	活动目标的设计				
	活动环境材料的准备				
	活动内容的预设				
	活动的组织与指导				

从幼儿出发对教育活动的评价，重点在于对幼儿学习有效性的评价，即突出幼儿参与活动的有效性。但是，作为教师或评价者应当认识到，教育活动中显现出的某些现象往往带有一定的表面性：在有些活动中，表面看来幼儿有讨论、游戏、操作、表演等学习方式，但究其实质，幼儿还是被动地按照教师的要求、指令进行着看似热闹的操作或合作，实际上有部分幼儿并不知道做什么、为什么做、如何做。儿童的"动"仍然是由教师牵着鼻子的"动"，对幼儿来说，这仍是一种无效的参与。因此，要注重和体现教育活动的实际效果，强调面向全体儿童，使每一个儿童在原有基础上获得最大程度的提高和发展，评价就不能仅仅通过表面的、定量的形式来进行，而应当结合深入的、全面的、实录式的、描述性的观察和记录来展开，这种评价可以以"幼儿园教育活动综合评价记录表"的方式进行（见表6-3）。这种评价以描述性的、实录式的语言，通过对教育活动基础、目标、内容、环境创设、材料准备、活动过程中的教师与幼儿的情况及活动效果加以原始记录，以统计与分析参与活动的幼儿人数、时间、参与广度、师生互动的频率、环境材料的适宜性等问题，找出影响幼儿参与程度的主要因素，寻找有效的教育教学方法，以促进幼儿真正有机会能够按"自己喜欢的方式"进行学习。

表6-3　幼儿园教育活动综合评价记录表

活 动 名 称		班级	
活 动 时 间		执教者	
项目 ＼ 记录		原始记录	分析与评价
活动基础			
活动目标			
活动内容			
活动环境创设			
活动材料准备			

项目 \ 记录		原始记录	分析与评价
活动过程	教师的组织与指导		
	幼儿的参与态度与学习方式		
	师幼之间的互动		
活动效果	幼儿的能力和水平		

对于从幼儿主体出发的,体现和强调幼儿有效地"学"的过程的,多元化的、全面性的"真实性评价",即"幼儿成长档案袋"的形式已经引起了理论界和实践工作者的高度关注和重视,关于这部分内容将在第二节中作具体阐述。

在表6-3对幼儿"学"的评价中,对幼儿学习方式的评价是值得教师尤为关注的,这是因为对于教师来说,在评价展开之前首先必须了解幼儿的学习方式,只有了解和把握自己的教学对象所具有的不同学习方式,才能更好地设计、组织和评价教育活动。哈佛大学的加德纳博士1983年在《智能的结构》一书中曾经明确提出多元智能的理论,并认为不同个体的学习风格和方式至少有以下七种:

(1)自然学习者:喜欢踢腿、挥手,活泼好动。他们似乎总是无法安静地坐下来。手脚在动时,他们就会感觉良好。所以角色扮演、实物操作或动作表演是最佳的学习途径。

(2)内敛型学习者:很害羞,他们并非不爱交际,只是更喜欢独立行事。学习知识技能时,自由发挥、独立操作、研究观察的活动是他们获取知识的最佳途径。

(3)交际型学习者:擅长交往,助人为乐,积极合群,习惯与人交流。喜欢团队活动和小组讨论。相互合作的游戏、同伴配合的研究、分小组进行的活动是最适合他们的学习方式。

(4)语言型学习者:能言会道,酷爱读书。他们一般喜欢演讲、写诗、朗诵。讲故事、听讲座、读读写写是最适合他们的学习形式。

(5)数学型学习者:通常喜欢对事物进行计算、分类,喜欢做脑筋急转弯的题目。学习知识技能时,他们从科学实验、循序操作、数学计算中获益最多。

(6)音乐型学习者:习惯于哼着小曲儿,他们爱唱歌,乐感好。他们不一定是出色的歌唱家或音乐家,但寓教学于音乐的活动最有益于他们学习新的知识技能。

(7)视觉型学习者:喜欢涂鸦,对色彩有独到的才能。通常喜欢画画、雕刻、绘制图表。他们从画图表、看流程图、绘制地图以及表演示范等教学活动中受益最多。

可见,不同类型的学习者在学习活动中所表现出的风格、长处以及适宜的学习方式是各不相同的。其中,体验、尝试、发现、合作等都是幼儿重要的学习方式。在教育活动评价中,教师应当重视对幼儿学习方式的多样性、个别性与差异性的评价。如:在欣赏《摇篮曲》中面对教师"安静听一听,听了这段音乐,你好像看到什么"的提示,有的幼儿一边听一边会按捺不住地用肢体动作来表现自己的理解,说明这类幼儿学习方式更多是肢体型的;有的幼儿能较长时间地、安静地、专注地倾听,说明此类幼儿的学习方式更多是听觉型的。可以这样说,幼儿的学习方式并没有优劣之分,唯有不同之别。基于这样的认识,教师在评价中才能公正、合理地把握每个幼儿不同的学习方式,真正体现幼儿学习的有效性。总之,关注儿童的学习方式,也就是在评价教师教育理念的转变、教学方式改善的同时,更关注在倡导幼儿主动参与、乐于探究、勤于动手、善于合作的更多样、开放、自主的学习方式背景下对幼儿学习状况和发展水平的评价。

(二) 对幼儿发展的评价

在对幼儿"学"的评价中,幼儿学习能力和发展水平也是重要的一项评价内容和指标。幼儿园教育活动的根本目的在于促进儿童的学习和发展,而教育活动的设计又是在一定的目标导向基础上的,因此,对学习结果即活动效果的评价自然成为评价中不可或缺的一部分。而当前的幼儿园课程是以整合式、主题式的脉络和结构而展开的,在一个幼儿园教育活动中所能反映和呈现的儿童能力与发展水平方面的信息也是交叉而多元的,它可能涉及不同的智能领域。因此,在幼儿园教育评价的实际操作中,可以将幼儿的发展性指标加以整理,从不同的智能发展领域出发,与《幼儿园教育指导纲要(试行)》中的幼儿能力发展评估项目和内容相结合,构成一份较完整且可操作的"幼儿能力发展水平评估表"(见表 6 - 4)。这样的评估表是给每位幼儿准备的,也可以通过对若干次教育活动和一日生活的其他活动来加以记录及作出总结性评价。

表 6 - 4　幼儿能力发展水平评估表[①]

智能项目	评估项目	内　　容	达成情况	记录时间	备注
肢体运动智能	运动能力	走、爬动作协调。			
		能重复自己和模仿他人的一些动作。			
		有运动意识,能充分活动自己的身体。			
		能根据节奏的变化进行各项运动。			
		动作灵敏,有一定的平衡能力及耐力。			

---

① 参见《学前教育信息与研究》杂志,2005 年第 3 期,第 11—12 页。

（续表）

智能项目	评估项目	内　　容	达成情况	记录时间	备注
语言智能	倾听阅读	能听懂普通话,安静地听简短的故事。			
		能听懂教师说话的意思,乐意接触幼儿艺术作品。			
		能倾听别人讲话,喜欢阅读。			
		有良好的阅读习惯。			
		关心常见的符号、标志和文字。			
	语言表达	乐意开口说话,表达自己的需要。			
		能用普通话表达自己的意思。			
		能清楚表达自己的意思并回答问题。			
		能围绕一个话题与人交流,进行讨论和对话。			
		能在集体或公众场合大胆地表达意见。			
空间智能	技能展示	喜欢拼图、迷宫、棋艺等游戏。			
		理解生活中的距离、时间、空间等概念。			
		喜欢画画,对色彩敏感。			
		能对玩具、材料、声音等产生联想。			
		会大胆地画图、制作、构造。			
		乐意模仿声音、音乐动作。			
		大胆和同伴一起表演唱歌、舞蹈等。			
		能在音乐活动中自然地表达自己的情感。			
		初步具有音乐表现能力。			
人际智能	适应集体	愿意上幼儿园。			
		情绪愉快地参加幼儿园的各类活动。			
		能遵守幼儿园集体生活中的规则,并能控制自己的行为。			
		在集体活动中会商量并提出规则,共同遵守。			
		在各类不同场合,表现大方,不怕陌生人。			
	交往合作	在集体活动中愿意与同伴一起玩。			
		愿意与同伴共同使用材料与玩具。			
		理解他人的行为,学会协商。			
		能与同伴分工,合作完成任务。			
		会吸取、充实和运用别人的想法及主意。			
	关爱情感	喜欢教师,亲近同伴。			
		初步理解别人的想法与情感。			
		当别人不愉快时能学着安慰别人。			
		能用适当的方式表达自己对他人关心的情感。			
		有同情心,当别人需要时能提供帮助。			

（续表）

智能项目	评估项目	内 容	达成情况	记录时间	备注
内省智能	认识自己	知道自己的名字，会应答，能辨别自己和他人的东西。			
		会自我保护，遇到意外能寻求帮助。			
		能表现自己的情感、经验和成功。			
		对自己的行为、言语有初步的评价能力。			
	自理能力	在成人的帮助和指导下会进餐、盥洗、入睡等。			
		能根据自己的需要去如厕、喝水。			
		会穿、脱衣服，使用筷子。			
		会整理自己的物品并放在规定的地方。			
		独立完成日常生活中力所能及的事情。			
数理逻辑智能	数形时空	能察觉生活中物品的大小、多少及形状颜色的不同。			
		尝试对物品进行比较、对应、分类、排序等。			
		初步理解数量、重量、空间距离等概念。			
		认识数字，会用简单的方法进行估算、测量等。			
		在生活游戏中，能感受数量关系，会进行一定的比较和推理。			
自然观察智能	基本常识	能认识及识别与生活密切相关的人和物。			
		知道周围环境中常见的人和物体的显著特征。			
		了解人与动物、自然现象、社会环境之间的简单关系。			
		有收集和了解周围主要文化景观及社会信息的兴趣与初步能力。			
		对不同地域、民族的风俗文化有初步的了解。			
	探索操作	对周围事物好奇，喜欢摆弄物品。			
		能观察、照顾自然角，对其变化敏感。			
		在游戏中会创造性地运用材料。			
		运用各种工具和材料进行动手制作与小实验。			
		能尝试接触和运用多种媒体。			

（三）对教师"教"的评价

幼儿园教育活动是由教师、幼儿、教育活动目标、内容、手段与组织形式、环境等诸多要素构成的，而其中幼儿与教师是两个紧密联系、互为主体且不断相互作用的要素。因此，从教育活动评价的辩证角度而言，关注（或评价）幼儿的学习方式也包括关注（或评价）教师的教学方式，关注（或评价）教师的教育活动设计是否有利于幼儿学习方式的开放和多样；教师设置的教育教学内容、采用的组织指导策略、创设的环境条件是否能调动幼儿学习的积极性，是否有利于促进幼儿主动、有效地学习等。由此,在一定程度上,一个富有实效的教育活动也同样是通过教师"有效地教"来得以体现的。

从教师的角度来评价教育活动,主要内容包括教育活动的目标、内容、方法、环境材料等。

1. 对教育活动目标的评价

目标是教育活动的起始环节,是开展教育活动的出发点和归宿,它规定了教育活动预期所要获得的某种效果,它是教育活动内容选择、方法运用、效果评价的依据和准则。因此,明确教育活动目标的过程,也就是精选教育活动内容、优化活动方式的过程。对一个教育活动目标的评价主要包括目标的表述方式、表述内容、表述指向等方面。

(1) 统一性。由于教育活动的效果是通过对幼儿活动表现和结果的判定而得以显现的,因此,教育活动的目标无疑具有检验、导向和指导的作用。在目标的表述上,有从教师角度提出目标的(见案例"树真好"1),也有从幼儿角度提出目标的(见案例"树真好"2),当然也有混合式提出的。

案例　树真好 1(中班)

目标:① 帮助幼儿感受树与人类之间的关系。

② 培养幼儿亲近树木、爱护树木的美好情感。

案例　树真好 2(中班)

目标:① 运用自己喜欢的方式来表达对大树的喜爱与认识。

② 在观察交流中,萌发进一步亲近、爱护树木的美好情感。

③ 产生对动物与树木关系进行探究的愿望。

从以上目标表述中可以看到,第一个案例的表述方式比较概括、空泛,缺乏可操作和可评价的特性;而第二个案例的表述方式则相对比较具体,具有操作性、针对性和可测性。美国布卢姆的目标分类学理论认为,教师所期望的学生的变化就是教学目标或教学目的,阐述教学目标,就是要以一种较特定的方式,描述在单元或学程完成之后,学生应能做(或产生)些什么,做到何种程度,或者学生应该具备哪些特征等。因此,教育活动的目标就应当以具体、可见的言语表述来反映儿童外在的行动方式,即行为目标的表述;而为了使教师对教育活动的关注点更多地放在幼儿的"学"上,放在幼儿的"发展"上,教育活动的目标制定比较提倡从幼儿角度出发,用以幼儿为主体发出的行为动词为主进行表述,而且这种表述应当体现统一性,而不是随

意性的、混合性的目标表述。

（2）整合性。布卢姆的教育目标分类学理论将教学目标分成认知目标、情感态度目标和动作技能目标三个方面。从认知目标来说,是回答"幼儿学会了什么"的问题;从情感态度目标来说,是回答"幼儿学得有兴趣吗"的问题;从动作技能目标来说,是回答"幼儿会学了吗"的问题。

虽然对于一个教育活动而言,总是会有较有针对性的某个方面或聚焦某学科领域的内容,但是,从儿童发展的统整性理念来说,教育目标应当是一个能够促进儿童整体、和谐发展的体系。因此,教育活动目标的整合性首先是指一个领域的目标在多个领域或活动中的体现,如语言领域的发展目标在社会或艺术、科学领域活动目标中的整合;同时,教育活动目标的整合性还表现在一个领域的活动中包含多个领域的发展要求,如在以语言领域为主的活动中也包含社会领域的目标。此外,教育活动目标的整合也是教育活动统整的基础,目标的整合将直接影响教育活动内容的整合以及活动方法和形式等的整合。换句话说,目标的制定应当放在一个更广泛、更全面的背景下,既要体现和落实某个领域方面的重点目标,同时也要考虑和体现与活动内容有着显性的密切关联的或是隐性的关联的其他领域目标,如在情感、社会性、认知、个性等方面的目标。

案例　兔子笑什么(大班)

目标: ① 理解内容,知道笑话别人是不礼貌的行为。
　　　② 有兴趣地学念儿歌并认读相关的文字。

这个活动的目标明显偏重于德育目标和语言领域目标,而相对忽视了对动物特征进一步探究的认知目标,缺乏整合性,容易造成教师在实施活动中的偏差。

案例　六个矮儿子(大班)

目标: ① 仔细听辨故事,在判断、推理中知道六个矮儿子不同的生活方式。
　　　② 懂得自己长大了,应该做一些力所能及的事情。
　　　③ 愿意尝试着用自己喜欢(或擅长)的方式表达对故事内容的理解。

以上设计的目标既考虑了社会性、语言、思维等方面的内容,又考虑了幼儿的认知、情感、能力等多方面发展的需求,具有整合性。

（3）针对性。目标的针对性是指教育活动的目标要符合幼儿的年龄特点和班级幼儿的实际发展水平,根据幼儿整体、群体、个体的不同发展水平和需要,充分考虑幼儿的普遍性和差异性,体现因材施教,并贴近幼儿的"最近发展区"。

对教育活动目标的评价可以从目标是否关注幼儿的实际生活,与幼儿的生活经验以及实际发展水平相联系着手。如,当海啸灾难引起了全球的关注,各类媒体上的相关报道也吸引着孩子们的视线,引发着孩子们的同情心,他们可能会提出这样的问题:怎么会发生海啸? 地球上还有哪些可怕的灾难? 我们可以想什么办法不让灾难产生? 教师及时地抓住了源于生活中的社会热点新闻,将教育活动与幼儿感兴趣的时事相联系,设计了"地球——我们的共同家园"的集体教育活动,目标如下:

① 通过活动使幼儿知道人类生活在地球上,地球是人类共同的家园。

② 初步了解自然环境与人类的关系,有粗浅的环保意识。

③ 初步学会观察地球仪,产生对自然科学的探究兴趣。

从上述目标来看,教师将发生在幼儿生活周围环境中的可利用资源引入教育活动的想法是可行的,但是,如何在源于幼儿生活经验和认知背景的前提下制定更有针对性的目标却是关键所在。此活动目标,不仅过分突出认知领域目标,缺乏统一性和整合性;而且在表述上比较"空泛",缺乏可操作性;同时,目标的定位和要求过高,对于5—6岁的幼儿来说,了解地球是我们人类共同的家园,懂得人人要保护地球的目标也缺乏针对性。

(4) 操作性。操作性是指教育活动的目标应当是具体的、明确的、可操作的,便于教师和评价者的观察、鉴定和评价。

案例:看日历(大班)

目标:① 了解日历与我们生活的关系,知道日历上一些数字所代表的意思,尝试用比较清楚的语句表达自己的想法。

② 感受新年到来的快乐,产生自己制作日历的意愿。

以上教育活动目标具有比较明确的操作性和指向性,不仅能够使评价者根据上述"了解日历与我们生活的关系""知道日历上一些数字所代表的意思"等指向性目标来判定儿童达成目标的程度和效果,而且还能促使教师通过对活动过程中儿童语言、行为、态度等多项反馈的观察与反思来加强和促进活动的有效性。

2. 对教育活动内容的评价

对于幼儿园教育活动内容的选择,《幼儿园教育指导纲要(试行)》明确指出:应该既考虑幼儿的现有水平,又有一定的挑战性;既符合幼儿的现实需要,又有利于其长远发展;既贴近幼儿的生活来选择幼儿感兴趣的事物和问题,又有助于幼儿经验的积累和视野的拓展。以此为依据,对教育活动内容的评价可从以下几方面着手。

(1) 适宜性、有效性。评价教育内容是否具有适宜性和有效性是指活动内容是否依据教育目标,是否符合幼儿的年龄特点,是否尊重幼儿的学习兴趣和需要,并能从幼儿的角度来选择其喜欢的、感兴趣的内容。此外,适宜性、有效性还体现在教育活动内容选择的难易程度以及重点确立等方面是否符合小、中、大班不同幼儿的认知水平,能够有利于幼儿更好地获得新的知识经验以及获得适宜性的发展(见表6-5)。

表6-5 "我爱我家"教育活动内容

活动名称 评价要点	小　班 我来做爸爸妈妈	大　班 我为妈妈买×××
教师设计的出发点和思路	小班幼儿是怎么爱爸爸、妈妈的?最关注、熟悉爸爸妈妈的是什么?根据小班幼儿的年龄特点,通过情景创设,在情景游戏中再现幼儿对爸爸、妈妈的认识,使其获得语言、情感、认知等方面的整体发展。	大班幼儿已经能从生活中一些细小事件中感受"妈妈是怎么爱我的"。采用调查的方式可以让大班幼儿获得直接经验,提高做事的目的性、坚持性以及责任心。
内容安排	(1) 创设娃娃家情景; (2) 让幼儿在"娃娃家"的情景中看看说说; (3) 在自主地穿戴、装扮中,满足体验角色的需要; (4) 巩固对爸爸妈妈不同用品的认识; (5) 在情景中学念"顺口溜"式的儿歌短句; (6) 从中获得语言的模仿与创造性的发展。	(1) 幼儿进行为期一周的观察记录; (2) 观察记录的内容是"每天6:00~8:00妈妈为我做了哪些事",在此基础上进行集体交流活动; (3) 开展"用50元钱为妈妈买什么"活动; (4) 请幼儿想一想、说一说妈妈最需要什么、妈妈喜欢什么、妈妈缺少什么; (5) 幼儿到超市为自己的妈妈选择喜欢的、合适的物品。

从表6-5不同年龄班教育活动主题内容的设计来看,教师在教育活动内容的把握上较好地体现了适宜性,它既表现为与幼儿的年龄特点相适宜、与幼儿的生活经验相适宜,也表现为与幼儿的表现和表达方式等相适宜。可见,只有适宜的教育活动内容才可能带来有效的活动过程和效果。

(2) 针对性、挑战性。教育内容具有针对性和挑战性是指能够从不同的教育活动内容(或学科领域)的特点出发,既突出内容的专门化、个别化,也体现内容的综合化。即评价教师能否把握住各领域中幼儿关键经验以及应该获得的基本经验,同时在关注幼儿的现实生活经验的基础上,对幼儿已有的经验进行整合,使教育活动内容更体现出挑战性、针对性,促进幼儿在"最近发展区"的水平上实现经验的提升。

例如,在大班"我的本领大"主题活动中,"我会用工具"是教师预设的一个活动内容,教师在区角活动中投放了一些常用小工具让幼儿进行个别化的自主探索活动,使幼儿初步积累了一些使用小工具的经验。但是这些探索是个体的、局限的,有的幼儿甚至还不太会操作,有的幼儿碰到困难后就退缩了。由此,教师设计了"厨房小工具"这一集体教育活动。由于这是一个侧重认知学习、动手操作类的学习活动,教师预设的活动内容主要有三个方面:"说说我知道的小工具""什么时候需要用小工具""这是用什么工具做出来的"。这三个内容的安排使幼儿在分享交流、观看录像中,感受同一食品(萝卜)在运用不同工具制作后产生不同效果的"神奇"之处,以此进一步激发大班幼儿继续动手探索的兴趣。

可见教师的预设是从内容如何源于幼儿的生活经验又能够挑战幼儿的认知结构着手的,在内容的设计中能够分析与思考哪些是孩子已经认识的厨房工具、哪些是孩子比较陌生又充满好奇渴望了解的厨房工具、哪些是孩子可以自己操作直接体验认识的厨房工具、哪些是可以通过成人的演示来间接认识的厨房工具等,在此基础上安排的内容对幼儿来说就具有针对性、挑战性,能够促进幼儿的有意义学习。

(3) 多元性、整合性。教育内容的多元性、整合性是指教师对教育内容的设计安排能够体现各领域的关键经验间有机的、自然的整合,同时亦体现将某些发展领域中的内容围绕某个主线(某个领域),结合其他领域方面在某一主题中的统整。从内容上来看,这种整合在各领域间是有内在关联并由逻辑主线贯穿的,它是一种自然而有效的整合。

如在大班"夸夸南京路步行街"活动中,活动的主线是一个涉及音乐领域的内容,让幼儿尝试为歌曲配上富有节奏的语言旁白,以进一步表达对南京路步行街的喜爱与了解。这样的活动内容既有音乐素质的节奏练习,又有规范语言的模仿与创造,更有爱家乡、爱上海、爱自己居住环境的美好情感的熏陶和培养。又如在小班"洗澡真开心"活动中,活动的主线是认知科学领域方面的内容,教师在设计中通过情景渲染、动作模仿,让幼儿认认说说自己身体上主要部位的名称,了解一些常用的、熟悉的沐浴用品的名称,交流它们的不同用法,自然地带动了幼儿愿做一个"香喷喷"宝宝的愉快情绪情感体验。可见,这样的活动内容设计不仅整合了幼儿已有的生活经验、认知经验,而且能够在自然、多元的整合中进一步带动、丰富和加深幼儿的情感体验。

(4) 自然性、开放性。在幼儿园教育"回归自然""回归生活"的大背景下,活动内容也不再仅仅强调学科体系知识的严密性、逻辑性、完整性,不再只是强调知识的量和深度,而是更强调学习内容的广度和连接点,强调将学习内容与幼儿的多方面经验结合在一起,使新知识、新概念的形成建立在幼儿现实生活的基础上,强调将幼儿现实生活中的内容演绎为教育活动内容,从而使幼儿愉快地、主动地、创造性地、有效地学习。

在小班"我来做爸爸妈妈"活动中,活动内容有:抱娃娃、和娃娃说话、给娃娃喂饭、感知歌词内容、欣赏歌表演、体验与创编歌词。活动中,幼儿扮演爸爸妈妈的兴趣与感知、体验、认知、艺术表现融为一体,这样的内容比较符合小班幼儿具体形象的思维特点,符合小班幼儿整合式、情景化、动作化的学习特征。

在小班集体活动"好吃的冷饮"中,活动内容包括认识盒子、猜猜这是什么盒子、装的是什么样的冷饮、辨认形状、数数盒子里有几块冷饮、小组一起品尝、一盒冷饮怎么分、说说口味、习惯养成。教师巧妙地将辨别形状、数数、数的组成、品尝感知、行为习惯的教学内容有机地融合在活动过程中,这样的内容安排既是整合的,也是与幼儿生活经验背景相适应的,还是可以自然地不断生成和深化的。再如在"蜗牛的屎"教育活动中,教师预设的问题是"蜗牛的屎是什么颜色的",然后请幼儿给蜗牛喂不同的食物(红番茄、白菜、青菜、泥土),经过观察蜗牛的粪便后,师生共同讨论然后得出结论。这样的学习内容对幼儿来说具有自然性、开放性,因为最终得出的结论也并非是完全整齐划一的,而是开放而多样的。

3. 对教育活动方法的评价

对于一个教育活动来说,活动的目标设定、内容安排、手段方式等都是评价的重要内容。而对教育活动方法的评价主要看教师在教育活动方法、手段及情境创设的设计上是否体现了儿童的年龄特点,活动方式是否能满足儿童在学习方式上的差异性,是否能促进儿童在已有水平上的有效学习,教师的教学形式是否与教学内容相适宜,活动中教师的提问是否有效,等等,即主要表现在教育活动方法的适宜性、有效性方面。

(1)适宜性。适宜、有效的教学活动是通过教师的教学方式来体现的。巴班斯基在《论教学过程最优化》一书中指出:"教学方法是由学习方式和教学方式运用的协调一致的效果决定的。"因此,在教学方法的选择上,应该遵循以下原则:①根据教学目标选择教学方法。每种教学方法都可能有效地完成教学目标的某一内容,问题的关键是如何遴选最佳的方法。哪一种方法最易达到预期目标,符合儿童的年龄特点,它便是好的方法。②依据儿童的心理特征与认知特点。瑞士心理学家皮亚杰认为:儿童认知的发展是一个积极主动的建构过程,在这个过程中,儿童通过自己的活动(外显的物体操作活动和内隐的智力活动)逐渐建立分化和理解的认知结构。因此,教师应依据儿童思维发展的行为式—图像式—符号式三个阶梯,选择相应的方法,激发、维持儿童的内部学习动机,使儿童以积极的情感态度投入教学活动中,产生师生互动、生生互动。③考虑学科性质和教学情境。任何教法的功能都具有相对性,均各有其特点和适用范围。教师要善于分析各学科的性质特点,在此基础上选择与之相适应的教学方法;根据不同的教学情境,采取适宜的渲染、烘托等手段,充分发挥教学方法为完成教学内容服务、教学内容为达到教学目标服务的作用。

例如,在托班"小刺猬背果子"活动中,教师采用了情景游戏法组织幼儿学习,在小刺猬背果子中感受了"多"与"少",比较着"大"与"小"。在小班"拉小车"活动中,教师运用课件观赏法引导幼儿学习儿歌内容。在中班"神奇的树"活动中,教师采用观察想象法引导幼儿在问题情境中学习,了解神奇的树在不同季节里的变化。在大班"小兔逃跑"活动中,教师则用阅读表演法帮助幼儿感受理解故事内容,使幼儿在看看说说与表演体验中感受着小兔与妈妈之间的浓浓亲情。

教学方法的选用是为了更好地完成教学目标,教师应该根据不同的学习内容适宜地选择和创造性地运用教学方法。幼儿园教育活动中常用的教学方法有:游戏法、情景法、模仿法、谈话法、操作法、故事法、发现法、探究实验法、展示交流法等。值得注意的是,某一种教学方法往往有相适用的某种特定教学内容和教学条件,因此,评价教育活动中方法的适宜性,首先是看教师在教学方法的选择与运用上能否充分了解每种教学方法的特点、功能、局限性,以及其与教育内容、儿童年龄特点的相适宜程度,在此基础上进行合理、灵活、优化的使用。其次,还要评价教师是否能够在采用适宜的教学方法的同时,将教学内容转化为幼儿感受、体验、探究的学习过程,促使幼儿已有经验和新经验的认知碰撞,进而推动幼儿自主建构知识的过程。

(2)有效性。评价教师的教育活动方法是否体现有效性,可以从以下几方面着手:

① 对幼儿经验的提升。"经验"即经历、体验,泛指由实践得来的知识或技能,它是人在实践中通过自己的感觉器官直接接触客观外界而获得的对各种事物表象的初步认识。对于学前儿童来说,经验作为一种由其发起的感性认识活动,不仅仅指认知经验,而且包括在情感、技能、合作交往、学习方式等方面的经验。因此,在集体教育活动中,教师在选择和运用谈话、情景体验、发现、讨论等教学方法时,就应当结合恰当的教育时机,帮助幼儿梳理、整合、提升与拓展经验。

• 找准经验点。

教师准确找到新的经验点是关键所在,"经验点"的把握一般可以依据幼儿的"最近发展区"。幼儿共同的经验或幼儿发展中必须具有的经验即基本经验,它可以根据幼儿的年龄特点、发展关键期及发展目标确定。经验点是教师把握集体教育活动内容对幼儿的适度挑战性,使教育活动方法有效发挥作用的重要前提(见表6-6)。

表6-6 评价教育活动方法——找准经验点

活动名称	活动方法	经验点
城市的夜晚静悄悄	谈话法	有关城市夜晚不睡觉的人的认知经验;用规范语言表达画面内容的书面语言经验;对周围环境中夜晚不睡觉、辛勤工作着的劳动者尊敬与热爱的情感经验。
六个矮儿子	故事讲述法 体验表达法	"猜谜式"的理解方式;用肢体表达故事内容的表现方式。
小蚂蚁搬豆	感受体验法 自主表达法	对蚂蚁的认知经验;改编歌词的经验;合作表演的经验等。

• 运用多种方法与形式。

评价教师如何提升幼儿的经验不仅表现在教师对教育活动关键经验点的把握上,还表现在教师是否能根据相关经验点选择和运用适宜的方法与形式,从而更体现出活动方法的有效性(见表6-7)。

表6-7 评价教育活动方法——运用多种方法与形式

活动名称	提升相关经验点	方法与形式
好吃的点心	儿歌句式结构的语言经验以及快板式的表达经验。	儿歌总结法
放风筝	"风筝放不上去"的"失败经验"。	归纳总结法
种葫芦	了解不同的种植材料,如:沙子、泥土、水的不同特点;不同的种植方法的操作经验。	动手操作法
喜欢的花	喜爱花的不同方式的表达经验,以及用水彩画表达花的新技法经验。	示范演示法
逛逛城隍庙	将歌曲内容改编或镶字演唱的改编经验,懂得同样一句旋律中字数多就要唱得节奏快些的演唱经验。	歌唱改编法
成语故事	对"狐假虎威"成语的认知新经验,对"有关动物的成语"的探究经验。	录像拓展法

② 对提问策略的把握。评价教师"教"的有效性的另一个重要维度是评价教师的"提问"。提问是教师在集体教育活动中经常采用的策略之一,也是影响教师对教育活动指导的有效性的重要指标。评价教师提问的有效性表现在以下方面。

● 提问形式的多样性、灵活性。

教师在教育活动中对提问策略的把握,既需要尊重幼儿的年龄特点和认知发展规律,选择恰当有效的时机实施提问,同时,在运用提问策略中也应当视实际情况采用不同形式的提问,有时可以是展示式提问(即有明确的答案,是对知识核心的提问,但缺少启发性、思考性)或开放式提问(即没有明确的答案,属于更高认识水平的提问,可以引发幼儿讨论、激起幼儿想象),有时也可以是启发式提问(即在问题情景中引起幼儿进行比较、假设、分析、推理)或换位式提问(即引起幼儿假设,学着用换位的方式体验角色的行为、心理等)。

● 提问使用的目的性、艺术性。

在教育活动中,教师的提问应当有明确的目的性、启发性和艺术性。教师的提问,一方面要能激起被提问者回答问题的兴趣和热情;另一方面,活动中教师的提问还要与特定的教学情景相结合,引发幼儿进一步的思考。通过丰富多样、适宜有效的提问,促使教育活动在更加充满情趣、贴近幼儿生活、推动幼儿思维迁移的状态下,在加强和推动幼儿多边活动的过程中进一步促使教育活动内容层层深入和不断生成。

此外,评价教师的提问还包括评价教师是否将"疑"字引入教学过程,教师是否通过引疑、设疑、质疑、求疑、解疑、留疑的一系列过程,启发幼儿积极思维,并在教育活动过程中允许幼儿以适合自己的方式、方法、速度学习;教师是否能支持幼儿特有的想象和"与众不同",及时发现和挖掘蕴藏在幼儿身上的潜能,通过双向、多向提问形成学习过程中师生互动、生生互动的良性循环。

4. 对教育活动环境材料的评价

教育活动是在教师一定的目标和内容预设前提下进行的活动,其中,对环境和材料的创设是很重要的一个方面。因此,对教师"教"的评价,活动环境材料的创设是不可或缺的一项评价内容。

(1)相宜性、启发性。在幼儿园教育活动设计与指导中,环境材料的创设和利用既是满足幼儿探索、操作和合作交往等活动的基础条件,也是保证教学方法能够充分发挥有效价值的重要前提。教师对活动环境和材料的创设与提供,首先必须与活动的目标定位、内容主题相适宜,即环境和材料的设定是能够为目标的达成和内容的学习与体验所服务的,而不只是为了追求形式上的环境和材料;其次,相宜性还表现在环境与材料的呈现方式是与幼儿的年龄特点和主题内容相吻合和一致的,而不只是为了追求新奇与丰富。例如,在"教师节,老师、阿姨在干什么"的主题活动中,教师创设了"看录像"的环境,通过这一环境可以让小班幼儿更真切地感受和了解当自己在午睡时,老师正在为自己盖毯子;当自己在做游戏时,厨房里的厨师正在汗流浃背地烧饭……这样的环境设计不仅符合小班幼儿具体形象的认知特点,也能够帮助他们加深对主题内容的理解和感受,体会到教师、厨师对自己的关心以及工作的辛劳。

对于环境和材料的设计与选定,在体现相宜性的同时,启发性也是随之而生的。只有适宜的环境和材料才能充分发挥在幼儿认知、情感、个性、社会性等方面发展上的启发作用与价值,而在教育活动中,这种环境和材料的启发性尤以对促进幼儿概念建构、探索发现、认知冲突、积极思维等更显其价值。

(2)多样性、开放性。评价教师对环境和材料的创设,除了相宜性和有效性,丰富多样和开放性也是不可忽视的,尤其是随着现代化教育手段和多媒体课件的广泛运用,教师可以尽可能地调动和布置多种资源和环境,更多样而开放地设计和使用环境与材料。当然,在体现环境和材料的多样性、开放性的过程中,教师必须从环境、材料在实际教学运用中的功能和价值出发,把握好"度"。一般说来,当学习内容较远离幼儿生活经验或背景时,教师可以利用录像、课件展示实际生活的真实情景,以丰富幼儿的生活经验,进而拓展能够共同交流的话题,进一步引发幼儿表达、表现。而当学习内容贴近幼儿生活或预知大部分幼儿有相关经验背景时,教师则可以利用照片、图画等平面环境布置引发幼儿对已有经验的回忆,进而推动幼儿进行大胆自主的分享交流以及更进一步的问题探究。例如,在"我长大了"主题活动中,教师布置了一组幼儿小时候的照片、物品、绘画作品等环境,借助这些环境和材料激起幼儿的回忆交流,引发幼儿讨论"我的本领从哪来""我还想学会什么本领"等。

此外,幼儿园教育活动的组织有其空间形态和时间流程。如果说空间形态的建构主要表现在教育活动形式上,那么,时间的控制则主要表现在对教育活动过程各个组成部分的安排序列上。因此,评价教育活动,组织形式和结构程序也应当在其列。在幼儿园教育活动设计中,根据儿童的年龄、活动目的、内容、参与活动人数的不同,可以采用不同的组织形式,可有集体教育活动、分组活动、先分组后集体或先集体再分组等不同形式。从活动空间来说,或室内或室外。从儿童活动的场地设置来看,可以是马蹄型、自由结伴型、秧田型、直条型等。这些安排的关键在于哪种形式最能符合儿童本次学习的特点与要求,能够既有利于目标的达成,又保证信息渠道的多元、畅通和快捷,能够把信息在传递过程中的流失量控制在最小范围之内。因此,从优化教育活动的角度来说,以上对于活动组织形式、时空设置等方面都是需要从教师这一角度给出评价的,只有对教育活动系统中的每一个相关因素作出充分、合理的思考、评价、调整,才能真正确保和促进教育活动的优质、高效进行。

第二节　幼儿园教育活动评价的方式

随着教育评价理论的不断丰富和发展,人们从不同的观点和视角出发对评价的类型和模式展开了讨论,既有标准化的测验或自我性的评估,也有局部性的诊断或终结性的评定等,而每一种评价类型和模式都是与恰当的目标选择、期望的结果获得和一定的限制性条件相联系的,换言之,每一种评价类型和模式都有其适用的条件和前提。邓肯·哈里斯曾经把评价的类型划分为由八对相关变量构成的八种评价模式,即(1)正式评价和非正式评价;(2)形成性评价和总结性评价;(3)过程性评价和结果性评价;(4)标准参照评价和常模参照评价;(5)个人评价和群体评价;(6)连续评价和终结评价;(7)学习者判断评价和教学者判断评价;(8)内部评价和外部评价。①

虽然评价的模式按照一定的维度可以分为以上几组,但是,实质上它们彼此之间并不是完全独立和互斥的,在评价的实际运用中它们往往是相互交叉的,这样的分类只是为我们更好地选择和使用评价及其技术提供一定的理论依据。而幼儿园教育活动的评价,相对来说是一个对更具体、更微观层面的现象、个体或群体所作的评价,因此,在一般情况下比较常见的评价模式及一般方法有以下几种类型。

一、正式评价和非正式评价

(一) 正式评价

所谓正式评价是指评价者富有计划性、目的性和针对性实施的评价,一般往往是采用量化的方式来进行的。体现在教育活动中,多表现为上级行政部门、幼儿园管理层根据一定的目的和计划而开展与实施的评价,常见的有各个层次(园内或园间)的教学活动评优等,一般采用量化和等级或分数式的评价表(见表6-8、表6-9、表6-10)。

表6-8 幼儿园教育活动评价表(一)

_____幼儿园 _____班 活动名称_____ 执教教师_____

	评价要点	评价等级			
		优	良	中	差
目标	年龄适宜性				
	具体操作性				
	整合可行性				
	实际达成度				
内容	年龄适宜性				
	与目标一致				
	科学合理性				
	自然生活性				
方法(手段)	环境材料适宜				
	灵活多样整合				
	实效性				
教师	讲解的有效性				
	策略的适宜性				
	评价的全面性				
	个别的关注度				

---

① 孙可平.现代教学设计纲要[M].西安:陕西人民教育出版社,1998:327.

(续表)

	评价要点	评价等级			
		优	良	中	差
幼儿	投入程度				
	互动机会				
	适度挑战				
	习惯态度				
总体					

评价者： 评价日期：

表6-9 幼儿园教育活动评价表(二)

_____幼儿园 _____班 活动名称_____ 执教教师_____

项目 \ 等第		好	较好	一般	差
教学目的	明确度				
	整体性				
教学内容	综合性				
	指向性				
教学方法	科学性				
	恰当性				
	针对性				
	合理性				
教师基本素质	组织能力				
	教学环境创设				
	教学民主				
	教学技能				
幼儿即时表现	情意态度				
	学习习惯				
	认知水平				
总体评语					

评价者： 评价日期：

表6-10　幼儿园教育活动评价表（三）

　　　　幼儿园　　　　班　活动名称　　　　　执教教师　　　　　

评价项目＼分数	8—10(分)	5—7(分)	3—5(分)	1—3(分)
教学环境				
教学目标				
教学内容				
教学过程				
教学方法				
教学手段				
师生互动				
学生主动性				
教学特色				
总　　分				
总体评述				

评价者：　　　　　　评价日期：

（二）非正式评价

　　非正式评价通常是指发生在教育活动过程和特定活动情境中的，不自觉地进行着的，对学习者的行为语言以及教学活动现象或事件等的观察和评定。它是教师在与幼儿日常接触及互动过程中通过不断地了解幼儿，进而形成对幼儿的某种判断与反馈的评价方式。非正式评价一般很难量化，具有较大的主观性和隐蔽性，但教师非正式评价的目的也是为了更好地了解学习者的需要、学习风格、认知特点等，以帮助和促进幼儿的学习。同样，在教育活动过程中，这种非正式评价有时也会发生在幼儿身上，并反过来对幼儿的学习和学习氛围产生一定的影响。如幼儿对教师的非正式评价若是积极的，那么，无疑将会加强幼儿对学习的积极心向和强烈的内部动机，促进幼儿与教师的交流和互动，有利于营造平等而和谐的学习环境和氛围。在幼儿园教育活动中，教师作为评价者采用非正式的途径对活动中评价信息的收集也是十分常见且极其有意义的一项工作。一般来说，这种非正式的评价与评估有以下几种方法①（见表6-11）。

表6-11　非正式的评价与评估方法

方　　法	目　　的	指导方针
观察 　观察儿童——通过系统的方式观察儿童。	使教师能够鉴别儿童的行为、将儿童的表现情况编成文档，并作出决策。	制定观察计划，并清晰地了解观察的目的。
真实记录 　以儿童的表现为基础，以现实活动为基础。	有助于决定儿童是否正在将他们所学习的内容应用到现实环境之中。	确保评价的内容与现实事件相联系，确保学习者参与到完成任务的过程中，确保教学在评价之前就已经提供给儿童。
轶事记录 　对事件或者行为作出简短的叙述性解释。	增加对行为的特殊原因的洞察力，为具体的教学策略制定计划提供基础。	仅仅记录观察到的与听到的内容；应当对事实进行处理，应当包括环境（例如行为在哪里发生）以及说了什么、做了什么。
即时记录 　集中强调随着时间而发生的事件的系列过程。	帮助教师对一段时间内的行为获得一个更加详细的了解与审视。	保持客观性，努力尽可能多地将细节记录下来。
事件取样 　集中强调一个特殊事件中的特殊行为（例如午餐时间内的行为；户外活动中的行为；阅读小组中的行为）。	帮助教师审视一段时间中、一个特殊事件中的行为。	在一个特殊时间内，辨别一个被观察到的目标行为（例如在交接活动中的争斗）。
时间取样 　在一个特殊的时间段内（例如5分钟或10分钟），记录特殊的事件或者行为。	帮助教师识别一个特殊的孩子什么时候展示特殊的行为。帮助教师回答问题："儿童一直在开展活动或者仅仅在一定的时间与事件中才这么做？"	仅仅在特殊指定的时间段中进行观察。
分出等级 　包含有一套行为的一张表格。	在观察之时，使教师能够记录数据与资料。	选择适合分类内容的分级类型。确保主要的描述工具与分类方法适合被观察的内容。
检查表 　辨别儿童能够完成与不能够完成的一套行为表。	使教师能够很容易地观察与检查儿童了解及能够完成的内容。	确保检查表包括对教育方案与学习都很重要的行为（例如从1数到10，单脚跳跃）。
作品样本 　对儿童作品的收集，这些作品展示儿童了解与能够完成的内容。	提供具体的学习例子；能够显示随着时间的进行所取得的成长与成绩。	确保作品样本展示儿童了解与能够完成的内容。让儿童选择他们想要用来作为他们学习例子的作品项目。

---

① ［美］乔治·莫里森.当今美国儿童早期教育（第八版）［M］.王全志，孟祥芝，等，译.北京：北京大学出版社，2004：312—313.

（续表）

方　法	目　的	指　导　方　针
文件夹 儿童作品样本的收集。	为儿童在特殊领域的成绩提供文件记录。能够包括测试分数、视频资料等。	文件夹不是垃圾存放处，而是收集经过深思熟虑的、在一定时间内记录学习情况的材料。
访问 使儿童通过问题参加讨论。	儿童能够被要求对行为、作品样本或者特殊的答案作出解释。	为了深入观察对儿童处于所有水平上的学习，可以提出布卢姆分类学所有水平上的问题。

其中，观察是最基本也是最广泛使用的评价方法之一，它的作用在于收集信息，为作出决策、提供建议、制定和调整策略、促进教师的教学反思以及评价儿童的成长发展与学习打下基础。根据观察的目的和时空条件的不同，我们可以将观察分为自然条件下的观察和情景背景中的观察两大类型（一般前者比较常见而多用），又可以分为描述性观察（如日记描述、轶事记录等）和抽样性观察（如时间抽样、事件抽样）。

1. 观察的目的

观察的主要目的有以下几个方面：（1）确定儿童在认知、语言、身体、个性、社会性、情感等方面的发展水平和特点；（2）鉴别儿童的学习风格和方式；（3）为满足儿童需要，进一步制定和调整学习计划；（4）帮助和促进自我的教学反思；（5）为家长提供反馈信息。

2. 观察的步骤

为了保证教育活动中教师的观察具有目的性和系统性，观察也应当按照一定的步骤和过程来进行。一般说来，它可以分为以下几个步骤：（1）制定观察计划，即帮助观察者设定一个目标，思考"为什么想要观察"并指导观察者在观察实施中付出努力。它是观察过程的重要组成部分，能够使观察者的注意力更集中，能更有针对性地实施观察。（2）实施观察，即采用一定的工具和手段来组织观察，以尽可能地使信息收集客观、明确和全面。在收集观察信息方面，一般可采用的具体而有效的手段有卡片式记录、表格式设计等文本型的观察手段，以及录音笔、摄像机记录等动态型的观察手段。（3）解释观察材料，即将所收集到的观察信息转换为带有主观观点和视角的解释。它是观察者和教师所要做的一项重要工作，既有助于对儿童行为和教学事件的分析与把握，也能进一步预测儿童学习进展和方向，并为教育活动方案的调整提供依据。（4）应用观察结果，即指教师作为观察者根据观察的结果采取、执行一定的行动。例如教师根据观察的结果对环境、材料、活动方式、内容等进行即时调整。

3. 观察的记录样式

一般来说，对教育活动的观察所运用的记录表可以有以下几种：（1）对教育活动的整体式观察记录表（见表6-12）；（2）对教育活动的片段式观察记录表（见表6-13）；（3）对教育活动中幼儿的个案式观察记录表（见表6-14）。这些观察记录表所收集的信息可以使教师更多、更深入地了解活动中的儿童群体和儿童个体，并在自我反思和分析评价的基础上加强对教育活动的指导。

表 6-12　教育活动整体式观察记录表

活动名称：					
年龄班：					
执教教师：					
观察项记录	学习环境的创设	学习内容的设定	学习兴趣的激发	学习过程中与幼儿的互动、回应	教学方法和策略的运用
教师					
观察项记录	活动兴趣及参与态度	认知能力与思维水平	社会性合作与交往	自主表现与表达	学习习惯(坚持性、注意力等)
幼儿					

表 6-13　教育活动片段式观察记录表

活动名称：			
年龄班：			
执教教师：			
教育活动	发生背景和环境	事件/行为/语言(幼儿或教师)	评价与思考
记录			

表 6-14 教育活动个案式观察记录表

活动名称：	
幼儿姓名：	
性别：	
观 察 与 记 录	
发生背景和环境	
指向或互动对象	
行为表现	
语言	
教师反思	

二、形成性评价和总结性评价

(一) 形成性评价

形成性评价是通过对学生学习进展情况进行评价,进而影响学习过程的一种评价模式。这种评价主要反映在教育活动的持续进行过程中,通过了解、鉴定教育活动的进展,及时地获取调节或改进活动的依据,以提高教育活动的实效。它是伴随着活动的进程而自始至终进行的一种动态性评价,能够获取的评价信息大、范围广。

幼儿园教育活动是发生在特定的情景和背景之中的,是由不同的教师、儿童和环境之间的互动构成的。教育活动本身是一个动态的、变化的、带有不确定性的过程,因此,伴随着活动的进程,对构成活动的诸多要素之间的关系进行评价也是一种动态的过程。对于教育活动的实施来说,形成性评价对于及时获取有效信息,把握活动状况、儿童需要,调整教学指导策略,促进儿童的有效学习具有重要的作用。

一般说来,伴随着教育活动过程的形成性评价可以通过观察、谈话、作品分析等非正式的评价方法来进行。通过观察幼儿具有典型意义的行为表现或积累一定的幼儿作品,了解和获取幼儿在活动中的发展状况和信息,以促进教师及时地调整教育活动环境、策略,并为进一步满足幼儿的学习需要和支持其深入学习与探究提供依据。

(二)总结性评价

所谓总结性评价是指在完成某个教育活动或某个单元性、阶段性活动之后进行的总结和评定,它是与目标的达成程度紧密相关的。总结性评价的目的就是对教育活动目标达成程度的测定,它通常是在教育活动之后所实施的一种评价。

形成性评价和总结性评价模式从运行时间上就可以反映出它们的差别所在,而若从功能的角度而言,它们之间的差别也就是过程性评价和结果性评价的差别,相对来说,形成性评价更注重活动过程,总结性评价更注重活动结果。

三、个体评价和群体评价

(一)个体评价

所谓个体评价是指对参与教育活动过程的幼儿个体所进行的评价,评价的内容可以包括活动兴趣、参与态度、学习方式、互动与社会化程度、学习能力与习惯等方面。个体评价的目的是更好地描述个体、了解个体、帮助个体,进而促进个体的探索和学习。

(二)群体评价

群体评价是指对教育活动中参与活动的幼儿整体的评价,一般说来,这种评价倾向既可以体现在一些比较正式或量化的评价中,也可以运用在一些教师作为评价者实施的非正式评价中。前者的目的是判别和鉴定教育活动中儿童整体在学习能力、认知水平、情感态度、交往合作等方面的目标达成程度;而后者的目的则是给教师提供有关群体倾向的相关信息,通过分析群体特点来促进教师对活动的反思、调整与改进。

在幼儿园教育活动评价的实施中,对幼儿的评价既包括儿童个体也包括群体。这两种评价模式各有不同的功能和价值,应当紧密结合,交替使用。

四、内部评价和外部评价

(一)内部评价

所谓内部评价是指参与者主体进行的自我评价,如学习者主体对自身的自我认识和评价,教学者主体对自我的教学工作的评价等。在幼儿园教育活动实践中,教师作为评估者,根据一定的价值判断和评价标准对自己教学活动所进行的自我反思和评价也是相当重要而有意义的。对教师而言,对自己教学活动进行分析与反思的自我评价是一种内在的行为,它能更自觉而有效地促进教师专业化能力的提高。

作为一种内部评价,教师的自我评价过程实质上就是教师对课程和教学的反思过程。当代美国著名的社会学家斯甘认为,反思是教师对自己已有观念进行修正、替换、删减的过程,积极、自觉的反思可以使教师积累教学经验、提高教学素养,现代教师也被称为"反思从业者";而美国学者波斯纳则提出了一个教师的成长公式:经验＋反思＝成长。他认为没有反思的经验是狭隘的经验,至多只能形成肤浅的知识。

在当前的幼儿园课程改革和教师专业化成长的课题中都对教师提出了要求,希望对教师在教学过程中以研究者的心态置身于教学情景、以研究者的眼光审视和分析教学理论与教学实践中的各种问题,并对自身的行为进行反思,对出现的各种问题进行探究,对教学中的有效经验进行总结。那么,教师作为一个自我评价者如何展开反思呢? 首先,可以从幼儿学习的角度进行反思(幼儿是否全体参与活动;是否有多边交流、互动的机会;思维是否活跃,是否敢于提出问题、发表见解;幼儿的学习方式是否多样;幼儿学习时的情绪是愉悦的还是紧张的;幼儿活动中是否有生成的问题出现等)。其次,可以从教师教学的角度进行反思(教师自己的教学行为与新的理念及方法有无不适应的地方;课堂设计与幼儿实际收获之间有多大差距;新旧知识的联系是否有效;对待幼儿是否公平、公正、热情、肯定;在课堂上自己是否注意与幼儿沟通合作;自己的思维方式对幼儿产生了什么影响;教学过程中用哪些方法帮助幼儿尝试多样的自主学习方式;用哪些方法来处理课堂中出现的新问题;教学中是否产生教学遗憾等)。

当然,教师对自己教学的反思除了可以在自我评价中反思,还可以在他人评价中反思。总之,反思是教育活动中自我评价和内部评价的一种重要方式,是现代教师成长的阶梯,也是课程改革对教师专业化水平的需要与呼唤,教师有意识的自我反思和评价能更快地提高教师的课堂教学能力,促进教师的教学评价能力提高。

(二) 外部评价

所谓外部评价是指评价主体独立于评价对象之外所实施的一种他人评价。作为评价者,可以根据教育活动的评价标准对活动的实施情况进行价值判断,评价内容包括活动对象在教育活动中的表现(包括知识与技能、情感与态度、能力与习惯等)以及教育活动设计组织者的表现(包括环境创设、材料投放、教学目标、教学内容、教学方式、教学过程等)。

一般来说,评价者可以是幼儿园管理者、上级行政、同行教师等。由于不同的评价者的评价角色、评价目的有所不同,因而也就势必造成评价角度、评价侧重点的不同。上级行政部门、业务部门、督导部门的评价较偏重于幼儿园的教学管理、教师队伍、家长工作、总体办园水平等方面;幼儿园园长、教科研人员的评价更多的是通过评价教师的教学水平以考核评定、选拔人才等;而教师、教研组之间的评价则比较偏重于自我展示、研讨教学、分享经验、有效反思等。因此,对幼儿园教育活动外部评价的实施应当做到切合实际、针对实际和服务于实际。

除了以上几对主要的评价模式类型以外，在幼儿园教育活动的评价实施中，若从评价所涉及的对象范围来分，可以有针对较大范围的整体评价和针对某一方面实态的局部评价；从评价的参照体系来看，可以有定量评价和定性评价之分等。总之，评价的类型从不同的维度出发是各有特点和侧重的，但是，不管哪一种评价类型和模式都有其优势和长处，如非正式评价更体现教育过程情境性和信息来源多向性，形成性评价更体现对教育过程的了解和持续调整以改进提高教育活动质量，过程性评价更注重评价实质，个人评价更针对学习者的个体需要，等等。而且，在教育活动的设计与实施中，每一种评价也不是完全独立于另一种相对应的评价模式的，它们之间往往是交叉重叠的关系，例如形成性评价和总结性评价、过程性评价和结果性评价之间就有着非常密切的关系，在一定的情境和活动过程中它们只有相互结合，才能更好地发挥评价的功能和作用。

五、幼儿成长档案袋评价

在教育活动评价中，无论是量化评价或质性评价、形成性评价或总结性评价、内部评价或外部评价，评价者都旨在通过适当的方式支持和促进幼儿的学习。因此，"适当的评价"就成为学前教育专业工作者共同关注和讨论的话题。而在这场讨论中，一种倡导以学习者实际表现为基础的"真实的评价"得到了广泛的重视和认可，它认为对幼儿的评价应该建立在他们实际任务的基础上，而将任务标本——项目、表演、作品、实验、日记等，与教师的观察与记录一起放进文件或档案袋中，成为该种评价的基本成分。在幼儿园教育实践中，这种突出"真实的评价"的典型代表就是幼儿成长档案袋评价。

（一）幼儿成长档案袋评价的含义

档案袋评价（portfolio assessment）是20世纪80年代后，伴随西方"教育评价改革运动"所出现的一种质性评价方法，是一种强调"动态"的评价模式，这种评价也被称为"成长记录袋评价""历程记录评价"或"学生学习成果记录评价"。

幼儿成长档案袋评价是对幼儿成长过程的档案式记录，通过收集、整理幼儿作品及相关资料，记录幼儿在各类活动中体现出的个性、兴趣、态度、能力等，对幼儿发展中的真情实景以及发展轨迹进行真实记载，是体现幼儿发展"动态评价"的最佳形式之一。

第一，幼儿成长档案袋评价是一种儿童、教师以及家长共同参与和合作的评价过程，它能够促进家园之间的有效沟通，使教师和家长都能真实、清晰而全面地了解孩子的个人成长足迹。

第二，幼儿成长档案袋评价也是蕴藏在幼儿园课程与教育活动之中的，对幼儿进行评价的基础正是以课程与教育活动为载体并在其中呈现的学习内容，因此，它是和课程与教育活动紧密相连的。

第三，从幼儿成长档案袋评价中，还可以折射出教师的教育观、儿童观、教学观，以及对教学方法、教学手段的运用能力。对于教师来说，评价与记录幼儿在教育活动中的发展与成长可以有多种形式与手段,可以是鉴定、描述、归纳等表格式评价记录,也可以是幼儿的档案式评价记录。档案袋评价作为体现多元评价的一种典型范例,可以促进教师有计划、有目的、有系统地收集各类能反映幼儿在一定时段内学习状况、学习特色、发展变化等方面的原始资料,并将这些资料汇集成册,以更进一步了解幼儿并检验与反思教学过程。

(二)幼儿成长档案袋评价的特点

1. 反映幼儿成长的"动画片"

以往在幼儿园关于每个幼儿成长过程的档案式记录中,比较多呈现的是幼儿生理发育和生长指标方面的信息,而对于涉及幼儿学习成长的评价指标与记录,较多采用的是一种趋向标准化测验的模式,如智力测验、能力评定、水平测试等,它是一种偏静态的、体现"即时性"的评价方法。随着幼儿教育改革的深入以及现代幼儿教育观念的影响,幼教工作者已经越来越认识到要真实、客观、动态地反映幼儿的全面发展水平和成长过程,尤其是学习成长经历,记录分析和评价幼儿在各种活动中的表达、表现或"作品""成果"的幼儿成长档案袋不失为一种积极而有效的方式。

幼儿成长档案袋是一种动态性的评价方式,它首先能定期或不定期地收集幼儿成长发展中不同时期的各种资料(包括幼儿的作品、教师的观察记录、照片、影像资料等),帮助教师通过成长档案袋中积累的各种作品特点及观察记录来评估幼儿,使总结性评价与形成性评价有机结合起来,保证了评价的客观性、全面性。再者,幼儿成长档案中的资料能"动态"地反映幼儿在各领域的发展、成长状况,为教师了解、掌握、评价幼儿的发展水平,包括个性特点、语言、思维、艺术等能力发展中的强项与弱项,提供全面、丰富而生动的参考信息和评价依据。例如,反映××幼儿(小班)来园插放自己名字牌(从一开始的无意插放到后来的有意插放)的变化进展过程的照片或文字记录式的原始"档案",就可以生动地体现该幼儿在环境适应以及应对能力方面的发展状况。同样,幼儿成长档案袋还能反映并评价幼儿的内省智能、语言智能、交往智能等,尤其是内省智能。这是因为档案袋为每个个体提供了自我认识和自我评价的机会与条件,并从中获得内省智能的发展。如:××在向客人老师介绍自己的成长档案上的各种"文献材料"时充满自豪地说着:"这是我刚开始的画,后来我画得更加像了。……(指着画面上的妈妈和孩子)以前我睡觉要妈妈陪着,现在我会自己做很多事情。"由此可见,观看或展示自己档案中的"足迹"能够令幼儿回忆起快乐的时光,体验享受到其中的乐趣,感受自己的成长,而且有助于幼儿产生自信心、成就感,有助于他们良好个性的形成,也有助于幼儿内省智能的发展。

成长档案犹如动画片,生动形象地展现着幼儿在语言、动作、情感、交往、认知方面的发展轨迹,使教师、父母更加客观、全面地认识每个个体的"最近发展水平",并形成对幼儿正确的评价。当然,幼儿成长档案袋并非将幼儿的任何作品"照单全收",而是根据幼儿的个别化表现有目的、有选择地收集、选取档案,以恰当、有限的资料真实、客观地记录和评价幼儿个体的成长过程。

2. 组织教育活动的"资源库"

幼儿成长档案袋为教师描绘出了每个幼儿真实的发展状况,因此,通过对档案袋的记载和查阅,教师就能够在对幼儿系统化、全面化了解的基础上,更好地拟定符合幼儿"最近发展区"的教育计划与方案,从而富有成效地促进幼儿和谐健康地发展。幼儿的档案袋是教师制定活动计划以及使计划得以实施的重要依据之一。

在幼儿园,教师常会不定期地展出幼儿活动的作品(或作业),而当幼儿又有新作品或者教师想更换原有的展品时,有些教师会让幼儿把自己的作品带回家,但时间一长,作品不是损坏就是被丢弃。如果把这些作品放入幼儿各自的档案袋中,就可能成为日后新的教育活动的重要素材,成为教师进一步生成活动的重要"资源库"。如教师将幼儿成长档案中的绘画作品作为素材,生成"我长大了"的主题谈话活动:教师与幼儿一起欣赏、比较、分析自己前后的绘画作品,并交流:"看看你以前的画和现在的画有什么不一样。(让幼儿体验自我成长的快乐)""如果现在再来画,你会不会有新的想法?(激起幼儿再次创作的愿望)""把自己的画和别人的比比看,有什么不一样? 还可以怎么画?(培养幼儿比较、分析的能力)"在此,幼儿成长档案袋里的材料是教师可以利用的重要资源,它们比教师的范例来得更丰富和生动。

因此,教师在选择教育活动的内容和形式时,可以突破幼儿园所规定的教材范围,充分利用"档案袋"的形式作为拓展教育活动的一个生长点,它不仅是一种积极挖掘课程资源的创造性活动,而且在幼儿成长档案袋评价的创建、形成和不断丰富中,能够真正发挥和体现幼儿与教师的双主体意识和价值。

3. 架设家园合作的"信息桥"

由于对幼儿进行直接评价的方式具有不可靠性,评价应当包括多种依据来源,尤其是来自父母、教师的报告,因此,幼儿成长档案袋评价犹如在联系和沟通家园合作中架设起的一座桥梁,它可以使家长在分享评价结果中了解自己孩子在幼儿园学习、生活、游戏、运动等活动状况,了解和关心幼儿园教师的教学工作,并以此为参照在家庭中对幼儿进行合作性、针对性的指导;同时,也可以使父母和家庭积极地参与孩子成长档案的制作过程,使教师随时随地获得家长对孩子的期望,了解幼儿的家庭生活内容,使得家园合作的信息得到扩展和丰富,让家庭也主动参与到对幼儿的教育过程中来。此外,在主题教育活动中,教师可以通过档案中的幼儿作品、教师自己的描述,请家长发表对活动的看法以及建议,同时家长可以获取有关活动内容的更多信息,这样的联系桥梁是幼儿、教师、家长之间的多边活动,也是能够充分利用和整合多种教育资源的过程。可见,幼儿成长档案袋加快并拓展了教师、幼儿、父母之间的交往频率和通道,为家园合作与沟通开辟了新的广阔空间。

(三)幼儿成长档案袋评价的基本内容与一般记录方式

1. 幼儿成长档案袋评价的基本内容

幼儿正处在全面生长与发展的关键阶段,幼儿成长档案袋所收集的内容既可以包含幼儿的身体、动作、认知、语言、情感、个性及社会性能力等多个发展领域,也可以特别围绕某一领域

的发展(长项或短项)。它的具体形式是灵活而丰富多样的,也是充分体现个体需要和差异的。一般来说,它包括以下一些基本内容:

(1)幼儿生长发育方面。这部分材料主要反映对幼儿身体各方面的生长发育状况的评价与记录。如身高、体重、视力、牙齿、动作、血色素等方面的指数。其来源主要是幼儿园对幼儿进行的定期或不定期的身体健康状况测查以及上一级的幼儿卫生健康主管部门对该园幼儿进行的健康状况抽查的数据。

(2)幼儿认知活动方面。幼儿认知活动方面的材料收集和评价来源比较丰富,主要反映和记录的是幼儿在集体、小组或个别的探究性学习活动中的语言、想象、观察、思维等方面的发展状况,可以通过对幼儿的语言讲述、同伴交谈、问题对答等的原始记录来分析和评价幼儿在教育活动中和其他日常活动中的认知表现。

(3)幼儿动手能力方面。在教师组织的各类活动中,幼儿动手参与操作的活动是最常见的,因此,幼儿成长档案袋中的这部分材料是最容易收集的,教师可以把幼儿不同时间、不同内容、不同方式的操作活动(如插塑、积塑、小型积木等建构类操作,自制玩具等创意性操作,集体活动中的探索性操作等)的作品有选择地通过拍照或文字描述等方式收集归入幼儿的档案袋中。

(4)幼儿艺术活动方面。这方面的资料比较具体、直观,可以将幼儿在美工活动中的作品用拍摄照片的方式加以收集,如绘画、纸工、泥工等创造性表现作品;还可以将幼儿在歌唱、韵律、文学戏剧表演等活动中的表现和创造进行照片或声像记录,以反映和评价幼儿在艺术能力方面的兴趣、态度和创造性表现。

2. 幼儿成长档案袋评价的一般记录方式

幼儿成长档案袋的记录方式一般有幼儿作品记录、文字记录、声像资料记录等方式。

(1)幼儿作品记录。幼儿的作品样本是表现幼儿的成就与努力过程的最佳载体,它是一种最具体直观的评价记录方式。幼儿的作品既可以是幼儿的原始作品,如用纸笔方式呈现的绘画作品、书写的算术练习等,也可以是幼儿对自己作品的口述记录。原始作品具体直观、形象生动;口述记录既呈现了幼儿的语言表达能力,也反映了幼儿对自己作品的情感、想法,体现了幼儿的认知水平。这种记录方式能帮助教师和家长更好地走进幼儿的心灵世界、认知世界,把握其最近发展区。

(2)文字记录。文字记录是记录的常用形式,包括与幼儿的交流记录及教师的观察记录。交流主要是与一个幼儿或多个幼儿在主题活动开展以及日常生活中就某个问题进行探讨。教师可以通过文字记下幼儿的想法和需求等信息,了解幼儿的个别需求,并在时间允许的情况下,给予幼儿反馈。而观察是实施幼儿发展性评价的主要手段,教师可以通过观察系统地记录幼儿在教育活动中的表现,从中分析发现幼儿的成长需要;或者对观察到的幼儿比较复杂的行为或情境进行记录,也可以在文字记录中配上照片以增添真实性、生动性、可读性。

(3)声像资料记录。声像资料是一种生动有效的记录形式。它主要是指照片、录音和录像等。这种记录方式能呈现出幼儿成长与发展中的许多丰富有趣的信息,也能够极大地调动起家长参与教育过程的积极性。一份由自己孩子复述故事、大声朗读与歌唱、独白表述的录音或录像,能使家长"身临其境"般地看到或听到幼儿的生动表现与表达。教师在为幼儿参与各类活动照相或摄像时,也需要辅之以简要的文字记载所拍的日期、内容、场所以及一些需要特别说明的地方。

总之,幼儿成长档案袋评价的记录方式是丰富多样的,虽然以观察为主的评价记录方式是主要的,但其往往容易受到时间、空间的限制以及观察者的主观影响,因此,还需要结合一些类似访谈、问卷调查及测验等方式,以提高档案袋评价的信效度。

(四) 幼儿成长档案袋评价的运用

1. 基本原则

为了使幼儿成长档案袋评价更好地发挥其在教育活动中的评价作用,而不是一种为了求新或点缀而用的"装饰袋",教师在运用中应该遵循以下一些基本原则。

(1) 目的性、计划性。幼儿成长档案袋评价是为了更好地改善课程和教育活动,以使其更好地符合幼儿的发展需要,因此,教师首先应确定幼儿成长档案袋是全面档案还是单项档案的评价与记录,然后有目的、有针对性地收集幼儿发展中的"点点滴滴",并制定与幼儿进行个别交流的时间以及与家长交流档案袋的计划。如确定和家长共同回顾、交流幼儿在一段时间内的情况,感受幼儿的成长与改变的频率;定期举办作品展览会,向家长汇报幼儿的成长与发展状况等。可见,有关幼儿成长档案袋的分享、交流、解读等内容都应当作为教师有目的、有计划的一项工作。

(2) 主体性、参与性。幼儿是成长档案袋的主体,无论是档案袋的建立、形成还是制作都应该让幼儿参与,让幼儿知道什么是档案袋,为什么要有档案袋,怎么来制作自己的档案袋等。美国的幼儿教育专家特别强调和提倡教师应与幼儿一起收集反映幼儿发展的资料,作为幼儿个体发展的档案(files collection)。教师可以鼓励幼儿用自己的方式设计自己喜欢的封面,激发其参与的兴趣,充分发挥幼儿的主动性,让幼儿在主体参与中自由展示和感悟他们成长历程中的点点滴滴。同时,参与性还包括让家长了解档案袋的用途,可以邀请家长在家里收集幼儿自发的作品或照片等,并鼓励家长记录幼儿在家中的一些趣闻并送到幼儿园,加入到档案袋中。通过这一过程使家长进一步了解孩子的成长历程,也更关注幼儿园的教育教学工作。总之,让幼儿、教师、家长一起参与档案袋的收集工作,使其不断丰富与完善。

(3) 积累性、总结性。教师应当对幼儿在园内的所有活动进行观察,捕捉幼儿活动中有价值的"镜头",进行观察记录,并归入档案中。在教育活动中,教师可以将幼儿的作品,包括绘画作品、口语表达、动作表现等用文字描述、拍摄照片等方式进行记录,并对各种"作品"进行适当的注解(时间、地点、背景等)与评点。一段时间后,教师应当从积累和分析总结的角度出发对幼儿成长档案袋中的内容进行梳理加工和适当的调整,如补上遗漏的标识,舍弃无效、重复的内容等。如果是专题性的幼儿成长档案,教师还应当对幼儿某一领域的发展作出阶段性的总结与评价,以及给出活动与发展的预测和建议。

2. 一般步骤

(1) 建立档案袋。根据不同的年龄班,教师可以有的放矢地建构幼儿成长的档案袋,努力使其成为教师与幼儿互动的平台。如对于中大班幼儿,教师可以与孩子们讨论有关"档案"的问题,从而激发他们的兴趣,使幼儿对制作档案过程中使用的材料、样式和整个程序有初步的了解。教师可以征求孩子们对建立自己个人"档案"的意见和想法,然后与幼儿一起动手制作"档案"中的资料。这里所说的"资料"是指用不同的形式(照片、文字、图画、录音、书籍、作品等)保存的幼儿各种活动的"成果"。教师可以选择质地厚实、牢固的文件袋或档案袋,分别装每个人的"资料",以保证"档案"的"永久性"。

(2) 充实档案袋。教师应当将幼儿档案的创建过程看作为一个有意义的活动和一次幼儿个性化表达表现的机会,努力使幼儿积极主动、富有创造性地建构自己的成长档案袋。在幼儿的自我建构过程中,幼儿成长档案袋里的作品会随着时间而不断地丰富起来,而这个过程,就是教育活动的过程。在这个过程中,教师要使幼儿形成强烈的"档案"所有权的自我意识,要鼓励幼儿对自己的档案袋进行个性化的点缀与装饰,并在档案袋上注明自己的姓名、起始时间等。在档案袋资料的积累中,教师还应该让孩子们自愿选择他们最感兴趣的作品,如绘画、制作等,每个人都可以有不同于他人的选择,是一种充分体现个性化的档案袋。

需要说明的是,在幼儿成长档案袋中各种资料丰富的过程中,教师不应该仅仅是欣赏者,还应该是建议者、加工者、整理者,即教师应适当地对幼儿作品进行技术处理。如将幼儿的手工作品、舞蹈、游戏、动作、小实验等标上日期或拍成照片,把幼儿的表达、歌唱等进行录音,然后把这些作品、照片、音频等资料放入幼儿的档案袋中。

(3) 保存档案袋。对于成长档案的保存,大部分的资料都可以存放在资料夹或资料袋中,如现在很多幼儿园采用相册或文件夹作为幼儿的档案袋。但是,如果用视频和音频时,则无法被放进资料夹中,此时可将视音频资料存在U盘中或刻盘保存,制作好后放入硬纸盒中,并置于播放设备旁,但是要注意给每个成长档案袋贴上标签,以作区分。所有资料都应该放在幼儿易于接近且安全的地方,让幼儿可以随时翻阅,或增加新的作品。这些资料也应该向家长开放,便于家长随时翻阅,了解自己孩子在园情况。值得注意的是,如果有关于幼儿的个人资料,如医疗记录及家庭电话号码等隐私内容,则应该放在教师个人的抽屉或柜子里,以保障幼儿和他们家庭的隐私权。

3. 要点提示

(1) 不同类型,为我所用。幼儿成长档案袋在实践中的运用是灵活多样的,根据不同的目的和作用可以将幼儿成长档案袋分成以下几种类型:①全面型或领域型——记录幼儿各方面发展或某一方面发展的事例,展示幼儿的个性特点;②记录型或纪念型——记录幼儿发展与成长中一些特别值得留念和回味的事,汇成美好的回忆与纪念;③思考型与交流型——记录并分析在孩子成长中的典型事例,探讨孩子的个别化教育和发展问题。各幼儿园在选择和考虑幼儿成长档案袋的类型时,应当视各年龄班、各幼儿发展的不同基础和水平,采取适宜、适时、适效的原则加以应用。美国课程评价专家约翰逊曾经指出:"如果要求五个不同的教师给档案下定义,你可能会收到五个不同的答案,其中每个都没有错。"这正是由档案评价的性质所决定的,每一个袋子里的原始资料的内容可以是各不相同、因人而异的,幼儿成长档案袋中采用的评价方法、反映出来的评价内容也应当是"百花齐放"的。

(2)不同样式,追求实效。在幼儿成长档案袋评价的设计与运用中,教师在注重形式多样的基础上也应体现实用有效。首先,要将幼儿成长档案袋区别于传统的家园联系册,进一步把握幼儿成长档案袋评价的以下特点:①内容的个性化——针对每个幼儿发展的实际情况和家长的关注点进行记录与评价,且记录的内容与方式等能充分体现幼儿的差异性和个体性;②时间的自然性——每次记录的内容随着每个幼儿的发展而变化,每个幼儿记录栏目的内容不固定也不统一;③评价的主体性——改变让幼儿仅仅是被评价对象这一情况,让幼儿逐渐成为档案袋的主人,成为自我评价者。同时,也让家长主动地参与记录,并利用档案袋在教师、家长、幼儿之间产生的多样互动提高档案评价的价值。其次,对于档案袋的呈现样式,可以从幼儿作为"成长档案袋"主体的角度出发加以表现,如上海市音乐幼儿园曹丛岭老师为幼儿成长档案袋设计了七个专栏:"我为自己的成长亮分""童言无忌""我的故事""我的朋友""我的足迹""我的创作""我的成功"(下文案例中呈现了部分),旨在帮助幼儿从了解记录的内容到关注记录的内容再到主动参与记录,最终成为记录的主人。在实际操作中,不是每个幼儿每次记录都必须用七个专栏,而是根据需要有选择性地记录幼儿成长的亮点和影响其成长的关键点。再如蓬莱路幼儿园的"幼儿成长档案袋"①中则包括"我和家人""我健康""我喜欢""我能力""我特别""童言无忌""大人的话"等栏目,比较注重让幼儿在成人的帮助下逐步学会自我认识、自主管理和自我评价,同时使教师和家长在幼儿的成长轨迹中全面了解幼儿、研究幼儿,从而有效地促进幼儿全面健康地发展。

随着幼儿园教育改革的深入,幼儿成长档案袋评价正越来越受到一线教师的重视,并视之为继家长联系手册、幼儿发展评价手册之后的一种新型的评价手段和工具。它的出现顺应了教育评价改革的大背景,将幼儿成长档案袋与课堂教学活动紧密结合,有助于激励教师更好地把握每个发展中的幼儿个体,也有利于教师成为"反思型"的研究者,幼儿逐渐成为自我的评价者。但不可否认,成长档案袋增添了教师大量的案头工作,需要教师花费较多的时间与精力,而实际运用中也出现了不少不尽如人意的误区,如:有的幼儿园出现为应付而突击"补"档案的形式主义做法;有的将幼儿成长档案袋演变为幼儿绘画作品展;也有的将幼儿成长档案袋简单视同于幼儿发展水平的定性评价手册,在成长档案袋中一味地追求展现幼儿的"进步""成绩"。此类对创建档案袋的目的不明确、评价时过分受主观影响、标准化程度低等做法,使建立幼儿成长档案袋失去了真正意义和体现真实性评价的价值取向。因此,如何真正发挥档案评价在幼儿成长中的作用,在实际运用中正确处理好个别针对性、真实互动性与科学有效性等问题还有待于幼教工作者在实践中进一步地思考与研究。

---

① 钱秋萍.幼儿成长档案[M].上海:上海科学普及出版社,2004:38.

案例：幼儿成长档案袋

一、幼儿成长档案袋封面

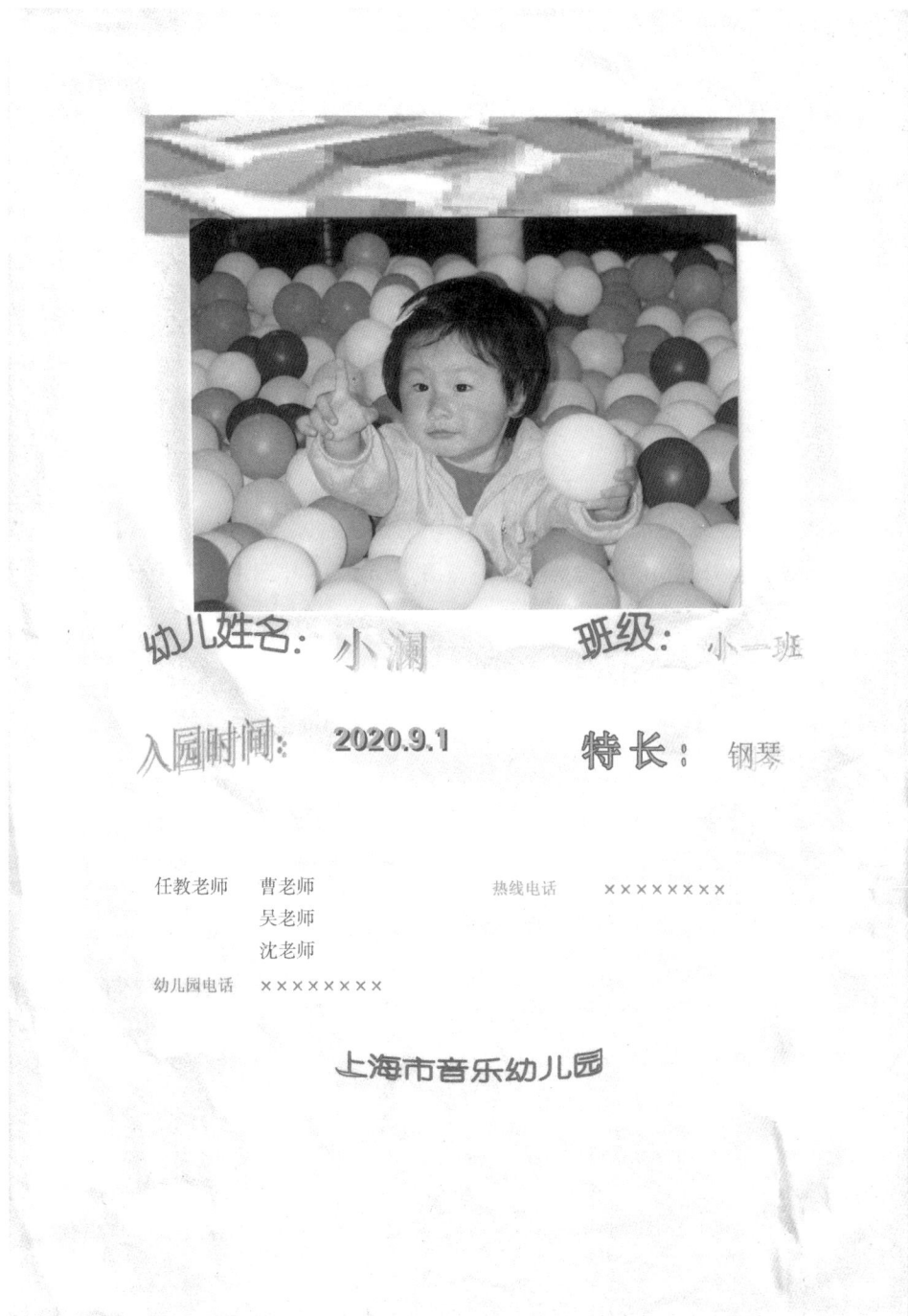

幼儿姓名：小澜　　　　班级：小一班

入园时间：2020.9.1　　　特长：钢琴

任教老师　曹老师　　　　　　热线电话　×××××××
　　　　　吴老师
　　　　　沈老师
幼儿园电话　×××××××

上海市音乐幼儿园

图 6-1　封面展示

二、给娃娃喂饭

1. 观察与记录

在区角活动中,增加了给娃娃喂饭的内容。一早,小澜兴致勃勃地来给"娃娃"喂饭。只见她拿起小勺一口一口地把小黄豆送进娃娃的嘴中。我走上前问:"你能不能用筷子试试?"她点点头。

小澜拿起筷子夹小黄豆。一次、两次、三次,第三次时才把小黄豆夹了起来。她冲着我笑笑,我翘起大拇指说:"真能干!"

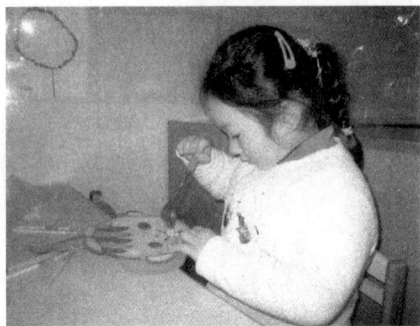

图6-2　小澜正专心地用小勺给娃娃喂饭　　图6-3　瞧!小澜用筷子稳稳地夹住了小黄豆

2. 老师的话

"学用小勺"是针对小班幼儿的生活要求。从小澜的发展看,她已经能自如地使用小勺,而且还能使用筷子夹物(这是对大班幼儿的要求)。可见:小澜的手眼协调能力发展得很好。

从幼教刊物上得知:使用筷子能有助于幼儿思维的发展。我想,对于小澜,可以在家中让她使用筷子用餐,在发展其手眼协调能力的同时,进一步促进她思维的发展。

三、搭建大楼

1. 观察与记录

小澜很少选择搭建游戏。今天在我的引导下,她参加了搭楼房这一活动。由于每一层楼都需要找到大小对应的洞,这样楼房才可以继续往上搭建。让我们来看看小澜在这一活动中的表现。

● 开始:小澜专注地研究着每一层楼上的洞,刚开始房子还是造得挺顺利。

——小澜信心十足。

图6-4　小澜搭房子

● 造到最后一层时,小澜发现这层楼没法造了,为什么?

——小澜发愁了,撅起了小嘴。

图6-5 搭建中遇到了困难

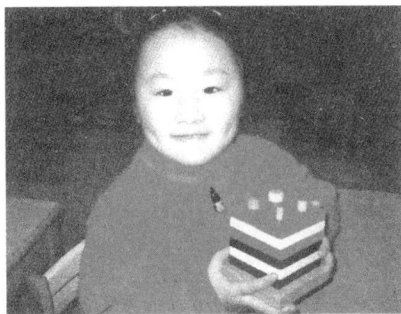

图6-6 顺利完成

● 经过检查发现问题出在有一层楼搭错了,重新"修楼"。整幢楼都造好了。

——小澜露出了胜利的微笑。

2. 老师的话

● 搭建能发展空间智能和动手能力,小澜请你多试一试。

● 遇到困难,不要害怕,你一定行!

四、照顾娃娃

1. 观察与记录

今天一早小澜来到教室里,选择参加娃娃家的角色游戏。她扮演的是红红的妈妈。她先去"菜场"买菜。只见她仔细地挑选着喜欢的菜。买了满满一篮子后,这个小妈妈又忙了起来:洗菜、烧菜、给娃娃喂饭。她一口又一口地给娃娃喂饭,小心极了。

图6-7 多买些菜,让我的孩子吃个饱

图6-8 瞧!妈妈多宝贝自己的孩子呀

2．老师的话

小澜在每个活动中都能静下心来。从娃娃家的游戏情况看：她做事情有条不紊的，而且很有耐心。这是小澜最突出的优点。小澜对娃娃如此悉心照顾，从中折射出小澜妈妈生活中的影子。小澜在游戏中模仿妈妈平时的影子。我想，小澜妈妈一定会感到欣慰的，是吗？

五、获奖记录

1．4月的小澜频频获奖

★ 在上海市钢琴比赛中荣获三等奖。

★ 在音乐幼儿园的小青蛙故事比赛中荣获小班组的优胜奖。

2．老师对小澜说的话

今天我得知你在上海市钢琴比赛中获得了三等奖。老师从心里为你高兴。你为音乐幼儿园争了光，为我们班级争了光。祝贺你！同时希望你继续努力地练琴，让钢琴成为你的好朋友！

今天你代表我们小一班在大厅里参加了小青蛙故事比赛。当时你表现大方，声音响亮。比赛的故事那么长都能背下来，真是不简单。如果能加上一些表情与动作，相信会讲得更精彩！

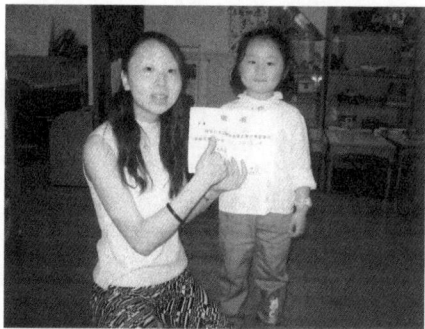

图6-9　小澜获奖了

图6-10　小澜正在参加小青蛙故事比赛

图6-11　小澜正在幼儿园专注地练琴

六、"我是中国人"活动

1．观察记录

新学期开始了，小澜来到了幼儿园的总园。幼儿园的环境活动更丰富了。每周一早上，是学校的升旗仪式。当国旗升起的时候，小澜的神情非常严肃，眼睛紧紧地看着上升的旗帜："我自豪,我是一个中国人。"

2. 老师的话

由于是中班的孩子,所以班中大部分的孩子对于升旗的概念还有些模糊。班中只有少部分的孩子非常投入、严肃。小澜就是其中的一个。可见小澜已有了初步的爱祖国的意识,她是个懂事的孩子。

图6-12　升旗仪式

七、我的成功

老师说:二十颗五角星能换一样奖品。今天我拿着这二十颗闪亮亮的五角星换来了第一样奖品。小伙伴们为我喝彩,老师和我握手。我真是太开心了。★★★

图6-13　我成功了

八、我的进步

1. 小澜的话

我是中班的姐姐了。在开学后,我最大的进步就是:吃饭的速度加快了。我每顿饭都是自己吃的。再也不要老师喂了。★★

2. 老师的话

老师为你的进步叫好,并期待着你更多的进步!

图6-14　自己吃饭

九、"亲近夏季"活动

1. 小澜的话

炎热的夏季来到了,我穿上了自己最喜欢的裙子,我就像一只美丽的蝴蝶!

近来,我们都在学做夏季的扇子。我最喜欢画画了,一口气画了五把扇子(其他伙伴画了两把)。当把我的扇子挂在教室的空中时,小扇子给我们带来了清凉。

今天,老师给我们提出了新的要求:能否做有图案的扇子?我边想边做了起来:做了一把字母扇。大家都向我竖起了大拇指。

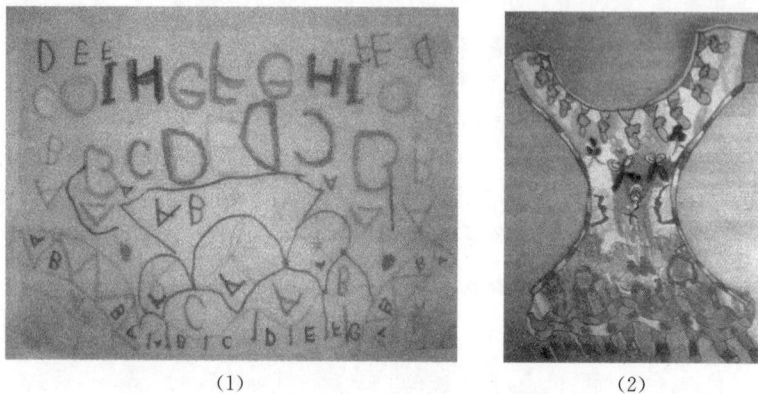

(1)　　　　　　　　(2)

图 6-15　字母扇

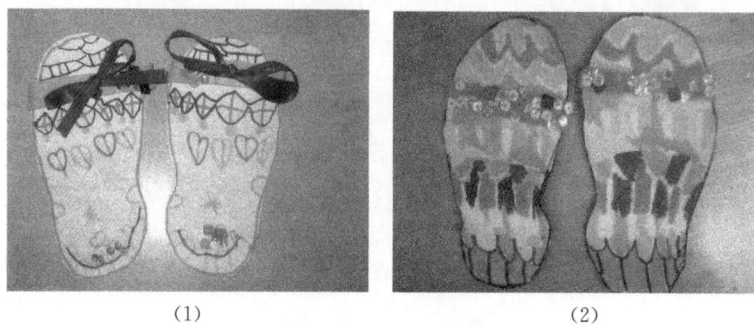

(1)　　　　　　　　(2)

图 6-16　小拖鞋

2. 老师的话

本学期小澜学会了许多装饰的方法,每一幅作品,她都能很认真地完成,每一个细节她都会很有耐心地装饰,色彩感好,会用对称、黏贴等各种方法,真是大家学习的榜样。

⬡ 思考题

1. 在教育活动中对幼儿的评价可以从哪些方面入手?
2. 对教师而言,教育活动中的非正式评价有何意义?
3. 观察的目的有哪些? 教师应如何着手观察与记录?
4. 评价教育活动中儿童的发展、学习与行为的主要方式有哪些?
5. 如何理解幼儿成长档案袋在评价中的作用和价值?
6. 作为一名教师,你会如何着手幼儿成长档案袋评价? 为什么?

第七章 幼儿园区角活动的设计与指导

近年,随着幼儿教育改革的不断深入以及对幼儿自主学习重要性认识的日益加深,集体教学的模式已不再一统于幼儿园教育活动形式之中,区角活动作为一种幼儿园实施个别化教育的重要组织形式,受到了越来越多的关注。本章将从区角活动的基本含义、类型、意义价值以及区角活动如何展开等一系列具体问题着手,在理论和实践上对幼儿园区角活动作一阐述。

第一节 幼儿园区角活动概述

一、区角活动及其基本类型

(一) 区角活动的基本含义

区角活动是师生共同创设游戏化环境,幼儿以个别或小组的方式,自主选择、操作、探索、学习,从而在和环境的相互作用中,利用和积累、修正和表达自己的经验与感受,在获得游戏般体验的同时,获得身体、情感、认知及社会性等各方面发展的一种教育组织形式。

对幼儿而言,它是一种开放性的、低结构的活动,幼儿可以自己的兴趣、需要、意志为导向自主行动,活动的内容、时间、节奏、顺序以及活动的伙伴、规则等都可由幼儿自己决定或与同伴商量、协调,在摆弄与操作、探索与发现、交流与询问等过程中实现和生成活动。

对教师而言,它是教师基于对幼儿兴趣与需要的了解,并能反映一定教育价值的活动。教师将自己的主导作用通过环境创设、材料投放、活动内容与形式的建议、伙伴间的影响来加以渗透。与过去那种"罐头式"的计划活动不同,它需要教师时刻"追随幼儿",通过观察幼儿的活动过程,了解活动结果,调整活动方案,使区角活动的内容和材料更好地定位在幼儿的"最近发展区"上,进而更有实效地推动幼儿的自主学习和经验提升。

一般说来,区角活动的展开会呈现出以下一些特征。

1. 活动环境的有限性与可选择性

活动环境的有限性,首先是指其时空的有限性。区角活动的开展必须依据幼儿的生理与心理特点,依据幼儿园课程设置的具体情况与特点予以时间与空间的设定。虽然这种时空的安排相对于集体教育活动形式来说已经体现出一定的灵活性和调适性,但其也是有适度的时间和空间限定的,在一定程度上也受到活动时间长短与活动空间大小的限制。其次,活动环境的有限性还表现在活动材料的有限上。事实上,教师不可能穷尽生活中所有幼儿感兴趣的材料为活动所用,即使是幼儿极感兴趣的活动内容,其材料也要顾及幼儿的年龄特点以及可接受程度而予以投放。

虽然区角活动的环境是客观的、有限的,但幼儿对环境和材料的选择与使用却是开放、自由的。环境的可选择性,一方面表现在区角活动中,即幼儿可以自由地穿梭于各个区域间,自主、自由地搜索与获取自己所感兴趣的活动环境或材料,其中也包括幼儿对活动内容和活动方式的自由选择。另一方面,表现在教师要鼓励幼儿共同收集材料,满足活动需要。

因此,区角活动环境的有限性与可选择性也就决定了教师在设计区角活动时的任务之一就是让有限变得开放而自由,让有限变得丰富而多彩。

2. 活动内容的系统性与可持续性

区角活动相对于以主题为线索的集体性教育活动而言,在活动内容上更突出知识的系统性特点。在区角活动内容的安排以及材料的投放过程中,教师不仅需要关注儿童的兴趣和需要,关注儿童的年龄特点和已有发展水平,更需要关注活动内容和材料本身的系统性,即知识结构的逻辑性、层次性。因此,区角活动中的内容和材料是有序而递进的,是系统而有组织的。

区角活动内容的系统性和有序性一方面可以满足不同水平的幼儿发展的需要,另一方面可以保证每个加入活动的幼儿可持续发展的需要。例如,在数学区活动中,教师投放了不同颜色、粗细和点子数量的塑料瓶、塑料管及花片,让幼儿自由挑选进行"插花"。低水平幼儿可以从颜色入手,将同样颜色的花片插入同样颜色的管子和瓶子中;中等水平的幼儿在考虑颜色的同时也会关注管子、瓶子的粗细与花片中花心口粗细的匹配;高水平幼儿不仅会根据颜色、粗细的特征进行匹配"插花",还能根据花瓶上的点子数量来插相应数量的花。这样一套内容材料的安排为参与活动的每个幼儿提供了一个可持续发展的机会。一般说来,区角活动的目标往往是教师根据学期目标或月目标制定的一个相对宽泛而长远的目标,有一个较长的达成过程,它并不要求幼儿在一次活动中就能实现,而是允许幼儿根据自己的学习水平和能力安排适宜的学习速度,而教师也需要在观察幼儿操作和探索水平的基础上及时地、不断地调整目标和内容,促进幼儿的可持续发展进程。

3. 活动过程的师生呼应性与可变通性

区角活动内容生成的重要源头之一是幼儿的兴趣与生活经验。在此基础上,教师凭借自己的观察与对幼儿的了解,撷取有价值的内容,提出既符合发展目标又受幼儿喜欢的活动。如游玩动物园归来,幼儿会对动物很感兴趣,这时的区角活动便可能会产生出与动物相关的一类活动题材,这便是在活动生成过程中的师生呼应性。其次,在活动进行过程中,教师与幼儿之间在语言、行为、情感态度等方面的呼应,也是检验活动对幼儿发挥促进功能和作用的关键之一。教师需要时时关注幼儿的活动状况,及时给予反馈性、激励性的互动交流,不断反思自己的设计要求与幼儿活动需要的关系,真正有效地促进幼儿的自主学习。

此外,区角活动的过程也是灵活而可变通的,这种可变通性主要表现在活动过程中并不是所有内容和材料对所有的幼儿都具有完全相同的普遍意义,这是因为区角活动在很大程度上是一种个别化学习的方式,加入活动的每一个幼儿对教师提供的信息(环境、材料)在主动获取时会经常有一些突破常规的求异思维或发散思维,他们会根据自己的经验、假设、想象另谋活动途径和方式或赋予活动内容、材料以新的诠释,这就是幼儿在活动过程中的一种不自觉的变通。可以说,越是低结构化的材料和内容,越能引发幼儿个性化的游戏和操作活动倾向。

(二)区角活动的基本类型

幼儿园区角活动的分类一般没有统一的模式,在实践操作中普遍比较认可的一种分类是从幼儿活动的功能出发所作出的划分,即将区角活动分为"学习性"区角活动和"游戏性"区角活动两大类。

1. "学习性"区角活动

"学习性"区角活动更多是以具体物为对象的实物操作活动,其活动目标偏重于发展幼儿对客观事物及未知事物的好奇心,动手操作探索的愿望、行为与能力,它主要由生活区、表达表现区(偏重于语言和艺术领域)、探索区(偏重于自然和科学领域)等组合而成。

对幼儿活动而言,各活动区有各自主要的价值与内容指向(见表7-1)。

表7-1 各活动区主要价值与内容指向

	生 活 区	表 达 表 现 区	探 索 区
主要价值	发展自理意识、自理能力及简单的社会性生活能力,产生有益于健康的行为,形成良好且稳定的生活、卫生习惯和态度。	发展对自身的认识;探索、学习、掌握多种语言与非语言的表达表现方式与技能;彼此间的模仿、比较、欣赏,相互的合作、启发、影响,为良好的个性和社会适应性发展提供了一定的空间。	在与自然物质的互动中了解自然界的各种特征,认识自然与人们生活的关系;在对材料的摆弄操作中,形成数、形、时空等基本概念;发展勇于尝试,独立思考,敢于独立动手操作等学习品质。
主要内容	包括生活自理能力与社会性生活能力方面的内容;认识简单的生活中的小工具,并试着摸索、操作,练习这些器械的使用方法,如学着对蔬菜、水果作粗加工及食前准备。	包括艺术、语言、构造等内容。	包括数、科常(科学常识)等自然方面的浅显内容,以及感官操作、练习等活动内容。

在实际应用中,为方便操作,教师可依据需要对以上活动区进行变通或调整。

(1)衍生——根据活动内容或功能将区角更具体化。如:表达表现区可以派生出语言区、美工区、表演区、建构区等,而语言区又可以派生出图书角(阅览区)、聊天角;探索区可派生出科常区、数活动区等,科常区又可派生出发现角、生物角、气象角等。

（2）创立——根据教育的需要设立或命名新的区角。如全托幼儿园为尊重幼儿、保守幼儿秘密而创设的小型个人活动空间——秘密角（隐私角）；又如提供幼儿难以见到或能引起幼儿好奇的东西，让幼儿观察欣赏、开拓视野、增长见识的活动空间——新奇角。

（3）融合——从"培养儿童核心素养为本"的教学理念出发，从项目化学习入手，鼓励幼儿从自己发现的问题出发，进行自我设计与规划、发现与探索、沟通与表达、评价与改进。于是，活动室里的某一方空间就成为了幼儿更多为自己打造的、围绕问题进行研究的"探索角"。

2. "游戏性"区角活动

"游戏性"区角活动是基于幼儿对已有生活经验的模仿与创造而展开的，它不仅以物为操作对象，而且在很大程度上可以同伴为对象进行交往活动，因此，其目标也就侧重于发展幼儿的创造性想象及社会性交往能力，它主要由角色游戏区、结构游戏区、表演游戏区等组合而成。

在幼儿园区角活动中，以上两大类功能的区角活动相互补充、互为统一，既实现了它们各自不同的价值定位和功能作用，也保证了教师预设学习活动的游戏化与幼儿自发性学习活动的多样化。

二、幼儿园开展区角活动的意义与价值

（一）区角活动对于幼儿园课程的意义与价值

1. 拓展课程的组织形式

许多年以来，幼儿园课程主要以目标模式为导向，且主要通过单一的集体教育组织形式来落实教育任务和实施教育活动，因而在某些教师的观念中，集体教育活动就成了课程的主要载体或唯一载体。虽然集体教育活动的模式有其一定的优势：如有利于幼儿集体观念的形成、伙伴关系的协调；有利于知识的系统化接受以及教育资源的节俭高效等。但是，在以其作为主要教育活动形式的实践过程中，也暴露出了一些弊端和不足：如由于过分强调活动结果而把教学内容直接传递或灌输给幼儿；不能切实、有效地促进不同发展水平的幼儿的发展；教师的主导作用被任意夸大或绝对化等，而由此造成的弊端也违背了儿童作为认知主体、活动主体在教育过程中的主体地位。全美幼教协会（NAEYC）曾在 2000 年出版的《幼教绿皮书》中指出：当前幼儿教育的最大问题是对儿童个别差异的关注不够，一味要求每个孩子在同一时空、用同样的方式学习，教育方式没有真正重视儿童个别差异的存在，也没有配合儿童的差异调整教育方式。可见，仅靠集体教育活动的形式来实施课程和真正促进儿童发展是极有局限的。

区角活动是对原有课程组织形态的一种拓展，它能够为每个幼儿提供更个别化、更针对性的教育方案。每一个儿童都是一个独特的个体，每个人的个体差异不仅仅表现为年龄、认知能力上的差异，还包括心理特质、认知结构、学习风格、成长经验、家庭背景等许多方面的差异。因此，教育的实施就必须遵循儿童的特点和差异，而区角活动作为一种以幼儿个别化学习为主的教育活动形式，可以保证幼儿在教师提供的丰富材料和符合其学习兴趣、需要以及更个别化的指导中，真正得到发展和提高。

2. 平衡课程的内容体系

我国的幼儿园课程围绕着促进儿童身体、认知、情感、个性和社会性诸方面发展的中心，将健康、语言、科学、艺术、社会等领域的内容综合体现于教育活动的实施之中。与集体教育活动相比，区角活动具有环境开放、材料丰富、内容广泛、形式自由的特点，且更注重幼儿经验建构的过程性和幼儿自主学习的选择性。对参与区角活动的每一个幼儿来说，他们都可以依据自己的内部需要、发展速度和"工作节奏"展开学习并积累个体经验，也可以在自我建构的同时与同伴和群体分享交流，以更好地把握事物的关联性、有序性，共同获得成长。因此，区角活动无论在内容上还是组织上，都可以与很多活动相互承接，这一点尤其体现在一些需要幼儿自我操作、探索、发现的内容体系中，区角活动此时无疑可以起到弥补和平衡的作用。如当前的幼儿园课程以主题活动为主线，改变了过去分科教学中以数学知识体系为主的教育内容组织方式，将数学的学习内容巧妙地融于主题的整体背景中，让幼儿在情境性活动中、在解决实际问题过程中掌握、学习、拓展和运用数学知识点，这无疑强化了知识的实际运用效果，提高了幼儿的学习兴趣。但数学知识体系内在逻辑的连贯性，也是需要幼儿反复感知操作才能有效提高、掌握和自如应用的，因此，在区角活动中创设相关情境，投放合适的数学材料，可以满足幼儿的需要，使其在主动操作、建构和思考的基础上，通过与同伴的互动、集体的交流以提升经验、获得概念。可见，区角活动在一定程度上可以对课程所构建的知识内容体系起到一个平衡和弥补的作用。

（二）区角活动对于幼儿及教师的意义与价值

1. 主体参与，有利于引发幼儿的自主学习

在蒙台梭利的教育方案和皮亚杰的理论中都特别强调了活动区设置于课程体系中的重要性，并重视环境的创设，提倡让儿童在自身主动参与的活动及与环境的相互作用中获得发展。而区角活动正是最大程度地促进儿童自主性和主动性发展的最佳途径。在区角活动中，幼儿能根据自己的兴趣和能力进行自主活动，学习环境宽松、自由，在一个半封闭的屏障之中，幼儿可以自由地挑选、摆弄、操作、探索，通过实践积累和构建自己的经验与感受。如，当幼儿通过反复触摸、摆放、比较，得出球体可向任何方向滚动，而圆柱体只能向一个方向滚动，圆锥体只能绕着自身转动的结论时，他们就能真正理解"球体""圆柱体""圆锥体"等名称下所隐藏着的几何特性；当幼儿通过对不同颜色的水、量杯、针筒、吸管、勺子等小工具的自由探索和操作摆弄后，获得抽、吸、舀、量的技能以及对针筒、吸管、勺子、量杯等工具的认识时，他们就在自主的探索中获得了相关的体验、建构了相应的知识；当幼儿按自己的意愿改变建构的形状，把一堆废纸盒"造就"成一架望远镜时，他们亲眼目睹了自己的智慧、体验到自己的力量、意识到自己的作用，并由衷地享受了作为一个行动主体的快乐和满足。

此外，区角活动还具有独特的空间和时间特性，它也有助于促进幼儿的自主学习。在空间上，允许每个幼儿在一定的区域和空间中自由走动、自主选择区角；在时间上，允许每个幼儿按照自己的学习速度进行活动，既可以完成若干种不同的学习材料和内容，也可以用同样的学习材

料和内容在若干次活动中操作,这正是幼儿充分享受自主和促进幼儿学会自主学习的重要体现。

2. 积极反思,有利于促进教师的专业成长

由于区角活动是一种个别化或小组式的教育活动形式,因此,在区角活动中教师所面对的是每一个幼儿。对于教师来说,师幼关系不再是集体教育活动中那种简单的"一对多"式的相倚关系(即教师与幼儿是教育者、指导者与被教育者、被指导者的关系)。相反,在区角活动中,幼儿的主动、自主表现得更为淋漓尽致,他们的思考、判断、评价、解决问题的能力常常都会超越教师的预测,这些都随时提醒着教师:孩子的主观能动作用是不容忽视的;同时,它也为教师提供了一个在有限的时空环境中、在积极的师幼互动中通过积极反思促进自主思考并提升专业能力的途径。

首先,教师需要充分地观察幼儿,根据幼儿的发展特点和水平即时地调整教育内容与方式,以适应每个幼儿发展的需要。观察是促进教师自我反思和调整策略的前提,这种观察既包括对幼儿的学习兴趣和需要、材料投放的适宜度的观察,也包括对幼儿操作探索过程、行为态度、认知水平、个性特点等方面的观察,而这种带着目的的有效观察将大大地促进教师专业能力的提升和自我成长。

其次,教师还需要站在幼儿的角度客观地评价与反省自己的教育能力,从幼儿的发展需要和利益出发,努力提升自己的教育行为和能力,从幼儿学习的教导者变为幼儿学习的引导者、从幼儿学习技能的传授者变为幼儿学习潜能的发掘者、从幼儿学习过程的调控者变为幼儿学习过程的支持者及合作者。

第二节　幼儿园区角活动设计

一、区角活动内容的设计

教育活动内容是教育活动目标转化为幼儿发展的一个中介,好的活动内容不仅能唤起幼儿的极大兴趣,更能激发幼儿积极参与的热情和强烈的求知欲,实现教育的有效性。区角活动作为幼儿园教育的一个重要组织形式,其活动内容的选取应奉行《幼儿园工作规程》及《幼儿园教育指导纲要(试行)》精神,体现目标性——依据发展目标选择活动内容;规律性——遵循幼儿身心发展规律选择活动内容;并列性——不同活动内容实现不同目标;整合性——多种活动内容指向一个目标,一个活动内容指向不同目标。

除此以外,根据当前课改的要求及区角活动的特点,教师在设计和选取活动内容时,还应注意以下三个方面。

(一) 体现生活性

所谓生活性是指活动内容应该源于幼儿的生活与经验。对于幼儿来说,唯有存在的才是

真实的,这是由他们的感知和思维发展特点所决定的。幼儿需要的、感兴趣的就是那些在他们生活与学习中出现过的、发生过的、目睹过的、听说过的,并随时随地与他们的客观生活紧密联系在一起的内容。区角活动体现和注重的是幼儿自我经验的建构过程,因此,脱离了幼儿的现实世界,他们将无从着手感知和体验。当然,活动内容向幼儿的生活回归,并不意味着对生活进行简单复制,而是也需要对来自幼儿喜欢、热衷的信息进行整理、分析、筛选,发掘出其中与发展目标一致,与本地区、本园、本班幼儿实际最为贴切,最有价值的活动内容,并通过环境和材料对其进行适当的"加工和提炼",有针对性地创设环境、投放材料,而不是简单随意地投放和设置。

(二) 注重实践性

做做玩玩,边做边想,先做后想是幼儿思维与活动的一大特点。在对环境、材料进行诠释的过程中,思维能力、动手能力会得到有效提升,他们会主动地思考如何做、怎么玩,同时利用自己的经验与感受发现问题,寻找方法,付诸实践,不断内化,从而实现真正意义上的"做过了就学过了,学过了就明白了"的内化过程。所以,区角活动选择的内容要注重能够让幼儿操作、实验、探究,能够让幼儿体验、摆弄、思考,既满足活动内容本身所需要的实践功能,也满足幼儿个体自我成长与经验积累的过程。

(三) 结合主题性

当前,综合主题式活动已成为幼儿园课程实施的一个主要方面,如何依据主题背景开展区角活动也就自然成为广大教师关注的一个实践焦点。区角活动可以帮助教师完成那些十分重要但又无法完整纳入主题活动的学习内容,除此以外,区角活动也可以依托主题予以展开。以下是由上海市虹口区体育幼儿园提供的小、中、大班区角活动及其与主题相关的一些内容简介,可供参考(见表7-2、表7-3、表7-4)。

表7-2 小班区角活动

主题	内容	主要材料	操作与探索	配 图
我长大了	认识五官	墨镜、耳套、口罩等保护五官的物品,五官娃娃两个。	(1) 知道五官的名称,了解其对自己的意义。 (2) 听信号指认相应五官。 (3) 摆放五官的位置。 (4) 将不同饰物与相应五官进行互动。	
	美丽的项链	各种不同大小、颜色、形状的珠子,粗细、长短不一的绳子若干。	(1) 将不同珠子穿入绳子中。 (2) 选择相应粗细的绳子穿珠子。 (3) 尝试按一定的规律穿珠子。	
	小手小脚	画有手印、脚印的图形卡,小红旗若干,宝宝生长顺序图一组。	(1) 按脚印走。 (2) 按手印、脚印爬。 (3) 尝试自己排列手印、脚印顺序,并据此走、爬、跳。	

主题	内容	主要材料	操作与探索	配　图
	给小动物喂食	绉纸,一次性杯子,勺子、镊子等小工具,小动物头饰,任务卡。	(1) 使用勺子、镊子等不同工具进行食物分类。 (2) 根据任务卡上的任务完成一定数量的喂食任务。	
	我们的属相	用废旧材料自制"龙""蛇"各一条,各种图形纸、贴纸若干。	(1) 用各种图形花纹随意装饰"龙的鳞片"。 (2) 根据图形分类黏贴装饰"鳞片"。 (3) 尝试有顺序地进行排列黏贴。	
	朋友树	自制朋友树、幼儿贴纸照、动物标签、爱心卡、红丝带、胶带等。	(1) 找出好朋友的照片,贴在爱心卡上,知道好朋友的动物标签,并相应配对。 (2) 根据爱心卡上动物贴纸,找相应朋友。 (3) 尝试记录"看看谁的朋友最多"记录卡。	
	装饰相框	吸管、碎EVA片、各种豆类、相框若干。	(1) 用同一材料黏贴相框,并设法让相框竖起。 (2) 有规律地选择材料,进行排列,装饰相框。 (3) 尝试组合材料创造性地黏贴相框。	
	找朋友	幼儿户外活动的照片、每个幼儿的小照片。	(1) 根据照片找出、说出照片上有谁。 (2) 找出朋友的照片放于底板的相应位置。	
动物世界	寻找动物宝宝	底板,记录卡,四块同色单面拼图,四块同色双面拼图,四块同色四面拼图,九块双面拼图。	(1) 选择相同颜色的四块单面拼图,进行组合,寻找动物宝宝。 (2) 选择相同颜色的四块多面拼图,进行选择组合,寻找动物宝宝。 (3) 选择九块拼图,根据底板,进行相应的组合拼图。	
	动物棋	小动物卡片若干、音频资料、耳机。	(1) 根据音频资料中的语言信息,将小动物移动至相应位置上。 (2) 根据音频资料中的要求,移动至相应位置后做出相应动作。	
	动物乐园	自制动物园导游图、动物侧身的影子、动物正面的影子、同类动物的不同姿态三类图片。	(1) 根据动物侧身的影子找到相应的动物图片。 (2) 根据动物正面的影子找到相应的动物图片。 (3) 根据不同的细节部位寻找相应的动物图片。	

（续表）

主题	内容	主要材料	操作与探索	配　图
	马戏城排排队	胖瘦不一的猪宝宝五个，高矮不一的长颈鹿五个。	（1）给三个动物按矮到高/瘦到胖依次排队。 （2）给五个动物按其特征顺序排队。 （3）按胖瘦、长短进行对应。	
	动物找家	天空、草地大树、泥土、水等四个场景，各种动物贴纸、废旧图书、剪刀、胶水。	（1）按动物的习性，将其黏贴到其喜欢的生活环境中。 （2）知道有些动物有两个生活环境，辨别两栖动物。	
	给小动物喂食	贴有蜂蜜、胡萝卜、青菜、鱼等图片的各种形状卡若干，动物图案的盒子三个。	（1）将食品根据小动物的喜好，进行喂食。 （2）按形状及食品种类（二维）进行喂食。	

表7-3　中班区角活动

主题	内容	主要材料	操作与探索	配　图
小工匠和美丽的花园	钉一钉、拔一拔	钉子若干、羊角锤两把、木板若干（上面根据需要绘图）、钳子。	（1）在木板上随意钉和拔。 （2）在指定的细小位置上钉和拔。 （3）发现钉和拔的技巧。	
	锯一锯、装一装	硬纸板、泡沫板、薄木板若干，锯子、锤子、螺丝刀、螺丝螺帽、铅笔、白胶、小凳子等工具。	（1）锯硬板纸。 （2）锯泡沫板。 （3）锯薄木板。 （4）根据自己想要的物品尝试设计，并锯和安装。	
	刷一刷	反穿衣两件、颜料、笔刷。	（1）选择喜欢的单种颜色并涂刷。 （2）调制与实物相近的颜色或自己喜欢的颜色，并涂刷。	
	拧一拧	不同尺寸的螺丝、螺帽。	（1）睁着眼睛选择螺帽拧上。 （2）使用眼罩后，选择螺帽并拧上。	
	美丽小花园	双面胶、石子、硬板纸、白胶及其他废旧物和装饰物。	用各种物品设计并创作花园。	

(续表)

主题	内容	主要材料	操作与探索	配　图
春天来了	春天的树叶	树叶状手工纸、糨糊。	折叠并裁剪各种各样的树叶,并进行场景设计、创作。	
	小花	绉纸、剪刀、双面胶。	(1) 按范例创作小花。 (2) 自己设计创作小花样式。 (3) 根据自己的意愿,设计创作小花园。	
	柳条和小蜗牛	绿色纸条、绉纸、手工纸、剪刀、抹布、糨糊。	(1) 用绉纸拧。 (2) 用纸条穿。 (3) 自己设计并布置场景。	
	整理春游的小包包	小背包,各类食品及饮用水的包装。	根据春游的若干要求和喜好整理包,说说自己整理的理由。	
	制作小动物	各种盒子、双面胶、玻璃胶、水彩笔等。	(1) 用平面纸张画小动物造型,并设法使其"站立"。 (2) 利用废旧物品想象组合。 (3) 设计创作自己的"动物园"。	

表7-4　大班区角活动

主题	内容	主要材料	操作与探索	配　图
走出雅典走向北京	奥运翻翻棋	自制奥运翻翻棋一副。	两人一组,轮流翻开棋子,说出棋子上与奥运相关的知识,说对的把棋子放入自己的箩筐,最后比比谁的棋子最多。	
	奥运冠军榜	奥运冠军的照片、奥运冠军的头像、橡塑纸、铅画纸、蜡笔、记号笔、垃圾桶。	根据照片或自己对运动项目的熟悉情况,设计金牌榜中的运动员造型或动作。	

（续表）

主题	内容	主要材料	操作与探索	配　图
	奥运 大看板	报纸若干。	把与奥运相关的资料分类整理并做标签,思考怎样整理方便翻阅。	
	模拟 雅典城	自制模拟雅典城一套、底卡三套。	(1) 按要求走奥运城。 　　①近距离;②中等距离;③全程。 (2) 按要求列式作题。 　　①两地;②多地;③全程。	
	制作 奥运会 徽旗	色纸、颜料(白、红、黄、绿、蓝、黑)。	自己创意并制作。	
我是中国人	拼贴 天安门	彩色米粒、贝壳、短铅笔等。	尝试用提供的材料拼贴天安门。	
	识别 国旗	底板三套、各国国旗若干。	(1) 在给出的答案中选择。 (2) 国家特征描述与国旗配对。 (3) 尝试将国名与国旗配对。	
	参观 天安门	建构用的积木、天安门图片、一次成像的镜框。	"建造"天安门,并商量分配解说员、接待员、摄影师,邀请小、中班参观。	
	烟花	火柴、色纸、胶水,烟花视频、画册。	(1) 欣赏视频或相册中的烟花。 (2) 自己想象创作作品。	
	国庆 真热闹	水笔、油画棒、色纸。	在窗户里画上国庆节家里热闹的景象。	
	国庆 问答赛	题目音频、小红旗、锣一个。	根据音频提示回答,举"对""错"牌子,正确者放上小苹果用以记录。	

(续表)

主题	内容	主要材料	操作与探索	配　图
	环游地球八十天	自制旅游棋一套、骰子。	掷骰子,根据上面的数字走,先到者为胜(也可自己制定规则)。	
	民族音乐大联奏	音频资料、道具、打击乐器。	根据音乐进行表现创造,如:跳舞或演奏打击乐。	
	哪吒闹海	《哪吒闹海》视频、音频。	(1) 使用耳机,观看《哪吒闹海》。 (2) 关上机器,边看书边讲故事。 (3) 安静听讲,跟着故事音频一页页翻书。 (4) 边看书边念。 (5) 离开书本自己讲述故事。 (6) 也可以按自己的方式倾听、欣赏。	
	冲泡中国茶	乌龙茶、菊花茶、绿茶、苦丁茶等,中式茶具,制作装饰好的有沙发、茶几等的区域背景。	(1) 自行学习泡制中国茶招待客人,观察品尝不同品种茶叶的不同之处。 (2) 根据客人的要求泡中国茶,并向客人介绍不同品种茶叶的不同之处。	
	果盘里的祝福	各色食品:各种瓜子、花生等(装饰用),果盘,祝福卡。	(1) 认认并说说各种果盘里的年货。 (2) 从祝福卡片中选择一张与果盘里的卡片配对,并说说为什么选这张祝福卡的理由。	
	团圆饭的回忆	橡皮泥、一次性小刀、牙签、吸管、一次性筷子等。	(1) 运用搓、压、拉等制作相应的菜。 (2) 运用搓、压、拉等制作出的物品组合并运用辅助工具制作相应的菜。 (3) 根据经验尝试设计一桌菜。	
	中国娃娃	废旧纸板制成小孩的造型、各色缀料、蓝印花布、中式纽扣、剪刀、中式服装图片或实物、彩绳等。	(1) 依据图片或实物的式样,裁剪、制作纸质的中式服装。 (2) 布料等材料裁剪、制作,进一步体现中式服装的特色。	

主题	内容	主要材料	操作与探索	配 图
我要入小学了	我小时候用过的东西	幼儿收集各种小时候的用品，并布置展台。	看看认认，邀请朋友来参观，并让大家投票选出"小时候最喜欢用的东西"。	
	书包文具大展台	收集大家的书包与文具进行展览。	认认说说，并试试每一件物品的用法和使用技巧。	
	整理小书包	各种文具、书包。	(1) 物品分类摆放在规定的位置。 (2) 有选择地摆放，说说哪些东西不需要。	
	文具怎么用	彩色铅笔、颜料、圆规、卷笔刀、刀片、铅笔等。	(1) 寻找与各种文具有关的物品或留下相关痕迹的物品（根据纸上留下的痕迹寻找相关文具）。 (2) 关系相对不密切或模糊的痕迹。	
	我猜猜猜	图片、题目卡片、插板两块、小镂空架一个。	用动作表示、猜测图片、题目的意思： (1) 一人根据图片做动作，另一人猜。 (2) 一人根据题目做动作，另一人猜。	
	我的同学录	同学录的本子若干。	以自己喜欢的方式，收集同伴的信息，制作同学毕业录	
	猜猜我是谁	小时候与长大的照片。	寻找朋友间小时候的照片，并将小时候与长大了的照片配对。	
	制作名片	水彩笔、纸张等。	制作自己的名片，在需要的时候取用。	
	连环画	伸展型本子若干、水彩笔、剪刀、象塑纸。	在本子上画出发生在自己身上的一些故事，并能用连贯的多幅画面来表示。最后为自己的"连环画"制作封面，并取名字。	

（续表）

主题	内容	主要材料	操作与探索	配　图
	测身高	测身高仪、卷尺、绳子、直尺、笔、本子。	（1）运用多种工具为自己或别人测量身高，把最后测出的数值写下来，体验成长的喜悦。 （2）与朋友比一比数值，依次排序。	
	上学的早晨	画有主题画面的可拼搭积木、钟、笔、草稿纸。	为上学的早晨要做的事排序，想想各要花多少时间，并借助工具算出总的时间。	
	玩具的家	各种盒子、闪片、橡皮泥、水彩笔、双面胶。	使用各种盒子，用现成的物品对其进行装饰，做出具有个性的铅笔盒。	

二、区角活动材料的设计

环境创设是区角活动中的一个重要组成部分，也是活动展开并影响幼儿发展的重要前提条件和保证，而材料的提供和投放更是环境创设的关键所在。材料既蕴含着教育者的教育理念，也承载着教育者的期望和智慧，它是促进幼儿学习、引导幼儿互动、激发幼儿行为、延续幼儿兴趣的重要媒介，在区角活动中有着非同寻常的意义。那么，怎样的活动材料才是适宜的，才能满足幼儿的需要，从而实现与幼儿对话的意义呢？

（一）丰富性

即教师应当根据区角的活动内容，提供足量的材料和玩具，让幼儿自由地依据自己的需要选用合适材料。

1. 不同活动内容提供不同材料

区角活动内容丰富，不同的活动题材需要不同的环境和材料作为支撑。因此，教师需要有针对性地投放各种活动内容的材料。

2. 同一活动内容提供多种材料

如活动内容"玩沙"，除了要提供沙及沙盘外，还可提供其他操作材料，如可用于挖、埋、分割、堆砌的竹片、调羹、牙签、不开刃小刀及一些可供美化作品的小饰品等，以供幼儿根据自己的创作兴趣或意图自由选用。又如"动物园"（见图7-1）和"卷羊毛"（见图7-2）的活动，提供了多种不同材料内容，如投放各种各样粗细、材质不同的可卷材料，以及质地不同的纸张，供幼儿卷卷玩玩不同的"羊毛"，从而获得有关"卷"的不同经验。

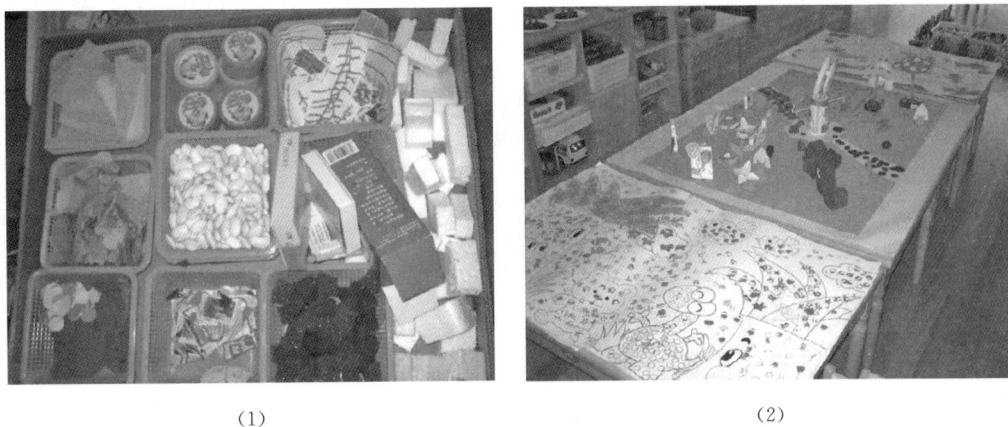

（1）　　　　　　　　　　　　　　　（2）

图7-1　用多种材料玩"动物园"游戏①

图7-2　用多种材料卷羊毛

（二）层次性

由于儿童存在个体差异，他们对事物会有不同认识，操作也会处于不同层面。因此，有些活动的内容材料既要体现对群体的关照，也要体现对个体的考虑，要有层次性。

1. 相同内容，不同年龄，材料层次不同

即相同的内容，要顾及年龄特点。如同为"玩磁铁"的活动，小班孩子进行"小动物逛公园"活动（见图7-3）：在小动物底座上插入回形针，置于有背景的桌面上，幼儿用小磁铁在上空动动玩玩，看哪些小动物会"走路"。中班幼儿则进行"走迷宫"活动（见图7-4）：小磁铁牵引着"自己"（塑封照片），沿所示路线走，避免掉入"路旁陷阱"中。大班幼儿进行"取回形针"活动（见图7-5）：用磁铁怎样又快又多地将可乐瓶子里的回形针取出。可见，材料变化可显示出要求由易至难、操作由摆弄变为探索的特点。

---

① 本章中部分图片以彩色电子插页的形式进行了呈现，可扫描本书第197页中的二维码，欣赏高清彩图。

图7-3　小班活动"小动物逛公园"

图7-4　中班活动"走迷宫"

（1）

（2）

图7-5　大班活动"取回形针"

2. 相同年龄，同一活动内容，材料层次不同

如排多米诺骨牌（见图7-6），教师在泡沫地块上分别黏上三种线条：直线、Y字线条、螺旋状线条。很明显，排直线易；排Y字较难，要思考如何排才能两边一起倒；排螺旋状最难，不仅积木的排量大，更主要的是空间紧密，排时需注意力高度集中、小心，这是对幼儿细致程度与坚持性的考验。如此呈小步递进状，以迎合与支持不同能力、不同认知风格的展现。

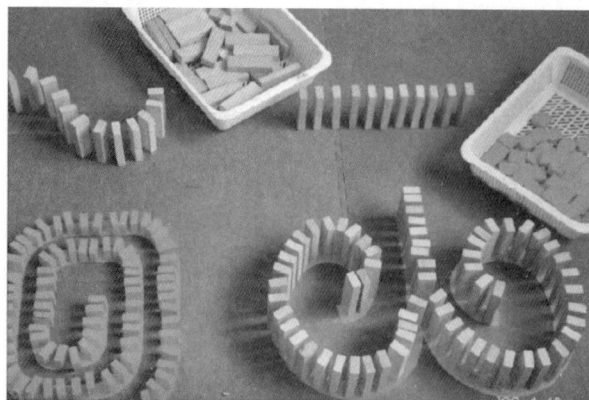

图7-6　多米诺骨牌

但是,并不是所有活动内容的材料投放都能显示出层次性的,因为相同材料会有不同操作方法与水平、操作过程与结果的出现,如同样的剪刀和纸,同样的用"对称"方法剪图形,有的幼儿只能剪一对对称的小鱼,而有的却能剪出对称的两对、四对,此时材料的操作层次性是内隐在教师心中的,而不是可以物化出来的。

(三) 情感性

《幼儿园教育指导纲要(试行)》倡导以积极的情绪推动儿童的认知和学习,充满情感色彩和生活性、情景性的环境材料更能激起幼儿的学习热情和愿望,是他们积极建构的动力和支持力量。因此,赋予材料灵性和亲和力,能更好地激发幼儿的内在动机和积极参与活动的心向,让他们感到好玩、有趣,从而更自主地投入活动。材料有了情感,就如同有了生命,可以互动、可以对话、可以激发创造。例如,让中班幼儿用磁铁棒牵引自己的黏纸照片玩"走迷宫"(见图7-4)游戏;小班幼儿"帮妈妈打扮"(见图7-7),让妈妈穿花裙子,戴漂亮的项链、手链等,对幼儿而言既亲切又生动,既有情趣又有挑战。除此之外,材料本身玩法上的动态性,也可以吸引幼儿的注意力并引发活动,如滚珠过桥、玩风车、小车下山坡等,都具有一定的动感,易于从情感上引发幼儿参与的愿望。

图7-7　帮妈妈打扮

(四) 自然性

幼儿喜欢自然环境,利用自然材料开展活动,深受他们欢迎。这是因为自然物没有固定的使用方法,可被用于多种活动,且能按照个人意图作灵活变通。因此,区角活动中根据需要提供一些自然材料是非常必要的。

(1) 最大程度地利用生活中的真实物品作为活动材料,避免假生活状态,尤其是在托小班,更应常使用这类材料。(见图7-8、图7-9、图7-10)

(2) 利用水、泥、沙、石、木等原始材料开展活动,满足幼儿"随心所欲"的愿望,使其能进行自由想象与创造。(见图7-11、图7-12)

(3) 利用废旧材料进行活动,让幼儿感受材料的多种质感和多样性,并萌发环保意识,如不同大小的纸箱(见图7-13)、不同材质与造型的瓶子,它们都可以被幼儿用来表达表现。

图7-8　托班装扮区中大小不一的餐具

图7-9　托班装扮区中大小不一的鞋子

图7-10　大班生活区中探索各种小工具的使用方法

图7-11　运水

图7-12　原木建造活动

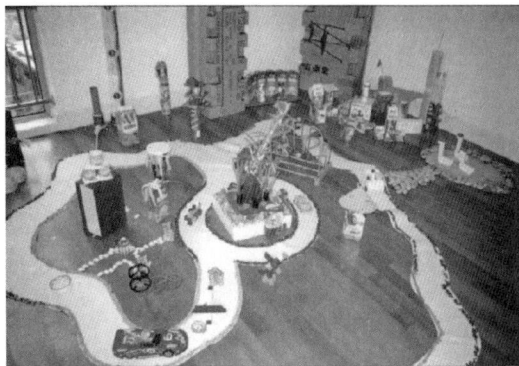

(1)　　　　　　　　　　　　　　　(2)

图 7 - 13　利用废旧纸盒、罐子等建造"小区"

(五) 探索性

　　将问题隐含在材料中,以情景或游戏驱动解决问题,鼓励幼儿在操作中感受日常生活与学习中的某些现象,并进而关注事物间的简单关系。如利用废弃的可乐瓶子玩"喷泉游戏"(见图 7 - 14),以感受水位高低与形成"喷泉"水花大小之间的关系等。此类活动比较适合大年龄的幼儿。

　　综上,在材料的选择和投放过程中,对这几个方面特性的把握并不是孤立、简单的对应,而需要彼此融合、互相映衬,才能使材料真正成为激发幼儿生活

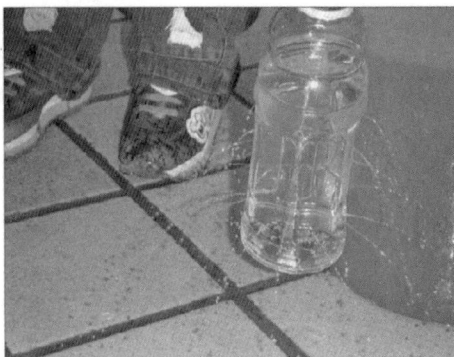

图 7 - 14　喷泉游戏

情趣与经验获得的中介。此外,区角活动的材料也不是一成不变的,在适当的时段,可以通过添加、删减、组合等不同的方式对材料进行迁移和调整,以最大程度地发挥材料的教育潜力,赋予材料新的教育意义或生成新的活动内容和情境,真正体现材料的多元价值,做到物尽其用。

三、区角活动空间的设计

　　区角活动的空间设计是教师根据活动需要,在教室内外布置活动区域的空间状态。简言之,即如何进行区角的安置。一般情况下,区角的空间设计可以从以下两方面特性的把握着手。

(一) 自然而流畅

　　由于区角活动内容丰富,为了便于幼儿选择与确认自己喜欢的活动,在视线上不造成混乱,同时也便于教师观察,可以将活动室分隔成若干个开放或半开放的区域及角落。区角间留出通道、空间,整个活动室内至少要有三分之一至二分之一的空间不堆放任何设备与器材,这样既便于走动,又避免拥挤感。分隔可以直接利用储物柜、桌子、椅子等的不同造型或走向,也可利用泡沫地块、地毯等不同材质,给人以一种视觉上的自然区分,大则为区,小则为角。现代社会生活在视觉上寻求"赏心悦目",因此,在区角的空间构图上,不妨在实用之外,也努力追求

一种区隔流畅的审美效果,要突破"桌子、椅子排排队"的僵硬布局。

　　一般而言,区角和区角间应该是开放的,可以全敞开,也可以半敞开,这需视活动需要而定。有些活动探索性较强,其探索的方法或结果需要"防尽快扩散",此时的区角可以相对封闭,但这个封闭不是拒绝,而只是视线交流上的暂时隔离,如可用小屏风遮挡一下,不妨碍幼儿进出自由、交流自由(见图7-15)。

(1)

(2)

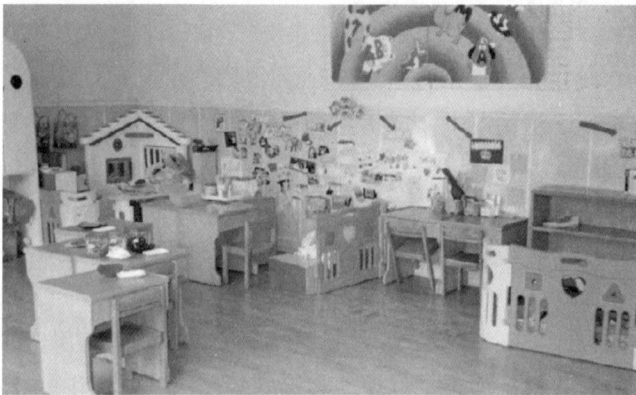

(3)

图7-15　幼儿活动室区角空间设置

（二）立体而生活

即要改变活动内容在桌面上操作的一统模式,可形成从上至下(即地面、桌面、墙面),从四周到中间互为补充的一种立体格局。地面上趴一趴、椅子上坐一坐、墙角边跪一跪、地中央爬一爬,都是幼儿真实生动的写照,也是幼儿的"家居生活",教师应该着力营造这种自然而生活的活动场景(见图7-16、图7-17)。

图 7-16　用网做区隔,并在网上玩"夹子游戏"

图 7-17　与墙面"爸爸的东西"互动

此外,布置区角时,还应当顾及、兼容各个区角的活动特性,力求既方便活动,又尽量避免相互影响和干扰。如把以安静阅读活动为主的阅览区和以操作为主的构建区放在一起;或把以动脑操作、思维训练为主的数活动区与劳作、表演游戏区相邻等就不太妥当了。

总之,在幼儿园区角活动的内容、材料和空间等的设计中,教师需要把握和加以考虑的方面主要包括:在内容上,能充分体现与主题相关;提倡师幼共同参与创设内容,并方便幼儿操作和探索;内容与幼儿的实际发展需要和经验水平相契合。在材料上,选择、投放和操作都要符合幼儿的年龄特点;尽量利用生活中的常见材料,注意安全和卫生。在空间上,要从幼儿发展的实际需要出发,合理规划,同时体现创新性。

第三节　幼儿园区角活动的指导与实施

在区角活动中,幼儿的主体地位相对集体活动来说,变得更加突出,但这并不与教师也是主体并起主导作用相矛盾。首先,教师的主导作用与幼儿突出的主体地位并不矛盾,教师的主导作用也正是通过激发幼儿的活动,引导和促进幼儿积极地与环境相互作用而体现出来的。其次,幼儿的生理心理特点显示其有意性水平低、思维灵活性弱、操作探索的韧劲不足,加之生活阅历少,接触事物有限,其活动的愿望与冲动经常受到以上各方面条件的制约,因此,教师的主导作用是不可忽视的。再次,幼儿在活动中获得的知识经验容易零乱、琐碎、表面、缺乏系统性,有时甚至会获得错误的结论,由于幼儿自身很难甚至不可能将其去伪存真、由表及里或提炼整合,因此,就更需要教师的支持与帮助。

教师对区角活动的组织与指导主要体现在活动中的观察、即时的指导与互动以及活动后的评价三个方面。

一、区角活动中的观察

实施指导,观察先行。教育是一种有目的、有计划的行为,必须体现其自身的效益,教师的教育行为过程就是实现效益的过程。由于区角活动具有松散性与低结构性的特点,最突出的表现就是幼儿个体活动过程和结果的不确定性,这无形中放大了教师现场观察与指导的难度,往往会导致活动的预期跟不上事实的变化,即幼儿的生成。因此,面对每一个活动阶段、活动内容,教师都要站在幼儿的角度上,分析活动中可能会观察到的面貌特征以及对应机制,然后到实践中去领略,以"关怀、接纳、尊重的态度"仔细观察幼儿的行为,"耐心倾听,努力理解幼儿的想法与感受",验证自己对幼儿的解读,分析幼儿超越教师预期结果或行为所蕴含的意义,从而摒弃以单纯的预设标准来评判和指引幼儿的活动行为,而是以观察到的实际状态作为调整指导的依据。

(一)区角活动的观察方法

在具体活动中,为了便于观察,了解事实,比较容易的是以观察所关照的人群、覆盖的范围为依据,将观察分为全面观察、重点观察、个别观察。这三种观察方法在实际使用中可以不断交替,互为补充,以实现对教师预设的及时判断和对幼儿表现的即时解读。另外,从表现形态和有无语言参与来看,观察还可分为旁观式观察和参与式观察。对于观察方法的详解,请见表7-5。

(二)区角活动的观察视角

由于观察活动的主体是教师,因而观察也就必定会带有教师的主观色彩和价值取向,即存在到底观察什么的问题。对于教师来说,观察视角的把握是非常重要的。一般说来,教师对区角活动的观察可以从以下两个不同的视角出发:一是活动中教师观察的一般视角,它带有普遍意义;二是针对学习性区角活动的观察视角。这两者之间虽有区别,但不能机械割裂,而应互相兼容,从而真正获得对静态因素——环境与材料的提供,以及动态因素——幼儿与幼儿活动两方面的观察信息,帮助教师调整教育行为和教育策略。

1. 观察的一般视角

(1)活动兴趣。教师应观察幼儿经常选择哪些活动区和活动材料,经常从事什么活动,兴趣所持续的时间,并分析幼儿在活动兴趣上所表现出来的性别差异、阶段性差异和个性差异等。

(2)认知水平。教师应观察幼儿选择操作材料时的目的性、有意性,幼儿基本的操作能力

表7-5 区角活动观察方法概要

	含义	方法	示例	特点
全面观察	是指教师在活动的某个阶段对班级整体活动水平进行全方位的观察，了解活动状况，以使幼儿的活动整体进行阶段性小结，整理，预设下阶段活动目标和计划。	（1）浏览式：教师在不影响幼儿的前提下，对各活动内容逐一进行巡察。（2）点击式：由于全面观察的量大面广，教师可能在一次活动时间内无法完成，可分批对不同区块面的活动内容进行观察，在一至两次活动中全面了解活动情况。	如：在区域流畅性较好的情况下，可沿着顺时针方向的线路浏览，保证不遗漏。如：室内食外，地面桌面，生活区和数形活动区等。	全面观察具有时间间隔性的特征，即当活动进行到某一阶段时，需要教师运用全面观察的方法，对活动发展的整体水平进行分析判断，而在其他时间段中，教师则较少使用这一观察方法。全面观察时随机的把握取决于教师对活动进程的了解及教师所作的价值判断，它能体现教师观察的整体视野和随机灵活的水平。
重点观察	是指教师对由活动内容组成的某一个或几个群体进行观察，其针对性有侧重点有目的，方法包括重点的观察、观察方法、途径、结果、材料运用、合作情况等，其针对性、过程性较强，与教师指导行为之间的关系较密切。	（1）跟盯法：教师进行循环交叉跟踪观察，在等待全程跟踪，全面掌握幼儿在活动中反个过程，全面掌握幼儿在活动中反映出来的各方面信息。（2）循环法：教师对循环交叉跟踪观察，一组幼儿无分尝试操作的同时，观察另一组活动的情况，这使于教师同时了解多组观察视野，提高单位时间里的观察效益，使观察效益更高。（3）记录法：教师通过观察幼儿的活动记录来了解他们参加活动的情况，而这种记录是较明确地表现活动的进程。使用时，需要教师结合直接观察法，进行综合分析。	如：当活动开始时，教师进入排序活动组，观察三名幼儿用不同方法进行排序，对他们各自使用方法的多少，难易，速度，坚持性，独立与模仿，兴趣等多方面因素进行全面了解，并作较详细记录。如：教师在观察幼儿给娃娃"戴发卡"的同时，也在观察"喂豆豆"的幼儿，如了解了幼儿何此轮流交叉进行观察，既了解了幼儿已能时发现对称戴发卡，又发现了幼儿给娃娃的"大嘴青蛙"和"小嘴兔子"喂豆豆。如：幼儿参加"冲调果珍"活动时，将幼儿尝试记录的果珍与水的比例用自己的符号记录在纸上。教师通过观察记录，了解该幼儿共冲调两次，比例各不同，自我感觉第二次比较满意。	重点观察反映出生成性的特点，教师在观察过程中敏锐捕捉有价值的信息，随机进行跟踪了解，这是教师的教育自觉性的反映。这对及时促进活动发展，幼儿发展有着很重要的意义。使用循环时应尽量选择邻近的活动内容，避免教师来回走动太多，影响幼儿活动。

(续表)

	含　义	方　法	示　例	特　点
个别观察	教师对幼儿个体在活动中表现的整体特殊性进行观察。它指向的是单个幼儿,却带有整体性特点。	(1) 即评法:教师对某一幼儿进行跟踪观察,并对其在活动中反映出来的活动水平、认知和能力、合作意识等智力非智力因素进行评价,形成评价意见,以便及时寻找指导对策。 (2) 衔接法:教师通过对同一幼儿多次活动情况的跟踪观察,对其发展水平综合进行评价,寻求有针对性的指导方法和突破口。	如:教师观察到某一幼儿在"服装店""打电话"等活动中多次出错,即发现其在5以内的加减技能上存在困难,就会及时在这些活动中增添材料,降低其难度,或投放有针对性的材料,适时对其进行指导。 如:教师发现某一幼儿对多个活动都不够专心,有时甚至"蜻蜓点水",半途而废,遇到困难时没有耐心。教师就一定要为其设计活动,要求表达到其目标才算完成,以锻炼其坚持性。	个别观察指向的是幼儿个体,因此,教师应注意幼儿的个体差异性特征,对不同幼儿的观察重点、指导途径、目标要求不尽相同,使观察更具个性化。同时对个别幼儿也是教师对幼儿进行个案分析的重要手段。
旁观式观察	教师以旁观者的身份进行观察,不参与活动。	这是以冷静、客观、沉默为特点的观察方法。在观察中,教师往往更多使用眼睛,在幼儿未使用语言的情况下安静旁观,绝不使用语言或其他肢体动作干扰、打断幼儿的操作。	如:在数学活动"打电话"中,幼儿算出8道题后,将答数一记录下来,使得到一个个的电话号码,将之与墙上公布的8位数的正确答案比较。其运算过程、评价过程、纠错过程都可以比较显然,一目了然,教师一般可以通过旁观来了解活动的情况。	旁观式观察多指向比较显性的操作过程或结果。对一些要求表明操作过程和操作结果或较作确,层次较分明,较易呈现成果或使用旁观式观察适宜。
参与式观察	教师在观察中有简单的语言参与。	通过看看和简单问问相结合来了解幼儿活动情况是其特点。其特点是有简单语言的参与,但教师询问的目的是了解,这与运用语言对幼儿进行指导的行为不同。	如:运用一些简短问句,如"这是什么""为什么用这个""你是怎么想的"等来了解幼儿的活动意义。	使用参与式观察方法应注意时机和语言的适度把握。不能打断幼儿的思考,可在其计划和操作告一段落时介入,语言应尽量简短,语气应和缓,像一名合作者或认真的观众,而不是接问、质询。

（模仿还是创造，单调重复还是变通，对材料暗示性的领悟程度）、操作方式（简单或复杂，单一指向或多种指向）以及操作结果（完全理解或一知半解，完成目标或部分完成，混乱无序或完美有序）等。教师可以通过观察幼儿的作品、图画、小制作、记录卡等了解其认知水平。

（3）个性心理。教师应观察幼儿对活动区的选择以及在游戏中的行为表现：是果断选择，还是犹豫不决；是独立选择，还是盲从别人（或需他人启发）；作出选择后是坚持完成，还是不停地变换内容甚至无目地转悠；是随意摆弄还是有意探索，并从中分析幼儿的个性心理特征，努力揭示其行为背后所反映的幼儿在个性和社会性发展方面的特点。从表面上看，大多数幼儿几乎都在专注地参加活动，但仔细观察后就会发现，他们在发现问题、克服困难、不怕失败、抵御干扰、耐心细致、合作意识等方面的能力和表现是不尽相同的，其表现形态的内隐性更需要教师付之以耐心而深入的观察与分析。

（4）规则意识。教师应观察幼儿对活动区各类规则的了解和自觉遵守情况，即了解他们的"规则意识""任务意识"和自我控制能力，包括在活动中有无纠纷产生及如何解决等各方面的意识和能力。

教师可观察幼儿在活动中熟悉规则所需的时间、遵守规则所付出的努力、解决纠纷的方法和时间、情绪变化等，其中尤其应注意解决纠纷相关的行为。引发纠纷的起因有很多，如空间狭小、材料不充足、因规则的隐性控制不强而引起争抢、无所事事而影响他人、操作不顺利向别人发泄等。遇到纠纷，解决的方式也各不相同，有的幼儿能自行协商解决，有的会向同伴、教师求助。教师若觉察纠纷是因客观环境引起的，则首先要对环境进行改造，若是由其他原因引发的，则可以与幼儿一起分析讨论，寻求解决方法。

2. 学习性活动区的观察视角（见表 7-6）

表 7-6　学习性活动区观察视角概要

	观察内容	示例
生活区	・手指肌肉的协调性，做一些精细的动作及力所能及的简单劳动的情况。 ・对工具、材料使用规则的了解及收拾整理的情况。 ・操作材料贴近幼儿的生活经历与年龄特点，吸引幼儿来参加"劳动"。 ・参加"劳动"的熟练程度及方法的合理性。	如：幼儿学习用扫帚（或排笔）将纸团、纸屑、螺丝壳扫入簸箕（可用硬纸盒制作）。教师可观察幼儿握扫帚的方法，左右手协调合作的能力，将废物扫入簸箕时的姿势、角度及熟练程度，将不同废物（为难度层次）扫入时有无困难，游戏结束时是否物归原处，情感上是否满足，有无重复游戏的兴趣等。
探索区	・在实验或操作时的专注程度。 ・遇到困难时的态度表现以及处理问题时的方法与策略（消极放弃，积极尝试，求助他人）。 ・喜欢表述或尝试记录感知到的现象，敢于接受或挑战别人的想法，并乐于探索。 ・活动结果的合理性、科学性。	如：幼儿将五辆汽车从相同坡度、长度的"小山坡"（轨道上铺有不同材料）上滑下，比比哪辆车滑得最远。教师可观察幼儿操作时是否合理（不加推力，自然滑下），是否始终有兴趣、很专注，记录方法能否被别人理解，结论与同伴不相同时的态度及所采取的举动，是否对自己的结论引起注意并已开始关注不同的材料。

（续表）

	观察内容	示　例
表达表现区	• 大胆地表达表现自己的所感所想。 • 表达表现时心情舒畅,行动活泼。 • 对活动的兴趣与表现相应内容的技能。如美术:对色彩的感觉、造型的想象、构图的处理等。 • 表达表现的内容符合社会道德标准。如装扮区所装扮角色与行为有无负面反映。 • 大胆想象,并愿意付诸实践,创造性地使用材料。	如:在幼儿用各类废纸盒制作房屋、建构社区的游戏中,教师可观察幼儿是否已有制作计划,选择与使用材料的合理性和多样性(提供各种辅助材料),在制作过程中是否情绪愉快、稳定,能否坚持完成制作,作品的色彩、造型、布局是否具有美感和独创性等。

二、区角活动的一般指导策略

对于教师来说,基于对幼儿活动及时细致的观察之上的互动和反馈也是十分重要的,这种互动和反馈就相当于教师在集体教育活动中的指导,只是这种指导相对更隐性、更灵活,也更富挑战性。因此,区角活动中的教师指导策略既能够体现教师一定的教育理念、教育能力和专业素养,同时也能够进一步有利于促进教师在专业方面的反思性思考和自我成长。

以下将结合具体的区角活动案例对教师的指导策略问题展开讨论与分析。[①]

(一) 利用角色转换,支持幼儿活动

1. 兴趣的关注者

一般情况下,教师应多以旁观者、欣赏者的身份出现:可以是听众,倾听幼儿间的交流、感受;也可以是观众,观察幼儿的行为表现。在倾听和观察中,分析幼儿,阅读幼儿,磨炼自己的教育直觉,为有针对性的指导作铺垫。

案例：“休闲吧”的常客们 (大班)

活动背景：

在教室的一角有一个幽静角落,教师为孩子们开辟了一个可以冲调饮料、自选食品、聊天下棋的角落,取名为“休闲吧”。这个区域也成了孩子们最喜欢的角落,总能在那里发现几张熟悉的面孔(小点点、安安、辰辰、豪豪)。他们是休闲吧的常客,每天在里面上演着不同的故事,解决着不同的问题。

记录：人多了怎么办

休闲吧刚开张的那几天,可真热闹。孩子们被眼前五花八门的食物所吸引。他

---

① 本章部分案例由上海市虹口区实验幼儿园提供。

们好奇地在角落旁张望,小声议论。"真能吃吗?""我也想玩。""太有意思了,什么时候开始玩呀?"当游戏开始时,八九个孩子直冲休闲吧。只见小点点双手抱着糖罐,大声地叫嚷:"我先来的,人满了……不能再进来了!"三四个孩子肩并肩地挤在小桌边,还有玲玲、卿卿等几个内向的女孩子虽然没靠近休闲吧,但渴望的大眼睛好像在诉说着一切。教师没有走上前指责孩子们的争抢行为,而是静静地在一边观察,并故意敲了敲小椅子。小点点有些着急了:"椅子满了,人也满了。"不一会儿,大家把视线都集中在四把小椅子上。转眼椅子上已坐满了小朋友。教师看局面好像有些僵持不下,就笑着说:"今天晚来的小朋友,待会儿可以预约。糖果还有的是呢"!于是,孩子们三三两两不情愿地退出区域。但仍有些孩子,像辰辰、洲洲等守在角落旁,眼巴巴地看着那些在休闲吧中快乐的孩子们,充满着渴望和期待。

　　这样的情形持续了大约两星期,教师基本采取的是观望与及时补充材料的对策。两周后,休闲吧的人气逐渐恢复常态,进出区域的孩子也更自然了。

分析与思考:

　　新活动区域的开辟原本就能引起孩子极大的兴趣,更何况是有新鲜食品的休闲区域。活动初始所表现出的争执、期待、观望、守候等都是孩子们渴望活动的正常现象。如果一味地硬性制止,貌似平静的表面下,其实却隐藏着不公正,是无视了幼儿的年龄特征,可能会削弱孩子们的活动愿望。此时教师采取提醒、等待及补充材料的策略,是对幼儿能力的一种信任,相信时间是幼儿学习的催化剂,随着时间推移,幼儿简单的游戏动机通过多次操作与探索会逐渐趋向有意性和目的性,逐步减少单纯的占有心理。这种自我调整的行为远比成人给予的经验更深刻、更有价值。

2. 兴趣的激发者

当幼儿在活动中兴趣减弱或转移时,教师可以玩伴的身份参与活动,摸清情况,激发幼儿的活动兴趣。

案例：金牌工程师的故事（大班）

活动背景:

　　杰杰从凉城小区建造开始,就一直在该游戏区里进行游戏,他搭建了联排别墅、野外帐篷、私人游泳池等,别具匠心的设计和精细的制作,使其成为同伴们一致公认的"金牌工程师"。他为自己得了"金牌工程师"的称号暗自高兴,对建构的兴趣也更浓了。

记录:杰杰没有信心了

在一次游戏时,教师建议杰杰去参观大二班小朋友星星的作品,回来之后杰杰有点垂头丧气:"我比不过星星,他是建筑高手。"他对着自己的房子冥思苦想,迟迟不动手(没想到教师给他设置个竞争对手的激励手段,打击了他的自信)。"老师相信你,你是我们班的'金牌工程师',你一定也能建造出更好的作品。"教师鼓励他并和他一起商量其原先的创意:如果阳台上改用全透明的落地窗,可以选用什么材料,杰杰又兴致勃勃地制作起来。

分析与思考:

实录中呈现,"杰杰的受挫感""星星的无形压力",都是教师不经意间造成的——激将法没有变成挑战,反而形成障碍——杰杰失去自信。可喜的是教师很快就观察到孩子的变化,立即弥补自己的过失:

· 运用激励性的话语,重新唤起孩子的活动兴趣。

· 共同商量改建阳台的方案,激活了孩子继续活动的愿望。

反之,如果教师未觉察到孩子的变化,那结果可能就大相径庭了。因此,教师只有不断训练"自己的眼睛如鹰般敏锐",才能更好地把准指导脉络。

案例：盖瓶盖(小班)

记录:瓶盖这样就盖好了吗

两个幼儿在同一张桌上尝试开、盖各种不同直径、不同材质的瓶盖。其中一个盖的瓶盖几个都不对应,都只是将瓶盖顶在瓶子上(看似盖上了),但幼儿以为盖好了。另一个则将瓶盖拧得很好。两人很开心,一起拍拍手。这时已从旁路过两次的教师并没有直接指出另一个幼儿的错误,只是轻轻地用腿挤了一下桌子。桌子动了一下,只见第一个幼儿的瓶盖相继落下,而另一个幼儿的则依然完好。两个幼儿都清楚地目睹了瓶盖掉下来这一情景,意识到有一些瓶盖没盖好。于是,两个合作将瓶盖重新盖上。

分析与思考:

该教师的这一举动极具回味性,她将所要给予孩子的暗示、鼓励、挑战尽在不言中,化为一个"挤"的动作抛向饶有兴致的孩子。因此,并不是唯有语言才能激发幼儿的兴趣的,形容得夸张一点,教师的言行有时应该犹如哑剧演员的表演,能给以幼儿启发与想象。

3. 信息的导航者

当幼儿在活动中产生疑问时,教师可以为其提供解决问题的资源或信息,帮助幼儿寻找探究问题的角度。

案例:测量(大班)

活动背景:

　　大班的数活动区中,设立了一个"测量"的活动内容。有一天,两个男孩拿着自己从家中带来的卷尺进行测量(他们已经学会从"零刻度"开始测量的方法)。在征得教师的同意后,他们跑出教室去测量操场上花坛的长、宽,楼梯的高度,不时还做着一些只有他们自己看得懂的记录。

记录:泥土里的那一段

　　他们在测一根竹竿(锻炼投掷用的撑杆)。两个男孩并没有因为竹竿的过高而被难倒,他们搬来了老师的椅子,又让老师站上去帮他们将"零刻度"压在竹竿顶部。经过师生共同努力,一个数字记录到他们的小纸上——"195",他们很高兴。这时,教师捡了根树枝笑眯眯地说:"量一量,有多长?""46。"教师又说:"想想办法,让树枝站在地上。"两个小男孩毫不犹豫地将树枝往草地里一插。教师又说"再量量看,有多长?""量过了。"一男孩答。"再量一次看看。"教师征求道。"好吧。"一男孩答。于是,又一个数字出现了——43。教师和两个男孩都看见并发现了数字的不同。"这可是同一根树枝,怎么回事?"一男孩来回摇着脑袋,另一男孩手叉着腰,一脸纳闷。"会不会量错,再来一次。"一量又是43,教师启发说:"想想,树枝是怎么站在草地上的?""噢!"一男孩突然醒悟:"我们量树枝还应算插在泥土里的那一点。""对,对,对。"另一男孩附和着。"那么那根竹竿的高度是不是195呢?""对了,那根竹竿也应包括插入泥土里的那一点。""对,"教师鼓励道,"其实你们一开始量的也是正确的,是竹竿露出地面的那一部分。"经过教师的"启"和幼儿的"发",这个与幼儿日常生活相关的问题得到了合理而科学的解决。

分析与思考:

　　在这个实录中,教师抓住了问题的"泉眼"——幼儿忽略了插在地下那部分竹竿的长度,于是用"插树枝入地"进行启发,帮助幼儿找到了经验迁移的实践点,让他们通过自己的思考得到竹竿长度的正解,相信这种状态下的试误与启发一定令幼儿很难忘却。

---

4. 思考的合作者

当教师面对幼儿的疑问一时也难以点拨时,则可以合作伙伴的身份出现,共同探讨,共同成长。

案例：拼装游戏 (大班)

活动背景：

拼装游戏一直是男孩子们的最爱。最近,一些纸制房屋模型掀起了男孩们拼装房屋的热情,一幢幢房子在他们手中诞生。这天来园,教师见拼装角的材料不足,便打开材料箱取材料。辰辰看见里面有F1赛车模型,便请教师让自己试试。

记录：F1 赛车

刚开始时,辰辰拼装得很顺利。他看着说明书,将零件从纸板上全拆了下来。辰辰根据自己以前的拼装经验告诉教师:先装简单的零件,这样会很方便。一会儿,一辆赛车的雏形便显现在眼前。没想到,拼装得这么顺利,他有些喜出望外。可此时,问题来了:桌上留下一大堆零件;由于形状颜色相近,不知是哪个部位多出来的。

辰辰向教师求助,由于没拼装的经验,以及面对一堆赛车零件,教师带着担心和犹豫,成了辰辰的搭档。师生俩边拆边总结教训边探索:

"零件都混在一起了。看样子,我不应该把所有的零件都拆下来。"

"是呀,好像应该装什么,再拆什么。"

"那现在该怎么办?"

"把图纸看看仔细。"

"车尾的零件好像比车头的零件要大,虽然颜色一样,但上面的花纹和字不一样。"

"对,我也发现了。我们现在就来把车头车尾的零件先分开来。"

……

零件又一个个地被辰辰装上了赛车。"咦,怎么又多了两块长条形的板?"两人又疑惑,手拿零件,又一次仔细核对说明书,从前往后逐个检查。"是这里的,是这里的!"辰辰突然激动地叫了起来,"是装在车轮上的,你看呀"!"对,对,对! 是的,还是你看得仔细。怪不得,这车轮有点松。可是,现在该怎么装呢?"仔细看后发现:原来,这个零件需要横穿整个赛车车身,才能将左右两边的车轮连在一起固定,拼装时应该与车身一起装在车座上。现在要装,等于要拆掉返工。两人同时叫了起来,"不要呀!""没办法,要让赛车开起来,我们只得拆。"在教师的鼓励下,两人又开始"化整为零",从头再来。好在再装一次,两人的动作明显熟练了,并配合默契。

当最后一只车轮装上赛车时,辰辰不由大喊一声"耶"。

分析与思考：

教师怀揣忐忑加入拼装的过程,为了完成作品,他们一起商量,一起面对问题,寻找对策。过程中,辰辰表现出了游戏的能力:经验迁移、发现问题、找寻症结。而教师在与辰辰合作的过程中,则是一名新手,抱着尝试的心情参与,和辰辰一起克服了一而再、再而三的障碍,为赛车的雏形感到欣喜,又为漏装一个零件要拆掉整部赛车而沮丧。过程中他们不再是师生,而是两个地位平等、互相依靠的朋友。但如果没有教师在心理上的支持和思考上的投入,辰辰的欣喜只怕也不会这么快来到。

因此,教与学没有绝对的权威,"教学相长"将是教育中永恒的旋律。

5. 愿望的支持者

当幼儿用自己的意愿想法进行操作时,教师应多报以赞赏的眼光,支持他们尝试、实践自己的想法。

案例：聪明宝宝（小班）

活动背景：

经过了一段时间,孩子们对"聪明宝宝"这一游戏材料的操作已十分娴熟。盘子里的各种物品也基本能对应"宝宝"脸上的五官。

记录：谁有理

楚楚与翘翘一同进入了该活动区。不一会,两个好朋友的吵闹声吸引了教师的注意力。

楚楚："鞋子应该放在眼睛上的。"

翘翘："不是,鞋子是放在鼻子上的（说着便把眼睛上的小花移到了鼻子上）。"

楚楚："鞋子有各种各样的颜色,是眼睛看到的呀!"

翘翘："可是鞋子的臭味道是鼻子闻到的呀。"

两个孩子争执的声响越来越响,引来了许多同伴的围观,孩子们也都纷纷议论起来。

"我同意楚楚的,东西都是眼睛看到的啊!"

"我觉得翘翘说得对,脚出汗了,鞋子就会变得臭臭的。"

"我觉得放在耳朵上,走路的时候鞋子发出咚咚咚咚的声音。"

……

其实,这点点滴滴的感受中蕴含着幼儿对五官的一些认知,于是,教师就形成了分组活动方案,带领幼儿有意识地感受"假如五官坏了会怎么样",让幼儿在有趣的游戏和交流中进一步了解五官的作用,并知道要保护好它们。

同时,在"聪明宝宝"的区角中添置了许多内容不同但数量成倍的材料。

分析与思考:

一张鞋子的图片引发了幼儿在自然状态下的经验碰撞,幼儿从不同的角度阐明自己的想法,这样的群体学习有利于增加幼儿认知的广度,也有利于锻炼幼儿思维的广度。

在此过程中,教师一直给予幼儿自由的时空,以一名旁观者的身份聆听他们对话,并根据孩子的认知信息,确定其价值性并生成集体活动,顺应了幼儿探究"五官"的需要,以及自我保护意识的培养。这个在幼儿游戏中生成的教育活动,不失为体现"最近发展区"理论的一次好尝试。

6. 关系的协调者

当幼儿因为个性不同、技能差异、合作不愉快等因素而引发矛盾时,教师应该利用自己的影响力进行协调,但这个影响不是呵斥与指责,而是一种基于调查分析基础上的平等协商与对话。

案例:多米诺骨牌(大班)

活动背景:

投放多米诺骨牌一星期了,有的孩子已经从一个人的"霸占"到开始和朋友一起"分享"了。

记录:"三人如何行"

东东、玲玲、扬扬在一起玩多米诺骨牌。教师驻足阳台门口在欣赏表演区的"跳舞毯",一阵争执声传来,回头一看,来自骨牌区。教师停顿了一下,缓步来到骨牌区旁的制作区,背向骨牌区,一面观看制作区孩子"印蓝花布",一面仔细"偷听"骨牌区内的动静,总算搞明白:三人合作排骨牌,玲玲不小心碰到扬扬的手,扬扬的手又顺势推倒了一块骨牌,导致前功尽弃,彼此责怪。

于是,教师来到三个孩子面前,蹲下身子。孩子们看见了"救星",都争先恐后地"告状""求援",你一言我一语。过了十几秒,教师做了一个体育运动专用手势"暂停",并开口道:"你们谁也没有错,只是都有点着急。"停了停继续道,"其实很简单,想想,下跳棋时,三个人一起跳啊? 打牌时,你们三个人又同时出吗?"

"啊!"三个孩子一下子明白了。

"不要着急,要小心,要仔细。"教师拍了拍扬扬的肩膀,笑着丢下一句话。

分析与思考：

孩子间为活动产生纠纷是常有的事，这正是他们社会化的一个真实写照。当幼儿因为合作失败而起争执时，教师并没有用直接控制的方法予以制止、结束纠纷，而是通过"旁敲侧听"，敏锐地分析出这场争执所隐含的幼儿的即时需要与教育价值，即合作中的规则、技巧与方法，并运用情景启发，联系幼儿已有经验进行迁移，使幼儿懂得如何合作。因此，"关注幼儿在活动中的表现和反应，敏锐地察觉他们的需要，及时以适当的方式进行应答"是每一个幼儿教师需要不断锤炼和提高的专业能力和素养。

7. 喜悦的分享者

当幼儿通过多次努力终感自己有收获时，教师应该为他祝贺，为他宣传，并与整个集体一起分享他的快乐。

案例："穿珠子"（中班）

活动背景：

班中的"穿珠子"区角是女孩子展示才华的舞台。她们每一次穿完后，总是喜欢将自制的项链、戒指、耳环戴在身上，漂亮极了！到了中班，男孩子中很少有人光顾这个区域。可这天，男孩森森却走进了"穿珠子"区角。

记录：赠送发夹的故事

他从材料盒中挑选了一个发夹，又用双面胶黏上三颗星星珠子。随即，他开始偷偷地用眼睛关注周围，好像在寻找着谁，可又有些犹豫的样子。教师走近森森，故作惊讶地问："这么漂亮的发夹，是给谁戴的呀"？森森把头埋得很低，小声地说："我想送给卿卿戴，不知道她会喜欢吗"？教师忙鼓励他："那快去送给卿卿。她一定很高兴。"被教师鼓动后，森森鼓足了勇气，找到了在另一个区域玩游戏的卿卿。

第一次赠送：

森森走近卿卿，吞吞吐吐地说："我做了个漂亮的发夹送给你，你收下吧"！然后他把发夹塞到了卿卿的手心里。正当森森满心欢喜的时候，卿卿边摇头边对他说："这个发夹的双面胶都露在外面。要是夹在头发上会黏住我头发的，很疼，我不想要！"森森的脸一下子红了起来，小手紧紧地攥着衣角。教师忙说："那森森你能修改一下吗？"森森使劲地点点头。"没关系，我去把多出来的双面胶剪掉好了！"森森拿着退回的发夹，默默地离开了。

森森回到"穿珠子"区角又加工了起来。这次他很小心地将多出来的双面胶一一剪掉,并不放心地将珠子拆下,又重新黏了一次。还用手甩了甩发夹,看到珠子牢牢地黏在发夹上纹丝不动,露出得意的神情。

第二次赠送:

森森鼓足勇气再次来到卿卿的身边,他拿出那个改装过的发夹塞给卿卿。卿卿仔细地看了看,又摇了摇头说:"我上次做的是四颗星的发夹。你这次少做了一颗。你瞧,发夹旁边的黑色都露出来了。我不要。"森森认真地点了点头,小声地附和着:"哦!我懂了"!他再次离开。

第三次赠送:

森森继续回去加工,直到游戏结束。他终于做了一个四颗星的发夹。当游戏交流时,教师请森森高高地举起自己改装了好几次的发夹,并认真描述了"赠送"的过程。当大家把目光投向卿卿的时候,森森显得很紧张,屏足了气。卿卿拿着夹子,左看右看。终于点点头说:"这个发夹我喜欢,可以和我上次做的配成一对。谢谢你,森森。"森森一颗提着的心终于放了下来。在教师的提议下,森森亲手给卿卿戴上了那个发夹,大家都夸卿卿漂亮极了!森森和卿卿这一对好朋友也笑得更灿烂了!

分析与思考:

游戏过程中,森森和卿卿始终在互动中不断地调整着自己的游戏行为。三次赠送过程,森森一直保持着看似拘谨,实质积极投入的状态。根据伙伴的要求,反复修改、制作,显示了森森活动目的性强、坚持性强、不气馁的良好个性品质。教师在最后交流时刻的言行鼓励的针对性,即让森森高高举起给大家看、描述事情过程、建议森森亲手给卿卿戴发夹,这不仅是让森森分享他好不容易得来的快乐,也是对森森不放弃行为的极大肯定,同时也为其他幼儿点明了"该向森森学习什么"的方向。

因此,根据幼儿的个性特征提供不同的支持行为,对于森森这样相对内向但又谨慎执着的孩子,教师要善于鼓励,帮助其体验成功,树立自信。

(二) 利用同伴因素,增进合作

在区角活动中,幼儿常常表现出强烈的求知欲、高度的合作精神,一起操作、探索并解决问题。对幼儿来说,从同伴那里可以学到许多先前不会的本领,可以从同伴口中知道许多新鲜的东西,与此同时,这样的帮助还发展了幼儿的交往与合作能力,使幼儿学会相互协调,共同完成一项"工作"。作为教师,若能尊重幼儿、理解幼儿,甚至向幼儿学习,将自己置于幼儿的同伴地位,而不居高临下,那么那种生生之间、师生之间主动探究、积极表达和创造的美好情景将自然呈现。

案例：制作拼图（大班）

活动背景：

　　活动区"制作拼图"的内容投放下去已经两天了，但成果尚未出现。今天又有孩子们进行尝试。此时他们正在认真拼自己剪好后的碎片，由于剪得太碎了，导致因太复杂而拼不起来。过了十几分钟，孩子们向教师求助，教师准备以玩伴身份和孩子们一起探究。

记录：女孩的高招

　　刚坐下，一个女孩跑过来请老师帮忙系散开了的小辫子，顺便朝桌上的拼图瞄了一下，问另一个小姑娘："你们在干吗？"

　　"玩拼图！"

　　女孩又看了一眼，说道："这么小啊，怎么拼啊。"她继续滔滔不绝："上次我在家里和姐姐（可能是亲戚或邻居）也玩过拼图的，姐姐画很大的宫殿，我们还涂颜色的，跟你们不一样，比你们画得好看，我们把画全部剪成一个一个的长方形，姐姐还用尺量呢，剪好一拼就拼起来了。"

　　"怎么量啊？"

　　"把画反过来量的，我看不懂。"（此时，小辫子扎好）

　　"那你帮帮我们嘛！"

　　"好的。"

　　女孩抽一张纸，很快画了满满一个"春天"："老师，有尺吗？"

　　"没有，想想不用尺，我们可以剪出长方形吗？回忆回忆，怎么将一张纸进行等分？"老师笑着说。

　　"我来，我来！"一个男孩边说边接过纸，将纸对折一次，对折两次，对折三次，对折四次，打开，整张画即分成 16 个小长方形的画，大家一起剪了起来。老师在旁边提醒："小心，别剪坏了。"孩子们很快剪好，又将其重新拼好，老师露出赞许的表情，孩子们高兴不已。

分析与思考：

　　记录显示，教师语言很少，没有介入孩子间的谈话，为他们营造了经验互补、共享快乐、共同成长的宽松环境，因此教师有时表面上的"不作为"，反而会成就幼儿的"大有作为"。

（三）利用环境材料，转嫁指导意图

在区角活动中，大量丰富的活动内容赋予幼儿很多活动兴趣与活动机会。教师如何灵活调控活动过程中的环境材料,让每一个孩子都有成功的可能,体验活动的快乐与结果的满足,是尊重幼儿、"让幼儿成为学习主人"的具体体现。所以,在活动过程中,教师要根据幼儿兴趣需要的情况、运用材料的情况、活动进程的情况,对环境材料进行适当的调整、更新、补充,以让幼儿的活动过程永远充满生机。如区域的大小、空间的划分都可以因需而变,隔而不断,抽去一个柜子、移近一张桌子、添加一块地毯,都可能引发幼儿新的活动倾向,或材料的重组,或内容的变换,或群体的交往。

案例: 聪明宝宝 (小班)

活动背景:

在"聪明宝宝"的大脸边放置着各种不同物品的照片,有食品类的,有日常生活用品类的,还有交通工具类的等。孩子们对这些物品相当熟悉,对该活动的兴趣渐渐消退。教师一方面投入一些新拍的照片,一方面放置餐巾纸和发夹两件实物。

记录: 脸上的东西真多

天天和凡凡已经是第二次进入该区域了,很快便将盘子里所有的物品全部分完。两人发现了盘中的实物餐巾纸包和发夹,便跑来问:"这是谁的?"教师答:"这也是聪明宝宝的呀!"天天便把餐巾纸放在宝宝的鼻子上,自言自语道:"给你擦鼻涕,发夹是夹在头上的。"两个人小声嘀咕了一会便离开了活动区。当教师再一次回到这活动区时,只见聪明宝宝的脸上堆满了各种实物:娃娃家的调羹、叉子,小超市的水果、蔬菜,理发店的梳子、洗发水等。天天和凡凡忙得不亦乐乎。几天后,孩子们从家里带来了各种东西:花露水、手表、钥匙等。几乎每次活动都有新的物品出现,"聪明宝宝"的材料丰富了起来,孩子们兴趣又重新高涨起来。

分析与思考:

幼儿对活动失去兴趣的原因:材料的一成不变。幼儿重新又对活动产生兴趣的原因:材料由图片变成实物;材料可以自己去寻找。教师新投放的两种材料相对原材料而言,仅是平行材料之间的一种变化,对幼儿的认知建构也仅是同化。但是,活动室内"图片难觅,实物易寻",图片换成实物,扩展了幼儿游戏和活动空间,幼儿不再是顺手拿图像化了的虚拟物品,而是可以寻找真实的生活物品,这个寻找的过程是快乐的、有兴趣的,且对小班幼儿而言容易获得成就感。

案例：制作相框（中班）

活动背景：

在教室的中央摆放着西瓜子、南瓜子,较多幼儿已学会了吃瓜子。在窗边的相框角里提供了许多自然材料(玉米、小辣椒、白扁豆、花生)。

记录：用瓜子做相框

多多在相框角里忙个不停,她已经做成了一个玉米相框,并得意地问教师："老师,我的相框漂亮吗?"教师赞许地点点头说："那就再做个特别的相框好吗?"多多皱起眉头说："这里的东西我都做过了。""那想想还有什么也能打扮相框?"她很认真地想,教师便悄悄地将生活区内瓜子角的桌子移到制作区的相框角旁边："你仔细看看。"多多指着瓜子壳："西瓜子的壳能不能打扮相框呀?""你试试。"教师鼓励她。

多多拿起瓜子壳看看又放下,半天也没动手。"怎么了?""瓜子壳都咬碎了。""那你赶快提醒他们去。"多多对杰杰说："你吃瓜子小心点,别把它弄破了好吗?"杰杰不情愿地说："西瓜子一咬就会碎的呀!""我要用瓜子壳来做相框的,你小心点。"这下杰杰非常小心地咬瓜子、剥瓜子,还时不时把吃下来没碎的壳拿给多多,两人忙得不亦乐乎。

分析与思考：

对于多多这种能力比较强的孩子,教师更要鼓励其创新和突破。因此,教师采用材料组合,将瓜子角与相框角空间合并,使环境更整合及开放,这样不仅可以使两个区域之间的材料共享和利用,也为孩子的创新提供了可能和机会,使"1+1>2"。

材料成为联系两个区角的纽带,带动了孩子间的互动,一方的要求自然成为另一方在操作上的控制,这种自然产生的行为需求真实而具体,更能让幼儿彼此间遵守规则,更加默契。在整个活动中双方都极为关注结果,体验合作的成功,这有助于培养幼儿关注成果、珍惜成果的品质。

(四) 利用规则因素,方便幼儿自我调控

在区角活动中,为了调和幼儿间的行为需要,规则是不可或缺的,幼儿游戏理论认为：规则是用来协调游戏者之间关系的一种行为准则,因此,在指导策略中也不妨一用。

(1) 用标识控制进区人数,避免因拥挤而影响活动。如用"小脚丫""戴花镯"等方式告诉幼儿标识用完了,活动区内的人就满了。

(2) 用图示暗示幼儿遵守进区后的活动规则。如阅读区的"安静"图示,美工区的"请勿随地乱扔废纸"的图示。

（3）用某些标记指示幼儿整理材料时的摆放位置。如用匹配法、对应法暗示材料筐放入储物柜的具体方位等。

（4）约定俗成的活动规则。如第三者观棋、观牌不语,借材料必须获得对方允许方可取走等。

以上这些都是环境中容易物化的一些规则,带有普遍性,易建立,适用范围也广。而事实上,有些规则是带有灵活性与特殊性的,是依据活动的需要而建立与调整的。

（1）材料本身蕴含着操作规则,操作过程就是遵守规则的过程。如数活动角的"电话号码"规定,幼儿必须按顺序做完八道题才能获得电话号码,然后与墙上的标准号码对照进行自我评价。

（2）由活动内容性质决定交往规则,这是最需要付出意志努力的规则,但这也是幼儿自主性极强的规则。如决定先后次序、次数、角色、胜负、合作时间长短等,一般情况下,这都是一些暂时性的规则,随着游戏伙伴的解散而消失。

运用规则调控活动,要有循序渐进的过程,要注意观察,反复提醒,区别对待,规则在建立与调整的过程中,应多面向幼儿,多从幼儿的理解、掌握与操作的角度去思考,同时又要顾及实用与实效,避免约束太多、繁杂难懂而使幼儿失去活动兴趣。总之,规则是为幼儿的活动提供方便,而不是为了方便控制幼儿的活动。

在区角活动中,教师虽然担负着一个指导者的角色地位,但必须意识到这种指导不是一种传统意义上的指导或导演,而是一种隐含了多重角色定位的"指导",可以是活动的观察者、参与者、引导者、合作者、鼓励者、推动者,这些角色是随幼儿活动状态而不断转换、更替的,有时也是交叉重叠的。

三、区角活动的评价

区角活动中的个体建构行为并不是孤立的,它必须依赖环境与同伴的支持,因此,幼儿要在整个活动中取得对更大层面上群体的了解、认可,并与之互动,交流讲评无疑起到了重要的桥梁作用。从理论上讲,讲评是为了激励,为了导向,也是为了因材施教,而在具体的实践中,则表现为师生共同参与,汇集活动信息,在共享快乐、交流经验、解决困惑中进一步引发活动兴趣。因此,它是促进幼儿个体与群体共同发展的一个良好途径,是不可忽略的重要环节,教师对这一环节的把握需要关注好以下几个方面。

（一）组织形式的灵活性

在组织的形式上,教师首先可以依据在活动中观察到的内容、事件、对象等侧重点的不同,进行分班、小组或集体的讲评,以便更有针对性地引出孩子间的话题。

在组织的时机上,教师也应灵活变通,除了在活动终结时,也可以在活动的起始阶段或正在进行时组织讲评。如活动开始时的交流,它较多的是为即将进行的活动做准备:新材料介绍、布局安排讲解、前次游戏或活动情况的回忆、对部分幼儿的提醒等,以帮助幼儿更有目的、有计划地投入活动;活动结束时的讲评,更多的是为让幼儿交流、分享活动成果,体验探索操作过程的满足和快乐,以及引导、帮助幼儿提升经验、获得概念等。

(二) 题点确立的适宜性

题点,即选择的讲评内容。每次区角活动都会有一二十个乃至更多的内容可供师生挑选,那么,在这些内容中,什么应作为当天讲评的话题呢? 从原则上讲,每个游戏或活动的存在都有其合理性,都可作为讲评的话题,但具体操作时,教师则面临选择。一般来说,选择的题点是重点观察的内容、观察中发现的显性问题等,但不同年龄段也有不同的选择,如小年龄幼儿可从"怎样做"入手,把讲评的时机稍提前,在内容选择上也更广泛,帮助幼儿学习基本操作方法;而大年龄幼儿可从"为什么这样做、还能怎么做"入手,选择题点时更谨慎,同类内容、平行材料避免重复,引导幼儿举一反三。在活动中若有以下情况出现,一般可将其作为题点,即讲评的内容:

(1) 投放新材料后,只有部分幼儿发现。

(2) 幼儿的操作、发现达到某一层次,而材料本身具有多个层次。

(3) 合作活动结束,有显性结果。

(4) 合作活动时发生纠纷,已解决或未解决。

(5) 操作过程出现多途径、多方法,多观点与多结果。

(6) 不怕困难耐心坚持、反复实践的个案。

(7) 超出原有目标,发现新秘密或作品具有创造性的个案。

(8) 操作中个体遇到困难不能解决。

(9) 活动或游戏规则与操作发生矛盾需要修改。

(10) 较长时间未出现在讲评中的活动内容和幼儿。

(三) 导入方式的多样性

日常组织区角活动讲评时,会经常出现采用同一模式的镜头:展示实物、提问回答,教师开口的第一句话往往就是"今天你发现了什么""你玩得高兴吗""你成功了吗"。这些反复使用、广泛使用的语言对幼儿来说毫无悬念和新奇感,久而久之可能造成他们思维和语言上的倦怠。事实上,要吸引幼儿积极参加交流讨论,变个别问题为集体兴趣,在导入方式上颇有讲究,而且也是有章可循的,成功的导入可以达到以导激趣、以导激思的效果。这里所说的导入不仅仅属于组织讲评的开始部分,它还应该出现在每一个需要交流讨论的小专题的起始部分,犹如一场歌舞晚会的主持人,报幕词应让每个观众始终处于一种期盼的状态中,因此,教师在活动的观察指导过程中可逐步构思如何导入,以最大程度地吸引和启发幼儿(见表 7-7)。

表 7-7   讲评导入的方法

	含义及运用	示　例
司仪法	教师在讲评中起到搭台报幕的作用,直接引导幼儿介绍自己的活动和游戏情况。	如教师用"你参加了什么游戏""还有谁也玩过这个游戏""谁有新的发现""他是这样想的,你们呢"等简短的问句、连接过渡句,帮助幼儿有序地讲述。
谜语法	顾名思义,这是运用猜谜语来导入的方法。谜语简短有趣、略带悬念,极受幼儿欢迎。所用谜语是教师在观察指导中即兴编成的,应注意其口语化、形象化。在讲评开始或中间时段运用谜语法能很快引起幼儿的注意和兴趣。	如教师可用谜语让幼儿猜猜某个同伴的作品,也可描述某个幼儿的特征,猜猜作品的作者等。
鼓动法	也可称为情感激励法。教师使用充满激情或韵律性的语言简单导入,激发起全体幼儿高昂的情绪、丰富的情感,使后面的交流内容更具感染力和吸引力。	如教师介绍:今天有一位小朋友很了不起,他在游戏中用了全部的时间,终于完成了一幅拼板,这是一幅非常漂亮的画。你们知道是谁吗?让我们用掌声来欢迎他向我们介绍;如教师带领大家像啦啦队一样边击掌边念:小小草,小公鸡(可填入现场的作品名称),小小窗花真美丽。××(可填入现场活动的幼儿名字)小手最灵巧,我们大家学习你。
游戏法	即将一些简单的游戏元素移植到讲评的过程之中,此方法简单易行,灵活多样。	如让幼儿闭上眼睛,大家一起摸摸猜猜,今天××小朋友搭了一个什么小动物。
比较法	将两种或两种以上的作品、方法、使用的材料工具、昨天与今天的活动结果、结论进行比较分析,找出异同或最佳方案,或得出多个方案。	如手工区活动"卷羊毛",可将两件完成的作品同时呈现在大家面前,引导幼儿从纸卷得松与紧、疏与密来比较,寻找原因,再将使用的纸和工具进行比较,综合认识所使用的材料、工具、方法的差异。
经验回忆法	即引导幼儿回忆、描述自己在活动中的感受和经验,可以用语言回顾,也可用录像再现。	如可让幼儿通过录像了解某幼儿在建构多米诺骨牌时的仔细、专注、失败不放弃的神情和表现。
质疑法	即通过问题或观点的提出引发广泛的讨论和有意的尝试,以营造"未知的,才是美好的","探索着,才是快乐的"这一活动心向。这个"疑"并非浅层次的,它能促进幼儿更深层次的兴趣和理性思考。所要注意的是,并非所有的"疑"都要即时质透,有的"疑"可贯穿多次活动,需要反复"质"、逐层"质"。	如幼儿做沉浮试验时,教师可提出问题:"什么会沉下去? 什么会浮上来?"或直接质疑:"我们都发现,铁块会沉下去,木块会浮起来,那么我手上的铁片放在水里会怎样?"(当场实验:浮)"这是为什么?"经过一个阶段实验,教师进行更深层次的质疑:"用钢铁铸造的万吨轮又重又大,能浮在水上吗? 潜水艇又是怎么回事呢?"

诚然,讲评导入的方法还远不止这些,教师可以根据活动的具体情况变换使用,并创造出新的导入法。在使用这些方法的过程中,应注意融会贯通和交叉综合,如谜语法与其他方法的结合使用,经验回忆法与质疑法的连接等。另外,各个小专题的导入转换应尽量过渡自然、由浅入深,使讲评活动渐入高潮、留有余意。

(四) 言行鼓励的针对性

鼓励是一门艺术,当教师在集体面前表扬某一孩子时,不仅应该在言辞上充满情感色彩,而且应该明确表明自己的态度,指出所肯定的具体内容,既给表扬对象以自信,不断鼓励其发展自我意识和自信心,也给其他幼儿以启发,对照榜样调整自己的言行及经验。大胆的提问、不同的造型、创新的方法、成功的合作、友善的交往、持久的探索、大胆的表达、良好的习惯、不气馁的坚持性等,均可以纳入表扬的范畴。如当幼儿讲述的内容不被同伴理解时,教师用语言"我知道你的意思是……我怎么没想到"表示对他的支持;当幼儿的作品零乱不清时,教师用"别看这张记录有点乱,可每条线都有意思,请你来告诉我们"使大家停止指责,仔细听幼儿的解释,而最后教师可用"如果你下次的记录能够让大家看得很清楚,一讲就明白,那就更好了"这种激励,极易为幼儿所接受,它会使幼儿鼓起信心,力求表现得更好。总之,教师对来自幼儿活动中的表现切不可轻描淡写,应尽量避免笼统、含糊。

(五) 活动成果的归属性

区角活动环境与材料的丰富性,必定带来幼儿操作成果的多产性,对此,教师切不可随意处置。对幼儿而言,作品展示也是一种交流,它的直观、形象在某种程度上比语言更能引人入胜,更能激发幼儿同伴间的交往、关注与热爱;同时,作品也使幼儿真正成为活动环境的参与者与创造者。因此,幼儿的任何一件作品都应该珍惜,都应该尽可能地回归他们的生活,装点属于他们的空间。

在作品展示的过程中,教师首先应注意保持幼儿作品的原生态,不做多余的加工修饰,让作品释放出自然、稚拙的光彩。其次,教师可如图 7 - 18 所示,用桌面陈列、凌空垂吊、墙上悬

图 7 - 18　展示交流幼儿成果的多种方法

挂、展板张贴、区角衔接等形式进行平面或立体的布置,同时可用背景法、装裱法等加以简单的衬托、美化和归类,使作品更富有童趣和情趣,让幼儿在移步换景中,主动与之"交流"和"对话"。

区角活动的组织和指导是一门艺术,它极具现场性、灵活性、直觉性与创造性,适宜的指导必须建立在幼儿现实的发展水平与即时的表现之上。因此,它需要教师在正确的儿童观、教育观的指导下,大胆实践、及时反思,不断总结提升,以提高组织和指导的艺术。

思考题

1. 在课程改革的背景下,如何理解幼儿园区角活动的价值和功能?
2. 试述环境与材料对区角活动开展的意义。
3. 试以某个年龄班的某个学习领域为内容,设计一组区角活动。
4. 区角活动观察与指导中,你认为还可以有哪些方法,运用哪些技巧?
5. 深入幼儿园教育教学现场,写2—3篇区角活动的观察记录与分析。
6. 尝试用幼儿游戏理论阐述并分析区角活动与幼儿园游戏的差异。
7. 深入幼儿园教学现场,指导并组织一次区角活动的讲评。

参考文献

1. 黄济,王策三.现代教育论(第三版)[M].北京:人民教育出版社,2012.

2. 朱家雄.幼儿园课程(第二版)[M].上海:华东师范大学出版社,2011.

3. 盛群力,李志强.现代教学设计论[M].杭州:浙江教育出版社,1998.

4. 孙可平.现代教学设计纲要[M].西安:陕西人民教育出版社,1998.

5. 王升.主体参与型教学探索[M].北京:教育科学出版社,2003.

6. 钟启泉.现代课程论[M].北京:上海教育出版社,1989.

7. 朱家雄,张萍萍,杨玲.皮亚杰理论在早期教育中的运用[M].上海:世界图书出版公司,1998.

8. 教育部基础教育司.《幼儿园教育指导纲要》解读[M].南京:江苏教育出版社,2002.

9. 王厥轩.幼儿园探索型主题活动案例100例[M].上海:上海科技教育出版社,2003.

10. [美]卡罗琳·爱德华兹,莱拉·甘弟尼,乔治·福尔曼.儿童的一百种语言——转型时期的瑞吉欧·艾米利亚经验[M].尹坚勒,王坚红,沈尹婧,译.南京:南京师范大学出版社,2014.

11. 谢维和.教育活动的社会学分析——一种教育社会学的研究[M].北京:教育科学出版社,2000.

12. [苏]维果茨基.教育心理学(俄文版)[M].北京:教育学出版社,1991.

13. 李其维.论皮亚杰心理逻辑学[M].上海:华东师范大学出版社,1990.

14. 王坦.合作学习的理念与实施[M].北京:中国人事出版社,2002.

15. 刘晶波.师幼互动行为研究[M].南京:南京师范大学出版社,1999.

16. 施良方,崔允漷.教学理论:课堂教学的原理、策略与研究[M].上海:华东师范大学出版社,1999.

17. [加]罗比·凯斯.智慧的发展——一种新皮亚杰主义理论[M].吴庆麟,朱尚忠,袁军,译.上海:上海教育出版社,1994.

18. 乌美娜.教学设计[M].北京:高等教育出版社,1997.

19. [美]罗伯特·M·加涅.学习的条件[M].傅统先,陆有铨,译.北京:人民教育出版社,1986.

20. 联合国教科文组织总部中文科.教育——财富蕴藏其中[M].北京:教育科学出版社,1996.

21. [美]B·S·布卢姆,等.教育目标分类学第二分册情感领域[M].施良方,张云高,译.上海:华东师范大学出版社,1989.

22. ［美］A·F·哈罗,E·J·辛普森.教育目标分类学第三分册动作技能领域［M］.施良方,唐晓杰,译.上海:华东师范大学出版社,1989.

23. 王月瑷.幼儿园目标与活动课程教师用书［M］.北京:北京师范大学出版社,1999.

24. ［美］B·S·布卢姆.教育目标分类学第一分册认知领域［M］.罗黎辉,等,译.上海:华东师范大学出版社,1986.

25. 汤志民.幼儿学习环境设计［M］.台北:五南图书出版公司,2001.

26. 王振宇.儿童心理学［M］.南京:江苏教育出版社,2000.

27. 阎水金.幼儿园环境与教育［M］.郑州:河南教育出版社,1993.

28. 王振宇.儿童心理发展理论(第二版)［M］.上海:华东师范大学出版社,2016.

29. 吴康宁.教育社会学［M］.北京:人民教育出版社,1998.

30. ［美］莱斯利·P·斯特福,杰里·盖尔.教育中的建构主义［M］.高文,徐斌艳,程可拉,等,译.上海:华东师范大学出版社,2002.

31. Stenhouse L. An Introduction to Curriculum Research and Evelopment［M］. London: Heinemann Educational Book Ltd,1975.

32. Mager R F. Preparing Instructional Objectives［M］. CA: Fearon Publishers,1962.

33. Johnson D W, Johnson R T, Holubec E J. Circles of Learning: Cooperation in the Classroom (4th ed.)［M］. Edina: Interaction Book Company,1993.

附录 1　幼儿园集体教育活动案例

表附 1-1　幼儿园集体教育活动案例列表

班级	活动名称	页码
小班	好喝的汤	242
	草莓蛋糕	246
	三只熊买鞋	249
	有趣的袜子	253
中班	一双能干的手	255
	寄贺卡	258
	保护耳朵	262
	空中小屋	266
	做饼干	271
大班	心情树	273
	快上一年级	276
	美丽的藤蔓	279
	好消息坏消息	282
	身体里的"洞洞"	287
	大脚丫跳芭蕾	290
	小房子	293
	我妈妈	298
	田鼠太太的项链	304

好喝的汤　小班

活动目标

1. 在做汤的情景中,乐意用简短的语言说说自己做的汤。
2. 喜欢喝各种各样的汤,体验大家一起做汤的快乐。

活动准备

1. 经验准备:在"娃娃家"主题活动中,幼儿已经积累了做饭、做菜的生活经验,认识生活中的一些常见菜。

2. 物质准备:大桌子(幼儿可以围坐在桌前)、大桌子前的书架上陈列立体大图书、自制小汤锅(人手一个)、仿真食物若干、各种汤的照片(制作成多媒体课件)、背景音乐等。

活动过程

一、出示"大汤锅",引出话题

出示立体大图书。

主要提问:

(1) 这是什么?(一本大图书。)

(2) 你们在哪里见过锅?锅可以用来做什么?

(3) 这个大汤锅要用来做一锅好喝的汤,有哪些朋友会做汤呢?

> **设计意图:** 从锅入手,容易打开幼儿的话匣子,引起他们的注意力。此环节作为导入部分的谈话,教师可鼓励幼儿表达自己的想法,特别是谈谈"锅可以用来做什么",帮助幼儿回忆生活经验,让他们有话可说。最后用提问"这个大汤锅要用来做一锅好喝的汤,有哪些小朋友会做汤呢",引发幼儿继续阅读故事的兴趣。

二、出示立体大图书,看看讲讲

1. (翻开第一页)小猫来做汤。

(1) 瞧,谁来做汤啦?

(2) (以儿歌的口吻提问)小猫小猫来做汤,做的什么汤?

(3) 幼儿鼓励猜测。

(4) (出示小鱼)小猫做的什么汤啊?(做的小鱼汤。)

(5) 小猫为什么做小鱼汤呢?(因为小猫最爱吃小鱼。)

(6) 过渡句：现在汤里只有一条鱼，太少了，还不够，请继续。

2. （翻到第二页）小兔来做汤。

(1) （露出一小部分兔耳朵）猜猜谁又来做汤了呀？

(2) 幼儿观察推理。

(3) 为什么猜是小兔呢？

(4) 鼓励幼儿表达自己的想法，并给猜对的幼儿鼓掌。

(5) （以儿歌的口吻提问）小兔小兔来做汤，做的什么汤？

(6) 小结：小兔小兔来做汤，做的什么汤？（做的萝卜汤。）哟，数数有几根胡萝卜？

3. （翻到第三页）小鸡来做汤。

(1) 过渡句：现在汤里有鱼，又有胡萝卜，比刚才好喝了，还有朋友会来做汤吗？

(2) 谁来做汤了呀？（小鸡小鸡来做汤。）一起来说说。

(3) 小鸡会做什么汤呢？

(4) 鼓励幼儿大胆猜测小鸡喜欢吃的食物：小米、小虫等。

(5) （以儿歌的口吻提问）小鸡小鸡来做汤，做的什么汤？（做的青菜汤。）

(6) 小结：小鸡喜欢吃青菜，你们喜欢吃吗？ 青菜营养好。

4. 汤做好了。

汤做好了，大家一起来喝汤。所有的动物都来喝，咕噜咕噜真好喝！

5. 完整翻看图书，并一起念儿歌。

你们喜欢这个故事吗？ 一起再来完整地念念《好喝的汤》。

> **设计意图：** 本环节要注意三方面的问题，一是引导幼儿在教师创设的故事情景中，进一步梳理零碎的认知经验，把握小动物来做汤的情节；二是让幼儿根据画面提供的线索看看讲讲，进行想象和猜测，提高阅读兴趣；三是教师以朗朗上口的儿歌形式演绎故事，让幼儿感受语言韵律，使幼儿愿意跟念儿歌。

三、选选做做"好喝的汤"，引导幼儿乐意表达

1. 聊聊好喝的汤。

(1) 出示照片（在幼儿园喝过的各种汤），帮助幼儿回忆生活经验。

(2) 小动物们一起喝汤真开心，你们喝过好喝的汤吗？ 有些什么汤？

(3) 除了照片里这些喝过的汤，你还喜欢喝什么汤？（幼儿再现已有经验。）

图附1-1 各种各样的汤

设计意图： 这个环节主要引发幼儿再现生活经验,利用多媒体课件出示照片,恰到好处地引发幼儿对喝过的各种汤的关注,与故事所营造的氛围吻合。活动中渗透情感体验是生活情景的再现和延续,自然地让小班幼儿体验幼儿园集体生活的快乐,进而为幼儿适应幼儿园集体生活做好准备工作。

2. 我们一起来做汤。

图附 1-2　小朋友们一起来做汤

(1) 选择好吃的菜。

① 小动物们做的汤真好喝,你们想不想也来做汤?

② 我给大家准备了许多好吃的菜,瞧,都有什么?(出示许多仿真食物。)看看说说它们的名称。

③ 这里有些什么菜呀?(幼儿能说出自己熟悉的蔬菜的名称。)

④ 再来看看另一边还有哪些菜?

⑤ 小结:这里有许多大家熟悉的蔬菜和肉类,待会儿做汤的时候都要放一些,这样做出来的汤才有营养,我们要样样东西都爱吃。

(2) 一起来做汤。

① 这是什么? 出示小汤锅,每人拿好小汤锅去选做汤的材料。

② 看一看、挑一挑,选三样自己最爱吃的菜放进锅里,两边篮子里的菜都要选。

③ 在轻松的背景音乐氛围中,幼儿开始做汤。

3. 说说"我做的汤"。

(1) 小朋友们来做汤,做的什么汤?(鼓励幼儿用语言表达、分享自己做的汤。)

(2) 师幼共同做汤,边玩边说:"××、××来做汤,做的××汤。"

(3) 幼儿在集体面前表述自己做的什么汤,如"做的土豆蘑菇小鱼汤""做的番茄鸡蛋牛肉汤""做的青菜萝卜大虾汤"等。

鼓励幼儿用儿歌的节律来说自己做的汤,可以教师问、幼儿答,也可以幼儿问、幼儿答,让每个幼儿都乐意在集体面前表达。

(4) 汤做好了,可以向旁边的伙伴介绍自己做的汤。

(5) 结束语:我们都做了一锅好喝的汤,如果还想继续分享,请带上好喝的汤,和更多的朋友一起分享快乐。

设计意图： 根据小班幼儿的年龄特点和直觉形象思维,借助教具小汤锅和仿真食物,通过边玩边说,拓展幼儿的思维和语言,同时促使幼儿乐意表达,并与同伴、教师一起分享快乐,满足自己做汤的愿望,体验在情景中做汤的快乐。

活动延伸

1. 在个别化学习活动中的生活区,可继续翻翻讲讲《好喝的汤》。

2. 让幼儿用教师自制的留白立体图书进行更多的创作,续编"还有什么动物会来做汤""做的什么汤"。(在讲讲玩玩的活动中激发幼儿愿意开口、愿意表达的愿望。)

3. 在日常生活中请家长配合,在家中让幼儿尝试喝各种"好喝的汤"、吃"好吃的饭菜"等,逐渐养成良好的生活习惯(样样东西都爱吃)、行为习惯等。

（上海市黄浦区回民幼儿园　吴秩）

草莓蛋糕 小班

活动目标

1. 有兴趣念《草莓歌》,愿意参与故事情景的模仿。
2. 体验买草莓、做草莓蛋糕的快乐。

活动准备

根据故事制作的多媒体课件,小河马头饰,真实的蛋糕,草莓。

活动过程

一、展示蛋糕,引出话题

师:我给你们带来了什么?(展示蛋糕)你喜欢吃什么蛋糕?

幼:我喜欢吃草莓蛋糕,要过节的时候才能吃。

师:过节的时候才能吃到他最喜欢的草莓蛋糕。

幼:我最喜欢吃的是猕猴桃蛋糕。

师:猕猴桃蛋糕,虽然也是水果蛋糕,但是水果不一样了。

幼:我最喜欢吃草莓蛋糕。

幼:我喜欢吃奶油蛋糕。

师:奶油,我也喜欢。

幼:我也喜欢吃草莓蛋糕。

师:有几个朋友喜欢吃草莓蛋糕?

幼:三个。我喜欢吃草莓奶油蛋糕。

师:草莓再加点奶油,味道一定更好了。

师:有一只小河马特别喜欢吃蛋糕,所以河马妈妈总是给他做各种各样的蛋糕,看,他们来了!

二、参与故事,体验快乐

1. 说说草莓,体验帮助小河马的快乐。

(1)看看妈妈在干什么?打鸡蛋可能是想要干什么?

(2)妈妈今天要做一个什么蛋糕呢?(引导幼儿观察画面。)

(3)草莓蛋糕一定要有什么?

(4)让我帮妈妈到冰箱里去拿草莓吧!(教师戴上小河马头饰)可是,草莓长什么样子?(教师与孩子互动,引出对草莓的整体认识,且发现冰箱里面没有草莓。)

图附 1-3 做草莓蛋糕

图附 1-4 在冰箱里找草莓

(5) 我帮你去买草莓吧!(听录音)妈妈说要买几个草莓啊?(5个。)

2. 唱唱草莓,体验跟唱《草莓歌》的快乐。

(1) 买草莓去喽!草莓草莓,红红的草莓;草莓草莓,三角形的草莓,戴着小帽子,长着小点点,我去买草莓!

(2) 碰到好朋友了!是谁呀?(小猪,邀请小猪边走边唱《草莓歌》。)

(3) 又来好朋友了!它是谁?(小老鼠,邀请小老鼠边走边唱《草莓歌》。)

3. 买买草莓,体验买卖对话的快乐。

(1) 走得好累呀!让我们休息一下吧!哪里能买到草莓啊?

(2) 好多森林商店啊!都有哪些店呢?我们要上哪儿买草莓呢?

图附 1-5 去买草莓

图附 1-6 买草莓的过程

幼：这边。

幼：不对，汉堡店。

幼：是这个，有草莓的。

师：这个叫什么店？

幼：草莓果店。

幼：是水果店。

幼：不对，是草莓蛋糕店。

师：它一共只有三个字，到底什么店？看看店里有什么？

幼：有一篮一篮的草莓。

幼：还有西瓜。

幼：有苹果。

图附1-7　一起吃蛋糕

师：好，卖西瓜，卖草莓，卖苹果，这个叫什么店啊？

幼：水果店。

（3）水果店到啦！看看有没有草莓啊？（听小熊老板的话。）

4. 做做蛋糕，体验模拟制作的快乐。

（1）买到草莓喽！妈妈可以做蛋糕喽！我们一起帮妈妈吧！（共同模拟做蛋糕。）

（2）香香的蛋糕出炉啦！让我们一起吃蛋糕吧！让我们把蛋糕香香的味道告诉别的朋友吧！

（上海市浦东新区蒲公英幼儿园　陆益）

三只熊买鞋 小班

活动目标

1. 在为三只熊选择鞋子的情景中,进一步感知比较大、中、小,并进行颜色、大小的匹配。
2. 愿意用语言大胆表达自己的想法,体验选购鞋子的快乐。

活动准备

1. 多媒体课件。
2. 布置场景:鞋店一角,安放三层式鞋架,分别放上拖鞋、高跟鞋、运动鞋。

活动过程

一、引出角色

1. 多媒体课件出示三只熊的家

师:看看这是谁的家?

2. 引导幼儿仔细观察画面细节

师:你们从哪里看出这是三只熊的家?

二、情景导入

1. 敲门:让我们一起敲敲门,看看是不是三只熊的家。

幼:笃,笃,笃,是三只熊的家吗?

2. 多媒体课件播放三只熊进房间的画面,引导个别幼儿与三只熊打招呼。

教师用熊的口吻回答:是的是的,小朋友,你们好!

图附 1-8 三只熊的家

图附 1-9 三只熊在房间里

三、引出问题

哇，你们看，三只熊多漂亮、多神气呀！今天他们有什么不一样的地方呀？(引导幼儿观察并说出三只熊的帽子和背包的颜色各异，分别是蓝、红、黄。)

三只熊戴着帽子、背着包包，他们要到哪里去呢？我们一起来问问三只熊吧。(教师引导幼儿询问："三只熊，你们要到哪里去呀？"教师扮演三只熊回答："我们要去公园，我们去爬山。")

突然，三只熊停下来了，他们说：帽子我们有了，包包也有了。我们还少什么呢？(引导幼儿联系生活经验大胆表达，教师以三只熊的口吻讲述：我们没穿鞋子，这样爬山会磨破脚的。请小朋友和我们一起去买鞋吧！)

图附 1-10 三只熊去商店

四、找商店、买鞋子

导入语：我们去买鞋啦！(多媒体课件出示马路。)马路上有那么多商店，我们去哪家商店买鞋子呢？

1. 认识水果店。

(1) 走呀走，找呀找，这是什么地方？(多媒体课件出示水果店。)

(2) 这里有哪些水果啊？哦，卖很多水果的地方叫什么商店呢？(教师丰富"水果店"，请幼儿重复。)水果店里能买到鞋子吗？

图附 1-11 认识水果店

图附 1-12 认识服装店

2. 认识服装店。

(1) 走呀走，找呀找，我们又到了什么地方？(多媒体课件出示服装店。)

(2) 服装店里有什么呢？(教师丰富"服装店"，请幼儿重复。)

(3) 你们帮三只熊找一找，服装店里有没有鞋子呀？

3. 认识鞋店及各种鞋子。

图附 1-13 认识鞋店

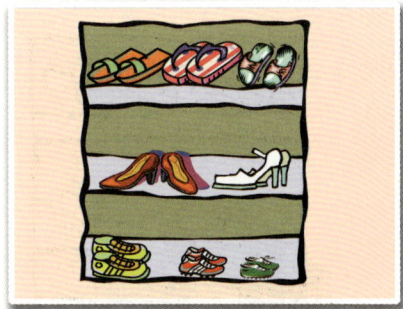

图附 1-14 各种鞋子

(1) 走啊走,找啊找,什么地方到了?(多媒体课件出示鞋店。)

(2) 鞋店里有哪些鞋子呢? 让我们来看看清楚。(多媒体出示三排鞋柜:第一排是拖鞋,第二排是高跟鞋,第三排是运动鞋。)

(3) 鞋店里最上面一层是什么鞋? 最下面一层有什么鞋? 中间一层有什么鞋?

(4) 进行"找鞋"这一体验活动。

(5)(教师出示三层鞋架)我这里也有这些鞋子,请小朋友帮忙找出哪一双是拖鞋,哪一双是高跟鞋,哪一双是旅游鞋。(请个别幼儿根据指令选择鞋子,集体判断对或不对。)

(6) 你们有拖鞋吗? 三只熊爬山的时候能不能穿拖鞋? 为什么?(进行重点讨论。)

(7) 这是什么鞋子? 谁穿的鞋子? 爬山的时候能不能穿高跟鞋?(可以请个别幼儿试试穿高跟鞋的感觉。)

(8) 爬山到底要穿什么鞋呢?

(9) 小朋友每天早上运动的时候,都换上运动鞋的,对吗? 现在我们一起来跑跑、跳跳、走走。一二三跳跳跳,一二三走走走,一二三跑跑跑。你们的鞋子有没有掉下来呀? 有没有脚疼啊? 穿着运动鞋舒不舒服?

过渡:三只熊都等急了,说小朋友快来帮我们挑鞋呀! 我们到底应该买什么鞋?

(10) 为三只熊选鞋并进行配对。

(11) 运动鞋在哪一排? 大熊买哪一双? 小一点的熊买哪一双? 小小熊买哪一双?(根据幼儿的回答,教师在电脑上进行操作,移动鞋子,与三只熊进行匹配。)

图附 1-15 为三只熊选鞋

图附 1-16　鞋选好了

（12）三只熊喜欢的颜色一样吗？你们看出来了吗？大熊喜欢什么颜色？小一点的熊喜欢什么颜色？小小熊喜欢什么颜色？（根据幼儿的回答，教师再次在电脑上操作，移动鞋子，与三只熊的大小、颜色进行匹配。）

（13）三只熊说，我们鞋子买好了，谢谢小朋友！（多媒体课件出示三只熊感谢的动作。）我们小朋友怎么说啊？（不用谢！）

4. 三只熊去爬山。

（1）三只熊说，我们去爬山喽！小朋友再见！（多媒体课件设计三只熊挥手再见。）小朋友怎么说呀？三只熊再见！（多媒体课件播放：三只熊一个一个离开画面。）

（2）三只熊喜欢到公园去爬山，我们也到操场上去爬爬山，你们有没有穿运动鞋啊？

活动延伸

- -

教师带领幼儿去操场上开展爬山的游戏。

（上海市黄浦区中华路幼儿园　薛航）

有趣的袜子　小班

活动目标

感受生活中各种袜子的不同(大小、长短、款式等)，体验比较发现的乐趣，进一步巩固"双"的概念。

活动准备

1. 创设袜子商店场景，整理筐6个，爸爸、妈妈和宝宝头像各一个。

2. 各种袜子(短筒袜，丝袜、羊毛袜、连裤袜、男士袜，不同花纹的袜子等)，数量多于幼儿人数。

活动过程

一、理袜子：巩固"双"的概念

1. 场景导入，引起兴趣。

(1) 这里有家商店，叫什么名字?

(2) 袜子商店里卖什么?

2. 整理袜子。

(1) 请你们帮忙把袜子整理好，夹在货架上。

(2) 为什么把两只袜子夹在一起?

图附1-17　比一比袜子

小结：原来大小、长短、颜色、花纹一样的两只袜子才是好朋友，这样两只一模一样的袜子叫一双袜子。

二、说袜子：比较袜子的不同

袜子商店终于开张啦，里面有你喜欢的袜子吗？你喜欢哪双袜子？

预设提问：

(1) 你喜欢它的什么？

(2) 这双袜子摸上去厚厚的，什么时候穿最合适？

(3) 这双袜子叫什么名字？(连着裤子的袜子叫连裤袜。)这双连裤袜是谁穿的？

三、秀袜子：展示自己的袜子，并丰富"五趾袜"

1. 同伴之间互相介绍自己脚上的袜子。

2. 观察教师脚上的五趾袜。

(1) 我的袜子和你们的一样吗？有什么特别的地方？

(2) 猜猜这种有五个脚趾的袜子叫什么？

3. 说说为什么要穿袜子。

(1) 你们会自己穿袜子吗？

(2) 你们脚上的袜子是谁帮你们穿的？

四、送袜子：进一步巩固"双"的概念，初步知道整理袜子的方法

(1) 娃娃家的爸爸、妈妈和小宝宝想要到袜子商店买袜子，你们愿意帮忙吗？

(2) 请每个朋友买一双袜子，放进合适的筐里，要买一双袜子哦，两个好朋友不分开！

活动延伸

1. 穿袜子：在娃娃家，提供各种袜子，鼓励幼儿穿一穿，比一比，体验穿袜子的快乐以及穿不同袜子带来的不同感受。

2. 理袜子：在娃娃家，提供各种袜子，请幼儿进行归类，并学会整理袜子的方法(卷一卷、翻一翻)。

3. 画袜子：在区角游戏中，提供不同的袜子样式(画纸)，请幼儿给"袜子"涂色或者添画。

（上海市黄浦区南京东路幼儿园　陈佳昕）

一双能干的手　中班

活动目标

1. 理解画面中人物的行为及蕴含的意义,知道人们能用双手做很多有意义的事。

2. 学着用短句较连贯地讲述自己的本领,为自己的成长感到骄傲。

活动准备

多媒体课件,投票卡片,主题评价活动表,视频《孔雀舞》。

活动过程

一、说说我们的手

1. 用谜语加绘画的方式,介绍今天谈论的话题"手"。

2. 猜猜老师的手有什么本领?

幼:你会吃饭。

师:我的手会帮助自己吃饭,说得对,一个本领,还有吗?

幼:你能用手为我们上课。

师:我上课的时候当然要用手了,你说得对,两个本领,还有其他本领吗?

幼:老师的手能给自己化妆。

师:对,我每天要用手给自己化妆,因为手很灵活,对吗? 三个本领了,还有吗?

幼:可以用手画图。

师:画图,你说得很好,看出来老师琴棋书画样样好,特别会画画,是不是? 很好,算一个本领,晓晓老师不仅会用手做这些事,还会画很漂亮的图。

幼:你的手会投篮。

师:对,虽然我个子不高,可我很灵活,投篮照样能投得准,五个本领了。

幼:你会用你的手来剪纸。

幼:还有自己给自己穿鞋子,还可以运动。

师:看来你们好厉害,我的手本领大,会用手自己吃饭,自己穿衣服,自己化妆,自己画画,我还会用手做一件事,我很喜欢的事,这是在干什么?

幼:拍照。

师:对,是拍照,我喜欢背上很棒的相机,走到马路上,看到我喜欢的东西就用手按一下快门拍下来。昨天我就拍了五张很特别的照片,在照片里有几个不同的人,他们的手都非常能干。

二、比比不同的手

1. 教师出示五张图片,请幼儿观察并评选"谁的手最能干"。

图附 1－18　手的图片

(1) 哪双手得到的赞最多? 数数有几个人选了这一幅。(做数字统计。)

(2) 你觉得谁的手最能干? 为什么?

2. 围绕图片内容,观察讨论有关手的话题。

(1) 如果没有警察指挥交通,马路会变得怎样?

(2) 这是谁的手? 从哪儿看出是奶奶的手? 猜猜奶奶在为谁织毛衣?

(3) 如果你有一双和魔术师一样神奇的手,你希望变出什么?

(4) 怎样变出一只美丽的孔雀? 我们来试试。(观看视频《孔雀舞》。)

3. 拓展经验,了解更多能干的手。

师:除了这些人,还有谁的手也很能干? 他的手会做什么?

小结:原来我们的手可以做很多有意义的事,可以让周围的人感受到美,可以给爱的人带去温暖,可以让生活变得井然有序,还可以让梦想成真。有一双能干的手真好。

三、夸夸自己的手

1. 提问:仔细想想,你的手有哪些本领? 大声夸夸自己的手。

师:宝贝们,接下来你们要做什么事情?

幼：吃饭。

师：谁还要老师喂饭,有吗?

幼：没有。

师：能吃得好吗?

幼：能。

师：可是吃饭前,先要干什么?

幼：洗手。

师：不要这样洗,水会洒得满地都是,打开水龙头,轻轻地放出水,一双小手淋湿,抹点肥皂搓一搓,洗干净了才能吃饭,明白了吗?

2. 小结:让我们继续努力,学习更多的本领,使自己的手变得更能干。

（上海市浦东新区浦南幼儿园 祝晓隽）

●寄贺卡　中班 ●

活动目标

1. 感知房间号码中数字的不同含义,尝试运用序数经验表示房间号码。

2. 乐意观察、表达与操作,产生给爸爸寄父亲节贺卡的美好意愿。

活动准备

1. 材料准备:多媒体课件、礼物卡 12 张、信箱 2 个(3 cm×4 cm)、房间号码 24 个(其中 12 个有幼儿头像)。

2. 经验准备:幼儿已有有关序数的经验,知道父亲节,认识同伴的爸爸。

活动过程

一、介绍图图的新家,初步感知房间号码的数字含义

1. 播放多媒体课件,引导幼儿观察新楼房。

(1) 图图搬新家了,这是他们小区的楼房。

(2) 图图说:"我家住在蓝楼的 203 室。"

(3) 引导幼儿观察一共有几幢楼? 图图家是哪一幢楼?(指认蓝楼。)

(4) 203 室是哪一间? 大家一起找一找。

图附 1-19　新楼房

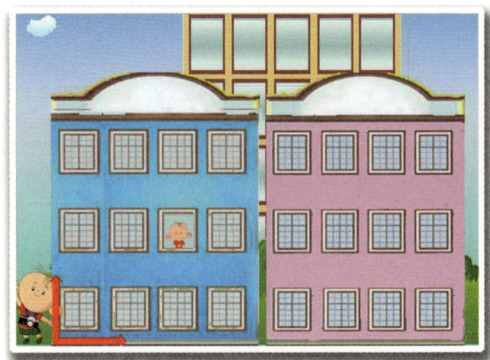

图附 1-20　图图的家

2. 了解数楼层、数房间的方法。

(1) 这幢蓝楼有几层? 每层有几个房间?

(2) 数楼层可以从哪里数起?(↑箭头显示。)

(3) 数房间可以从哪里数起?(⇒箭头显示。)

（4）来看看"203"是不是图图的家。（多媒体课件显示图图的头像。）

（5）师：这两幢房子都有三层楼，每层楼都有四个房间。楼层是从下往上数的，房间是从图图站的地方数起的。

> **设计意图：** 中班幼儿已经积累了一定的序数经验，活动开始，通过找图图的新家，了解数楼层、数房间的基本方法，让幼儿初步感知房间号码中数字所表示的含义。

二、帮助图图贴信箱号码，进一步理解房间号码所表示的数字含义

1. 提出问题，引出任务。

（1）图图想知道哪个信箱是他家的？（引导幼儿找到蓝房子的信箱。）

（2）信箱上缺了什么？（请幼儿一起找203信箱。）

（3）师：红色数字2告诉我们信箱在第二层，蓝色数字3告诉我们信箱是从图图这里数起第三个。

2. 幼儿动手操作，贴信箱号码。

图附1-21 信箱

图附1-22 给信箱贴号码

这里的信箱都没有号码，我们来帮忙，贴上号码。

（1）提出操作要求：每人拿一个信箱号码，看清数字，这个号码表示第几层第几个，找到信箱贴上号码。

（2）幼儿操作，集体检验。

（3）师：0前面的数字表示楼层，0后面的数字表示第几个信箱。

3. 幼儿人人操作,看号码找信箱。

(1) 提出操作要求:找到有你照片的号码,把它插在对应的信箱上。蓝色信箱请男孩帮忙,粉色信箱请女孩帮忙。

图附1-23　幼儿号码示意

(2) 集体检验是否找对了信箱:你们是怎么找到信箱的?

(3) 师:找信箱时,先看0前面的数字,找到第几层楼,;再看0后面的数字,找到第几个信箱。另外,必须以图图站的地方作为出发点。

设计意图: 信箱是幼儿生活中常见的物品,他们能够理解信箱上的数字与房间号码的对应关系,通过两次为信箱贴号码的游戏,能够让幼儿在实际操作中进一步理解房间号码的数字所表示的含义。两次游戏看似相同,实则具有递进关系,第一次操作,幼儿有探索和尝试的意味,第二次操作,则是在理解的基础上进行的再一次练习。

4. 找到贺卡,表达对爸爸的爱。

(1) 提出操作要求:请从有你照片的信箱里取出一张送给爸爸的贺卡,给爸爸送去祝福。

(2) 介绍送给爸爸的贺卡。

(3) 送贺卡的时候要对爸爸说些什么?

图附1-24　贺卡

设计意图: 贺卡是之前幼儿为父亲节的到来而制作的,教师有意将它藏在信箱里,一方面能引发幼儿学习序数的兴趣,另一方面也在惊喜之余自然地表达了对爸爸的爱,与之后的环节有呼应,关注活动的情感价值。

三、贴房间号码,尝试运用序数经验表示房间号码

图附1-25　爸爸藏在房间里

1. 根据爸爸的位置,找到房间号码。

(1) 爸爸们都在这幢楼里,这幢楼有几层? 每层楼有几个房间?

(2) 你的爸爸在哪里? 在哪个房间?

(3) 提出操作要求:看清自己的爸爸在哪个房间,用数字把卡片上的房间号码填完整。填对号码,就能把卡片寄到爸爸手里。

2. 集体验证,进一步理解层楼和数字所表达的含义。

(1) 哪一层楼里的爸爸最多?

（2）爸爸们分别在第几个房间？

（3）你的爸爸在干什么？让大家猜猜你的爸爸在几零几室。

（4）师：用数一数或找邻居的方法都能找到房间号码，你们的本领真大。

3. 送给你们爸爸的贺卡都已经顺利寄出，在父亲节，爸爸收到贺卡，一定会非常惊喜。

设计意图： 在互动中幼儿对于房间号码含义的认识越来越清晰，同时，幼儿也能够直观地发现房间号码之间的一些关系。例如，表示同一个楼层的房间，0 前面的数字是一样的。也可借助已经知道的同伴爸爸的房间号码，快速说出自己爸爸所在房间的房间号码，促进幼儿推理能力的发展。

（上海市黄浦区蓬莱路幼儿园　崔晓明）

保护耳朵 中班

活动目标

1. 运用已有经验(已了解耳朵的功能),讲讲、议议一些伤害耳朵的行为。
2. 进一步积累保护耳朵的各种方法,增强自我保护意识。

活动准备

1. 材料准备:一些伤害耳朵、保护耳朵的图片,笑脸、哭脸,操作板人手一份,视频,泳帽。
2. 经验准备:幼儿已经了解耳朵的功能,有一些保护耳朵的基本常识。

活动过程

一、猜谜导入,说说对耳朵的认识

1. 教师念谜面:"左边一个3,右边一个3,中间隔座山,从来不见面,一对3本领大,各种声音听得清。"

2. 提问:你从哪里听出谜底是耳朵?

3. 耳朵的本领就是听声音,它们能听见各种声音。(播放鸟鸣声、小溪流水声、笑声、哭声,让幼儿倾听和区分。)

4. 耳朵的本领真大,你是怎么保护自己的耳朵的?

> **设计意图:** 此环节通过猜谜语游戏,唤起幼儿的已有经验,加深幼儿对耳朵的特征和功能的认识,由此引发幼儿思考该怎么保护耳朵。教师根据幼儿的交流情况,从中梳理、形成一些保护耳朵的简单方法。

二、看图讨论,拓展保护耳朵的经验

图附 1-26 戴着耳机听音乐

1. 逐一解读图片。

图片上的人们在做什么?

2. 幼儿分组讨论。

请在保护耳朵的图片下面贴上笑脸,在伤害耳朵的图片下贴上哭脸。

3. 交流拓展认识。

(1)戴耳机,提问:

① 你们都觉得戴耳机会伤害耳朵吗?请说说

理由。

②　这个女孩开了多大的音量？这样的声音(音量很大)你敢听吗？为什么不敢听？(耳朵会受伤的。)

③　图片上这个女孩很喜欢戴耳机听音乐,你们有什么好的建议给她？

小结：戴耳机听音乐的时间不宜太长,而且音量不要太大,要轻轻的,这样不会伤害耳朵。

> **设计意图：**　引导幼儿辩证地看问题,了解耳机本身不会伤害耳朵,但是如果使用方法不当,就可能导致听力受损。

(2)　游泳,提问：

①　你们说游泳会伤害耳朵,可我觉得游泳能让我们身体更健康,怎么会伤害耳朵呢？

小结：游泳本身不会伤害耳朵,但是游泳时水流进耳朵,耳朵可能会受伤。

②　假如游泳时水流进了耳朵,有什么办法可以把水弄出来？(用棉签、纸巾……)还有什么好办法吗？让我们来听听游泳教练是怎么说的。(观看视频,模仿侧头用力挤压耳朵。)

③　有没有办法不让水流进你的耳朵？(出示真实的防水泳帽让幼儿试戴。)

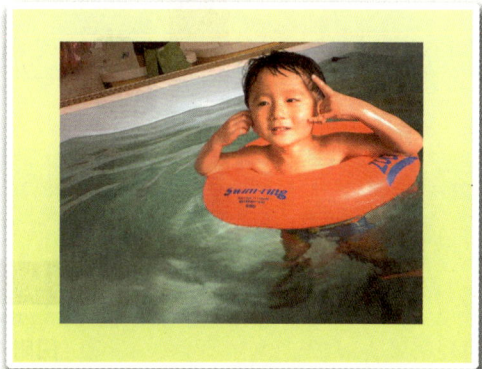

图附 1-27　游泳

小结：只要掌握好保护耳朵的方法,游泳就不会让耳朵受伤。

> **设计意图：**　选择贴近幼儿生活的话题,如游泳时耳朵进水怎么办,唤起幼儿的已有经验；同时通过播放视频,让幼儿在观摩和模仿中拓展游泳时保护耳朵的相关经验。

图附 1-28　修路

(3)　听到噪音,提问：

①　工人叔叔在修马路,为什么会伤害耳朵呢？

②　吵闹的声音会伤害耳朵。听到这样的噪音,你会怎么做呢？

③　除了捂住耳朵,还能怎么做？

④　你平时听见什么声音也会捂住耳朵？(雷声、鞭炮声、小朋友吵闹的声音……)

⑤　如果小朋友的吵闹声很大,你可以怎么做？(叫他们不要大声说话,轻一点。)轻轻说话不

仅能保护嗓子,也能保护耳朵!

设计意图： 让幼儿体验和感受噪音会伤害耳朵,进而将这一经验迁移到日常生活中,养成不大声喧哗的文明习惯。

(4)戴耳罩,提问:

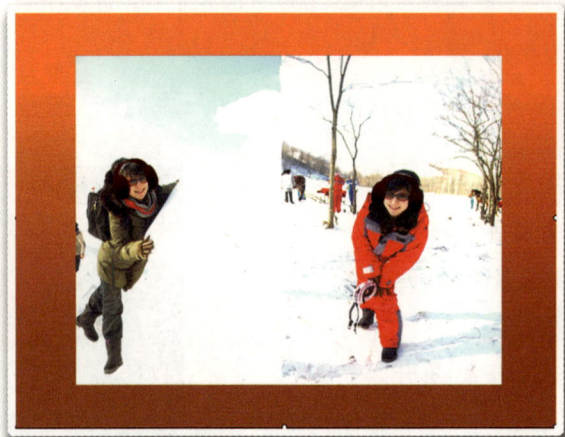

图附 1-29   戴耳罩

① 请你们猜一猜,为什么老师要在寒冷的天气里戴耳罩?(保护耳朵不受冻。)

② 寒冷的天气除了戴耳罩可以保护耳朵,还有什么方法也能保护耳朵?

小结:你们的办法真多,有了这些防寒的帽子、围巾、耳罩,我们的耳朵就不会受冻啦。

设计意图： 通过教师戴耳罩的图片,引导幼儿了解在寒冷季节保护耳朵的经验和方法。

(5)检查听力,提问:

① 你们知道为什么每年我们都要检查听力吗?

② 让我们来听听医生是怎么说的:检查听力能让我们知道自己的耳朵是不是健康。如果检查出听力不好,就要寻找原因,如果是耳朵受到了伤害,就得赶紧治疗;如果检查出来听力是好的,就说明你的耳朵健康,要继续保护自己的耳朵。

③ 医生说什么?(幼儿复述。)

设计意图： 通过倾听医生的话,让幼儿知道耳朵的重要性,同时培养幼儿养成良好的倾听习惯。

④ 上次听力检查后医生告诉我××小朋友听力不好,××小朋友,你有没有去复查过呀?(×

×幼儿说出检查的结果和治疗的情况。)

小结：定期检查听力,也是保护耳朵的一种方法。

> **设计意图：** 借助图片引发幼儿自主分析、讨论保护耳朵的行为,通过亲身体验、倾听等不同的方式,讲讲、议议保护耳朵的各种方法,积累经验,帮助幼儿建立初步的自我保护意识。

三、师生共同创编儿歌,提升保护耳朵的经验

1. 提出创编儿歌的要求。

今天我们讨论了一些可能会伤害耳朵的事情,也知道遇到这些事情应该怎么保护耳朵,我们一起来编个保护耳朵的儿歌吧! 我说上半句,你们说下半句,要说出保护耳朵的方法。

2. 创编儿歌。

(师)听音乐戴耳机,声音(幼)不要开太响。

(师)游泳进水别害怕,左边进水,(幼)左耳压压压;(师)右边进水,(幼)右耳压压压。

(师)马路上有噪音,(幼)捂住耳朵快快跑。

(师)北风北风呼呼吹,(幼)戴上耳罩不怕冻。

(师)耳朵耳朵用处大,我呀(幼)一定保护你。

3. 引出后续活动。

还有什么办法可以保护耳朵? 我们再多收集一点办法,继续编进儿歌里,大家都来保护自己的耳朵,让耳朵更健康。

> **设计意图：** 教师与幼儿共同创编儿歌,帮助幼儿梳理保护耳朵的方法,积累经验,让保护耳朵成为每个幼儿自觉的行动。

(上海市黄浦区南京东路幼儿园　方芳)

扫一扫,观看活动实录

● 空中小屋　中班 ●

活动目标

1. 观察画面，能根据画面提供的信息大致说出相关的内容。
2. 感受空中小屋的奇妙，体验和好朋友一起帮助小狐狸想办法的快乐。

活动准备

1. 前期经验：认识和了解竹子的生长变化过程。
2. 材料准备：多媒体课件、大图片三张、背景图若干、动物小图片若干。

活动过程

一、对比观察，引起兴趣，大胆猜测

图附 1-30　故事图片

出示图附 1-30，让幼儿观察并提问。

① 你看到了什么？发生了什么事？

② 竹子长在哪里？

③ 有很多竹子的地方叫竹林，还有其他发现吗？

④ 猜猜房子的主人是谁？（是小狐狸。）

⑤ 你们都说是小狐狸的房子，因为看到了什么？

⑥ 那是什么？（是门。）

⑦ 对呀，房子一定要有门，这样才能进进出出。还有什么发现，能不能说得更完整呢？

⑧ 你们还看到了什么？第一张图和第二张图一样吗？

⑨ 小狐狸的房子怎么了？有什么变化？

⑩ 怎么回事？房子怎么长高了呢？

2. 教师示范小结：春天来了，小狐狸在竹林的竹笋上盖了一幢漂亮的房子，房子上有门有窗户，它可高兴了。可是在竹笋上的房子一下子就长到竹子上去了，变得很高。小狐狸住在那么高的地方，心里会觉得怎样？

① 刚才有人说住在高高的房子里可以看到美景很高兴，也有人说很害怕，担心下不来。是呀，小狐狸的确很紧张，它会说些什么？

② 我们快来安慰小狐狸，对小狐狸说些什么呢？

③ 刚才那么多好朋友都在安慰小狐狸，它不那么紧张了，有的小朋友已经在想办法了，真不错。

> **设计意图：** 第一张图和第二张图有很大的差异，这有利于幼儿捕捉画面中的主要信息，并进行猜想和讲述。中班幼儿对图片的观察和表达能力比较弱，宜采用对比观察的方法能帮助幼儿从画面中找到线索，在图片之间建立联系。在引导幼儿观察、猜测的过程中，教师把幼儿讲述的话语串联起来，看似小结，实为示范，指导幼儿从中获得看图说话的经验。

二、结伴互助，大胆思考，积极表达

1. 两人结伴，根据图附 1-31 自由讲述。

（1）像你们猜测的那样，小狐狸害怕得哇哇大叫……求救声被动物们听到了，大家都来了，都在想办法帮助小狐狸。现在请你和好朋友商量一下：可以请哪个动物朋友帮忙？把你们的好办法告诉小狐狸。

（2）幼儿两两结伴拿一张背景图，选择所需的动物图片，共同想办法帮助小狐狸，教师巡回倾听、指导。

图附 1-31 活动教具

幼：我选长颈鹿，长颈鹿脖子很长，小狐狸可以从长颈鹿脖子上滑下来。

幼：我选大象，大象鼻子长，也可以让小狐狸滑下来。

幼：我选小鸟，让它帮助小狐狸飞下来。

幼：小鸟，我也喜欢的。

幼：小兔子跳到长颈鹿身上，再把小狐狸抱下来。

> **设计意图：** 采用结伴讲述的形式，能让每个参与活动的幼儿有大胆想象的空间与时间，也能更好地体现面向全体幼儿、满足个体需求的教育理念。在这一环节中，教师鼓励幼儿和同伴大胆想象，为小狐狸想办法，引导幼儿学着倾听同伴的讲述以及补充发言，为观察下一张图打下基础。

2. 幼儿贴图，分享倾听。

（1）待在上面的小狐狸有点着急了，想快点下来。想好办法的小朋友就把你的图片送到前面的大黑板上来。

> **设计意图：** 活动中往往不能忽略对细节的处理，这也是活动有效开展的保障。在集体倾听各组幼儿介绍的方法前，请幼儿把手中的教具全部贴在大黑板上，这一细节处理既能让幼儿仔细观察、发现每组方法的异同，同时也有助于幼儿认真倾听同伴的讲述。

（2）这些方法你们能看懂吗？谁愿意先来说说你们的好办法？

幼：我请长颈鹿帮忙，小狐狸顺着它长长的脖子就可以下来了。

师：和你一起想办法的好朋友，有补充吗？

幼：还有一只小乌龟，小乌龟可以通过长颈鹿的脖子爬上去，再把小狐狸救下来。

师：两个好朋友想的办法有点不一样，一个先说，另一个补充，还有谁也来试试？

幼：我们请了两个长颈鹿，一个站在这边，一个站在那边，就好了呀！

师：这个方法很有趣哦，你们找到他们的好办法了吗？是哪张图片？大家一起看看。（鼓励幼儿自己寻找。）

幼：老师，我们叫大象来，大象鼻子很长的，小狐狸拉着鼻子就可以滑下来。

师：你的方法也很厉害。谁能看懂这张图片的意思？猜猜这是什么方法？（指着黑板上的一张图片问。）

幼：那么多动物搭在一起。

幼：不是的，不是的，是叠罗汉。

师：你们能不能把好办法完整地告诉大家呢？

幼：大象、长颈鹿、小兔、小鸟、乌龟、小熊叠在一起，小狐狸就可以走下来了。

> **设计意图：** 在各组讲述自己的好方法时，教师既要倾听幼儿的表达，还要及时梳理归纳相似的方法，并关注其他幼儿倾听理解的状态。

3. 观察图片，学习讲述。

师：在你们想办法的时候，小猴也想了个好办法，小猴的办法是什么呢？你们能看懂吗？和你们想得一样吗？

幼：小猴做了滑滑梯。

师：除了滑滑梯，还有什么？

师：（教师用手指在图片上演示）走上去，滑下来。

师：除了好玩，你们觉得小猴的办法怎么样？

师：我们一起来说说小猴的办法。

幼、师：小猴子找来两根竹子，一根竹子做成一节一节的楼梯，另一根做成滑梯，小狐狸走上去、滑下来，很快、很方便、很好玩。

图附 1-32　故事图片

> **设计意图：** 此时出示故事图片是基于三方面的考虑：一是不急于告诉幼儿答案，有助于幼儿充分的想象与讲述；二是这张故事图片是最吸引幼儿的，可谓"柳暗花明又一村"；三是希望幼儿在仔细观察画面、传递信息的基础上，用清楚准确的语句进行讲述。这对中班幼儿而言是难点、是挑战，需要教师的指导与示范。

4. 完整观察，连贯讲述。

教师再次出示图附 1-30 及图附 1-32。

师：其实，这三张图片连起来就是一个小故事，我们和好朋友一起试着讲故事。

> **设计意图：** 从单张图片的观察到三张图片的整体观察；从单张图片的讲述到三张图片的完整、连续讲述，从按照单张图片的线索进行思考到在三张图片之间建立联系……这些都是看图讲述活动需要的经验。这个环节的设计旨在让幼儿充分感知看图讲述的过程，提升幼儿的观察力、逻辑思维能力、完整讲述等能力。

三、为故事取名，引发后续自主阅读

1. 教师提问。

（1）故事讲完了，你能为故事起个名字吗？

（2）你们起了那么多名字，都很不错。其实这个故事还有另外一个名字，叫"空中小屋"，什么是空中小屋？

> **设计意图：** 故事名称代表着故事的主旨与中心，这一环节看似为故事取名，其实蕴藏着教师对幼儿概括能力的初步培养，有助于幼儿思维、语言能力的全面提升。

2. 师幼共同讲述。

春天到了，小狐狸住在一座漂亮的房子里，它很开心。

可是,房子越长越高,长到天上去了。小狐狸看看下面,感到很害怕,吓得大叫起来:"救命呀,谁来救救我!"

小动物们听到了,大家都来了。

长劲鹿说:"小狐狸别害怕,我有长脖子,你拉住我的脖子下来。"大象说:你就从我的长鼻子上滑下来吧!"小兔、小鸟、小熊、小乌龟、大象、长颈鹿说:"我们一起叠罗汉,把你救下来!"小猴也想了个好办法:"我用两根竹子,一根竹子做成一节一节的楼梯,另一根做成滑梯,小狐狸走上去、滑下来,很快、很方便、很好玩。"

大家一起想办法,小狐狸再也不害怕了,朋友们都经常来小狐狸的家做客,唱歌,跳舞,游戏……

> **设计意图:** 完整讲述的目的是为了指导幼儿对已有经验进行回忆与提升,也可以进一步满足幼儿对画面内容的理解与感受,这是整个活动的内容总结和情感升华环节。在完整讲述时,教师应该鼓励幼儿自由地讲述。

3. 讨论。

师:你们喜欢这个故事吗? 喜欢谁呢? 请说说理由。

师:只要大家齐心协力,互帮互助,就能解决许多困难,让每个人变得很快乐。

(上海市黄浦区汇龙幼儿园   王立琴)

做饼干　中班

活动目标

1. 初步感知饼干的数量和模具大小、排列方法之间的关系。
2. 在做做玩玩中感受制作饼干的乐趣。

活动准备

1. 材料准备：视频，半加工面饼、模具、餐盘、烤盘。
2. 经验准备：已参与过揉面团的活动，了解制作饼干需要哪些材料。

活动过程

一、经验回顾——揉面团（激发制作饼干的兴趣）

小厨师们，先请你们来看一段视频。这段视频记录了我们前两天揉面团的过程，今天我们要用揉好的面团来做饼干。

二、初次尝试——做饼干（感知物体的数量和工具大小有关）

1. 这里有两种模具，看看他们哪里不一样？（一个大、一个小。）

2. 你知道模具的使用方法吗，你来试一试。

（1）第一种预设情况：知道模具是放在面饼上按压的，但是尝试以后没有成功。

提问：模具是用来压一压的，你们都同意吗？但是他为什么没有成功呢？谁有好的方法帮助他一下？

（2）第二种预设情况：成功按压出饼干。

提问：一块圆圆的饼干一下子就按压出来了，你有什么成功的秘诀吗？

小结：制作的时候把模具放在面饼上用力按，然后轻轻地把这块饼干拿下来，一块圆圆的饼干就刻好啦！

3. 幼儿操作。

4. 分享交流。

提问：你用哪个模具刻的饼干？刻了几块饼干？一样大小的面饼，为什么有的小朋友刻出的饼干多、有的小朋友的少？

（1）第一种预设情况：我还没有刻满，所以刻得比较少。

提问：那你试试看，如果用大模具做饼干，刻满整张面饼，最多能有几块饼干呢？为什么还是没有用小模具刻出来的饼干数量多呢？

（2）第二种预设情况：大模具比较大，所以它占用了很多地方，就不能再刻更多了。小模具比较小,所以它可以刻得更多。

小结:大模具刻出来的饼干数量少,小模具刻出来的饼干数量多。

三、再次尝试——做饼干(探索物体的数量与排列方法有关)

1. 幼儿操作。

(1) 今天我们还邀请了很多的老师来做客,需要做更多的饼干,饼干的数量越多越好。你们说用大模具好还是小模具好?(小模具好。)

(2) 操作要求:能做出更多圆圆的饼干。

2. 分享交流。

(1) 这次你刻了几块饼干?

(2) 为什么用了一样的模具,做出来的饼干数量还是不一样?

(3) 你有办法做出更多饼干吗?

① 第一种预设情况:当中有很多空空的地方,空的地方就可以做出更多饼干。

② 第二种预设情况:每块饼干和饼干间都靠边,给当中留出更多地方,就可以刻更多数量的饼干了。

③ 第三种预设情况:每块饼干排队排得越整齐、靠拢,饼干的数量就会越多。

小结:原来饼干和饼干之间凑得越近,饼干的数量就越多。

(4) 第四种预设情况:把多余的面饼揉一揉,重新再压一压,就又可以做饼干了。

小结:多余的饼干也不要浪费,再次揉一揉、按一按,又可以制作饼干了。

我们把做好的饼干送到厨房,一起去烤香香甜甜的饼干吧。

(上海市黄浦区松雪街幼儿园 韩嘉瑛)

●心情树 大班●

活动目标

1. 仔细观察心情树上的小白人,进一步了解人有各种不同的情绪表现。
2. 积极参加讨论,积累各种调节情绪的好办法,做一个快乐健康的孩子。

活动准备

1. 物质准备:多媒体课件、视频、心情树图片人手一份,记录表(每组一份)、笔。
2. 经验准备:幼儿对各种情绪有一定的了解。

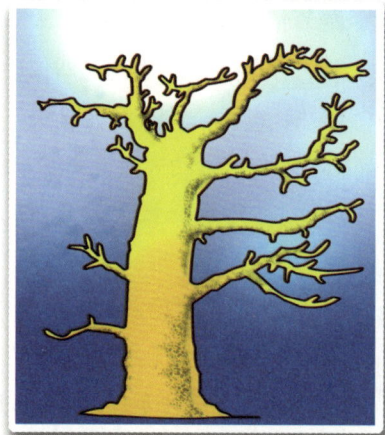

图附1-33 心情树图片

活动过程

一、出示心情树,引出话题

1. 这是什么?(一棵树。)

2. 这棵树有个奇特的名字,叫"心情树"。

3. 什么是心情树?心情树是什么意思?

二、观察心情树,了解人有不同的情绪表现

1. 观察心情树上的小白人,找找不同的情绪。

(1)瞧,心情树上有谁?这些小白人有什么不一样?

(2)现在,你们知道为什么这棵树叫心情树了吧?

(3)你们来找找看,这些小白人有什么样的心情?你是怎

图附1-34 人的不同情绪表现

么看出来的?

小结:原来心情树上有许多代表不同心情的小白人。除了开心、高兴、快乐、愉快的好心情外,还有什么不一样的心情吗?请你们每个人来找一找。

2. 幼儿操作活动,寻找发现好心情、坏心情的小白人。

(1)幼儿人手一份心情树图,红、蓝色圆点贴纸各一个,把红点贴在好心情的小白人身上,把蓝点贴在坏心情的小白人身上。

(2)现在每个人有一棵心情树、两个圆点贴纸。你认为红点贴给谁?蓝点贴给谁?来找找不一样的心情小白人。

3. 展示操作内容,分享交流,进行情绪分类。

师:请你来讲讲你找的心情小白人。

小结:我们把心情树上各种心情小白人都找出来了,看一下是红点多还是蓝点多?对呀,红点多,和生活中一样,平时我们小朋友总是开开心心的时候比较多,但偶尔也会有不开心的时候。

三、小组合作,讨论与分享调节情绪的各种方法

图附1-35　又一张心情树图片

就像心情树上的这四位小白人一样,每个人都有心情好的时候,也有心情不好的时候。心情不好没有关系,关键是我们要找到办法,让坏心情变成好心情。你们有什么办法吗?

1. 每组一张记录表,幼儿将办法用绘画的方式记录在表中。

2. 完成讨论、记录的小组推荐一位小朋友来介绍。

3. 分享交流,教师引导幼儿采用不同的方式进行介绍。

(1)第一种方式:请幼儿用语言分别来介绍四种方法。

(2)第二种方式:请其他组先来猜一猜这组使用的方法。

(3)第三种方式:请幼儿介绍与其他小组不一样的方法。

(4)第四种方式:请幼儿用动作来介绍一种好玩的方法。

图附1-36　记录表展示

四、情景体验,享受快乐,懂得心情快乐的重要性

1. 概括梳理,经验提升。

师:你们想到了这么多方法,我这里也有四种方法,有些和你们的方法一样,有些和你们的不一样。看看,有没有和你们不一样的方法?

小结:原来吃些自己喜欢的食物,心情会很好。运动或者看看喜欢的电视节目也可以让我们感觉轻松,还可以和好朋友一起玩游戏,这样我们的心情就会好起来。

2. 观看视频,体验快乐心情。

(1)你最喜欢哪种方法?

(2)现在我们先来看一段视频,体验一下快乐心情吧!

播放视频:《倒霉熊——打不开的降落伞》。

小结:孩子们,心情好,一切才美好,让我们成为每天拥有好心情的快乐宝贝吧。

（上海市黄浦区大同幼儿园　李若茵）

● 快上一年级 大班 ●

活动目标

1. 在初步学唱歌曲《快上一年级》的基础上,乐意与同伴一起为歌曲创编动作,感受动作变化的多样性。

2. 体验合作创编、表演的快乐,产生即将成为一年级小学生的自豪感。

活动准备

1. 材料准备:音乐、多媒体课件(内容为小学)。

2. 经验准备:参观过小学。

活动过程

一、演唱歌曲,进一步激发入小学的愿望

1. 节奏火车"我的小学"。

(1)再过些天,你们就要从幼儿园毕业了,成为一年级小学生。你们会到哪些小学去上学呢?(出现几个小学的照片。)

(2)请你们来介绍一下你们即将要上的是什么小学?

语言节奏辅助准备拍:× × × × 上小 学 上小 学 你上 什么 小 学?

2. 复习歌曲。

(1)准备上小学了,能介绍一下你们的心情是怎样的吗?(幼儿自由讲述。)

小结:最近的心情有些伤感,对幼儿园生活的难忘之情,但更多的还是激动、兴奋、自豪。

(2)除了用语言可以表达快乐,还可以用歌声表现。前几天我们听过一首好听的歌,你们都在唱什么歌呀?(幼儿说:"快上一年级。")一起来试试用歌声表达我们的心情。

重点指导:教师纠正幼儿歌曲演唱的口型,以及歌曲个别处的情绪处理。

3. 幼儿再次演唱。

重点指导:表情——脸上洋溢喜悦的笑容。

二、创编动作,感受创编舞蹈的乐趣和动作表现的多样性

1. 个体自由创编。

(1)幼儿个体创编。

师:快乐的心情不仅可以说出来、唱出来,还可以用动作来表演。所以今天我们要用动作来表演。

幼儿听音乐自由表现(第一遍集体自由表演)。

教师观察幼儿的创编情况，并适时鼓励。

（2）分享交流评价。

师：刚才我发现你们做的动作都不一样，接下来我们看看几个小朋友的动作。

师："金灿灿的太阳"还可以用什么动作来表现？（动作多样。）

师："背上我的小书包"，是不是可以手脚一起动起来？一起试试看。

小结：原来唱着歌曲、听着节奏、手脚配合的动作能够让表演更神气、更美。一起再来试试。

（第二遍集体再次自由表演。）

重点指导：手脚协调配合，可以有各种步伐，如：弹簧步、跑跳步等。

师：我发现你们在表演的时候，每句歌词都可以有不同的动作表现，原来同样的歌词内容，可以有不同的表现方式。可是我又发现"来呀来呀快快来"没有动作，一起来想想办法讨论讨论。

师："来呀来呀快快来"可以怎么做？还可以怎么做看上去更开心？（教师哼唱旋律。）

（3）第三遍集体再次自由表演巩固。

师：原来"来呀来呀快快来"可以拍手、可以转圈，还可以蹲下。你们太有想法了。

（4）再次自由表现，做出造型动作。

师：这么开心啊！我为你们高兴："快上一年级！嘿！"我们也为自己高兴高兴。幼儿边拍手边念旁白。

师：舞蹈一般都有造型动作，我们也摆个造型。"嘿"的地方，请你用一个造型动作表示你的心情，也可以是有关于小学校里开心的事情。试试看！

重点指导：造型动作的多样性。

2. 小组创编。

师：快上一年级是件多开心的、多快乐的事啊！今天我们要和朋友一起完成一项任务：那就是为《快上一年级》合作编舞。请你和朋友一起商量动作，动作要整齐、有变化，还可以有队形。

（1）小组合作创编。

重点指导：动作整齐一致、有动有静，造型动作可以有高有低。

师：和朋友一起编动作是件多开心的事，我可以学习别人的动作，这样我们的舞蹈动作会越来越多、舞蹈会越来越有趣。

（2）分享交流。

师：你觉得他们的哪一个动作特别神气？你想学一下吗？

三、欣赏舞蹈，产生进一步表达表现的愿望

1. 我把你们的动作都学会了，给我一个机会，让我也表演一次好吗？

2. 我们都是快乐的小学生，让我们一起给客人老师表演一次吧。

`活动延伸` --

1. 在教室里创设相关"上小学"环境，幼儿可将自己收集到的关于小学的信息，带来幼儿园进行分享,拓宽后续创编新舞蹈的思路。

2. 活动后,个别化学习活动中提供纸、笔及歌曲《快上一年级》,幼儿可以自己创编动作并将编好的动作画下来。同伴间可以互相学习同伴的《快上一年级》舞蹈。

(上海市黄浦区音乐幼儿园　宋燕)

美丽的藤蔓　大班

活动目标

1. 喜欢欣赏名画，感受发现名画中线条与构图的美。
2. 尝试用螺旋线条变化，大胆创作、表现自己的"满足"。

活动准备

1. 材料准备：多媒体课件、各色卡纸、记号笔、水彩笔。
2. 经验准备：共同收集藤蔓植物的照片，对藤蔓装饰画有所了解。

活动过程

一、欣赏藤蔓

1. 欣赏藤蔓装饰画。

图附 1-37　藤蔓装饰画

师：春天来了，植物发芽了，我们来看一看吧。

师：你最喜欢哪棵植物？它有什么特别之处？

小结：藤蔓像个小精灵，它喜欢转着圈圈往外长。

二、欣赏名画——古斯塔夫·克里姆特的《满足》

1. 有一位叫克里姆特的大画家，把我们刚才看到的那么美丽的藤蔓画成了一幅画，还给它取名叫"满足"，想不想看？那么这幅《满足》里面画的到底是不是藤蔓呢？它代表什么意思呢，我们一起来看一看吧。（利用多媒体课件从全部欣赏到局部。）

2. 刚才说的大画家画的就是这幅画，他画的是不是藤蔓？

图附 1-38　名画欣赏

3. 你们还记得这幅画的名字叫什么吗? 你们猜猜看这个满足是什么意思啊?(满、多。)

4. 教师边播放多媒体课件边讲述。

师:其实,每个藤蔓都是克里姆特的心愿,克里姆特有好多好多的心愿,所以画了这么多这么多的藤蔓。藤蔓转着圈圈往外长,它们紧紧地连在一起,有的大有的小,有的粗有的细,还分别向不同的方向跳着舞。每个藤蔓就像一个个小心愿,那么多的心愿都完成了,心里一定很满足。克里姆特就是用这幅画表达了他快乐的心情,所以才给这幅画取名叫"满足"。

5. 这幅画美吗? 你找到了哪些美? 这么多的藤蔓有哪些不一样的美?

(1)藤蔓都紧紧地连在一起,线条好连贯呀。

(2)藤蔓有大有小、密密麻麻,画面好丰富呀。

(3)方向不一样,好像一只只小手在和不同方向的朋友打招呼,表达自己的快乐。

(4)藤蔓有粗有细,不一样的藤蔓在一起跳着舞,多么快乐啊。

(5)你们还看见了谁? 对呀对呀,还有小宝贝,不一样的小宝贝把画面装点得更美了。

6. 原来心里满足了也可以用画来表示,我也用藤蔓来画一画我心里的快乐。

三、自主表现,产生画一幅《满足》的兴趣

1. 你们也有许多开心的事情,今天也来做一个小画家,用藤蔓来画一画每个人心里的快乐和满足吧。如果你的快乐都画满了,还可以把我们上一次画的心愿宝贝也贴上去哦。

2. 教师观察指导要点:鼓励幼儿大胆创造,注意藤蔓间的相连,大小、方向及画面的丰富。

四、欣赏交流,进一步产生和理解"满足"

1. 展示作品:今天我们的画放在一起就变成了一幅美丽的藤蔓画。小画家们,我们的藤蔓画美吗,你最喜欢哪一幅,说说你喜欢的理由。

2. 互相欣赏:说说你最欣赏哪一幅《满足》,说出喜欢的理由哦。

图附 1-39　幼儿作品展示

在个别化学习中提供不同纸张、多种材料,让孩子们进一步表达自己的"满足"。

（上海市黄浦区学前幼儿园　吴铭琳）

好消息坏消息　大班

活动目标

1. 围绕讨论的话题,仔细观察画面,愿意根据画面大胆表达自己的想法。
2. 尝试从不同的角度看待问题,初步感受以积极的心态面对困难。

活动准备

多媒体课件、图片若干、视频。

活动过程

一、抛出话题,引发讨论

师:孩子们,你们喜欢聊天吗?

师:聊天是一件开心的事。在与人聊天中学到新的本领也是一件非常快乐的事。今天,我们就来聊聊天吧,最近有谁遇到过开心和不开心的事吗?

小结:生活中总有一些令人开心的事和令人郁闷的事,它们就是我们身边的"好消息"和"坏消息"。接下来请小朋友们看看这些图片,你觉得图片里的事是"好消息"还是"坏消息",是开心事还是不开心的事?

> **设计意图:** 以聊聊身边的事导入,幼儿能联系生活实际找出各种令人高兴或沮丧的事情。以这样轻松简单的话题展开讨论,能让幼儿很快进入状态,也愿意大胆地与同伴分享自己的经历,并为之后讨论生活中的事件是"好消息"还是"坏消息"进行铺垫。

图附 1-40　寒冷的冬天

二、观察画面,表达想法

1. 讨论"寒冷的冬天"。

出示图片"寒冷的冬天"。

师:这是什么季节? 冬天马上要到了,这对你来说是一个好消息还是坏消息? 说说你的想法。

小结:冬天因为有冰和雪,可以做许多特别的运动,还能吃火锅取暖,这真是一个"好消息"。你们知道吗? 冬天对于农田里的庄稼也是一个"好消息",因为冬雪可以杀死田里的害虫,让庄稼来年生长得更好。看来,寒冷的冬天对有些人来说是"坏消息",对有些人来说是"好消息"。

2. 讨论"高个子"。

出示图片"高个子和矮个子"。

图附 1－41　高个子和矮个子

师:这是谁?如果你长成这样的高个子,你认为这是一件什么样的事情?说说理由。

小结:高个子的人拿高处的东西比较容易,拿低处的东西有点吃力。还有,高个子的人手和脚都比较大,总是买不到合适的衣服和鞋子,这些都需要特别定做。看来,长得高有时候也不一定都是"好消息"。

> **设计意图:**　这一环节通过出示两张图片,让幼儿从自然界和自己的身体出发,寻找"好消息"和"坏消息"。这些与生活息息相关的图片,很容易激发幼儿表达的愿望。在热烈的讨论中,教师引导幼儿发现事物的两面性,每件事都既可能是"好消息",也可能是"坏消息"。

三、迁移经验,回归生活

1. 观看图片:请你帮帮小妹妹。

出示图片"小妹妹哭了"。

师:小妹妹怎么啦?你觉得她是遇到什么不开心的事情了?

2. 观看视频,发现解决问题的方法。

播放有关"鞋跟坏了"的视频。

师:你们看懂这段视频了吗?视频中的阿姨发生了什么事情?

小结:虽然阿姨的高跟鞋坏了,真是一个"坏消息",但是她动脑筋想办法,解决了这个问题,让"坏消息"变成了令人高兴的"好消息"。在我们的生活中总有一些"坏消息"和"好消息",有时候换个角度看待问题,勇敢地面对困难,动动脑筋,也许有些"坏消息"就会变成"好消息"。

> **设计意图:** 这一环节通过出示图片和一段视频,让幼儿迁移经验,懂得即使遇上伤心的事或倒霉的事,也不要气馁,只要动脑筋解决问题,"坏消息"也可能会变成"好消息",让幼儿在讨论中学着用积极乐观的态度看待问题。

四、欣赏故事,感受快乐

> **设计意图:** 绘本故事开头的画面简单清晰,教师要鼓励幼儿自己发现画面中的细节,大胆描述画面内容,串联故事情节,并逐步了解兔子和老鼠在野餐时遇到了哪些"好消息"和"坏消息"。

师:今天,老师还带来一个有趣的故事:《好消息坏消息》。(出示封面,让幼儿观察。)故事的主人公是兔子和老鼠。它们要去干什么呢? 它们遇到的事情是"好消息"还是"坏消息"? 让我们接着往下看。

1. 出示画面"兔子邀请老鼠野餐"。

图附 1-42　兔子邀请老鼠野餐

师:天气真好兔子拿着篮子,邀请老鼠一起去野餐。这是一个什么消息?

2. 出示画面"下雨了"。

师:发生了什么事? 看看老鼠是什么表情? 对老鼠来说这是好消息吗?

3. 出示画面"兔子拿出一把伞"。

师:正好兔子带了一把雨伞,看来野餐还能继续。这真是一个什么消息?

图附 1-43　下雨了

4. 出示画面"老鼠被风吹走,最后落在大树下"。

图附 1-44　老鼠被风吹走了

师:你在画面中找到了"坏消息"还是"好消息"?

设计意图: 此时,教师采取了画面同时出现和逐一出现两种不同的呈现方式。第一种方式是为了引起幼儿对两种观点的辩论,鼓励幼儿仔细观察画面,用完整清晰的语言表述自己的观点。第二种方式是让幼儿学着换个角度看问题,虽然有的事情看似是个坏消息,但可以尝试着寻找好消息的影子。

5. 出示画面一"老鼠被苹果砸到了头"。
6. 出示画面二"兔子和老鼠准备吃树上落下的苹果"。

图附1-45　苹果掉下来了

师：兔子和老鼠决定在大树下野餐。这次发生了什么事情？你在画面中找到"坏消息"或是"好消息"了吗？

五、抛出问题，自主阅读

师：兔子和老鼠一起去野餐，一路上发生了很多特别的事，可是在老鼠眼中的"坏消息"，在兔子眼里却都成了"好消息"。它们的野餐还在继续，故事就藏在这本书里。（教师快速翻阅绘本，提示幼儿可以继续阅读。）有兴趣的小朋友可以去阅读角找一找这本书，看看接下来发生了什么事，又有哪些"好消息"和"坏消息"，找朋友一起说一说。

设计意图： 最后环节中，教师抛出问题并让幼儿快速翻阅绘本，引起幼儿对之后的情节产生浓厚的兴趣，有自主阅读绘本的愿望。

（上海市静安区安庆幼儿园　张雯）

身体里的"洞洞"(大班)

活动目标

1. 对身体里的"洞洞"有好奇心,初步了解"洞洞"的名称和功能。
2. 大胆表达自己想法,产生欣赏和保护自己身体的意愿。

活动准备

1. 经验准备:幼儿听过《牙齿旅行记》("洋洋"找牙齿),已经认识角色"洋洋",对身体有初步的了解,具有一些关于消化系统等方面的自我保护经验。
2. 材料准备:多媒体课件,四个可站立的立体小孩(男孩、女孩各两个),保护"洞洞"的图片若干,视频。

活动过程

一、找"洞洞"

师:瞧,今天谁来做客了?

师:洋洋说人的身体上有很多的洞洞,想请你们帮忙找洞洞,好吗?

师:我们身体的哪些地方有洞洞呢?

> **设计意图:** 这个环节通过"洋洋"的角色导入,让幼儿明确任务,把科学的探究活动融入到一个有趣的情景中,使幼儿产生找"洞洞"的兴趣。

二、贴"洞洞"

师:请把你们知道的洞洞贴出来。

图附1-46 贴"洞洞"

> **设计意图**：这个环节通过幼儿的操作活动，为幼儿提供自主探究、经验交流的机会，也为教师提供了了解幼儿已有经验、实际水平的机会。这个环节需要教师根据幼儿现场的反应进行有针对性的互动。

三、说"洞洞"

1. "五官洞"。

师：这些洞洞集中在身体的什么部位？

小结：洞洞集中在头部。

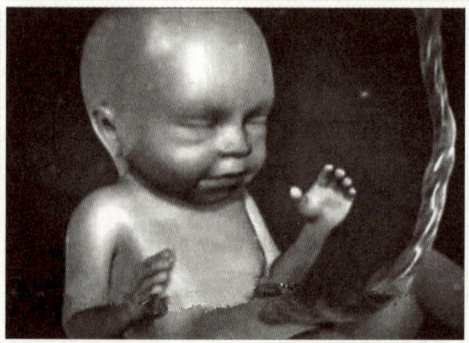

图附 1-47　视频截图

2. 肚脐(观看视频)。

师：肚脐上的洞洞叫什么名字？

师：洋洋问，它有什么用呢？(播放视频。)

师：你们知道肚脐有什么用吗？(互动)现在请你们再摸摸它，你想到了谁？对呀，肚脐是妈妈把很多爱传递给我们的地方。这么重要的"洞洞"，我们要保护好它。

师：怎样保护自己的肚脐呢？

小结：原来肚脐是个被堵住的"洞洞"，是小朋友在妈妈肚子里，妈妈把营养送给我们的地方。

3. "嘘嘘洞"和肛门。

(1)预设：幼儿没找到"嘘嘘洞"和肛门。

师：我还找到了一个洞洞，你们看它在身体的背后，叫肛门，你们找到了吗？

师：还有什么洞洞也可以排除垃圾？

师：我们在排便后，要做什么？

(2)预设：幼儿找到"嘘嘘洞"。

师：我看到第×组在这个位置贴了洞洞，这个洞洞叫什么名字？

师："嘘嘘洞"可以帮助我们小便，排除身体里不需要的垃圾，还有什么洞洞也可以排除垃圾？

师："嘘嘘洞"和肛门都是每个人的宝贝洞和秘密洞，我们怎样保护它们？

小结：下半身的洞洞都是藏起来的"洞洞"，因为他们很害羞，不能随便给别人看，更不能随便让别人触摸。

> **设计意图**：这一环节借助观察图片、欣赏视频、问题讨论，引发幼儿自主探索，发现一些不常提起的"洞洞"的功能，不断积累保护"洞洞"的经验并初步激发爱妈妈的情感。在这个环节中，教师应根据幼儿现场操作的情况，及时调整预设问题，引导幼儿进行经验交流，帮助幼儿获得相关的新经验，体验探索身体里"洞洞"的乐趣，进一步积累保护、爱护自己身体的经验。

四、问"洞洞"

师：刚才我们找了这么多的洞洞，身体上还有其他洞洞吗？关于洞洞，你们还有什么不明白的地方吗？（根据幼儿的问题互动。）

师：洋洋说我有个奇怪的问题，我的问题就在照片里。

师：请你们把觉得会出汗的地方用"汗水"贴出来。

师：出汗的"洞洞"在哪儿呢？

小结：我们皮肤上有很多看不见的"洞洞"，名字叫毛孔，这些神奇的"洞洞"在排汗时，也能帮我们排出身体里的垃圾。

师：你猜猜毛孔最喜欢我们做什么吗？

师：是不是只有毛孔喜欢干净？还有哪些洞洞也喜欢干净？

小结：原来身体上所有的"洞洞"都喜欢干净，我们每天都要把它们清洗干净。

> **设计意图：** 这一环节通过幼儿提问或教师抛出问题，培养幼儿大胆提问、敢于质疑的良好学习品质。同时，通过第二次操作，使幼儿再次体验找"洞洞"的乐趣，丰富和拓展对未知"洞洞"的经验，产生后续探究自己身体里的秘密的兴趣。

五、听"洞洞"的故事

师：洋洋说今天和你们玩得真开心，知道了身体里原来有这么多的"洞洞"！洋洋把"洞洞"编成了一个故事，你们一起来听听，好吗？

小结：洋洋说和小朋友玩得真开心，上次找牙齿，这次找"洞洞"，下次我们再来找什么？等我想好了再来和你们一起玩。

> **设计意图：** 在这个环节中，教师运用互动的方式讲述故事，帮助幼儿梳理身体里"洞洞"的相关经验，促进大班幼儿思维的发展。

活动延伸

1. 在个别学习中，继续找寻身体里的"洞洞"，发现人为的一些"洞洞"可能对人体造成的伤害。
2. 在日常生活中，及时提醒幼儿保护自己的身体，养成良好的生活习惯、行为习惯。
3. 请家长在家庭生活中注意培养幼儿各种良好的生活习惯、行为习惯。

（上海市黄浦区南京东路幼儿园　方芳）

大脚丫跳芭蕾 大班

活动目标

1. 能根据情节发展,仔细观察画面线索并大胆推测、表达,初步理解贝琳达坚持梦想的不易。
2. 体会作品所传递的积极情感,感受文学作品和芭蕾舞的美。

活动准备

多媒体课件、教师用芭蕾舞服装等。

活动过程

一、观察导入:贝琳达的梦想

师:今天老师带来一个故事,故事的主人公叫贝琳达,她正在干什么?

师:贝琳达在跳什么舞呢? 你们从哪儿看出来她在跳芭蕾舞?

师:贝琳达是一个爱跳芭蕾舞的女孩。贝琳达从小就有一个梦想,梦想着能够站在大剧院的舞台上表演芭蕾舞。为了实现这个梦想,贝琳达每天到舞蹈学校认真地练习芭蕾舞。你们觉得贝琳达跳得怎么样? 能用好听的词语表达吗?

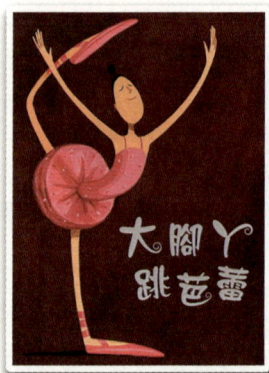

图附 1-48 《大脚丫跳芭蕾》

设计意图: 通过关键提问让幼儿仔细观察画面,通过细节特征,如服装、手部动作、脚步动作、发型等来判断舞蹈的形式,并丰富幼儿关于芭蕾舞的知识。引导幼儿用好听的词语描述,不仅仅是为了发展大班幼儿的语言表达能力,也是为了让幼儿进一步感知芭蕾的美。

二、阅读绘本《大脚丫跳芭蕾》

1. 贝琳达受挫了。

阅读故事中插问:

(1)贝琳达正在为一件事发愁。猜猜她正在为什么事烦心呢?

(2)一年一度的舞蹈选秀比赛开始了,贝琳达站上舞台,朝着评委深深地一鞠躬,评委们为什么会出现这样的表情?

(3)如果你是评委,会对贝琳达说什么呢?

(4)胖胖的评委说:"你的脚太大了,不能参加! 别人的脚是小小的,为什么你的脚那么大? 你一定跳不好舞。"瘦瘦的男评委说："你的脚大得像条船！"瘦瘦的女评委尖叫着说："你的脚和海豹的鳍没什么两样！"（海豹是很大的动物，它的鳍也是大大的。）三位评委还一起说道："你的脚这么大，永远都跳不好芭蕾舞！"你认为这三个评委说得对吗？为什么？

2. 贝琳达的迷茫。

阅读故事中插问：

（1）贝琳达回到家，她正在想什么？

（2）贝琳达想："我究竟是应该继续跳舞，还是放弃？"你们觉得贝琳达应该怎么选择呢？说说你的理由。

设计意图： 伴随哀伤的音乐，让幼儿体会贝琳达心里的悲伤之情。通过读懂贝琳达心里的想法，发展幼儿的读图能力并巩固已经认识的符号，发展幼儿大胆推测故事情节的思维能力以及表达能力。

3. 贝琳达的心思。

阅读故事中插问：

（1）餐厅里的客人们和老板都非常喜欢贝琳达。但是，贝琳达高兴吗？你从哪里看出来？

（2）她在想什么呢？（引导幼儿仔细阅读画面。）

（3）你们猜到贝琳达的心事吗？看，桌上放着一本什么书？

（4）《舞蹈杂志》是一本讲什么的书？

（5）贝琳达不是放弃跳舞了吗？她为什么还看《舞蹈杂志》？

4. 贝琳达遇伯乐。

（1）过了不久，餐厅里来了一支乐队。乐队在演奏乐曲，贝琳达忍不住用脚尖打起了节拍。这是为什么？

图附 1-49 贝琳达在想什么

（2）瞧，有这么多人来看贝琳达跳舞。他们喜欢贝琳达的舞蹈吗？你们从哪儿看出来了？（从客人们的表情、动作等能看出来。）

（3）客人中有一位是大剧院芭蕾舞乐团的指挥家，他看了贝琳达的舞蹈，为什么一下子哭了？（请幼儿模仿指挥家的表情。）

（4）指挥家邀请贝琳达去大剧院表演芭蕾舞。贝琳达会答应吗？

（音乐起。）

（5）听！这是哪里传来的音乐声呀？

（6）一定是大剧院，一定是贝琳达正在跳舞，让我们一起去看看吧！

图附 1-50 大家为贝琳达鼓掌

> **设计意图**：用关键提问"他们喜欢贝琳达的舞蹈吗"来发展幼儿观察细节的能力，幼儿所观察到的细节往往是许多成人不曾留意的。关键提问"贝琳达会答应吗"则承上启下，使幼儿感受贝琳达重返舞台的不易。

5. 贝琳达梦想成真。

(1) 哇！贝琳达站在大剧院的舞台上翩翩起舞。咦，观众席上好像有熟人，是谁呀？

(2) 三个评委正在为贝琳达鼓掌、欢呼，这是为什么呢？

(3) 贝琳达快乐极了，因为她可以跳舞、跳舞，一直跳舞。看到这里，老师也有点按捺不住想要跳舞，你们想看吗？你们也来试试跳芭蕾舞吧！（幼儿随着音乐自由舞蹈。）

(4) （音乐停，幼儿回到座位上。）你们的小脚丫跳芭蕾舞都有些困难，贝琳达的大脚丫跳起来一定更困难。看来贝琳达一定是付出了很多很多的努力，对吗？

> **设计意图**：幼儿已经通过欣赏动画感受到了芭蕾舞的美。此处，教师用自己的舞蹈让幼儿现场感受芭蕾舞的优雅。在教师舞蹈的感染下，幼儿情不自禁地舞动起来。伴随悠扬的旋律，幼儿激动的情绪得到了释放。舞蹈后的总结，更让幼儿感受坚持练习舞蹈的不易。

三、小结提升：追求梦想

1. 完整欣赏故事。

(1) 你喜欢贝琳达吗？喜欢她什么？

(2) 老师也喜欢贝琳达，不过我的理由和你们不一样。我喜欢贝琳达是因为，她虽然有一双大脚丫，但是她能够坚持自己的梦想，最后实现了自己登上舞台的梦想。

2. 欣赏视频。

这里有一个贝琳达跳芭蕾舞的视频，我们一起来欣赏贝琳达的舞蹈吧。（幼儿随视频舞蹈。）

> **设计意图**：通过完整地欣赏故事，使之前片段式的绘本欣赏得以完整呈现。关键提问"你喜欢贝琳达吗""喜欢她什么"让幼儿进一步感受坚持梦想的重要。最后，教师播放视频，让幼儿欣赏芭蕾舞，再次激起幼儿对芭蕾艺术的喜爱之情。

（上海市黄浦区奥林幼儿园　沈妙苗）

扫一扫，观看活动实录

● 小房子　大班 ●

1. 初步理解故事内容,体会现代城市建设不断变化,产生爱家乡的美好情感。
2. 感受生活中一些老建筑的独特风貌,大胆清楚地表达自己对老房子和新建筑的看法。

1. 材料准备:绘本及多媒体课件。
2. 前期经验:了解城市的便利,关注过或知晓身边的一些老建筑。

一、图书导入,引起活动

师:今天老师给你们带来了一本很好看的书,《小房子》。

师:这是一幢什么样的小房子?

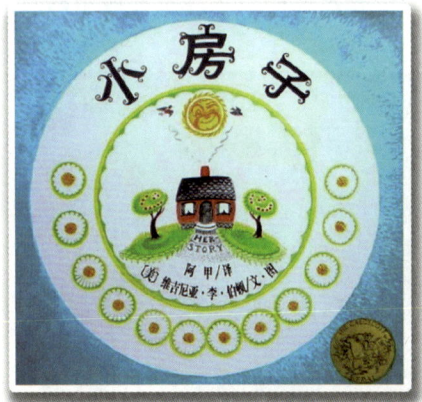

图附 1-51　《小房子》封面

设计意图: 引导幼儿仔细观察小房子,发现小房子的特别之处以及微笑的表情,与小房子之后的表情变化形成鲜明的对比,为后面的教学作铺垫。

二、欣赏故事,引发思考

(一) 讲述故事至"小房子对城市的好奇"

1. 小房子身边的朋友越来越多了,你们看看小房子脸上是什么表情?

引导幼儿观察画面。

图附 1-52　小房子的朋友越来越多了

2. 小房子很好奇,它不知道城市是怎么样的,让我们来告诉它。

小结:城市有高楼、有街心花园、有霓虹灯……好繁华哦!怪不得小房子要对城市好奇了。在小房子的身边,也发生了一些变化。

设计意图: 此环节迁移到幼儿的城市生活经验中,幼儿就城市中的建筑、交通等进行一些简单的经验交流,教师进行小结。

(二)继续讲述故事至"小房子在黑夜中微笑地看着城市的灯光"

图附 1-53　小房子在黑夜中

设计意图: 教师在讲述故事的过程中根据幼儿的情况进行适当的插问,让幼儿感受城市生活的一些特征,引导幼儿充分感受城市化进程中的便捷和好处。

三、问题辩论,激活思维

1. 现在这里也有了漂亮的霓虹灯、宽阔的马路,高楼林立。人们出门就能坐公交、乘地铁,很方便。小房子不开心了,它为什么不开心了呢?

引导幼儿观察画面中小房子的表情以及关注城市中的噪音等。

图附 1-54　小房子不开心了

2. 小房子那么破了，没人住了，要不拆掉算了。

引发争论，幼儿发表意见，组成正反两方展开讨论，阐述各自的理由。

设计意图： 引发幼儿辩论"小房子到底拆还是不拆"，引导幼儿在辩论交流中阐述自己的理由，发展幼儿的辩证思维能力。

四、迁移生活，理解主题

1. 观赏多媒体课件中源自生活的图片。

师：你们说得都很有道理，到底听谁的好呢？拆还是不拆？别着急下结论。现在，我们来看一看我们身边的小房子或者是老房子，好吗？（整体欣赏图片，播放背景音乐。）

2. 重点观察交流。

师：这些老房子你们见过吗？我们再来仔细地看看。

(1) 海关大钟（外滩）——灯光璀璨，华丽漂亮。

图附 1-55　海关大钟

（2）七宝老街——人来人往，很多人来参观旅游。

图附 1-56　七宝老街

（3）城隍庙——燕尾屋檐。

图附 1-57　城隍庙

（4）石库门——简约、热闹。

图附 1-58　石库门

小结：我们上海的这些老房子和故事里的小房子一样很老了，它们都没有被拆掉，重新修建后变成了一道风景，让我们的城市变得更美，生活变得更美。

> **设计意图：** 选取的景点都是上海市有代表性的老建筑，这些老建筑成为了城市的一道风景线，另外配上古筝演奏的背景音乐，给孩子美的享受，让孩子在欣赏的过程中发现城市中的老建筑与现代建筑可以和谐共处。

3. 连接故事内容"小房子没有被拆掉"。

师：看了这些图片，你们觉得故事里的小房子要拆吗？

师：我们一起来看一看，现在小房子开心了吗？（出示最后一张小房子的图片。）

图附 1-59　小房子开心了

师：原来，小房子没有被拆掉，而是在小房子的周围重新开辟了一块花园，它成为了城市的一道风景。

4. 连接生活实际，引发幼儿进一步的寻找与发现。

师：小朋友，你们身边还有没有这样的老房子，我们一起去找找。

师：老房子需要大家一起来爱护，这样我们的城市才会更加美丽。

> **设计意图：** 教师将故事的结尾做了修改，与原文"小房子被迁移到乡下"的结局不同。教师将小房子安置在城市的绿地中，从而引发幼儿关注身边的老建筑，让幼儿体会到老建筑在我们城市中起到的作用。

（上海市嘉定区安亭幼儿园　　陈怡）

我妈妈　大班

活动目标

1. 仔细观察画面,结合自己的生活经验清楚地表达妈妈的不同形象。
2. 感受作品内容的风趣、幽默,进一步理解和感悟妈妈对自己的爱。

活动准备

1. 材料准备:多媒体课件、小图片若干、插板若干。
2. 经验准备:幼儿了解自己的妈妈和爸爸。

活动过程

一、观察封面,引出话题

设计意图: 教师在这一环节可以让幼儿观察画面的角色形象,充分展开联想,大胆地表达自己的推测,引起幼儿进一步阅读,产生认识"另外一位妈妈"的愿望,在好奇心的驱使下产生主动学习的积极性。

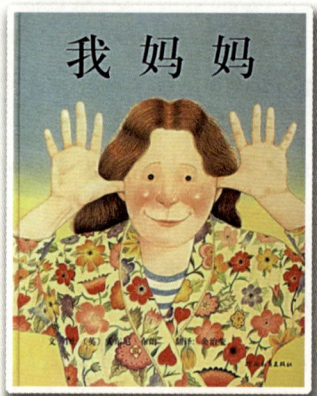

图附 1-60 《我妈妈》封面

重点提问:

(1)有一位小弟弟,他想向你们介绍一下他的妈妈。在他介绍之前,请你们猜猜这是一位怎样的妈妈?

设计意图: 让幼儿畅述欲言,顺应孩子的经验和想法,让他们带着神秘感走进绘本,使活动的开头既贴近孩子,又引发遐想。

（2）到底这是一位怎样的妈妈呢？今天，我们一起来认识一下这位妈妈吧。

二、阅读画面，理解表达

1. 小组阅读，理解作品前半部分。

> **设计意图：** 这个部分的画面内容比较"写实"，妈妈的一些形象与幼儿实际生活中认识的妈妈形象较为吻合，为了避免出现枯燥、单一看看说说的现象，教师提供小组操作材料（六张小卡片），采用小组猜想、个别指认、集体寻找等多种方式引导幼儿观察解读画面，积极表达内容。通过这一环节的学习，让幼儿获得有意倾听、观察分析、模仿讲述、创造表达的多元学习经验，同时也重温生活中妈妈的亲切形象。

（1）幼儿三人一组，共同阅读图片。

重点提问：

① 到底这是一个怎样的妈妈呢？你们三个人一组，一起去看一看。

② 你们能从这六张小卡片中看出什么吗？

图附 1-61 小卡片

(2) 多种形式讲述,依次摆放图序。

① 蛋糕师。

教师先介绍,幼儿将相应的图片取下插好。

师:这个小朋友说"我的妈妈是一个蛋糕师,她做的蛋糕又香又甜,多美味啊",这是哪一张图片,请你们找出来。

幼:我找到了,我找到了……这张是蛋糕师。

师:刚才小弟弟是怎么介绍的? 还记得吗?

幼:我妈妈做的蛋糕可好吃了。

幼:又香又甜。

师:掌声送给他,耳朵真灵啊。我们一起来夸夸妈妈吧。

师幼:我的妈妈是个蛋糕师,她做的蛋糕可好吃了,又香又甜。

② 魔法师。

师:接着谁愿意来介绍? 把妈妈的本领说出来。看看是哪一张图片?

幼:我的妈妈是个会变魔法的魔术师。她会变出很好玩的东西。

师:你们为什么要说这张图片上的妈妈是一个魔术师呢?

幼:她有根魔法棒,还有翅膀,还有皇冠。

③ 大力士。

师:谁说说这一张图片上的妈妈?

幼:我的妈妈像个大力士,她手上提了好多好多东西。

④ 音乐家。

幼:我的妈妈很会弹琴。

幼:我的妈妈弹琴可好听了。

幼:我的妈妈弹琵琶弹得可优美了。

⑤ 杂技演员。

师:刚才看的图片中有没有哪一张你看不懂?

幼:这张! 这张!

师:妈妈在干什么呀?

幼:玩杂技。

师:可以怎么来介绍妈妈呢?

幼:我的妈妈可棒了,她能把好多东西放在一起玩杂技。

⑥ 园丁。

幼:我的妈妈是个园丁。

幼:她能种各种各样的花。

幼:把花照顾得很好。

幼：她种的花可美啦。

师：他们都说这个妈妈是个园丁,你们同意吗? 现在我们一起来说说吧。

幼：我的妈妈是一个园丁,她会把花照顾得很好,她种的花儿可美啦!

(3) 集体讲述画面,学习准确表达。

> **设计意图:** 此环节教师要把握好幼儿阅读表达的习得规律,即倾听模仿—练习表达—迁移运用。

重点提问:

这六张小卡片向大家介绍了这是一位怎样的妈妈?

师幼：第一张卡片说我的妈妈是一个蛋糕师,做的蛋糕又香又甜。第二张卡片说妈妈是一个魔术师,能变出各种各样有趣的东西,第三张卡片说妈妈是个大力士……

2. 集体阅读,理解作品后半部分。

> **设计意图:** 这个部分的画面内容比较"虚化",妈妈的形象变成了"狮子""蝴蝶""沙发""犀牛""小猫",这需要幼儿仔细观察画面细节(妈妈的花衣服),分析、理解妈妈的多面形象。为了帮助幼儿准确地分析、把握作品传递的妈妈的形象,激发幼儿对妈妈的喜爱之情,教师利用多媒体课件,采用集体讨论、动作模仿、情景体验等多种方式来引导幼儿感知。通过这一环节的学习,让幼儿获得阅读理解、语言表达、情感认知的多元发展,同时也感受作品中妈妈的可爱形象。

3. 继续阅读。

重点提问:

让我们继续往下看。这是妈妈吗? 她变成了什么?

① 狮子。

幼：狮子、蝴蝶、沙发、犀牛、小猫。

师：妈妈变成了动物是吧? 这是什么意思呢?

幼：这是妈妈的花衣服。

师：那这个到底是妈妈,还是动物啊?

幼：是妈妈。

师：我们一张一张来看看。这张是说我的妈妈像什么? (像狮子。)咦,妈妈怎么会变成狮子的? 狮子是什么样的啊? 你们做做看。

幼：啊呜……

师：你们说妈妈怎么会变得像狮子一样的?

幼：她戴面具。

图附1-62 小卡片

师：如果不戴面具,有的时候妈妈会像狮子,这是怎么回事呢?

幼：因为有时候妈妈生气了。

师：妈妈有时像狮子一样凶。

② 蝴蝶。

幼：有的时候妈妈像蝴蝶,有漂亮的翅膀。

师：妈妈温柔起来像蝴蝶,凶起来像狮子。

③ 沙发。

幼：妈妈像一个沙发。

师：有的时候妈妈像沙发,这是怎么回事呢?

师：现在我来做妈妈沙发,你来坐一坐吧。(当孩子坐在老师"软软的沙发上",相互依偎在一起时,孩子的脸上露出了甜甜的微笑,相信这微笑一定是发自内心的。)

师：今天回去可以和妈妈说,我可以坐在你这张软软的沙发上吗?

师：你们现在是小孩子,所以你可以让你的妈妈变成沙发,让你坐一坐,等以后你们长大了呢?

幼：等我长大了,我也要变成沙发。

师：你变成沙发给谁坐?

④ 犀牛。

幼：我的妈妈还像犀牛。

师：犀牛是怎么样的动物?

幼：犀牛很强壮的,很勇敢的,它奔跑的时候力量很大。

师：对呀,看到危险的时候,犀牛不害怕,会用自己头上的角去对付欺负它的人或者坏蛋。当小朋友遇到危险的时候,妈妈一定会冲出来保护你们,所以妈妈肯定是最最勇敢的。

⑤ 小猫。

师：妈妈像小猫是怎么回事啊? 这是一位怎样的妈妈?

幼：可爱的妈妈。

幼：萌萌的妈妈。

师：这个词真有趣,我也喜欢! 我们一起来说一说吧。

师生：我的妈妈像小猫一样可爱,萌萌的。

(此时的课堂气氛很活跃。当教师真正置身于幼儿的情感世界中时,互动自然会变得生动、有趣。)

师：原来,妈妈生气的时候像狮子,温柔的时候像小猫,勇敢的时候像犀牛。

三、共同回忆,情感迁移

重点提问：

(1) 刚才小弟弟介绍了他的妈妈,说了些什么?

(2) 小弟弟说的最后一句话是什么呀? 这句话你愿意和自己的妈妈说吗?

幼：我真的、真的很爱自己的妈妈。

师：那你们真的、真的很爱自己的妈妈吗?

幼：爱! 真的! 真的!

(3) 今天回家第一件事情是坐在妈妈温柔的沙发里,第二件事情是想一想,你的妈妈像什么? 你还可以把今天学到的话跟自己的妈妈说一说。

（上海市黄浦区教育学院　肖燕萍）

田鼠太太的项链 大班

活动目标

1. 倾听故事,能对田鼠太太的行为展开积极讨论,大胆表达自己的想法,有简单的分析判断能力。

2. 初步懂得做任何事情的时候都要想清楚,知道什么才是自己最需要的。

活动准备

1. 材料准备:多媒体课件,一段抒情音乐。

2. 经验准备:大班幼儿已经具备一些动物过冬需要储存粮食的认知经验。

活动过程

一、经验谈话导入,引出并认识角色

设计意图: 通过谈话拉近与幼儿的距离,使幼儿自信地表达已有经验,教师自然而然地了解幼儿的前期经验,并引出作品。

重点提问:

(1) 现在是什么季节?秋天是什么季节?"丰收的季节"表示什么意思?

(2) 秋天到了,人们忙着收获水果和粮食,那么动物们在干什么呢?

(3) 瞧!谁来了?(认读文字"田鼠太太"。)"太太"是什么意思?

(4) 秋天里,田鼠太太会忙些什么呢?

师:让我们来看看田鼠太太到底在干什么?

二、看看听听议议,初步了解作品内容

设计意图: 借助问题让幼儿进行适度的推测、适当的对话练习,从而获得语言表达能力、思维能力的发展。

重点提问:

(1) 你听见花母鸡说了什么?(模仿话语。)

(2) 追问:"高贵"是什么意思?(极为珍贵、贵重的意思。)

重点提问:

(1) 你认为花母鸡的话有道理吗?田鼠太太会怎么想、怎么做?

（2）听了兔子的话，田鼠太太会怎么做？

（3）刺猬看着田鼠太太的鞋子，它和乌龟可能会说什么？（仔细观察画面。）

（4）听了刺猬说的话，你认为田鼠太太会怎么做？会不会再用粮食换新鞋子？请说出你的理由。

（5）秋天过去了，冬天来到了，接下来又会发生什么事情呢？

师：让我们完整地听一遍故事，看看冬天来到了，到底发生了什么事情。

三、完整欣赏故事，设问讨论，理解作品内容

设计意图： 借助问题讨论，引导幼儿一起对田鼠太太的行为展开讨论，并理解作品的深层内容。

重点提问：

（1）田鼠太太已经准备了许多过冬的粮食，最后怎么会昏倒在雪地里？

（2）田鼠太太准备了哪些过冬的粮食？这些过冬的粮食都到哪里去了？

（3）你认为田鼠太太拿过冬的粮食换新衣服、新鞋子的做法值得吗？为什么？田鼠太太为什么要把这些粮食换成新衣服、新鞋子？

（4）到底漂亮重要还是安全过冬重要？假如你是田鼠太太，你会怎么做？

小结：不管做什么事情，都要先考虑清楚：什么才是自己最需要的，不能为了漂亮因小失大。

四、小组辩论，深化情感，引发探究兴趣

设计意图： 通过提出问题，再次激发幼儿思维与表达的积极性，培养幼儿辩证看待事物的态度，引发幼儿对动物过冬方式的进一步探究与发现。

重点提问：

（1）你喜欢田鼠太太吗？请说出理由。（分组讨论，集体辩论。）

（2）让我们赶快帮田鼠太太想想办法，怎么让田鼠太太和孩子们安全过冬？

结束语：请你们编个故事，说说田鼠太太一家是怎么过冬的。

活动延伸

1. 个别化学习活动中，围绕故事内容提供各种材料，让幼儿绘画、续编、表演等。

2. 随着冬季的到来，开展"动物过冬"的探究活动，并请家长与幼儿一起收集有关其他动物过冬的资料。

（上海市黄浦区教育学院 肖燕萍）

附录2 幼儿园区角活动案例

表附 2-1 幼儿园区角活动设计展示

班级	区角名称	页码
小班	送盒子宝宝回家	307
中班	叶子变变变	308
大班	四季调查小分队	309
中班	在秋天里	310
大班	我是中国人	314
大班	给小乌龟造家	317

表附 2-2 幼儿园区角活动项目化学习展示

班级	区角名称	页码
中班	我喜欢的餐厅	322
大班	春天的火烈鸟	327
大班	怎么样让泥土更有营养	330

表附 2-3 幼儿园区角活动详解

主题	页码
基于科技特色呈现的幼儿园公共活动区	334
基于主题背景呈现的幼儿园博物馆式场景	334

送盒子宝宝回家 小班

一、基本经验

1. 发现平面图形和立体图形的关系。

2. 提升观察与匹配能力。

二、游戏材料

各种形状的盒子、图形底板。

三、游戏玩法

幼儿把不同形状的盒子一一对应地放在图形底板上。

四、提示

1. 在底板的图形上应包括基本图形、特殊图形、立体图形的正面、侧面等多种特征,拓展幼儿的观察角度。

2. 可在盒子内放置一些物品,如小铃铛、米、豆子等,使盒子在游戏中发出声响,增添趣味性。

（上海市虹口区实验幼儿园　赵思茹）

---

① 文字内容及视频来源:顾伟毅.区角脑图:让幼儿园区角活动更有意义(操作篇·小班)[M].上海:少年儿童出版社,2019.

叶子变变变　中班

一、基本经验

1. 感知叶子的不同形状、颜色、叶脉纹理等。

2. 提升创意审美能力。

二、游戏材料

1. 背景：叶子墙(贴有叶子创意照片与幼儿作品)。

2. 基本材料：各种叶子、铅画纸、稀释白胶、颜料、活动"眼珠"、扭扭棒、剪刀、毛笔、水彩笔、记号笔等。

三、游戏玩法

幼儿用多种方式(剪贴、拓印、添画、线描等)进行叶子创作,用叶子加工成生动有趣的画面。

四、提示

1. 可建议幼儿围绕主题进行创作,如动物、人物、风景等。

2. 鼓励幼儿共同收集叶子,并交流相关经验(叶子的名称、外形、叶脉纹理等)。

（上海市虹口区实验幼儿园　邹佳）

四季调查小分队　大班

一、基本经验

1. 调查、分析并多元化记录信息。

2. 提升合作能力。

二、游戏材料

1. 背景：调查小分队名称及人员情况展板、调查信息展板、调查海报。

2. 信息工具：手机、录音笔、平板电脑等。

3. 辅助材料：记号笔、水彩笔、剪刀、胶水、各种尺寸的彩纸、花纹参考册等。

三、游戏玩法

1. 幼儿采用小组合作形式、两至四人为一个小分队，共同商定调查项目、确定分工，利用各种形式展开调查。

2. 调查素材采集完毕，小组共同交流、整理，多元化记录调查信息表，制作调查海报。

四、提示

1. 该游戏需要幼儿已有项目小组的形式开展活动的前期经验，教师可通过赏析活动视频，组织幼儿开展小规模小组实践项目，支持幼儿积累合作分工、确定话题的经验。

2. 重点观察幼儿在调查与合作中的问题和发现，重点支持幼儿将当天拍摄的照片打印出来，重点提示幼儿在室外活动时注意安全并准时返回教室。

（上海市虹口区实验幼儿园　王佳颖）

在秋天里　中班

一、虫虫世界

图附 2-1　虫虫世界区角展示

表附 2-4　活动展示

活动及材料	玩　法
好忙的蜘蛛 树枝、各色毛线、卡纸、棉球、太空棉、扭扭棒、纸芯筒、手指颜料、纸盘、绘本《好忙的蜘蛛》、双面胶、剪刀。	玩法一： 阅读《好忙的蜘蛛》,感知蜘蛛的外形特征、生活习性。 玩法二： 学习使用棉线、树枝,制作大小不同的蜘蛛网。 玩法三： 使用棉球、太空棉、扭扭棒等多种材料制作小蜘蛛。
瓢虫 纸盘、红色玻璃纸、瓶盖、鹅卵石、纸杯、纸碗、圆形纸片、颜料、活动眼睛、透明罐子、棉球(大)、夹子、绿色草皮、卡纸、棉线、吸管、粘钩若干、iPad。	玩法一： 使用纸盘、鹅卵石、瓶盖等创意制作小瓢虫,并布置在草丛、树枝中。 玩法二： 根据瓢虫的花纹特点,运用相关数学经验玩与配对、排列、排序、比大小等有关的游戏。 玩法三： 幼儿观看 iPad 中的视频,阅读绘本,记录交流自己感兴趣的问题与发现。

（续表）

活动及材料	玩 法
各种各样的秋虫 各种秋虫图片（有背景）、二维码、iPad、纸、笔。	玩法一： 使用 iPad 扫一扫二维码，了解感兴趣的秋虫。 玩法二： 通过观看视频，将自己的发现记录（语音、绘画）记录下来。
秋虫物语 树枝、鹅卵石、秋虫剪影、太空沙等低结构材料。	玩法： 根据秋虫外形特征和生活习性，尝试使用多种低结构材料设计、想象、表现秋虫的美好生活。

二、秋日餐厅

图附 2-2 秋日餐厅区角展示

表附 2-5 活动展示

材 料	玩 法
乐高、原色积木、建筑物照片、假山、花园、房子等。	幼儿根据自己的想法搭建秋日餐厅。

三、水稻小麦大不同

图附2-3　水稻小麦大不同区角展示

表附2-6　活动展示

材　　料	玩　　法
水稻、小麦装饰、记录纸、放大镜。	玩法一： 观察水稻、小麦的外形特征，将自己的发现记录下来。 玩法二： 和爸爸妈妈一起调查生活中各种水稻、小麦的衍生品。

四、我喜欢的餐厅

图附 2-4 我喜欢的餐厅区角展示

表附 2-7 活动展示

材　料	玩　法
幼儿调查表装订成册、各种纸、笔、装饰品。	玩法一： 从各类调查表中寻找并记录自己喜欢的餐厅的各种要素，如环境、餐具、装饰、布局等。 玩法二： 根据记录的要素绘画"我喜欢的餐厅"设计图。 玩法三： 根据设计图，进行布置餐厅的实践操作。

（上海市嘉定区嘉定新城实验幼儿园　张思芸　盛迪）

点评：

　　这份环境设计一眼看上去没有从领域平衡的角度予以呈现，但仔细阅读，会发现在每一个的区角中都融合了各领域学习的内容，"虫虫世界"大部分材料都是低结构的，融阅读、数学认知、美工设计于一体，能够满足不同孩子的兴趣。"我喜欢的餐厅"通过图片与案例，让我们看见了教师放手以鼓励幼儿实现自己梦想，其中幼儿获得基本经验的过程更是一次深度学习的过程。

我是中国人　大班

一、科探区：项目化活动——船

该区主要分为工作区与展示区，中间的两张桌子以及纸板船是幼儿制作和装饰船的操作区，柜子、地面微景观均为成品船的展示区。墙面上以幼儿的经验呈现为主：认识船的构造、了解船的特点、我的设计、通过船王比赛后意识到的问题与发现等。

图附 2-5　船

二、语言区：热点大家谈

教师可以在"班级微博"上发布热点话题，引发幼儿的讨论，通过墙面留痕的方式引发持续阅读与互动，鼓励幼儿用多种形式表达和倾听。

图附 2-6　热点大家谈

图附 2-7　上海话学习

三、语言区：上海闲话侬会伐（上海话你会吗）

区角分为上下两个版块，上半部分幼儿用自己的方式记录"通过 iPad 学会的上海语童谣"。下半部分是根据已经学会的童谣进行改编，为创编区域，可以通过多种方式进行表征，如表格式、气泡图式、树状图式，还可以借助 iPad、摄像机等多媒体工具。

四、美工区：有趣的扎染

(1) 欣赏作品：欣赏丰富的各种扎染作品。

(2) 了解工艺：学习看树状的思维导图，理解扎染的基本方法。

(3) 我的发现：通过材料的探索，初步感受扎染的特点与神奇之处。

(4) 我的设计：有计划地设计扎染图案，思考材料、扎法、染法等，并进行实验验证。

图附 2-8　扎染

五、建构区：州桥老街

墙面分为欣赏区、计划区、成果展示区。窗户周围利用幼儿绘制的老房子作为装饰，营造建构区古色古香的氛围。

图附 2-9 州桥老街

注: 以上五个区角活动的呈现只是班级中的部分内容。

(上海市嘉定区嘉定新城实验幼儿园 沈璐依 李淼苗)

点评:

孩子们在玩的过程中,教师非常重视幼儿的自主性构建过程。教师从开放理念出发,环境多为大块面设计,如:建构区将墙面分为欣赏区、计划区、成果展示区;语言区将区域分为上下两个版块,以激励孩子们参与活动。这样的环境不仅可以让幼儿不断构建属于自己的活动轨迹与经验,也有助于幼儿之间互相阅读与评价,以及教师对幼儿的多元观察与分析。

给小乌龟造家 大班

自然角里,小朋友们带来了四只小乌龟,按照小乌龟的外形特征分别取名为小角(乌龟壳边上有一圈三角形)、小刺(乌龟壳上有一圈刺)、小金(乌龟壳上有金边)和小黄(乌龟壳上有黄色图案)。根据小朋友们的喜好,他们进行了投票,选择喜欢的乌龟进行观察和饲养。

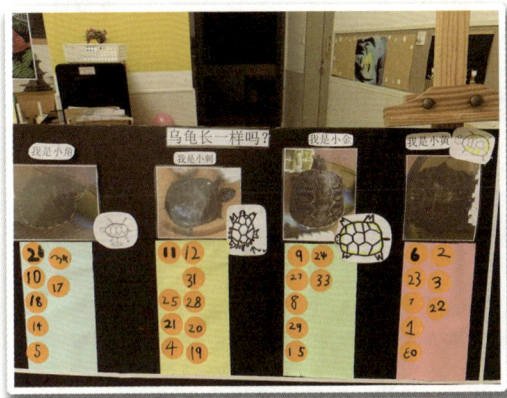

图附 2-10 小乌龟饲养分工

图附 2-11 给乌龟造家

小朋友们想给小乌龟造一个家,于是他们进行了讨论集思广益纷纷想出了小乌龟可能会喜欢的东西,然后用拓扑图的形式呈现了"乌龟喜欢住什么样的家"。后来,小朋友们通过翻看图书、上网等途径收集了资料,科学地进行饲养。

小朋友找到了三个乌龟缸,让小乌龟分别住了进去,因为小黄和小金是好朋友,所以住在了一起。

图附 2-12 为乌龟造一个家

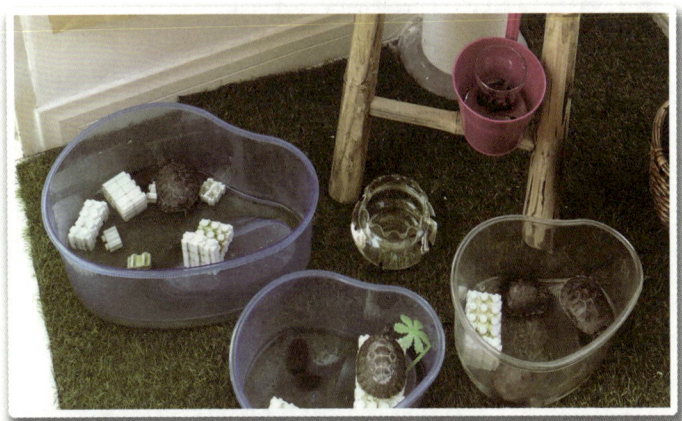

图附 2-13 小乌龟的新家

　　由于小乌龟常常会从小的家里爬出来,小朋友怕小乌龟走丢找不到家,所以又找了一个很大的筐作为小乌龟的新家。

　　一部分小朋友找来了沙子、小盆、托盘、鹅卵石等材料对新家进行了装修,形成了干湿分离的区域供小乌龟活动和睡觉。

图附 2-14　制定新家改造计划

图附 2-15　根据计划进行装饰

　　艾玛、萱萱和昕昕在制定改造小乌龟新家的计划书。

　　根据收集到的资料,他们想要给小乌龟造一个有滑梯的家,他们计划着所需要的材料和数量。

图附 2-16　计划表呈现

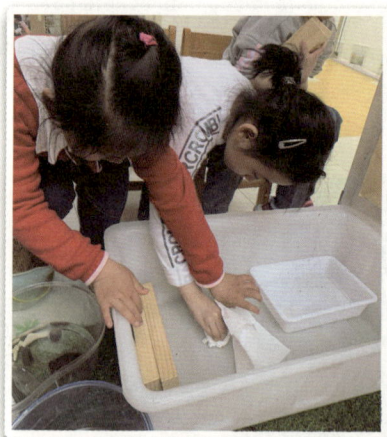

图附 2-17　打扫新家

　　他们将原来干湿分离的家先进行清理和打扫,又搬来了需要的木板、树等材料。

　　小乌龟喜欢爬,小朋友们让它们住进了有斜坡、滑滑梯的家。可是,看到小乌龟从滑梯上滑下来时候速度太快了,这样会受伤的,所以他们用彩色木棍制作了缓冲带。

图附 2－18 滑滑梯的改造

图附 2－19 替换木棍

彩色木棍遇到水之后褪色了,小朋友怕褪色的木棍有毒,会伤害了小乌龟,于是,就用原木色的木棍代替了原来的彩色木棍。

咦!小乌龟为什么总是躲在晒台下面不出来呢?

图附 2－20 小乌龟藏起来

图附 2－21 幼儿的猜测

小朋友们对于这个问题进行了猜测,有的说是不是害怕我们总是用手去抓小乌龟? 有的说小乌龟不喜欢现在这个家,它们想要大自然的家;有的说小乌龟肯定太热了,在躲避太阳乘凉。于是,小朋友们收集材料,打算为小乌龟打造更自然的家。

图附 2－22 挖泥土

图附 2－23 挖苔藓

图附 2－24 捡碎木屑

图附 2－25 挖水草和铜钱草

　　在准备好上述材料后,小朋友们根据自己的设想,将所有的材料在水缸中进行了组合摆放,成为了乌龟的新家,乌龟很喜欢。

图附 2-26　将材料组合摆放

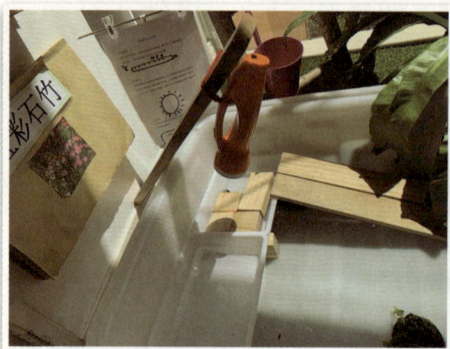

图附 2-27　用光照增加水温

图附 2-28　为小乌龟上药

图附 2-29　注意事项

　　罗逸小朋友查到资料,发现红耳龟最适合的成长水温是 20—32℃,在 29—32℃ 的水温下胃口最好。于是,在小乌龟的家上面装了一个手电筒,想要用光照来增加水温。

　　有一天,萱萱发现小乌龟受伤了,眼睛一圈有点红红的,她把小乌龟带到保健室去找医生看病。医生说,小乌龟的眼睛有点发炎了,教萱萱用棉花棒给乌龟涂药膏。

　　小乌龟受伤了,大家都很心疼,纷纷说出了很多平时小朋友们与小乌龟相处过程中的点滴以及可能会使小乌龟受伤的原因。

最后,大家商量得出了两个注意事项:一是不能在小乌龟边上大声说话;二是不能总是去摸小乌龟,避免把细菌传染给它。

图附 2-30　将乌龟放入池塘

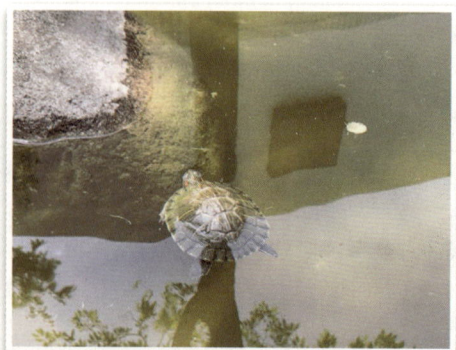

图附 2-31　自由游泳

天气越来越热了,小朋友们说到了游泳可以降温,小乌龟肯定也喜欢在水里游泳。可是,教室里的乌龟缸太小了,艾玛想到了幼儿园里的小池塘很大,就像泳池一样。芝麻、艾玛、懿懿带着小乌龟来到了小池塘边,把小乌龟放进了池塘里。

瞧!小乌龟自由自在地游泳啦!

小乌龟在池塘里玩耍,小朋友们认真地观察小乌龟,每天都会做观察记录,把和小乌龟之间有趣的故事记录下来。

图附 2-32　认真记录

图附 2-33　记录

（上海市嘉定区嘉定新城实验幼儿园　张泖枫）

我喜欢的餐厅　中班

一、项目开展背景

开学初期,为了便于幼儿自选餐桌,我们和孩子们展开了一次讨论活动。孩子们把和吃饭相关的词融入到了餐桌的名字中,比如"爱心桌",糖糖取这个名字的理由是:希望大家能爱惜每一样食物;又如"干干净净桌",萱萱的理由是:吃饭的时候桌子上要干干净净的……最后大家通过投票的方式决定了六张桌子的名称。

在另一次谈话活动中,初初说:"国庆节我和爸爸妈妈一起在海底餐厅吃饭,海底餐厅能看到很多很多真的鱼游来游去,还有鱼群呢,我太喜欢这样的餐厅了!"小衍急忙说:"如果我们也有这样的餐厅,那就太棒了!"

小衍的一句话,引发了我的思考,或许我们真的能试一试。就这样,我们班的项目化学习活动"我喜欢的餐厅"——餐厅改造计划拉开了序幕。

二、项目开展过程

(一)阶段一:最喜欢怎样的餐厅

我们请孩子们展开有关餐厅的讨论,作为这个项目化学习活动的开端。在讨论的时候,我们发现孩子们对餐厅的不同种类有初步的了解,我们将他们对餐厅种类的已有经验用图片清单的方式罗列出来,例如亲子餐厅、海底餐厅、花园餐厅、机器人餐厅、快餐等。

图附2-34　我喜欢的餐厅

我们请孩子们以小组的形式,记录想要探究的问题,如"我最喜欢的餐厅是怎么样的""我最喜欢的餐厅里有什么""餐厅里放什么音乐""要改造出这样一个餐厅,我们需要什么"……孩子们带着自己小组的问题请家长共同调查相关信息并进行简单的记录。同时,收集了幼儿最喜欢的餐厅照片、视频以及实地用餐的照片。之后,我们开展了一次集体交流以及以"我最喜欢的餐厅"为主题的投票活动。我们请孩子们利用绘画、语言的方式分享自己选择这类餐厅的不同理由,幼儿也能通过观察、倾听的方式了解同伴的想法。

为了进一步帮助幼儿了解最喜欢的餐厅是怎样的,很多家长自愿利用空闲的时间与孩子一起实地考察、查阅资料、收集材料。除此之外,在家长参与的项目化学习活动中,如进行了以"我喜欢的餐厅"为主题的亲子制作,包括恐龙餐厅、国庆餐厅、海洋餐厅的小制作等。

经过了一系列的谈论、调查、实地考察、亲子制作,我发现孩子们对改造餐厅跃跃欲试。那么,这么多不同种类的餐厅我们该从哪个入手呢？孩子们决定从票数最多的几个餐厅开始进行我们班级的餐厅改造计划。

（二）阶段二：喜欢的餐厅如何实现

在改造的过程中，孩子们将前期通过实地考察、调查来的信息、图片，张贴在区角墙上，作为重要参考资料。这些经验的记录对孩子们来说都是很有价值的资源。

在"如果我是餐厅设计师，我会如何设计餐厅"的问题驱动下，孩子们结合前期经验、个人喜好、同伴需求制定餐厅计划书。

表附 2-8　幼儿改造餐厅计划书

餐厅改造小组	幼 儿 行 为
海洋餐厅	（1）想要把餐厅变成蓝色，因为他们认为蓝色是最能代表海洋的颜色。 （2）想要通过绘画、手工制作的方式加入海洋元素，例如小鱼、贝壳、海马、水母、章鱼等。 （3）想要铺上蓝的桌布、想要贝壳形状或蓝色的餐具，因为在海底餐厅有这些元素。
花园餐厅	（1）想要去阳台吃饭，因为他们去过的花园餐厅是露天的。 （2）想要很多的绿植加入他们的餐厅，甚至加入小鸟，其中有人认为有花、有草、有鸟叫声的餐厅才能称之为花园餐厅。 （3）想要在桌子上摆上鲜花作为装饰。
秋收餐厅	想要把教室中的秋收区域变成餐厅，同组的其他孩子觉得这个想法很不错，他们也想参与了，因为有种农家乐的感觉。

有了计划书，幼儿对自己的改造餐厅计划变得更有目的。各个小组的孩子们开始思考"我喜欢的餐厅怎么实现"，在小组讨论中，孩子们整理出以下问题：

- 我们可以换餐桌吗？
- 我们可以把桌子拼在一起吗？
- 我们可以多一套椅子吗？
- 椅子上可以有坐垫吗？
- 阿姨怎么推餐桌方便？
- 我们可以去阳台、自然角吃饭吗？
- 我们可以铺桌布吗？
- 我们的餐具可以换吗？
- 我们可以用颜料把玻璃涂成蓝色吗？
- 可以把花放到桌子上吗？
- 可以把植物搬到餐厅吗？
- 我们可以去教室吃饭吗？
- 我们做的东西怎么挂起来呢？

- 我们需要的材料从哪里找?

- 吃饭的音乐我们能自己选吗?

- 我们可以和更多的朋友坐在一起吗?

通过梳理,我们发现孩子们提出的问题大致指向对设施的调整、空间的利用以及装饰物三个维度,其中还有一些幼儿的个体需求,例如解决问题的需求、自主选择音乐的需求、同伴交往的需求。梳理了孩子们的问题以及需求后,我们进行了进一步的思考并给予了一定的支持。例如在材料方面,我们在材料柜中提供了一部分幼儿可能会用到的材料,比如蓝色的塑料纸、各种颜料、卡纸、纸灯笼、皱纸、双面胶、透明胶、剪刀等,投放在区角中,供幼儿选用。

图附 2-35　幼儿动手制作

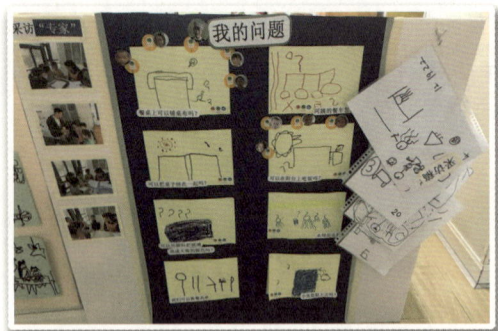

图附 2-36　幼儿的问题

以下是在改造过程中,孩子们遇到的一部分问题:

问题一:水母怎么挂?

在一次的餐厅改造中,我看到然然拿着自己调查收集来的真实水母的图片,从材料中选择了圆形纸灯笼加上皱纸的方式组成水母,丞丞看到了,也模仿着然然做起了水母。不一会儿,两人做了6只水母。在与同伴的交流分享中,大羽提出这么多水母放在哪里好呢,放在桌子上就没地方吃饭了,放在地上又不方便走路。然然听了,表示可以挂在顶上,听了然然的话,丞丞满意地笑了。可是怎么挂上去成了一个问题。

由此,我们又展开了一次关于如何解决餐厅实施中遇到的问题的讨论会。通过对幼儿行为的观察,引发了我们的思考。实物图片的出示帮助然然将水母的外形特征和材料的属性(形状)之间建立联系。丞丞模仿然然制作水母的动作,这种模仿同伴的行为也是一种学习。在交流分享中幼儿的思维发生碰撞,在生生互动中幼儿尝试提出建议、解决问题。在此过程中,教师更多的角色是一位观察者、倾听者、交流讨论的组织者。

问题二：桌子上能铺桌布吗?

针对这个问题,孩子们表示可以自己先试一试或者问一问"专家":有的孩子认为是可以的,因为吃自助餐时我们就是铺桌布的;有的则认为可以问问阿姨,阿姨最清楚了;有的孩子不同意,觉得阿姨这样不能消毒了;还有的提出可以用滑滑的桌布。

孩子们针对问题有不同的想法,我们就倾听孩子们各种不同的想法,鼓励他们按自己的想法尝试解决面临的问题并给予了一定的支持,如问一问"专家",就可以尝试丰富幼儿采访的经验。

采访计划就此诞生,孩子们结合已获取的经验,通过确定采访人、制定采访稿、预约采访时间、记录采访结果的方式,寻找问题的答案。通过"采访专家",有一部分的问题得到了解决,如桌子上可以铺可消毒的桌布,前阳台是玻璃做的,不能在那里用餐等。

随着环境布置、用餐地点等问题的解决,孩子们又一次产生了新的难题,"桌子怎么摆才能坐下预约好的人数""桌布怎么铺,铺什么颜色"等。通过区角活动、讨论、小组活动的时间,各个小组以个人、小组、集体的方式,通过现场布局(桌子、植物的摆放,搬椅子试一试能否通过)、采访同伴(喜欢什么颜色的桌布、怎样的音乐)、提前预约(包房、主题餐厅)等方式解决问题。餐厅改造计划仍在进行中,孩子们在过程中不断地发现问题、解决问题,并乐在其中。

图附 2-37　幼儿尝试解决问题

　　第一期的主题餐厅(海洋餐厅、花园餐厅、秋收餐厅)基本落成,因为两个班级的餐厅透过玻璃相邻,隔壁班的孩子们看到我们班的餐厅一点点在改变,非常羡慕。于是,我询问孩子们:"你们愿意把我们的餐厅和更多的朋友分享吗?"大家都非常赞同,纷纷表示要邀请自己在别的班的朋友来用餐,并着手制作宣传海报、预约电话、视频等,向其他班级的朋友宣传我们的餐厅,想通过这些方式吸引更多的朋友来。在此过程中,晴晴还为我们班的餐厅制作了独一无二的吉祥物,大家通过讨论、投票决定了吉祥物的名字:小白。餐厅改造计划仍不断有新主题、新想法、新问题产生,看到孩子们十分投入的样子,我们感到非常欣慰。

图附 2-38　邀请同伴一起用餐

图附 2-39　餐厅改造计划展示

(三)阶段三:怎样让更多的人来到我们的餐厅

　　餐厅第一期改造计划即将结束时,我们举办了一场展示会。把亲子制作的作品成列在区角中,自选餐桌的小场景摆在亲子制作餐厅的旁边,还将不同小组不同的布置方式通过照片记录呈现在餐厅墙面上,让孩子们更直观地看到朋友是怎样布置餐厅的。最后,将第一期餐厅改造计划中所付出的努力装订起来。

(上海市嘉定区嘉定新城实验幼儿园　张思芸)

春天的火烈鸟 大班

一、项目开展背景

近期正在开展主题活动"动物大世界",在集体活动"学来的本领"中,我与孩子们讨论着:"我们还向哪些动物学习了它们身上的本领,又发明了什么呢?"璐璐说:"我们看到火烈鸟单脚站立的姿势,发明了金鸡独立的瑜伽动作。"昕昕说:"我们向火烈鸟学习单脚站立的本领,发明了天鹅舞。"于是我接着问:"你们怎么这么了解火烈鸟呀?"汤汤说:"动物园一进去就能看到火烈鸟。"还有的说:"火烈鸟是网红动物,好好看。"

孩子们对火烈鸟的认识和经验十分丰富,兴趣浓厚,于是,我们就想以项目化思路来开展关于火烈鸟的美工区活动。

二、项目设计

我们发现大班幼儿的表现欲望强烈,他们会用多种方式表达自己的想法,尤其是在美工区域活动中,可以用多种工具进行绘画创作。于是,我们确定了这个项目活动的驱动性问题:如何表现春天的火烈鸟?并拟设计了项目网络图,主要从外形特征和生存环境这两方面展开,帮助幼儿搭建支架,明确核心驱动力。

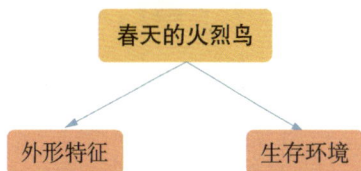

图附 2-40 项目网络图

三、项目开展

我们将设计的网络图制作成版面展示在美工区域中,明确目的之后,孩子们进一步深入地了解火烈鸟。

(1) 收集资料。通过收集资料、图片,观看网站视频,查阅动物大百科,参观实地动物园等多种途径,幼儿发现火烈鸟的外形特征有:弯弯的脖子、细细长长的腿、椭圆形的身体、渐变的羽毛颜色、尖尖的嘴巴等。同时,幼儿还发现了火烈鸟的脚常常是单脚站立的。

(2) 讨论分享。于是,我们又组织了一次关于火烈鸟的讨论,我们将收集到的信息进行了分享。有的说:"我看到照片里的火烈鸟好多好多,远远看去就是粉红色的一片。"有的说:"火烈鸟喜欢浅浅的水塘和有水草的地方。"根据幼儿收集到的资料,我们共同拓展了项目网络图。

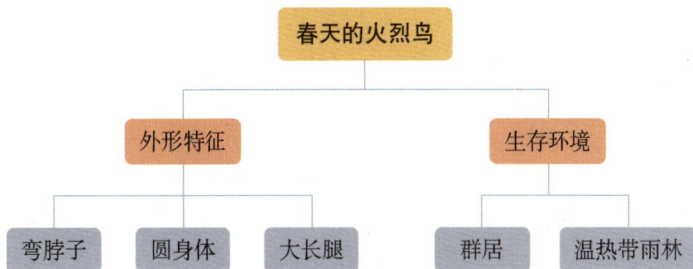

图附 2-41 项目网络图扩展

（3）创意大集合。用哪些材料来表现火烈鸟的外形特征和生存环境呢？美工区如何呈现春天的火烈鸟？带着问题，我们进行了创意大集合的活动，集思广益让幼儿想象与创造，记录可以使用的装扮材料与想要的表现方式，最后将项目网络图得以完善。

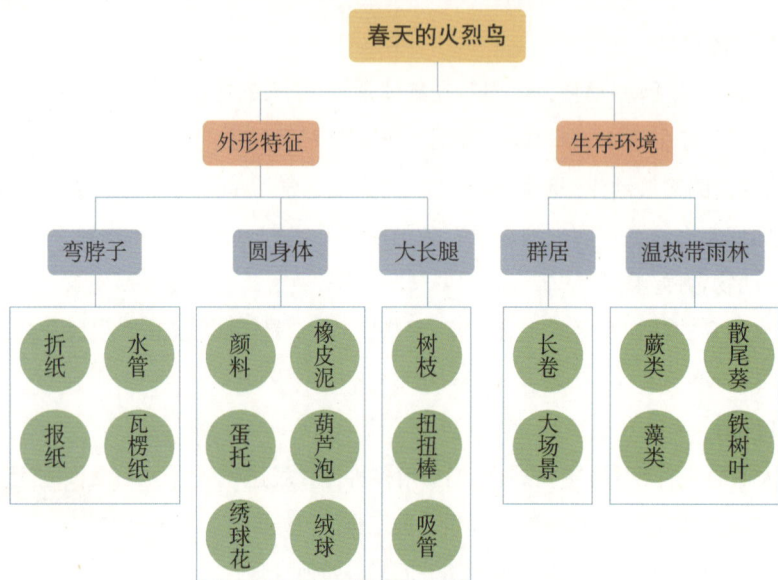

（1）

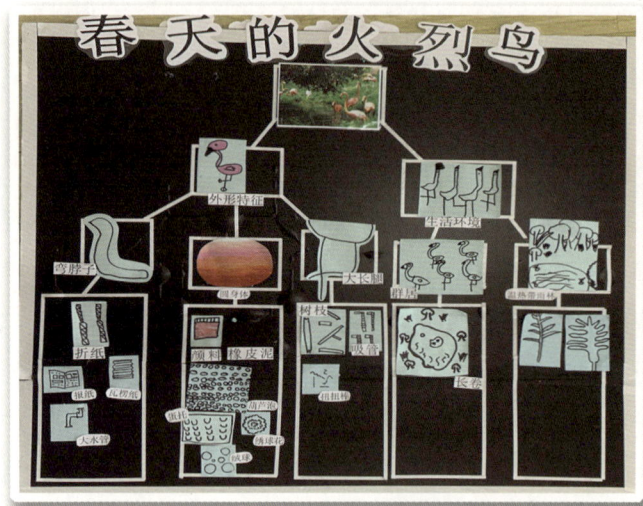

（2）

图附 2-42 完善的项目网络图

四、活动成效

在美工区活动中，孩子们有了明确的任务驱动，根据自己的兴趣用自己喜欢的方式表现出不同形态的火烈鸟或是模拟仿真的生存环境。根据幼儿的学习差异性，项目网络图这样的形式可以让薄弱的幼儿借鉴他人的想法模仿火烈鸟的艺术形态，能力强的幼儿可以尝试项目网络图以外的其他艺术表现方式,不断尝试与创新,增强幼儿的自信心,让每一位幼儿都能感受到艺术的美。

图附 2-43　火烈鸟展示

（上海市嘉定区嘉定新城实验幼儿园　张泑枫）

怎么样让泥土更有营养　大班

一、项目开展背景

每天早晨来园,孩子们都喜欢在自然角照顾植物。这一天,宸宸对懿懿说:"为什么我们自然角里有很多植物养不活呢?"懿懿说:"是啊,我们已经给植物浇水了。""我们还把植物搬到阳台上晒太阳了,为什么它们还是养不活呢?"

我听着孩子们的对话,想着:"他们已经对植物生长所需要的条件,即水和阳光进行了简单的分析,那么植物的生长还需要什么环境呢?"我就此追问孩子,宸宸说:"可能就是因为泥土没有营养,因为我爷爷在家里种花的时候经常会施肥。"

经过这样的简单讨论,似乎也揭示了我们自然角里的一场项目化学习探索活动的开始:"怎么样让泥土更有营养呢?"

图附2-44　怎么样让泥土更有营养

二、项目开展过程

(一)我们的问题,明确探索任务

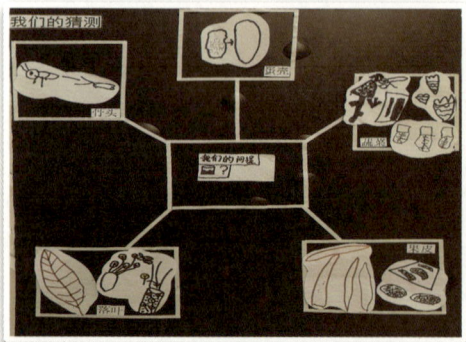

图附2-45　孩子们的梳理

驱动问题"怎么样让泥土更有营养呢"的产生引发了孩子更深层的讨论。有的说:"植物和人一样是需要营养的,泥土里面没有营养物质,植物长不好。"有的说:"泥土里面需要混合很多的材料才行。"

我们一起梳理了孩子们认为能让泥土变得更有营养的五种物质:骨头、落叶、果皮、蔬菜、蛋壳。

(二)我们的猜测,确定实验内容

那么孩子提出的这些物质,到底哪些会成功

呢? 我们引导幼儿提出假设进行猜测。

有孩子认为骨头会比较有营养,因为平时喝的骨头汤很有营养。

有孩子认为落叶会比较有营养,因为叶子里面本身就含有叶绿素。

有孩子认为蛋壳会比较有营养,因为蛋壳会有残留的鸡蛋,里面有蛋白质。

有孩子认为果皮会比较有营养,因为果皮中含维生素……

孩子们在猜测过程中结合自己的生活经验提出了各种理由。这些朴素理论是出于经验、日常的理解,因此与严格意义上的科学理论存在一定的距离。如何才能让幼儿在个人经验的基础上实现自主科学概念的建构呢? 显然,给幼儿动手操作的机会比一味地将科学知识灌输给幼儿更有效。

于是我们鼓励幼儿进行投票,评选出"你认为成功率最高的营养泥成分",然后进行为期一个月的种植对比实验。考虑到幼儿的科学思维特点,我们选择了两两对比的实验形式,将实验内容定位: 实验一: 果皮泥和落叶泥;实验二: 蛋壳泥和骨头泥。

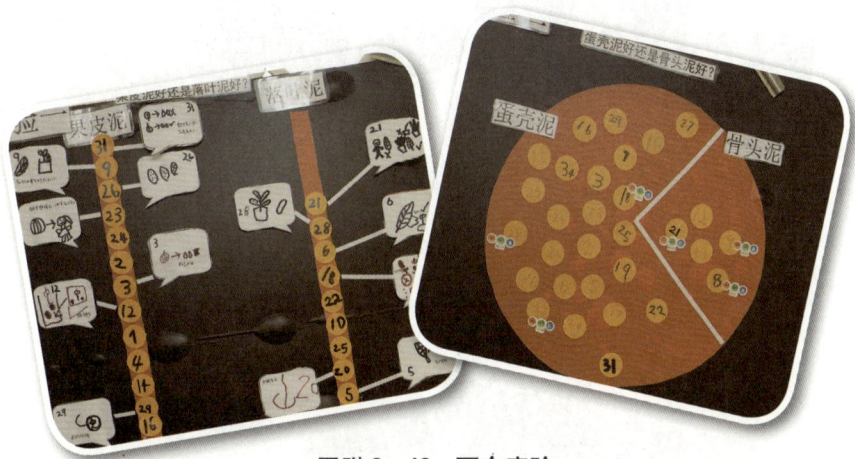

图附 2-46　两个实验

(三) 我们的验证,得出实验结果

实验一: 果皮泥和落叶泥。

大班幼儿已具有初步的科学思维,他们的自我中心性明显减少,更愿意通过事实证据寻求合理的解释。因此在进行种植对比实验开始前,孩子们制定了简单的计划: 他们选择大蒜来作为种植对象,先将果皮和落叶与泥土混合制成营养泥,即果皮泥和落叶泥。同时他们决定每天早晨8∶00 来园后进行观察,因为这样的定时观察比较公平。

对幼儿来说,科学知识的获得来自他们的实践活动。在过程中,我们看到孩子们的观察实验能力以及科学思考能力得到了发展,他们能长期系统地观察大蒜在落叶泥和果皮泥中的生长变化;同时,孩子们观察到随着时间的推移,果皮泥里的大蒜长出霉菌,他们根据这一现象进行解释:因为果皮容易腐烂,果皮的霉菌传染给了大蒜。

经过一个月的对比实验,孩子们发现在落叶泥中的大蒜长出了绿苗,而果皮泥里的大蒜和果皮一起腐烂了。孩子们回家后再次进行资料调查,发现落叶自身含有水分,能使泥土的排水性更好。

实验二：蛋壳泥和骨头泥。

经过实验一的经验积累,孩子们在实验二中更会"观察"了。他们运用了标准化的实验工具来收集信息,如:孩子们观察到经过了两个星期,大蒜依然没有长出绿苗的趋势,他们决定将大蒜从两种土里挖出来"看"个究竟。一开始孩子们使用比较普通的放大镜,宸宸提出放大镜只能将大蒜的样子变大,但不能看清楚大蒜里面的样子。于是,他们选择用电子显微镜,在电子显微镜下孩子们看到骨头泥里的大蒜身体中间有一条影子,他们推测这就是即将要长出来的芽。

图附 2-47　实验过程

果然在两个星期后,骨头泥里的大蒜苗长得非常高。但是蛋壳泥里的大蒜依然没有一点动静。孩子们觉得奇怪,为什么蛋壳没有腐烂,大蒜长不出来呢? 我和孩子们一起上网查了资料,发现蛋壳是可以很好地作为养料的。那为什么我们的蛋壳泥没有成功呢? 孩子们再次提出假设:是不是蛋壳放得太多了呢?

虽然实验二的结果已经出来了,但是蛋壳量问题的提出再次引发了孩子们的探索。

三、项目的成果与回顾

两次实验后,孩子们得出结论:落叶泥和骨头泥是能作为植物的营养泥的。他们将实验结果进行了发布。

他们设计了营养泥的订购海报,并去幼儿园的其他班级自然角进行了调查,他们发现在其他班级的自然角也有植物养不活的现象,采访了很多朋友之后得知在满足水分和阳光的条件下,也有可能是因为泥土缺少营养而导致的。

于是孩子们制作了订购单,根据各个班级的订购数量,为他们制作营养泥,让自己的研究成果得以推广与应用。

项目成果的发布让孩子们有了一种很深的成功体验感,同时也满足了不同孩子的个性表达需要。孩子们在过程中需要联系各个班级进行采访,语言表达能力和社会交往能力得到发展;孩子们需要统计各班营养泥的订单数量,数学思维能力得到发展;孩子们大批量制作营养泥,动手操作能力和坚持性的品质得到发展。

（上海市嘉定区嘉定新城实验幼儿园　秦毅）

基于科技特色呈现的幼儿园公共活动区

　　这是科技类幼儿园的专用活动室,整合了幼儿在日常活动中能去发现、感受和探索的一系列活动内容与场景。本活动区展示来自上海市虹口区曲阳第三幼儿园。

扫一扫,走进真实区角

图附2-48　区角一览

基于主题背景呈现的幼儿园博物馆式场景

　　幼儿园活动区材料的操作,不仅仅是面对材料的动手动脑,也可以尝试用博物馆的教育方式,为幼儿营造一种学习的环境,即基于某个主题学习的需求,共同收集材料,开办一个自己的博物馆,汇集信息,直观感受。本活动区展示来自上海市虹口区凉城第一幼儿园。

扫一扫,走进真实区角

图附2-49　区角一览

附录 3　幼儿园环境创设案例

　　幼儿园环境作为幼儿园教育的"隐性课程"，对幼儿的身心发展起着潜移默化的影响作用。本书展示了下表中的幼儿园环境创设案例，可通过扫描二维码观看，设计方案来自上海市普陀区华东师范大学附属幼儿园、上海市黄浦区荷花池幼儿园。

表附 3-1　幼儿园环境创设案例列表 1

班级	区角名称
龙攀爬——户外环境创设	上海市普陀区 华东师范大学附属幼儿园
"长城"勇敢者道路——户外环境创设	
树屋——户外环境创设	
种植地——户外环境创设	
沙水区——户外环境创设	
树木种植——户外环境创设	
雨水收集器——户外环境创设	
阅读区——门厅环境创设	
小蝌蚪找妈妈——墙面环境创设	
画唐诗、听唐诗——楼梯走廊环境创设	

图附 3-1　上海市普陀区华东师大学附属幼儿园环境创设

表附 3-2　幼儿园环境创设案例列表 2

班级	区角名称
转角遇到美——楼梯走廊环境创设	
奇幻森林——盥洗室环境创设	
哪吒闹海——盥洗室环境创设	
凯蒂猫主题——盥洗室环境创设	
星空——盥洗室环境创设	上海市黄浦区荷花池幼儿园
向日葵——盥洗室环境创设	
马赛克点彩——盥洗室环境创设	
海洋餐厅——就餐环境创设	
花花世界——就餐环境创设	

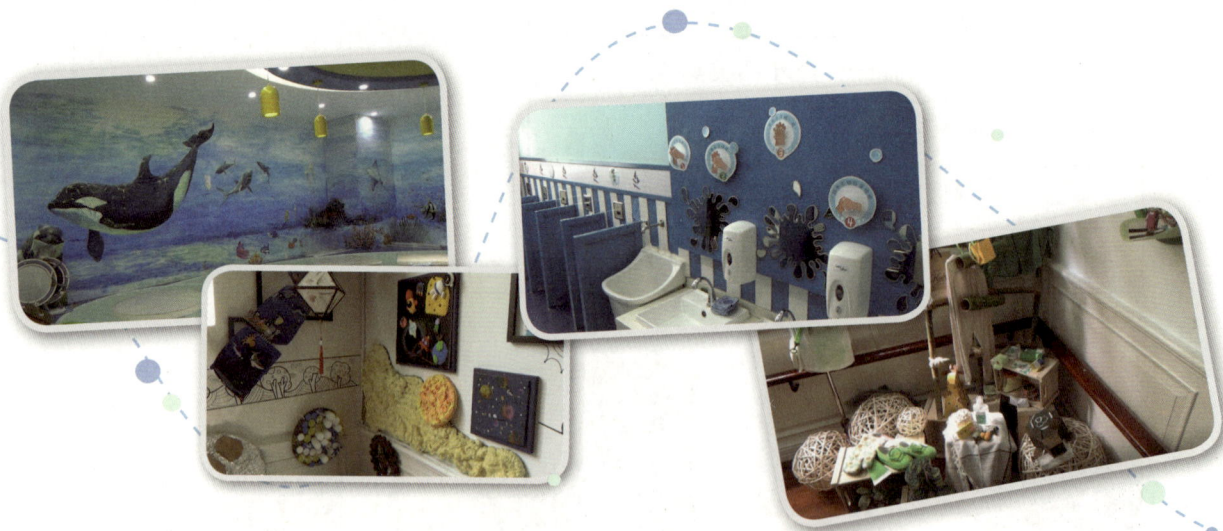

图附 3-2　上海市黄浦区荷花池幼儿园环境创设

扫一扫,欣赏环境创设

大师 高校教材 学前教育专业系列教材

■ 下载教学资源请登录
have.ecnupress.com.cn

ISBN 978-7-5760-1343-6

9 787576 013436 >

定价：52.00元

www.ecnupress.com.cn